Na base do farol não há luz

**SERVIÇO SOCIAL DO COMÉRCIO**
Administração Regional no Estado de São Paulo

**Presidente do Conselho Regional**
Abram Szajman
**Diretor Regional**
Danilo Santos de Miranda

**Conselho Editorial**
Ivan Giannini
Joel Naimayer Padula
Luiz Deoclécio Massaro Galina
Sérgio José Battistelli

**Edições Sesc São Paulo**
*Gerente* Marcos Lepiscopo
*Gerente adjunta* Isabel M. M. Alexandre
*Coordenação editorial* Cristianne Lameirinha, Clívia Ramiro, Francis Manzoni
*Produção editorial* Ana Cristina Pinho, Thiago Lins
*Coordenação gráfica* Katia Verissimo
*Produção gráfica* Fabio Pinotti
*Coordenação de comunicação* Bruna Zarnoviec Daniel

*Colaboração* João Paulo L. Guadanucci, Marta Raquel Colabone

# Na base do farol não há luz
Cultura, educação e liberdade

Mauro Maldonato
Apresentação e reflexões de
Danilo Santos de Miranda

© Mauro Maldonato, 2016
© Danilo Santos de Miranda, 2016
© Edições Sesc São Paulo, 2016
Todos os direitos reservados

*Tradução* Federico Carotti
*Preparação* Pedro Paulo da Silva, Silvana Vieira
*Revisão* Beatriz de Freitas Moreira, Valéria Ignacio
*Projeto gráfico, capa e diagramação* Raul Loureiro
*Imagem de capa* Mark Power — Magnum/Latinstock

---

M2933n
Maldonato, Mauro

    Na base do farol não há luz: cultura, educação e liberdade / Mauro Maldonato; Apresentação e reflexões de Danilo Santos de Miranda; Tradução de Federico Carotti. — São Paulo: Edições Sesc São Paulo, 2016. -
    376 p.

    Bibliografia
    ISBN 978-85-69298-80-9

    1. Ensaios. 2. Filosofia. 3. Ética. 4. Alteridade. 5. Cultura. 6. Educação. 7. Liberdade. I. Título. II. Miranda, Danilo Santos de. III. Carotti, Federico.

CDD 104

---

**Edições Sesc São Paulo**
Rua Cantagalo, 74 — 13º/14º andar
03319-000 — São Paulo SP Brasil
Tel. 55 11 2227-6500
edicoes@edicoes.sescsp.org.br
sescsp.org.br/edicoes
/edicoessescsp

SUMÁRIO

*Apresentação* 7
Danilo Santos de Miranda

A chave perdida da história 11
As origens da democracia totalitária 55
A sarça ardente da liberdade 95
No mundo como estrangeiros 161
O alto-mar aberto 175
Descoberta e criação 233
Despedida 285

Do outro ponto da costa / Danilo Santos de Miranda
    Observações preliminares 305
    A razão e as condições brasileiras 313
    Perspectivas e alteridade 324
    A educação, entre o precário e o inventivo 335
    Inflexões culturais da liberdade 349
    Dos fins 363

*Bibliografia* 367
*Sobre os autores* 375

APRESENTAÇÃO

# Os espaços e as ideias

Faz sentido imaginar a existência de questões que digam respeito à humanidade como um todo? Responder afirmativamente a essa pergunta implicaria no reconhecimento de que, apesar das diferentes histórias de cada povo, de cada região, de cada continente, determinadas preocupações guardam uma relevância e um alcance capazes de transcender tal diversidade.

É fato que jamais houve tanto contato entre culturas dos vários cantos do planeta — resultado do desenvolvimento dos meios de comunicação e de transporte (e, em última instância, do estágio atual do capitalismo). O propalado fenômeno da globalização não apenas diminuiu as distâncias físicas, mas também aproximou, em certa medida, visões de mundo. Um quadro ambivalente resultou desse processo: de um lado, tendência para a homogeneização de hábitos, sob a égide do consumo; de outro, o esforço de preservação e fortalecimento de identidades culturais, que tentam aproveitar as novas possibilidades de conexão global para se reinventar.

O fluxo de ideias cria pelo globo circuitos de anseios, demandas e inventividade. Nos dias que correm, temos acesso quase imediato àquilo que povoa o pensamento de cidadãos que vivem há milhares de quilômetros. Paralelamente, as nações fragilizam-se em face de poderes transnacionais privados, o que enfatiza o caráter internacional das problemáticas: desigualdade de riquezas e oportunidades, acirramento da beligerância, crise ambiental sem precedentes, fluxos migratórios forçados, entre outros.

Num quadro como esse — em que os sujeitos se conhecem cada vez mais, e as temáticas ultrapassam fronteiras —, convergências e divergências tornam-se eloquentes. Ler a obra de Mauro Maldonato a partir de tal perspectiva pode ser, num só golpe, uma experiência desestabilizadora e cativante.

*Na base do farol não há luz* é um livro que solicita envolvimento.

Cabe ao leitor decidir em que medida está disposto a aceitar esse convite: considerando que as inquietações que dão cadência à prosa do pensador italiano, enraizadas numa tradição de origem europeia, podem fazer sentido para cidadãos que as leem a partir do contexto brasileiro, em que medida as respostas a elas poderiam variar?

Especificar os campos de interesse de Mauro Maldonato pode ser tarefa intricada. Não obstante sua escrita mostrar a predileção por esferas específicas do conhecimento — educação, ciência, política, arte e religião –, revelam-se motivações que são, sobretudo, transversais: liberdade, alteridade, ética, racionalidade, dimensões do poder. Tais motivações dinamizam sua prosa, impedindo que ela se enraíze em terreno definitivo.

Trata-se da construção de discursos complexos, que possam, assim, se aproximar das múltiplas determinações do real. Algo, entretanto, subjaz a essa pluralidade: a busca do autor, discreta e persistente, por aquilo que particularizaria o humano, em meio ao não-humano. É segundo esse sentido expandido de humanismo que poderíamos situar pensamentos como os que compõem a presente obra.

A publicação de *Na base do farol não há luz* tem múltiplas significações. Dentre elas, destaca-se a opção por um tipo de intervenção no espaço público pautada pela argumentação e pelo diálogo. As ideias de Maldonato fazem sentido em contextos que acolhem o confronto de pontos de vista, já que se alimentam precisamente de tais contextos e lhes dão continuidade. Afinal, a própria metáfora sugerida no título nos relembra que, dependendo do lugar em que estamos e da perspectiva que adotamos, enxergaremos novas facetas de cada questão: por vezes, é necessário se afastar, postar-se na costa oposta, acreditando que outros arranjos se configurarão.

Levando isso em conta, as contribuições propostas como fechamento para esta publicação, reunidas sob o título "Do outro ponto da costa", buscam estabelecer uma conversação com o pensador italiano, tendo por base a dupla acepção do termo "reflexão". Por um lado, cabe refletir sobre os temas perscrutados, o que implica se debruçar sobre eles, meditando acerca de sua relevância nos dias atuais; por outro, a proposta de tais comentários é flexibilizar o lugar do pensamento, posicionando-o de modos distintos, como se fosse possível manejar uma superfície reflexiva a nos apresentar diferentes visadas.

Na raiz de uma atitude investigativa, reside a consciência do caráter fluido, movediço, da aventura intelectual. Daí a convergência — já expressa em parcerias anteriores — entre a disposição de Mauro

APRESENTAÇÃO

Maldonato para um saber que se constrói permanentemente, e a ação do Sesc, instituição cujas ações visam ocupar territórios do não-cristalizado, ambientes que podem ser reconfigurados ou desconstruídos, sem aderência servil a princípios de autoridade. A cultura é uma denominação que pode ser dada, mesmo que provisoriamente, a tais territórios.

DANILO SANTOS DE MIRANDA
Diretor Regional do Sesc São Paulo

# A chave perdida da história

> *E quando alçares os olhos ao céu e vires o sol,*
> *A lua, as estrelas e todas as legiões celestes,*
> *Não te deixes arrastar, não te prostres diante deles*
> *E não lhes rendas culto.*
>
> DEUTERONÔMIO 4, 19

> *O que é a vida de um homem? Uma sombra. Mas qual? A sombra imutável de um edifício? Ou a de uma árvore que sobrevive às estações? Não, a vida de um homem se assemelha à sombra de um pássaro em pleno voo: tão logo se a vê, já desapareceu.*
>
> TALMUDE

## Genealogia de um mito

Um paradoxal e enigmático silêncio envolve a história. Um tempo acidental, de utopias subvertidas, de dilaceramentos e de costuras impossíveis, que parece servir de moldura a uma experiência suspensa, sem direção, definitivamente desligada do passado. O progresso — cada vez mais associado à técnica — estabeleceu o fio do tempo ao redor de um eterno presente: um presente cada vez menos representável que, amiúde, termina em becos sem saída. As respostas ao problema da temporalidade, desde sempre objeto privilegiado de reflexão, não resolveram o enigma: apenas permitiram ao homem historicizar seu tempo biológico, prefigurá-lo como possibilidade. Mas o que ocorre se, no vórtice da aceleração técnica, essas possibilidades se reduzissem, esmagadas pelo aqui e agora? Como decifrar o sentido de uma história que nos ultrapassa e na qual, porém, estamos inseridos? Como entender o entrelaçamento de miríades de vidas individuais, da imensa variedade de ações, mitos, sentimentos, teorias e valores construídos pela humanidade em seu caminho? Como consegui-lo, se nossos juízos vacilam, prejudicados por um niilismo que os desvaloriza e os imita em seu caráter absoluto?

Mesmo entre mil dificuldades, as perguntas sobre o sentido da história se mantêm não menos urgentes. Não para formular balanços nem colocar no banco dos réus aquelas ideologias que, com suas palavras de ordem — liberdade, progresso, história, educação, civilização —, haviam idolatrado a racionalidade, mas para compreender melhor, até onde for possível, os próprios limites da racionalidade. Árdua tarefa! Perante as destruições, número de mortos e deportados, bibliotecas inteiras ainda guardam em seus arquivos erros fatais, autos de acusação, genealogias do mal, fábricas de ódio. Grande parte da historiografia do século XX parece uma macabra contabilidade do ocorrido.

Se o século XIX celebrou a História como onipotência sobre o destino dos homens, o século XX deu lugar às loucuras políticas nascidas dessa substituição[1]. O nascimento do Estado moderno — com a luta pelo poder, a coerção, a guerra — marcou o desenvolvimento histórico para sempre. A partir de então, a história política tem sido marcada por uma tempestuosa sucessão de conquistas, com a instauração de ordenamentos políticos fundados na relação amigo-inimigo, na luta incessante, no ódio sistemático, na eliminação física do adversário, na guerra de aniquilação. Nessa sucessão de escombros — feita de memórias e esquecimentos de civilizações desaparecidas, de barbáries recorrentes cujos rastros são confiados a arquivos, museus e monumentos —, não se guarda lembrança dos indivíduos e de suas vicissitudes, não raro extraordinárias.

Logo após o desmoronamento da velha ordem geopolítica bipolar, gerações inteiras de intelectuais e políticos ocidentais se mostraram desorientados, confusos, incapazes de formular um prognóstico plausível sobre o futuro da política mundial. Assim, se de um lado prevaleceu uma enorme estratégia de remoção (uma verdadeira amnésia/anistia), de outro lado houve uma adesão, tão fervorosa quanto acrítica, ao único modelo que permanecera de pé: o liberal-democrático. Nem sombra de uma análise da catástrofe. Nenhuma tentativa de compreender as razões, de repensar valores, regras e instituições. Assim, a democracia liberal se afirmou como o único paradigma que sobreviveu aos totalitarismos de direita e de esquerda, capaz de restituir novo

---

[1] François Furet, *Il passato di un'illusione. L'idea comunista nel XX secolo*, Milano: Arnaldo Mondadori Editore, 1995.

vigor às utopias iluministas do século XVIII. Como terceira utopia do século XX (ou, melhor dizendo, como "teologia" institucional mundial), inerente ao Estado com fortes projeções na política internacional, a democracia liberal não só ocupou o lugar das ideologias anteriores, como também se estendeu com ânsia homologadora pelo mundo todo, sem considerar especificidades geográficas, tradições históricas, culturais e identidades nacionais. Para esse objetivo, o projeto liberal-democrático adotou sistemas refinados e aparentemente neutros, como o arcabouço institucional das grandes organizações internacionais de limitada credibilidade e eficiência (entre elas, a ONU, que demonstra a incapacidade de pôr fim às inúmeras guerras nas áreas mais candentes do tabuleiro geopolítico mundial).

A extensão desse modelo institucional (que é também político, econômico e militar) ao restante do planeta é paralela ao declínio do Estado-nação, cuja deslegitimação — acompanhada pelo extirpamento de suas raízes histórico-culturais, éticas, étnicas, linguísticas, religiosas — não tem precedentes. Tal declínio decorreu não tanto de uma evidente perda de funções ou da difusão de novas noções sobre o caráter irreformável da máquina pública, mas sim do desaparecimento de sua imagem de neutralidade fundada no consenso e da legitimidade de seu direito público, que constituíram os alicerces da democracia dos últimos dois séculos. Nesse sentido, a derrocada dos totalitarismos do século XX, em 1945 e em 1989, representa não só o epílogo dos coletivismos de raça e de classe, mas também o sinal concreto do ocaso do Estado, tal como o conhecemos por quatro séculos. Nesse cenário, retornou à cena aquilo que a estatalidade moderna negara ou colocara à margem. Assim, períodos inteiros de nossa civilização readquirem uma luz inédita, obscurecidos pelos *idola* historicistas e pelas filosofias da história (as *poleis* da Grécia clássica, as cidades livres da Idade Média: cidades sem burocracias e exércitos permanentes, comunidades políticas fundadas sobre as relações pessoais e o direito natural).

O esgotamento febril das "leis" da história parece ter conduzido a filosofia política rumo a uma espécie de cristalização cultural[2]. Sem sua legitimação, o Estado aparece sobretudo como lugar de planificação social, que anulou corpos intermediários, autonomias e individualidades. À luz dos efeitos dos totalitarismos do século XX, a tese de que estes teriam sido desvios acidentais de um organismo sadio (o Estado) mostra o

---

2   Arnold Gehlen, *Antropologia filosofica e teoria dell'azione*, Napoli: Guida, 1983.

grau de arrogância ideológica a que chegaram seus teóricos. Hoje, neste presente que é uma forma histórica em declínio, a ideologia que via no nascimento do Estado a premissa (e a promessa) de um progresso geral encontra seu mais lapidar diagnóstico nas palavras de Carl Schmitt:

> A época da estatalidade já está chegando ao fim: sobre isso não é mais preciso desperdiçar palavras [...]. O Estado como modelo da unidade política, o Estado como titular do mais extraordinário de todos os monopólios, isto é, o monopólio da decisão política, esta fúlgida criação do formalismo europeu e do racionalismo ocidental, está para ser destituído[3].

Schmitt relativiza a historicidade do Estado. Tal como apareceu num determinado momento da história, sustenta ele, também pode desaparecer em outro. Seu nascimento responde a algumas necessidades surgidas na evolução das sociedades ocidentais, abaladas pela profunda ruptura do Renascimento e da Reforma. Isto é, nasceu para determinados fins[4]. Sua própria etimologia, aliás, é muito eloquente:

> A língua latina [...] derivou do indo-germânico *sta-*, em primeiro lugar, *stare* com o sentido de a) "estar de pé" (em oposição a "jazer"), e b) "estar imóvel" (em oposição a "se mover"); depois, mediante uma duplicação, *si-stere*, com o sentido de "se deter" e "parar"[5].

Mas, mais do que a investigação semântica e politológica, o que nos fornece uma ideia de sua natureza é a sofisticada análise psicológica de Alberto Savinio:

> O Estado traz em seu próprio nome a confissão de si. Estado, antes de ser o Estado, é o particípio passado de estar, isto é, de um verbo que significa cessar o movimento, deter-se, permanecer. Não só em italiano, mas em diversas línguas, e como significado estático em todas. Esta é a razão profunda do Estado e seu destino. Esta é a razão pela qual o Estado é respeitado, porque inspira confiança, porque é

---

3 Carl Schmitt, *Le categorie del 'politico': saggi di teoria politica*, Bologna: Il Mulino, 1972, p. 90.
4 Julien Freund, *Il terzo il nemico il conflitto*, Milano: Giuffrè, 1995.
5 Gianfranco Miglio, "Genesi e trasformazioni del termine-concetto 'Stato'", in: *Le regolarità della politica*, v. 2, Milano: Giuffrè, 1988, p. 805.

considerado como o apoio mais válido da sociedade [...]. Razão eminentemente psicológica. Porque o Estado promete ao homem aquilo que o homem deseja profundamente e a vida não lhe dá, a saber, uma condição estável, parada, imutável e, portanto, totalmente diferente da condição natural da vida, que é a instabilidade, a transitoriedade, a mutabilidade[6].

A análise da relação entre o extremo do Estado e a inércia de uma sociedade não poderia ser mais sutil.

Entre as diversas formas de autoridade, o Estado é a mais dissimulada e tenaz. E assim é por ser menos vulnerável. E, portanto, mais perigosa. O Estado deve essa sua invulnerabilidade a seu ser impessoal. O Estado não apresenta "imagem". Não tem corpo nem rosto, nada que possa ser alcançado pelo olhar. Condição privilegiada. O Estado tampouco tem sinais simbólicos que o representem. Totalmente amorfo. Autoridade sem rosto. O inimigo invisível é o mais perigoso. Deus, rei, são personagens de figura humana[7].

Mesmo sua relação com o cidadão é marcada por uma ambivalência psicológica de fundo. De fato, de um lado o Estado responde à demanda de renovação, de outro lado, à necessidade de estabilidade e segurança de todo homem. Mas a mudança não permite que nada se conserve. Arrasta tudo consigo. Com sua pretensão de conduzir a mudança e a promessa de dar estabilidade e segurança, o Estado representa a si mesmo como uma forma sem tempo, imune a toda e qualquer mudança. Através do controle e da regulação do tempo e da lei, ele se impõe como medida de todas as transformações sociais. É assim que a história se torna o tribunal universal — o mesmo que angustiava Kafka — ao qual todos são chamados para recitar um roteiro: uma ordem universal na qual é impossível se reconhecer.

Kafka, funcionário de uma companhia de seguros sociais e amigo de judeus da Europa Oriental, para os quais devia obter os vistos de estada para a Áustria, conhecia exatamente a situação política de seu país. Sabia que, se alguém se emaranhasse na rede do aparato

---

6    Alberto Savinio, *Lo Stato. In Sorte dell'Europa*, Milano: Adelphi, 1977, p. 91.
7    *Ibidem*, p. 97.

burocrático, não teria mais escapatória. O domínio da burocracia tinha como consequência que a interpretação da lei degenerava em instrumento de arbítrio, enquanto um absurdo automatismo nos escalões inferiores dos funcionários fornecia à crônica inépcia dos intérpretes da lei um automatismo ao qual eram praticamente remetidas todas as verdadeiras decisões[8].

A racionalidade abstrata, a lei universal, o tempo público uniforme, com sua sequência de números, normas e espaços, são as máscaras que decidem a distância entre o Estado e as existências individuais.

A lei permanece/se mantém apenas enquanto o povo a mantém. Direito e vida, o que é duradouro e o que é mutável, parecem se separar. Então o Estado revela seu verdadeiro rosto. O direito era apenas sua primeira palavra, que não pode se afirmar contra a mutabilidade da vida. Mas agora o Estado pronuncia sua segunda palavra, a da violência. A violência faz com que a vida afirme seus direitos contra o direito. Por ser ele mesmo violento, e não apenas um Estado de direito, o Estado permanece nos calcanhares da vida. O sentido de toda violência é que ela funda um novo direito. Ela não é a negação do direito, como se pensa, fascinada por seu fazer subversivo, mas, pelo contrário, é sua fundação. Mas na ideia de um novo direito oculta-se uma contradição. O direito, por sua essência, é o antigo direito. E assim se vê o que é a violência: aquilo que renova o direito antigo. No ato violento, o direito se torna constantemente novo direito. E o Estado, portanto, é a mesmo título Estado de direito e Estado de violência, alicerce do direito antigo e fonte do novo; e, nessa dupla figura de alicerce do direito e fonte do direito, o Estado se coloca acima do simples decurso da vida do povo no qual, incessantemente e sem violência, o costume cresce e a lei muda. A esse natural transcorrer do átimo vivo, tal como se apresenta no crescimento do costume e na mudança do direito entre um povo vivo, o Estado contrapõe sua própria afirmação do instante[9].

---

8   Hannah Arendt, *Il futuro alle spalle*, Bologna: Il Mulino, 1981, p. 85. Ed. bras.: *Entre o passado e o futuro*, São Paulo: Perspectiva, 2000.
9   Franz Rosenzweig, *La stella della redenzione*, Milano: Vita e Pensiero, 2005, pp. 355-6.

## Narrativas da origem

Sem a violência e sem a guerra, o Estado não seria aquilo que é. E jamais, aliás, poderia se desarmar. Os pactos sem a espada são apenas palavras, sustenta Thomas Hobbes[10]. O *Leviatã* — o monstro bíblico que vive no mar e que Nietzsche definiu como "o mais gélido dos monstros" e identificado com a ordem política concebida pelo filósofo inglês — era a única maneira de pôr fim ao caos provocado pelas guerras de religião, pela falência das instituições universalistas medievais como o império e o papado.

Não se compreenderia a natureza de tal fenômeno histórico, nascido no século XVI, sem a narrativa que o precede e o justifica. Hobbes crê que a condição original do homem é o estado de natureza. O Estado deve se contrapor a ela. Essa tese institui uma nítida demarcação não só entre a filosofia política clássica e medieval e a filosofia política moderna, mas também entre o que é natural (por si caótico, conflituoso, irracional) e o que é artificial (ou seja, ordenado, político, racional).

O nascimento do Estado é inspirado numa antropologia radicalmente negativa. Em *De cive*[11], Hobbes sustenta que os homens tendem a se prejudicar mutuamente, por causa de suas paixões, do impulso de posse e de se sentir no direito a tudo. A condição natural é, portanto, a guerra de todos contra todos. O homem vive de instintos predatórios, de pulsões e desejos, que tenta satisfazer continuamente recorrendo ao uso da força e à busca da glória para seus feitos. Mas é uma ilusão. Ele corre o risco constante de encontrar alguém mais forte do que ele e capaz de aniquilá-lo. Não é que o homem não enxergue esse risco. Enxerga, e como! Só não sabe como enfrentá-lo com uma sensatez que sugere a via da paz e do respeito aos pactos.

Hobbes contrapõe a *lex naturalis* ao direito natural: a primeira é um sistema de regras racionais que limitam a liberdade própria em nome e em favor da coletividade; o segundo é o direito de todos de obter para si tudo o que for útil em benefício próprio. Essa condição de permanente tensão seria totalmente insuportável e irracional. É necessário, diz Hobbes, uma solução que reconheça a todos o uso legíti-

---

10  Thomas Hobbes, *Leviatano*, Firenze: La Nuova Italia, 1976. Ed. bras.: *Leviatã*, São Paulo: Edipro, 2015.

11  Idem, *De cive*, Milano: Feltrinelli, 2002. Ed. bras.: *Do cidadão*, São Paulo: WMF Martins Fontes, 2002.

mo da força. A solução é ceder a força e os direitos naturais próprios a um terceiro sujeito: o Leviatã.

> Uma unidade real de todos eles numa única e mesma pessoa, feita com o pacto de todos os homens entre si, como se cada um dissesse a todos os outros: eu autorizo e cedo meu direito de governar a mim mesmo a este homem ou a esta assembleia de homens, sob a condição de que tu lhe cedas teu direito, e similarmente autorize todas as suas ações. Feito isso, a multidão assim unida numa pessoa vem a se chamar Estado[12].

Ora, se a liberdade natural é precursora de conflitos e guerras, a paz só pode ser assegurada por uma ordem política que diferencie claramente entre o soberano e o súdito, o comando e a obediência. Assim, todo homem deverá transferir seus direitos de natureza para o Estado soberano, ao qual tudo é permitido: atemorizar, tranquilizar, punir, até mesmo criar da desordem uma ordem de súditos livres e iguais, igualmente submetidos à vontade e às leis do soberano. É verdade que se trata de um "pacto" sempre revogável. Mas não há alternativa: ou é esta ordem ou é a guerra de todos contra todos.

A garantia da vida e os direitos próprios são trocados pela liberdade política, isto é: a obediência ao soberano. Na verdade, entre vontade individual e vontade do soberano, não há nenhuma diferença. E mais: o soberano deveria se comportar como um súdito, pois foi ele que o autorizou a agir em seu lugar. Por outro lado, o soberano assim o é apenas se for único (e representativo) dentro do mesmo território. Age em nosso lugar e nos representa no momento de definir as regras de convivência com nossos semelhantes. Obedecendo-o, não só submetemo-nos à sua vontade, mas conseguimos ser racionais e seguir as leis de natureza, às quais era totalmente impossível se conformar no estado de natureza. Na base do poder político moderno encontra-se essa representação imaginária: o medo, a emboscada, a morte, a guerra civil, o grau mais terrível do conflito.

Logo, porém, surge a exigência de limitar seu poder para que a soberania não se converta em tirania. Daí a exigência de uma outra narrativa das origens, menos dramática do que a hobbesiana. Quem se tornou seu intérprete foi John Locke, ao afirmar não só que os homens não são

---

12  Thomas Hobbes, *op. cit.*, 1976, p. 167.

maus, mas, sobretudo, que agem racionalmente. Com efeito, no *Segundo tratado sobre o governo civil*[13], ele afirma que não é a liberdade a causa do caótico estado de natureza, como sustenta Hobbes. Pelo contrário! O homem tende naturalmente à liberdade. Nascemos livres, da mesma maneira como nascemos racionais. Portanto, o indivíduo é proprietário de si mesmo, de sua liberdade e de todas as coisas que seu trabalho pode produzir. De fato, acrescenta Locke, a guerra está sempre à espreita. Mas em geral os homens procuram a paz. A guerra de todos contra todos é apenas uma eventualidade, um risco, não a condição natural do homem. Para evitar a guerra, é necessário que existam juízes, leis, instituições. E, acima de tudo, um novo ator político, a *society*, que atribua ao Estado as tarefas de um juiz, de um magistrado civil que limite a soberania através de um sistema de divisão dos poderes.

Se um poder trair gravemente seu pacto fundador ou não for mais representativo da vontade dos cidadãos, a *society* poderá legitimamente recorrer à resistência civil. Recorrendo a um episódio bíblico, Locke relança o célebre *Appeal to Heaven*: quando não há mais um juiz sobre a terra, escreve evocativamente, não resta senão apelar a Deus no céu. Dessa maneira, cada qual se torna novamente juiz e responde apenas à própria consciência. A guerra é o limite extremo do estado de natureza. Com Locke, o estado de natureza, que Hobbes pensava ter superado com a criação do Estado, volta a ser o refúgio extremo dos cidadãos. O poder do Estado deriva, de fato, do povo. Portanto, se o Estado fracassar na tarefa para a qual lhe foi confiado o poder, este retorna ao povo. Disso nasce o "direito de resistência": isto é, o direito à revolução política institucional que reconstitui os poderes estatais num novo pacto. O limite constitucional do Estado é uma lei superior: o Pacto entre Deus e os homens. É ele que legitima a resistência e a revolução constitucional. O *Appeal to Heaven* devolve o poder às mãos da *society*, que o delegará novamente segundo os princípios da representatividade.

No pensamento político moderno, o problema da limitação do poder encontra respostas diferentes da de Locke. Segundo Jean-Jacques Rousseau, a distância entre vontade individual e vontade da comunidade política jamais será reduzida pela atribuição de delegações a quem quer que seja. Nem mesmo a um soberano que aja em nosso nome. Nós mesmos devemos continuar soberanos. Rousseau descreve

---

13  John Locke, *Secondo trattato sul governo civile*, Pisa: Edizioni Plus, 2007. Ed. bras.: *Segundo tratado sobre o governo civil*, São Paulo: Edipro, 2013.

o "estado de natureza" original como uma cena pacífica, povoada por indivíduos iguais entre si, livres, autônomos, que dividem suas paixões com os demais. Então, um dia, um homem cercou um terreno e disse "Este é meu": ato que, se por um lado funda a sociedade civil, por outro lado gera desigualdade e conflito. O abandono espontâneo da condição original e o ingresso na sociedade civil dão lugar a um estado de guerra muito semelhante ao estado de natureza descrito por Hobbes.

Rousseau acredita que qualquer tentativa de restaurar a bondade e a sociabilidade originais do homem está fadada ao fracasso. Essa condição se perdeu para sempre e não existe um progresso às avessas. É preciso dar lugar a um contrato social, que permita a cada um transferir sua vontade individual e seu poder a uma vontade geral suprema[14]. Somente essa identificação entre a "vontade geral" e a dos indivíduos anulará definitivamente qualquer diferença entre corpo político, indivíduos e soberania do poder. Não se admitem dúvidas, hesitações, resistências. Quem pretender se opor será reconduzido por todo o corpo. Em outras palavras, o indivíduo é obrigado a ser livre. O contrato social tornará "pura" a vontade de cada um que, identificada com a "vontade geral", tem como fim o bem geral. Tal é a liberdade política do cidadão, a única desejável. O poder soberano de Rousseau exige ao cidadão muito mais do que o Leviatã: não só a obediência ao soberano, mas também um permanente empenho na ação política. Aliás, nem se pode delegar aos outros o que foi constituído sobre a "vontade geral": a pena é a perda da liberdade.

A "vontade geral" é única e indivisível. Apenas a ela é permitido o monopólio da força e o poder de emitir comandos sem jamais delegá-los a um corpo representativo. Além disso, como se poderia representar a soberania se a "vontade geral" somos nós mesmos? A modernidade de um Estado se manifesta pela democracia direta dos cidadãos. Ao cidadão democrático exige-se "obedecer livremente" às leis, exercendo constantemente a vontade geral, ser virtuoso e, acima de tudo, viver em função do bem coletivo (isto é, em função da política e do amor à pátria), jamais em seu interesse particular. Para ser realmente íntegro, ele deve agir sempre em público e não ter nenhuma vida privada.

Immanuel Kant leva a reflexão avante. O Estado deve, sem dúvida, ter uma função de ordem, mas deve também criar as condições para a afirmação da liberdade moral de todo homem, para que todos se sub-

---

14  Jean-Jacques Rousseau, *Il contratto sociale*, Milano: Rizzoli, 2005. Ed. bras.: *Do contrato social*, São Paulo: Penguin Companhia, 2011.

metam à "lei moral". O Estado deve educar o cidadão para reconhecer uma ordem superior, à qual todos nós pertencemos e que nos torna homens: a ordem da racionalidade e da liberdade que cada um tem em si. A obediência à vontade do soberano nos prepara para agir com vista a uma tarefa mais alta: um fim universal, jamais particular. É verdade que uma pedagogia da liberdade é, em si mesma, um artifício. Mas, pergunta-se Kant, existe uma vida segura para o homem fora do Estado e da política? O estado de natureza já não é, talvez, uma condição jurídica regida pelo direito natural, isto é, o direito da razão? Sem dúvida! Mas trata-se de um direito provisório, de resultados nada seguros. Além do mais, não existem poderes capazes de impor o respeito a ele. Não, é preciso sair dessa perigosa provisoriedade instituindo um pacto associativo válido para todos. Não necessariamente algo com efeitos concretos. Antes, uma expressão prática da racionalidade, que permita ao legislador, de um lado, emanar leis segundo os auspícios do povo; e ao cidadão, de outro lado, dar seu próprio consentimento a essa vontade[15]. É esse contrato que funda um poder representativo da vontade de todos, que garante a realização da liberdade de cada um em relação à dos outros. Kant concebe o Estado como um instrumento de regulação das relações individuais que assegure, segundo as formas do direito, a liberdade de cada indivíduo da sociedade, a igualdade de cada indivíduo com todos os demais e, enfim, a independência de cada indivíduo dentro da comunidade política.

## Dilemas da investigação histórica

Desde seu nascimento, a filosofia da história teve como tarefa essencial a análise do significado, dos modelos e da narrativa do desenvolvimento histórico — tanto em termos de organização teórica das dinâmicas históricas, quanto da busca dos critérios de seleção dos eventos e, de modo mais geral, da formação de conceitos representativos de atividades, eventos ou movimentos históricos. Hoje, devido à radical e inédita crise do sentido histórico, essa forma de conhecimento se encontra em profunda dificuldade conceitual. A impossibilidade de uma visão coerente da história do mundo parece ter empobrecido dramaticamente

---

15  Immanuel Kant, *Scritti di storia, politica e diritto*, Roma-Bari: Laterza, 1995.

a análise dos fatos, os quais, em sua maioria, parecem abandonados a seu acontecer puntiforme, impossibilitando qualquer consolidação numa forma histórica. O resultado é uma interpretação imanentista do sentido da história ou, pior, o niilismo. Em tais casos, a incapacidade de encontrar um significado no devir histórico (e o sentido de vazio assim resultante) levou alguns a sustentarem que nada tem sentido; ou, pelo contrário, tudo tem sentido[16]. Esses pontos de vista opostos — os que não acreditam que exista algum sentido nas coisas (e assim nada é significativo para ninguém) e os que acreditam que é preciso encontrar explicação para tudo — anulam o sentido de futuro e retiram das coisas existentes a atmosfera dentro da qual podem viver. Assim, todo o curso da história exclui a si mesmo no niilismo.

O imanentismo histórico teve expressões diversas ao longo do tempo. Segundo Hegel, por exemplo, é o próprio curso da "história universal" que revela o fim da história. Mais recentemente, Fukuyama[17] apontou que a meta final da evolução política e ideológica da humanidade e, portanto, a forma definitiva de governo da história é a democracia liberal. Se assim fosse, objetaram não sem razão autores como Benoist e Merlini[18], não só qualquer aperfeiçoamento institucional se tornaria impossível, mas esse ponto de chegada sancionaria o próprio fim da história. Há mais. Fukuyama não vê que o sentido da história se acaba também com a homologação das inúmeras formas de diversidade da ação humana. Outra conclusão imanentista do sentido histórico consiste na afirmação de que a história coincide com seus princípios, como ocorreu com a ideia de progresso da razão no século XVIII: uma ideia válida como princípio, como estado das coisas e como fim, a exemplo do espírito absoluto de Hegel, do horizonte do comunismo marxiano e da escatologia cristã.

Depois das fracassadas tentativas metafísico-idealistas de compreensão do tempo histórico, de descoberta de uma chave de leitura universal — que tentaram antecipar o sentido último, passando por cima do devir histórico real —, a exigência de uma reflexão sobre a história se faz ainda mais premente. Por diversas razões. Em primeiro lugar, porque

---

16   Gilles Deleuze, *Logica del senso*, Milano: Feltrinelli, 1979. Ed. bras.: *Lógica do sentido*, São Paulo: Perspectiva, 2003.

17   Francis Fukuyama, *La fine della storia e l'ultimo uomo*, Milano: Rizzoli, 1992. Ed. bras.: *O fim da história e o último homem*, Rio de Janeiro: Rocco, 1992.

18   Jocelyn Benoist; Fabio Merlini (org.), *Après la fin de l'histoire. Temps, monde, historicité*, Paris: Vrin, 1998.

uma filosofia da história não pode estabelecer o sentido do presente e do futuro sobre a base de uma interpretação dos eventos passados. Além disso, porque o sentido histórico não é um lugar exterior aos homens, como se o devir fosse a expressão de uma sequência mecânica, da qual o sujeito histórico poderia se separar para alcançar um ponto de vista superior. Não, o sentido histórico do homem nasce da decisão humana. A desestruturação atual do sentido e das tradições culturais, das quais todos os homens participam, leva-nos a uma nova tentativa de compreensão da unidade "[...] presente em todas as finalidades historicamente definidas, nas dilacerações e nos acordos da sua evolução"[19].

Com uma determinada fenomenologia da história, Husserl e Foucault tentaram compreender, cada qual a seu modo, a dimensão objetiva do passado reincorporando-a à existência. Vigotsky[20], aliás, já havia mostrado como tudo, desde a língua histórico-natural da própria comunidade de pertencimento até a trama entre o evento e o relato do evento (isto é, *res gestae* e *historia rerum gestarum*), é história: uma trama tão densa que torna a realidade indissociável do conhecimento. A mesma distinção tradicional entre historiografia (como conhecimento, reconstrução e relato dos eventos) e história (como desenrolar dos fatos e eventos) permanece ambígua e confusa. A história é ao mesmo tempo evento e relato-explicação: a mesma palavra designa o fato e o relato do fato, a realidade da história e seu conhecimento. Os homens são ao mesmo tempo sujeito e objeto do conhecimento histórico. A história é conhecimento do homem pelo homem,

> [...] é percepção do passado por meio de um pensamento humano vivo e empenhado; ela é uma síntese, uma união indissolúvel entre sujeito e objeto. A quem se preocupa ou se irrita por tal necessidade, não posso senão repetir: esta é a condição humana, tal é sua natureza[21].

É este o incontornável problema da história. E ele nos atingiu em cheio. Diante do fluxo caótico dos acontecimentos está a finitude do indivíduo, a desproporção entre a indigência de nosso conhecimento e a inapreensibilidade do devir, entre a necessidade e os limites

---

19  Edmund Husserl, *La crisi delle scienze europee e la fenomenologia trascendentale*, Milano: Il Saggiatore, 1975, p. 99. Ed. bras.: *A crise da ciência europeia e a fenomenologia transcendental*, São Paulo: Forense Universitária, 2012.
20  Lev Vygotskij, *Pensiero e linguaggio*, Roma-Bari: Laterza, 1998.
21  Henry-Irénée Marrou, *La conoscenza storica*, Bologna: Il Mulino, 1988, p. 208.

da memória. Todo juízo histórico é fonte de desconforto, sobretudo quando surgem perguntas livres. Interrogando-nos sobre a história, sentimos a árdua responsabilidade do sentido de nossa própria existência perante a busca de sentido ou falta de sentido das coisas. É a própria pergunta que nos mostra o limite, talvez a aporia, de todas as formas de saber histórico.

Jacob Burckhardt[22] chegou a dizer que a história universal é condicionada por ilusões óticas: desde, por exemplo, como a felicidade, em certas épocas e em certos povos, é considerada ventura ou desventura, dependendo do florescimento ou declínio de uma determinada condição histórica. E não tem sido assim, talvez, quanto aos juízos sobre a Grécia clássica, sobre o Renascimento e assim por diante, até nossos dias? Mais do que pretender transmitir objetivações, a história deveria descrever a ação humana: as obras e as gestas, o espaço público e a esfera privada[23]. Por mais difícil que fosse, o homem seria narrado a partir da inescrutabilidade de seu íntimo, das intenções de seu coração, de seus desejos, dos impulsos inconscientes que rompem a soberba da razão. No entanto, a história redige crônicas de manifestações e comportamentos coletivos, muitas vezes restituindo a ideia de um erudito e dispensável exercício de objetivações. Os homens como indivíduos ficam inevitavelmente excluídos.

O homem não tem controle sobre os processos históricos. Isso fica tanto mais evidente quando se abandonam os pincaros da reflexão teórica e se desce ao terreno empírico da ação humana. A incompletude e a incerteza de cada desígnio humano são o limite insuperável da historiografia. O homem não conhece absolutos. A brevidade da vida individual não nos deixa tempo para nos libertarmos daquilo que por acaso somos. No fundo, somos obrigados a ser aquele acaso do destino que, para nós, é nosso passado. Por mais esforços que realizemos, por mais tentativas que façamos, por mais projetos que concebamos, por mais deveres que cumpramos, a última palavra cabe sempre ao acaso. Não há saída. Que fique claro: não se trata de um elogio ou de uma apologia ao acaso[24]. Tampouco de uma insistência sobre a finitude humana. Trata-se de captar as sombras e seus reflexos sobre o trabalho

---

22  Jacob Burckhardt, *Meditazioni sulla storia universale*, Firenze: G. C. Sansoni, 1985.
23  Hannah Arendt, *The Human Condition*, Chicago: University of Chicago Press, 1958. Ed. bras.: *A condição humana*, Rio de Janeiro: Forense Universitária, 2007.
24  Odo Marquard, *Apologia del caso*, Bologna: Il Mulino, 1991.

histórico-crítico concreto daquele "tribunal da história" específico que age em nome e em favor de leis que não são suas.

Limite natural da condição histórica é também a incompletude de toda transformação da realidade, a tensão do instante que a governa. O instante nunca é um agora absoluto: é sempre um além de si, que se expande e se projeta no tempo, em direção ao porvir. Isso vem expresso em todas as imagens e modelos do tempo gerados pela filosofia e pela ciência do Ocidente. No entanto, seria insuficiente uma hermenêutica da história que se limitasse a mostrar a incompletude de toda orientação humana. É preciso procurar, onde possível, os elementos de coesão, de coerência, as tramas com que se entretece a história. O ser-aí histórico se constitui na conexão dos eixos temporais; ou, para dizê-lo com Santo Agostinho[25], nos modos do tempo: a memória (passado), a visão (presente), a espera (futuro). Essa capacidade de unificação se deve à grande força da memória. A tensão do porvir é, de fato, sempre uma retomada daquilo que já foi. O futuro pode ser futuro do presente enquanto futuro do passado. Não se trata de uma reiteração do mesmo ou de um retorno cíclico. A coesão passado/presente/futuro não é uma certeza, apenas uma possibilidade, muitas vezes irrealizável. Talvez seja apenas a eventual conquista de uma constante retomada, que se tenta reiteradamente, na qual é necessário manter viva a memória do passado para a construção do futuro.

Assim, enquanto o tempo natural é apenas uma possibilidade futura sem nenhuma garantia, o tempo histórico existencial é uma dimensão autônoma que resiste a qualquer vinculação com as leis naturais. O movimento da existência é uma difícil obra da vontade, de sua tensão e, ao mesmo tempo, de sua fragilidade. Para além de toda consideração sobre a metafísica do tempo[26], é a temporalidade que constitui o si (a constituir o si é a temporalidade): e se o que é necessário não muda, não devém. O tempo implica devir, e o devir abre possibilidades. Sobre esse aspecto, como veremos mais adiante, as reflexões de Kierkegaard e Heidegger se demonstram insuperáveis para qualquer hermenêutica da condição histórica.

---

25  Agostino d'Ippona (Santo), *Confessioni*, Milano: Bompiani, 2012. Ed. bras.: *Confissões*, Petrópolis: Vozes, 2011.

26  Michael A. E. Dummett, *Truth and the Past*, New York: Columbia University Press, 2004.

O *ad-veniens*

Em *Ser e tempo*, Heidegger aprofunda a relação entre temporalidade e historicidade: a temporalidade do ser-aí está ligada à temporalidade do ser. Que frágil equilíbrio! Para o ser-aí, não existem lembranças ou novidades absolutas. Ao contrário de Kierkegaard, que captava a beleza e a seriedade da existência na tradição (realmente cresce, dizia ele, quem deseja a repetição), Heidegger via no futuro a condição para compreender a historicidade. O ser-aí é *ad-veniens* e:

> [...] é possível apenas enquanto o ser-aí em geral, pode porvir a si mesmo em sua possibilidade mais própria e porque neste deixar-se porvir a si mesmo mantém a possibilidade como possibilidade, isto é, existe. O deixar-se porvir a si mesmo na manutenção da possibilidade iminente como tal é o fenômeno originário do *ad-vir* [27].

O ser-aí se constitui sobre a base de uma experiência da falta (ser/não ser, saber/não saber e assim por diante). O negativo se manifesta quando o indivíduo se torna consciente da falta de algo, que deve e quer vir a ser; e é no indivíduo, embora de modo impreciso, que se realiza uma tendência rumo ao absoluto:

> Toda vida tem um sentido próprio: ele consiste na conexão significativa, em que todo momento que é recordado possui um valor próprio e, mesmo na conexão da memória, guarda uma relação com o sentido da totalidade. Esse sentido da existência individual é inteiramente singular, inapreensível ao conhecimento, que representa a sua maneira, como uma mônada de Leibniz, o universo histórico[28].

O não absoluto do ser-aí do indivíduo na história e a problemática do presente dependem do fato de que seus limites são estabelecidos por seu passado, pela situação presente e pela futura. Essa condição — que não é a derrota da reflexão, mas sua força — abre ao que pode ser: isto é, à possibilidade. A reflexão histórica se constitui como resposta

---

27 Martin Heidegger, *Essere e tempo*, Milano: Longanesi & C., 2005, p. 386. Ed. bras.: *Ser e tempo*, Petrópolis: Vozes, 2011.
28 Wilhelm Dilthey, *Ermeneutica e religione*, Milano: Rusconi, 1992, p. 131.

a uma pergunta que extrai matéria de todas as mais variadas impressões, intuições e reflexões da vida, alimentando-se de uma contínua reciprocidade com a experiência dos fatos particulares[29]. A história não é uma realidade objetiva. De fato, tampouco consiste em um simples dado. Quem pretendesse representar figurativamente a história estaria miseravelmente condenado ao fracasso. Do mesmo modo, se tentasse uma compreensão global da história, seria lançado ao mais puro relativismo, visto que toda perspectiva é imperfeita. A existência que se renova, consiste na liberdade daquele que cria e recria. Como disse Karl Marx, "os homens fazem a história, mas não sabem a história que fazem"[30].

Mesmo dando ouvidos a Horácio, que exorta a confiar o menos possível no tempo que resta — *carpe diem, quam minimum credula postero*[31] — e a mergulhar no presente por ser o passado irrevogável e o futuro imprevisível, é totalmente impossível prescindir do sentido das ações humanas. Por mais que ignore a história que faz, o homem age por determinados fins e objetivos: é nessa escolha que ele confere "sentido" à própria história[32]. Assim, o problema não é conhecer o sentido da história, mas atribuir algum a seus processos. Tal como a natureza não opera sem um plano, da mesma forma a inscrição de um sentido para a liberdade humana pode construir um fio condutor das ações, que de outra maneira não passariam de tramas sem finalidade. Nesse sentido, buscar um sentido na experiência histórica não significa apenas compreender suas condições de possibilidade, mas ao mesmo tempo refutar a falta de sentido. Por exemplo, poderemos compreender a crise do sentido da "humanidade europeia" — evidenciada pela derrota das filosofias otimistas ou pela dissolução dos ideais — somente se reconhecermos, como desejava Husserl[33], a pluralidade de seus fins racionais.

Mas existirá um espaço entre quem vê absoluta falta de sentido na história e quem, ao contrário, reconhece nela um sentido preciso e objetivo, ao qual tudo está subordinado e nada concede à liberdade humana?

---

29    Benedetto Croce, *Teoria e storia della storiografia*, Bari: Laterza, 1966.
30    Karl Marx, apud Raymond Aron, *Introduction à la philosophie de l'histoire*, Paris: Gallimard, 1986, p. 354.
31    Quintus Horatius Flaccus, *Horatii Carmina*, Odes, 1, 11, 8, Milano: Garzanti, 1947.
32    Remo Bodei, *Se la storia ha un senso*, Bergamo: Moretti & Vitali, 1997. Ver também: Nikolaj A. Berdjaev, *Il senso della storia*, Milano: Jaca Book, 1971.
33    Edmund Husserl, *op. cit.*

Se considerarmos os inúmeros relatos de história da salvação, incluídas suas formas mundanizantes e secularizadas, a resposta só pode ser afirmativa. Todas as religiões reveladas estabeleceram uma relação entre o sentido dos eventos e um plano supra-histórico. Nas próprias formas secularizadas da salvação é possível reconhecer uma ordem que imprime uma orientação às decisões humanas. Os impulsos e os motivos do agir humano implicam sempre, em alguma medida, a responsabilidade daquilo que o homem faz: é com esse seu fazer que ele participa da história. Sem dúvida, pode-se concordar em maior ou menor medida com o sentido atribuído à história. Mas não resta dúvida de que cada um atribui um sentido pessoal aos fatos históricos, uma justificação das próprias ações, por mais limitadas e parciais que sejam. O sentido não é um conceito a ser demonstrado, mas o signo das experiências históricas concretas, em que o homem mantém relação com alguma coisa que não depende inteiramente dele. A experiência do mal, a irracionalidade, a contradição, a guerra, a morte, são a prova mais evidente de que existe um sentido nas coisas. No Gênesis está escrito que o próprio Deus viu que "[...] a maldade dos homens era grande sobre a terra e todo desígnio concebido por seu coração era apenas mal"[34].

A história não é somente a lembrança da qual temos conhecimento, mas a própria arquitetura de nossa vida[35]. O homem é finito, imperfeito. Em sua evolução ao longo do tempo, ele deve se tornar consciente do eterno e pode sê-lo apenas seguindo essa via. A filosofia da história deveria lançar luz sobre os eventos específicos, não pretender construir visões globais, que inevitavelmente se desfazem diante dos extremos da ilimitada abertura no futuro e do breve início. Podemos captar o sentido da história, diz Jaspers, somente se o inscrevemos numa perspectiva unitária do devir histórico. Por isso, concentra-se principalmente num período da história (entre 800 e 200 a.C.), que ele define como *axial*, em que os povos axiais — chineses, indianos, iranianos, hebreus e gregos — deram seu salto decisivo com uma surpreendente sincronia: isto é, quando o homem, por meio da reflexão, começou a tomar consciência do ser em sua inteireza, de si mesmo e de seus limites. Nesse grande sismo espiritual, não só se formularam as categorias que ainda hoje estão na base de nosso pensamento, como também se lançaram os fundamentos das religiões universais que, ainda hoje, infla-

---

34  Gênesis 6, 5, *apud* Luigi Pareyson, *Ontologia della libertà*, Torino: Einaudi, 1945.
35  Karl Jaspers, *Origine e senso della storia*, Milano: Edizioni di Comunità, 1965.

mam os corações de bilhões de homens. Naquele verdadeiro processo de espiritualização, pela primeira vez os homens começaram a contar sobre si mesmos, a se elevar acima de si, a se ultrapassar.

Todavia, se pela primeira vez o humano se torna objeto de reflexão enquanto história, as tentativas dos pensadores políticos de aconselhar os homens de poder — pense-se em Confúcio com a corte dos Wei e em Platão com o tirano de Siracusa — fracassam: como, aliás, sempre fracassaram as tentativas de utilizar diretamente uma filosofia em chave política. Hoje, a periodização da história mundial em épocas foi substituída pela era técnico-científica que, através de formações análogas à organização das altas civilizações antigas, talvez conduza a um novo período axial de humanização, ainda remoto e invisível a nós. A meta da história não se deixa apreender em nenhum dado concreto. Apenas os símbolos ou a fé, diz Jaspers, nos permitem intuir a origem da história como criação do homem e sua meta como o reino eterno dos espíritos.

Refletindo sobre o sentido da história, Jaspers se pergunta o que há de novo na ciência e na técnica modernas. Na tentativa de traduzir em conhecimento as perguntas mais radicais, a ciência representa uma expressão do espírito às voltas com os nexos universais dos fenômenos da natureza. Também por isso ela é signo da autenticidade do homem e elevada expressão de sua dignidade. Mas a ciência pura e a clareza da abordagem científica são coisas extraordinariamente raras. Além do mais, ela corre o risco de se transformar em superstição cientificista. Por seu lado, a técnica, com o domínio da natureza, transforma de modo decisivo as formas de vida e de trabalho do homem. Trata-se de uma metamorfose inquietante. Bem como a energia atômica, diz Jaspers, ela oferece uma grande possibilidade e um terrível perigo, pois tem o poder de reconduzir a humanidade de volta à Idade da Pedra. Por outro lado, devido a suas consequências massificantes e sua tendência de dissolver os valores tradicionais, a técnica impele o espírito e a mente do homem a fenômenos regressivos.

O sentido da história jamais é isento de contradições — mesmo quando permanece num plano puramente ideal. A história decerto não tem necessidade da filosofia e, ademais, a filosofia da história não explica suas regularidades e imprevisibilidades. Aliás, em sua tendência mais recente, ela até renunciou a buscar um plano interno ou a se colocar perguntas. Encontra uma compreensão relativa da história fora da história: na narrativa de existências humanas, em visões meta-históricas e extra-históricas, certamente anti-historicistas. Apenas assim a ilimitada e desesperadora massa de fatos e de atores pode encontrar um "princípio esperança" próprio, uma pergunta e pedido de verdade a outras perguntas, mais verdadeiras e profundas.

## Do silêncio bíblico ao silêncio de Auschwitz

Diante da desenfreada violência totalitária da Primeira Guerra Mundial, em 30 de julho de 1932 Einstein escreve a Freud para perguntar se seria possível orientar a evolução psíquica dos homens e colocar um freio às pulsões de destruição e ódio. Baseando-se na análise dos sonhos e, além dos sintomas neuróticos, das ações fracassadas de pessoas sadias, o psicanalista vienense respondeu:

> [...] a psicanálise chegou à conclusão de que os impulsos primitivos, selvagens e malévolos da humanidade não desapareceram em absoluto, mas continuam a viver, ainda que recalcados, no inconsciente de cada indivíduo, esperando a ocasião de poderem se reativar. A psicanálise, além disso, ensina que nosso intelecto é algo fraco e dependente, joguete e instrumento de nossas pulsões e de nossos afetos, e que somos obrigados a agir ora com inteligência, ora com estupidez, segundo o querer de nossas íntimas propensões e de nossas íntimas resistências. Pois bem, veja o que está acontecendo nesta guerra, veja as crueldades e as injustiças de que são responsáveis as nações mais civilizadas, a má-fé com que se conduzem diante de suas mentiras e iniquidades; veja, enfim, como todos perderam a capacidade de julgar com retidão: será forçoso admitir que as duas asserções da psicanálise eram exatas[36].

A agressividade, diz Freud, é uma característica "natural" do homem e, enquanto tal, é inextirpável. Pode-se apenas tentar regular sua intensidade, para que não se converta nas formas destrutivas da guerra. Mas não se deve ter muitas ilusões. A guerra reflete o homem primitivo que está em nós: aquele que transforma o estrangeiro no inimigo que devemos matar, que nos força a sermos heróis, que nos impede de aceitar serenamente a ideia da morte e nos obriga a aceitar a morte

---

36 Sigmund Freud, *Considerazioni attuali sulla guerra e sulla morte e scritti: 1915-1918*, Roma: Newton Compton, 1976, p. 122.

de entes queridos. O homem não é uma criatura gentil que deseja ser amada ou que se defende apenas quando é atacada. A agressividade é parte importantíssima de sua natureza. É preciso levá-la em conta. Além do mais, devido à propensão gregária da maioria dos homens, é ilusório crer que seria possível submeter os instintos à razão. A salvação passa por um (frágil) processo de civilização. Não que esta possa neutralizar as pulsões de morte humanas. E, no fundo, nem sequer é desejável sua excessiva interiorização, porque a agressividade explodiria em formas tribais, étnicas, ideológicas, bélicas. Todavia, o dever de uma civilização é levar à interiorização da agressividade, com todas as vantagens e os perigos decorrentes disso. Guerra e civilização estão em tensão permanente.

A história do século xx, com milhões de mortos e sofrimentos indescritíveis, parece ter dado plena razão ao pai da psicanálise. A agressividade inata dos homens, unida à presunção fatal de trilhar a estrada da verdade, do bem, do poder, escancarou as portas ao mal absoluto. Não por acaso, ainda continuamos a nos perguntar como foi possível que, no coração da Europa, se favorecessem barbáries inimagináveis e sistemáticas, extermínios de crianças, queimas de livros e ainda mais. E, no entanto, devemos nos perguntar: este mal terrível pode mesmo ser imputado ao homem enquanto tal? Ou os motivos devem ser procurados no desenrolar histórico de secularismos redentoristas, na delirante engenharia da história, na idolatria do poder absoluto, nos dogmas materialistas, no ódio sistemático à diversidade, na inversão da liberdade-responsabilidade humana e, enfim, na tentativa de anulação de qualquer vestígio de fé e espiritualidade no mundo e na história?

Para compreender o que ocorreu, é preciso evitar qualquer espécie de justificação histórica, qualquer tentativa de desresponsabilização dos indivíduos e das sociedades. O homem tem poder sobre o mundo. Na trama inextricável de ações e reações que é a vida humana, tudo nos condiciona e a tudo condicionamos. Maimônides chegou a afirmar que o livre-arbítrio e a liberdade são leis físicas do homem:

> No cosmo, onde cada criatura tem sua lei e não pode seguir nem obter outra que não seja a sua, o homem tem por lei ser livre: na infinita paisagem da criação, ele constitui a reserva de liberdade. Inextirpável, ao abrigo de todas as outras forças, exceto a sua, essa reserva pode infinitamente viver isolada, dobrada sobre si mesma num pacífico vaso fechado. Mas pode também transbordar a qualquer momento, romper as barreiras, ameaçar invadir a criação, aniquilá-la ou torná-la

sublime, arrancá-la a Deus num gesto brutal ou conduzi-la a Ele numa primavera absolutamente nova, oferecê-la à danação ou à redenção[37].

No pensamento hebraico, não é apenas Deus que rege o universo e a história. É um jogo de dois: de um lado Deus, do outro lado o homem. Deus intervém na história, mas também o homem, em medida superior. Todo homem tem uma responsabilidade enorme em relação a si mesmo, ao próximo, ao mundo criado, a Deus. Ele está suspenso numa corda bamba entre a liberdade e a escravidão, o bem e o mal, a indiferença e a decisão, a construção e a destruição, o desespero e a esperança. O que importa são os seus gestos, a sua responsabilidade. De outra forma, diz Neher, as tempestades da história o surpreenderão despreparado, frágil, espiritualmente escravo. Qualquer que seja sua intenção, todo ato deixa uma marca, uma cicatriz na realidade da vida. A intenção conta pouco ou nada. O que conta é a responsabilidade que, alimentada pela coragem, empenha e guia o pensamento e o ser inteiro. É a ação moral que empenha a existência humana, não a inteligência, que nos leva ao jogo, à reflexão, às fantasias. A unicidade da existência humana é o contraponto incontornável da generalidade do espírito humano.

A tragédia do povo judeu inspira Neher a escrever *L'esilio della parola: dal silenzio biblico al silenzio di Auschwitz*[38] [O exílio da palavra: do silêncio bíblico ao silêncio de Auschwitz], um livro de intensidade arrebatadora, místico em certos aspectos, embora distante de qualquer mística tradicional. Aqui, Neher não só não discute nenhuma experiência "religiosa" enquanto tal, mas ressalta a distância de Deus em relação ao homem e a sua obra na história. Deus se revela para além da palavra, num silêncio de significados múltiplos e profundos. Seu silêncio "diz" da liberdade do homem. Deus fica em silêncio para que seja a palavra humana a responder. Essa leitura desprovida de conciliações, consolos ou reconfortos, inverte a perspectiva de uma providência divina, que ordenaria o mundo segundo uma regra e medida Sua, num plano dado e realizado na eternidade. A visão de um universo criado em cada detalhe cede lugar a uma representação do mundo feito de assimetrias, de vazios, de faltas. Neher põe em cena criaturas que até recusam se

---

37 André Neher, *Chiavi per l'ebraismo*, Genova: Marietti, 1988, p. 85.
38 *Idem*, *L'esilio della parola: dal silenzio biblico al silenzio di Auschwitz*, Genova: Casale Monferrato/Marietti, 1983.

submeter à Palavra divina, que resistem, rebelam-se, provocam dramas e revoltas. Descobre, atônito, que a obra divina não só escapa a aproximações, mas, no decorrer de sua "construção", assume a cada vez as características, decepcionantes ou estimulantes, de uma improvisação. A liberdade do homem é a outra face do silêncio de Deus, o risco supremo da Sua obra. Com o homem livre, Deus introduziu um fator radical de incerteza no universo. A partir daquele momento, todas as coisas são confiadas à decisão do homem e à sua colaboração na obra de Deus. Mas a liberdade humana — combinação de graça e livre-arbítrio — não é uma via reta: é uma experiência trágica, instável, incerta, que cria a palavra no silêncio, a luz nas trevas, a plenitude no vazio.

O pensamento de Neher encarna a pluralidade do judaísmo e sua profunda diferença da tradição grega (raiz de toda a filosofia ocidental), que pretendeu oferecer um fundamento estável ao pensamento.

> Na ampla paisagem de uma doutrina hebraica refratária ao dogmatismo, as noções de sobrevivência, ressurreição e mundo futuro certamente têm seu lugar, mas são complementadas por uma concepção totalmente diferente, pronta a renunciar ao mundo futuro, à ressurreição e à sobrevivência, para colocar o acento tônico, antes de tudo, e depois o único acento no ser-aqui [*ecceidade*] da vida[39].

No *Trattato dei princìpi (farisaici)* [Tratado dos princípios (farisaicos)], o rabino Jacó declara: "Mais bela é uma hora de arrependimento e de obras neste mundo do que toda a vida do mundo por vir; e mais bela é uma hora de beatitude no mundo por vir do que toda a vida neste mundo"[40]. Que vertiginosa ousadia! Uma única hora de bem neste mundo vale toda a vida do tempo que virá. Uma primazia do dever que não pede nada em troca. Faz teu dever, diz Samsom Raphael Hirsch. Nele está o início e o fim da vocação humana. O hassidismo, corrente mística popular, frisará justamente o "aqui embaixo" de uma vida ética. O dom de Deus basta em si. Não há necessidade de uma vida celeste. O dever cumprido é um bem em si. Há uma esperança contra toda esperança (em Jó, Ezequiel, Jeremias); uma esperança que fracassa como ocorre com os náufragos à deriva, quando nada mais pode salvá-los.

---

39  André Neher, *op. cit.*, 1983, p. 239.
40  IV, 22.

É a esperança do martírio sem milagre, são as trágicas perseguições da época das cruzadas, das fogueiras e dos massacres, aquelas longas e intermináveis perseguições cujo fim nada permitia prever. Para usar a linguagem hebraica do século XX, é a esperança de Auschwitz. Esperança, e não Salvação; a alternativa é apresentada sobriamente por Elie Wiesel e é fundamental que se opere a escolha, que o pensamento esteja do lado da esperança e não do lado da salvação[41].

O homem é livre porque não encontra em sua vida o "ponto Ômega" onde tudo se cumpre. A vocação do homem consiste no ser provocado: "Caminha diante de mim", diz Deus a Abraão[42]. Ele é lançado na eternidade de espaços e tempos ainda não tocados pela obra divina, sobre uma terra não ainda arroteada por Deus. Cabe ao homem semeá-la para preparar as colheitas de Deus. Nesses campos sempre renovados, as semeaduras e as colheitas são infinitas como o próprio Infinito. "Nenhuma paz", exclamam os profetas. Eles sabem que a consciência precisa continuar atenta e que a maior culpa para o homem é a inércia. Mas, então, como pode haver uma beatífica serenidade no final dos tempos? Se existe um mundo por vir, é para que o homem opere nele[43]. Não há nenhum repouso para o justo! Toda a sua vida, aqui embaixo e no hipotético lá em cima, é um perpétuo itinerário, de obra em obra[44], até o dia seguinte ao final dos tempos. Pois sem, amanhã não há final dos tempos: as portas estão abertas para o infinito.

No Talmude está escrito: se estás plantando uma oliveira e te anunciam a chegada do Messias, antes termina de plantar tua oliveira, depois vai acolhê-lo. O cumprimento está na obra do plantar, não no Messias. Ninguém, nem mesmo o Messias, jamais terá em mãos as chaves que fecham definitivamente a história. A história não se fecha, porque não existe nenhuma chave. Por isso, a marca do judaísmo é o inconcluso, o incessante retorno do homem — e de Deus — a tarefas prementes e imprevisíveis.

"Na primavera semeia-se. No outono colhe-se. Mas nenhum outono se assemelha a outro, e nenhuma primavera a outra. Cada outono e

---

41  André Neher, *op. cit.*, 1983, p. 242.
42  Gênesis, 17, 1.
43  Talmude, Berakot 62a.
44  Salmos, 84, 8.

cada primavera exigem um novo esforço⁴⁵". Mas a história não se assemelha às estações da natureza. É pavimentada de fracassos e involuções, de perdas e esperanças.

> Nenhum nível de superação pode ser alcançado sem que, antes, tenha-se entregado ao risco e perdido alguma coisa; nenhum salto se pode realizar sem que se tenha devorado um espaço; nenhum edifício se pode consolidar sem que sua estrutura tenha sofrido abalos. A natureza se dobra a essa lei com todo o cego fervor de sua docilidade; se o grão não morre [...] [não há] nenhuma fecundidade do ovo sem que o sêmen se corrompa; nenhum impulso vital para o nascimento sem que a matriz se lacere. No século XVI, o Maharal de Praga mostra como a história faz eco à natureza: nenhuma construção sem ruína; nenhuma ascensão sem queda; nenhuma progressiva elevação aos estados superiores sem preliminar erosão interna e contínua. Foi necessário que o Templo desmoronasse uma primeira vez para que, de suas ruínas, surgisse um segundo Templo, de maior dignidade. Foi necessário que este segundo também desmoronasse para que se pudesse esperar um terceiro, de dignidade ainda maior⁴⁶.

A história não tem um antes e um depois. Tampouco o mundo conhece um aqui embaixo e um lá em cima. Eles são recriados a cada instante, em cada lugar de sua aventura, entre fracasso e esperança que, em seu dramático encontro, estão inextricavelmente entretecidos. Sua ambivalência exprime a letra e o espírito da palavra hebraica. Na Bíblia, o arrependimento de Deus traz em questão o tema (intolerável para a própria Bíblia) do fracasso. Deus se arrepende de ter criado a humanidade antes do dilúvio. Arrepende-se de ter condenado os hebreus⁴⁷. Arrepende-se de ter escolhido Saul. Seu arrependimento se assemelha ao dos homens, feito de desilusão, consternação, desânimo perante o fracasso.

> Ora, o termo hebraico que exprime esse arrependimento é *nehamâ*, e esse termo designa o arrependimento, mas também, ao mesmo tempo, a consolação. É a atitude contrária ao precedente, o recuperar-se diante do fracasso, a vontade, a energia, as mãos que voltam a mergulhar

---

45 André Neher, *op. cit.*, 1983, p. 243.
46 *Ibidem*, p. 244.
47 Êxodo, 32, 14.

na massa, a esperança. Assim, o fracasso e a esperança não são dois momentos distanciados da obra divina; são mutuamente inerentes, como dois polos opostos, e um mesmo termo exprime sua simultaneidade, de modo que, no texto bíblico, leem-se fracasso e esperança na mesma palavra, captam-se ambos no mesmo eixo da aventura bíblica. Encontramos da parte do homem essa simultaneidade do fracasso e da esperança em Deus, igualmente assinalada pela ambivalência de um mesmo termo — *azab* —, que significa a um só tempo o ato de abandonar e o de recolher. Nenhum intervalo de estação entre o arremesso da semente e sua colheita. Os dois movimentos são simultâneos. Quando o homem bíblico diz: Fui abandonado, no mesmo instante diz e transmite a mesma palavra: Fui colhido. O abandono e a recolha se sustêm juntos por força não do efeito de compensação do tempo que passa e cura, mas por força da dialética interna de sua relação indestrutível[48].

Que vertigem histórica e meta-histórica perpassa a relação entre o povo e o Criador! Que profundidade percebe-se na límpida superfície da palavra, do agir humano, do dever cumprido, da liberdade de escolha! Que dialética da esperança na constante recriação cotidiana do mundo! Que ética terrena, de forma nenhuma salvífica! Esse sentido da ação humana — a irrupção do infinito no aqui e agora — gera a liberdade na proximidade. Esse pensamento — um humaníssimo cântico de liberdade que antepõe o fazer ao dizer, o dever ao direito, a terra ao céu — é totalmente isento de arrogância ideológica: pura essência intelectual, tão universal quão imperscrutável em seu sentido autêntico.

Um homem é digno desse nome se age como homem livre; se é digno da liberdade; se sua dignidade é um valor em si; se é livre também na hora da tortura e do terror; se continua a amar a liberdade na escravidão física e espiritual. Tal como os mártires, os opositores e os revolucionários da liberdade de todos os tempos e lugares, como os judeus da revolta do gueto de Varsóvia ou os absorvidos na recitação do "Shemá" nos trens blindados e nas câmaras de gás, ou como os dissidentes soviéticos.

Na vida judaica, rito e *mitzvá* são regras de conduta, obediência à lei divina, respeito ao próximo e à obra da criação: o primado dos deveres pela escolha do bem em si, não para a salvação da alma. O prêmio é a alegria pela ação cumprida nesta terra, nesta vida, na intimidade do diálogo com Deus. És aquilo que fazes ou não fazes. Não aquilo que dizes ou que

---

48 André Neher, *op. cit.*, 1983, p. 244.

acreditas ser. Não as boas intenções e a interioridade. És apenas aquilo que fazes para teu próximo e diante de Deus. Essa marca de fé e de liberdade é a marca do messianismo hebraico, que não por acaso fecundou os messianismos secularizados laicos e ateus (inclusive o marxismo).

A história não tem chaves de compreensão. Tampouco faz sentido procurá-las. A perda, a incerteza, como também o mal, revelam uma história e uma liberdade imprevisíveis. Se é de fato necessário procurar uma chave, será, para Neher, uma metáfora musical.

> Desenvolvi uma metáfora musical. Ela brota sob minha pena no momento em que, procurando descartar seis falsas "chaves para o judaísmo", devo descrever a sétima "chave", a boa, a verdadeira, a eficaz. Ora, a eficácia dessa verdadeira chave reside, talvez, numa transposição do termo "chave": deixando de lado seu significado mecânico e manual, a partir de agora daremos a ela seu alcance dinâmico e musical. Chave de sol, chave de dó, chave de fá, chaves da escola cromática com suas alterações, suas variantes, suas modulações. Melhor que um molho de chaves, a polifonia poderá sugerir a essência do judaísmo e permitirá penetrar em seu universo [...] todavia a sinfonia judaica não consiste apenas nos acordes fortes, mas vibra também nas surdinas. Como a Palavra que um dia o profeta hebreu Elias ouviu por meio não do furacão sonoro, mas do órgão mais tênue da voz, o *pianissimo* do silêncio[49].

Não há chaves de acesso à história. Tampouco valem os heróis ou os sacrifícios para afirmar o bem sobre a terra. Os revoltosos do gueto de Varsóvia não eram heróis: herói é aquele que age pela glória imortal. Aqueles homens não tinham escolha. Para continuarem homens, precisavam desafiar o desumano, o mal absoluto. É por isso que sua coragem é incomensuravelmente maior do que a dos heróis gregos. Aqueles homens não buscavam a imortalidade histórica mundana. O eterno já estava neles através do Deus de Abraão, de Isaac, de Jacó e de todas as gerações até eles. Sua vida era o testemunho de uma lei moral. Na hora da decisão, fizeram o que devia ser feito.

Seria preciso atravessar o silêncio de Deus e nossa atormentada consciência antes de pronunciar palavras que tenham sentido. Ainda não as encontramos. E é por isso que, para compreender a história, seria preciso ouvir os testemunhos. Dar voz àqueles que, como Elie Wiesel

[49] *Idem, op. cit.*, 1988, pp. 7-8.

e Vassili Grossman, transfiguraram sua dor abissal em humaníssima escrita. Por quê? Por mil razões e por nenhuma. De mais a mais, qualquer resposta seria parcial, até mesmo cúmplice.

Sobre uma coisa Eichmann tinha razão, disse Wiesel certa vez: nenhum país estava interessado em salvar os judeus. Os nazistas desenvolveram seu projeto de aniquilação com um planejamento calculado e prudente. Aos poucos e gradualmente. Retomando o fôlego depois de cada passo, cada jogada, para avaliar as reações do mundo. Sempre houve um intervalo entre uma fase e outra, entre as leis de Nuremberg e a "noite dos cristais", entre as expropriações e as deportações, entre os guetos e o extermínio final.

> Depois de cada infâmia, os alemães aguardavam uma reação apaixonada por parte do mundo livre; logo se deram conta do erro: deixavam-nos agir. É verdade que, aqui e ali, surgia algum discurso, algum artigo de fundo indignado, mas a coisa se detinha ali. Então, em Berlim, sabiam como se comportar. Diziam a si mesmos: já que o semáforo está verde, podemos continuar tranquilamente. Ou melhor, estavam sinceramente convencidos de que, um dia, os outros povos lhes seriam gratos por terem feito o serviço no lugar deles[50].

Os jornais da época estendiam seu silêncio ensurdecedor sobre os campos de extermínio. Notas menos relevantes de pequenos acidentes de estrada. "Mas os únicos que se interessavam pelos judeus eram os alemães. Os outros preferiam não ver, não ouvir, não saber. A solidão dos judeus, caídos nas garras da besta-fera, não tem precedentes na História. Era total. A morte vigiava todas as saídas"[51].

O povo judeu nunca esteve tão isolado quanto na época da *Shoá*. Com a marca de Auschwitz gravada no corpo, Wiesel anota: "A crueldade do inimigo seria capaz de destruir o prisioneiro; é o silêncio daqueles que acreditava serem seus amigos — crueldade mais vil, mais sutil — que lhe parte o coração"[52]. E acrescenta: "O ódio não é uma solução [...] Se o ódio fosse uma solução, os sobreviventes deveriam incendiar o mundo assim que saíssemos dos campos"[53].

---

50  Elie Wiesel, *L'ebreo errante*, Firenze: La Giuntina, 1983.
51  *Ibidem*, p. 170.
52  *Ibidem*, p. 171.
53  *Ibidem*, p. 174.

Em *Vida e destino*⁵⁴, por muitos considerado o *Guerra e paz* do século XX, a esperança se ergue sobre o ódio do algoz. Grossman mostra a insólita simetria entre o *lager* e o *gulag*, a mesma captada por Eugenio Montale no célebre poema *Il sogno del prigioniero* [O sonho do prisioneiro]. Das trevas de um campo de concentração, *lager* ou *gulag* ou ambos, o último lampejo de humanidade emana, à beira da loucura, da respiração de um prisioneiro torturado e à espera de ser executado. O desejo pela mulher amada percorre seu corpo, trazendo à memória o lar, entre os últimos lampejos de uma extrema experiência de infinita dor.

Onde a linguagem resiste à aniquilação e as palavras ousam o indizível, lá se encontra Primo Levi. Do subterrâneo do "sofrimento e da necessidade", submergido por regulamentos e proibições, onde os níveis mais baixos e elementares da fisiologia humana se tornam torturas, o escritor, numa escrita contida, cristalina e isenta de invectivas, restitui-nos a condição do homem do século XX. Levi se sentia angustiado pela ideia de contar e não lhe darem crédito. No entanto, ele não pretendia apelar à justiça. Queria apenas testemunhar, a si mesmo e aos leitores de seus livros, a impossibilidade de se permanecer homem no abismo do desumano. E, como homem pacato, lúcido, racional, sábio, o fato de ter decidido se matar, devido ao insustentável sentimento de culpa por ter sobrevivido à aniquilação de milhões de homens, fornece-nos mais um sinal de um século inclassificável como caso-limite. Seu relato sobre a condição histórica humana de nosso tempo supera, em todos os sentidos, qualquer tratado conceitual e qualquer livro de história. Uma experiência que diz respeito a todos nós. Em tudo.

O outro, o imprevisível

O declínio da modernidade trouxe de volta as correntes profundas de um pensamento e de uma ética das relações humanas que, desde sempre, estiveram nas margens da história filosófica do Ocidente: um pensamento e uma ética, de raízes bíblicas, que atravessam a obra de personalidades como Moisés Maimônides e Levi Ben Gershom, Rabbi

---

54 Vassili Grossman, *Vita e destino*, Milano: Adelphi, 2008. Ed. bras.: *Vida e destino*, Rio de Janeiro: Alfaguara, 2014.

Yehuda ben Betzalel Liwa, Moses Mendelssohn, Emmanuel Lévinas, Franz Rosenzweig, Daniel J. Elazar e outros mais.

Em *Totalidade e infinito*, Lévinas dá as costas a toda a tradição filosófica ocidental. Num gesto teórico radical, o filósofo lituano-francês liberta a transcendência e a alteridade da totalidade dentro da qual tinham sido encerradas pelo pensamento filosófico de tradição grega. A tradição ocidental é "uma ontologia: uma redução do Outro ao Mesmo"[55], uma enorme e sistemática neutralização do diferente. Segundo o filósofo, a ontologia do Uno de Parmênides e a maiêutica de Sócrates desconhecem qualquer sentido fora de si. "Esse primado do Mesmo constituiu a lição de Sócrates. Não receber do Outro nada que não esteja em mim, como se eu possuísse desde sempre aquilo que me vem de fora"[56].

As filosofias de Hegel e Heidegger são declinações dessa ontologia. De fato, enquanto Hegel inscreve homens, Estados, civilizações e diferenças do pensamento no interior de uma Razão absoluta[57], Heidegger subordina o ente à impessoalidade do Ser, dando lugar a uma ontologia e a um materialismo desumano[58]. Como estratégia de anexação do Outro, a ontologia se constitui como uma filosofia da potência que conduz inevitavelmente à violência e ao domínio do outro. Na via que interliga totalidade e totalitarismo, Lévinas vê cumprir-se uma violência ontológica que, consequentemente, torna-se violência prática sobre o homem e, por fim, intolerância em relação ao diferente. Não é por acaso que a expressão de Heráclito — "o ser se revela ao pensamento filosófico como guerra"[59] — tenha se dobrado a tal exigência desde as origens da história da filosofia.

Ora, se no coração do conceito de totalidade está a violência e se toda a tradição filosófica ocidental removeu a transcendência, então, é preciso romper explicitamente com o pensamento do Idêntico. Cuidado! Não se trata de uma ruptura filosófica, mas de uma experiência existencial que se realiza no encontro com o outro: "O outro enquanto outro *é* Outros"[60]. Assim, não é pela via teórica que se superam a totalidade e os estreitos limites da imanência. Somente o face a face entre

---

55    Emmanuel Lévinas, *Totalità e infinito*, Milano: Jaca Book, 1980, p. 41.
56    *Ibidem.*
57    Friedrich Hegel, *Fenomenologia dello spirito*, Firenze: La Nuova Italia, 1963. Ed. bras.: *Fenomenologia do espírito*, Petrópolis: Vozes, 1992.
58    Emmanuel Lévinas, *op. cit.*, 1980, p. 307.
59    *Ibidem*, p. 19.
60    *Ibidem*, p. 69.

os homens permite tal superação. Essa alteridade absoluta é o rosto: "chamamos de rosto (*visage*) o modo como se apresenta o Outro, que supera a ideia do Outro em mim"[61]. O rosto não remete a outro. Significa por si só. É presença viva que se impõe por si, independentemente de qualquer atribuição de sentido e de qualquer contexto sociológico.

> A novidade do rosto não é o que se oferece a mim para que eu o desvele e que, por isso, seria oferecido a mim, a meu poder, a meus olhos, a minhas percepções, numa luz agora externa. O rosto está voltado para mim — e esta, precisamente, é sua nudez. Ele é por si mesmo e não por referência a um sistema[62].

O Outro tem significação própria, independente do significado recebido do mundo[63]. O problema, portanto, não é pensar o outro, mas abrir seu próprio pensamento, seu próprio coração e sua própria linguagem a um encontro para além da dialética tradicional. Derrida capta plenamente essa passagem do pensamento de Lévinas.

> Face a face com o outro num olhar e numa palavra que conservam a distância e interrompem todas as totalidades, este estar-junto como separação, precede e ultrapassa a sociedade, a coletividade, a comunidade. Lévinas o chama de religião. Abre-se à ética. A relação ética é uma relação religiosa, não uma religião, mas a religiosidade do religioso[64].

O que importa não é mais a palavra, e sim a interrogação, que está relacionada com a ética como lugar da verdade. Apenas a interrogação restituirá sentido aos conceitos filosóficos. Com efeito, manter-se no horizonte metafísico, onde coincidem a certeza do eu (cogito) e a experiência de si, significaria reconduzir o Outro ao mesmo, com mais um ato de violência contra o existente. Apenas um gesto livre — isto é, a decisão de ganhar essa liberdade renunciando a uma vida de frios intelectualismos — pode garantir a autonomia do encontro. O face a face é:

---

61 *Ibidem*, p. 48.
62 *Ibidem*, p. 73.
63 Idem, *Umanesimo dell'altro uomo*, Genova: Il Melangolo, 1985.
64 Jacques Derrida, *La scrittura e la differenza*, Torino: Einaudi, 1982, p. 121. Ed. bras.: *Escritura e diferença*, São Paulo: Perspectiva, 2005.

> [...] sem "intermediário" nem "comunhão". Sem intermediário e sem comunhão, sem mediaticidade nem imediaticidade, tal é a verdade de nossa relação com o outro, a verdade pela qual o *logos* tradicional é sempre inóspito. Verdade impensável da experiência viva, à qual Lévinas retorna continuamente, e que a palavra filosófica não pode tentar acolher sem mostrar prontamente, à sua própria luz, patéticas fissuras e aquela rigidez que fora tomada como solidez[65].

O eu e o outro não guardam nenhuma relação com as chamadas filosofias da intersubjetividade. Um encontro, uma relação nunca são neutros. E tampouco faz sentido perguntar que encontro é esse. Todo encontro *é* o encontro: a única aventura possível fora do si, em direção ao imprevisivelmente outro. Um encontro é uma aventura sem retorno. Mas nem por isso desesperada. Por outro lado, dizer o outro continuando no horizonte da racionalidade é ilusório. O outro pode se dar somente como *pathema*. Não, trata-se de libertar o próprio pensamento e a própria linguagem para o encontro para além da alternativa clássica.

> Sem dúvida, esse encontro que, pela primeira vez, não tem a forma do contato intuitivo [...] e sim a da separação (o encontro como separação [...]), sem dúvida, esse encontro do imprevisível por excelência é a única abertura possível do tempo, o único porvir puro, o único dispêndio puro para além da história [...]. Mas esse porvir, esse além, não é um outro tempo, um amanhã da história. Está presente no coração da experiência. Presente não como presença total, mas como o rastro. [...] Face a face com o outro num olhar e numa palavra que conservam a distância e irrompem todas as totalidades, esse estar-junto como separação precede e ultrapassa a sociedade, a coletividade, a comunidade[66].

O futuro não é garantido pela história, que em geral é mascaramento. Um encontro autêntico vive num espaço não histórico, indeclinável na história. A história não é nossa (minha) realidade, não é nosso (meu) problema. O rosto que olha despe a existência de suas fisionomias históricas, traz à luz o existente e sua relação com o outro. O próprio corpo é libertado das formas fixas e eternas, indiferente aos ciclos do

---

65   *Ibidem*, p. 114.
66   *Ibidem*, p. 121.

nascimento e da morte, em que Parmênides acreditara aprisioná-los. Para o filósofo eleático:

> [...] o ser se liga ao ser. Mas imóvel, nos limites de grandes ligações é sem princípio e sem fim, pois nascimento e morte foram expulsos para longe e impele-os uma verdadeira certeza. E permanecendo idêntico no idêntico, em si mesmo jaz, e assim ali permanece sólido. De fato, necessidade inflexível o mantém nas ligações do limite, que o cerca inteiramente, pois está estabelecido que o ser não é sem realização: de fato não lhe falta nada; se o fosse, faltar-lhe-ia tudo[67].

Parmênides aspira a um mundo de formas e relações perfeitas. Admite um só espaço para as coisas espaciais. Um só tempo para as coisas temporais. Uma só verdade para as coisas verdadeiras. É indiferente ao espaço vivido, ao tempo que passa. Ele protesta contra a incompletude da vida humana, contra o horror da decadência e da velhice. Nega o destino mortal do homem. Porque morrer significa individuar-se. E individuar-se é dor, queda no mundo, decomposição, separação. A vida começa com um sobressalto emocional e vem sempre acompanhada pelo imprevisível, pelo aterrorizante, pelo amor, pela angústia, pela beatitude, pelo incompreensível, pela instabilidade: é abalo emocional, sobressalto que devora coisas e fatos.

A metafísica eleática — que projeta o *logos* sobre o ser até se tornarem coincidentes —, estendida à generalidade do espírito humano, transforma o mundo num universo imutável e ordenado. O espaço, assim, torna-se espaço lógico da linguagem, experiência de um tempo sem duração. Não será talvez verdade que a metafísica sempre pretendeu explicar a experiência por meio da linguagem? Não será talvez verdade que grande parte dos enigmas não resolvidos da linguagem se deve ao fato de que o juízo é separação originária, espacialização primordial, cisão do pensamento?

No entanto, antes que a identidade se tornasse ponto de coincidência entre pensamento e ser, era estranho aos gregos a nostalgia da unidade perdida e a pretensão de produzir valores universais[68].

---

67 Parmênides, *Poema sulla natura*, Milano: Rusconi, 1991, p. 103.
68 Gilles Deleuze, "Pensiero nomade", in: *Divenire molteplice: saggi su Nietzsche e Foucault*, Verona: Ombre Corte, 1996. Ed. bras.: "O pensamento nômade", in: *Nietzsche hoje?*, São Paulo: Brasiliense, 1985.

Em grego, em nossa língua, numa língua rica de todas as alusões de sua história — e aqui já se prenuncia nosso problema — numa língua que acusa a si mesma de um poder de sedução que utiliza continuamente, ela nos convida ao deslocamento do *logos* grego; ao deslocamento de nossa identidade e talvez da identidade em geral; convida-nos a abandonar o lugar grego, e talvez o lugar em geral, rumo àquilo que já não é sequer uma fonte ou um lugar (demasiado favorável aos deuses), rumo a uma respiração, rumo a uma palavra profética já emitida não só a montante de Platão, não só a montante dos pré-socráticos, mas ao aquém de qualquer origem grega, rumo ao outro do Grego [...]. Pensamento pelo qual o todo do *logos* grego já foi alcançado, húmus que se depôs não sobre um terreno, ao redor de um vulcão mais antigo. Pensamento que, sem filologia, por meio da fidelidade exclusiva à nudez imediata, mas desaparecida, da experiência mesma, quer libertar-se da dominação grega do Mesmo e do Uno (outros nomes para a luz do ser e do fenômeno) como de uma opressão, sem dúvida diferente de todas as outras existentes, opressão ontológica ou transcendental, mas também origem e álibi de todas as opressões no mundo[69].

A anulação do arquipélago imaginário originário não só realiza o destino da razão: também anuncia seu declínio. Maria Zambrano mostrou como essas potências imaginárias gradualmente vêm a ter lugar no conceito de "clássico", nas formas de uma beleza absoluta, para além da vida e da morte. Os gregos da pólis são apresentados em sua sede de razão, ordem, beleza, verdade, luz. O ser é sua vocação mais autêntica. Mas isso não os salva do ocaso. Exilados, decaídos, parecem homens além da vida[70]. Como se, distantes da perfeição daquelas formas, a vida lhes fosse insustentável, algo para o qual não estavam preparados. Mas por que a totalidade, identificando-se com o ser, constitui-se contra a multiplicidade e, portanto, contra o próprio pensamento? E o que é a totalidade? E o que é o "todo"?

A lógica que não reconhece nada fora de si desconhece a relação com o outro. Talvez agora esteja mais claro por que o Ocidente hesitou por tanto tempo em pensar o outro. Como se intuísse que a nua experiência do outro seria fatídica para sua construção racional; como se a abertura à multiplicidade pudesse destroçar sua máscara jurídica.

---

69  Jacques Derrida, *op. cit.*, 1982, p. 104.
70  María Zambrano, *L'agonia dell'Europa*, Venezia: Marsilio, 1999, pp. 77-8.

Abrir-se ao outro significa, de fato, aceitar o risco de seu próprio questionamento, da perda de sua própria identidade. A inclusão do outro implica sempre a possibilidade do sacrifício de seu próprio universo. Um encontro não é uma transação entre dois universos fechados: deve preparar um tempo novo. Reconduzir a alteridade do outro a uma figura de si inevitavelmente transforma o encontro numa luta mortal.

Durante milênios, a identidade foi apenas um espaço fechado, que dispôs ordenadamente a variedade do mito e das formas de vida num espaço euclidiano[71], numa realidade rígida de coisas e substâncias, de causas e efeitos. Não será este o projeto de neutralização dos sentimentos e das paixões (que Platão, 2 mil anos atrás, já definia como "lodo bárbaro"), que a filosofia e o direito modernos tentaram eliminar da ordem das coisas? Não terá sido ao longo desse caminho que se tentou iluminar a escuridão das profundezas humanas com a luz ofuscante de uma verdade para além do sujeito e da própria vida?

O encontro humano, o diálogo, não pode ser um jogo onde os participantes já conhecem os lances de antemão. O encontro humano é improviso, uma sinfonia livre e incompleta de situações imprevisíveis. Tudo é aberto. Aqui, só aqui, liberdade e identidade voltam a coincidir. Não mais como questões distintas que se aproximam. Mas no sentido de que a questão da liberdade é a questão da identidade. Não mais, portanto, uma outra abstração universalista, e sim uma tensão que reescreve continuamente os limites da humanidade do homem. O homem é determinado por uma só urgência: ser livre. Esta é sua lei física. A liberdade o interpela por todos os lados.

Restituir a vertical (em direção à qual tendem todas as relações de poder) à horizontal (onde, ao contrário, realiza-se todo encontro autêntico) é também estabelecer a dimensão política da liberdade. A própria relação com o destino é transformada. Nessa perspectiva, prevê-se o destino (do qual nada se pode saber) para preveni-lo. No sentido exatamente contrário à necessidade implacável do destino dos gregos. Aqui é a liberdade que desempenha a tarefa decisiva. Aqui ocorre ao pensamento a fulgurante imagem de André Neher, com o guardião do farol que dirige a luz para as ondas impetuosas da tempestade. A morte o colhe exausto, extenuado. Mas sua lanterna, que continua erguida em sua mão firme, permite que o navio evite o naufrágio e prossiga em seu caminho. Bem, ele morre. Mas, antes de morrer, há um momento

---

71 Michel Serres, "Discorso e percorso", in: *L'identità*, Palermo: Sellerio, 1980, p. 38.

em que, de pé, ele pode desafiar e, pelo menos por um segundo, subtrair-se ao adversário. É uma margem existencial exígua e altíssima: o espaço da luta mortal entre a liberdade e a necessidade, onde até mesmo as ruínas resgatam a liberdade. Essa luta, essa aventura de liberdade guarda ressonâncias bíblicas.

> Quando, 3 mil anos atrás — escreve Hermann Broch —, foi concebida e redigida a proposição de alcance universal segundo a qual "Deus criou o homem à sua semelhança" [...] tal proposição continha antecipadamente toda a filosofia idealista do Ocidente, desde Platão a Descartes e Kant [...]. Sem dúvida, com a formulação desse princípio, a ideia prometeica foi elaborada até aquelas consequências extremas às quais a mitologia grega jamais teria condições de chegar. É uma ideia assombrosa e fantástica porque coloca o foco da ilimitada liberdade divina no terrestre com uma lógica férrea e terrível [...]. E, com essa lógica rigorosa, concedeu-se ao homem algo de prometeico, algo que nenhum animal possui, qual seja, a tensão rumo a uma liberdade absoluta que o coloca acima da natureza criada e de suas leis, embora, com seu ser físico, ele continue submetido a essas leis, sem poder escapar ao domínio delas, e embora tais leis tenham se tornado manifestas exclusivamente mediante a virtude de seu conhecimento: indômito permanece o fogo na natureza terrestre, restam o vulcão e o raio, continuam sempre como seus adversários, e indômita permanece a liberdade na alma do homem; ela também é vulcão e raio de tal modo que ele, o guardião do fogo, se consome sem trégua nesse fogo, pois tal é ao mesmo tempo sua maldição e sua graça. Nenhum direito natural podia garantir essa dialética, em que maldição e graça caminham juntas. Somente o direito divino tinha essa possibilidade[72].

Deus que redime a Si mesmo

A outra vertente da liberdade, seu lado à sombra, é a responsabilidade. Em *Altrimenti che essere*[73] [Diferentemente de ser], Lévinas a enfrenta,

---

72   Hermann Broch, *apud* André Neher, *op. cit.*, 1983, pp. 155-6.
73   Emmanuel Lévinas, *Altrimenti che essere o al di là dell'essenza*, Milano: Jaca Book, 1983.

por assim dizer, pelo lado mais difícil. Os outros, diz ele, causam-me inquietação. Põem-me em discussão. Chamam-me, desde o início, a uma responsabilidade para com eles. "O rosto me pede e me ordena"[74]. Essa "responsabilidade" não é um simples aspecto da subjetividade, mas um modo de ser essencial, uma relação ética assimétrica:

> [...] onde sou responsável pelo outro, independentemente do fato de que o outro também o é em relação a mim ("o contrário é assunto seu"). A responsabilidade que recai não pode ser recusada humanamente. Essa medida é uma dignidade suprema do sujeito. Eu que não sou intercambiável sou eu porque sou responsável. Posso substituir-me a todos, mas ninguém pode se substituir a mim. Tal é a intangível identidade do eu[75].

Lévinas tem Dostoiévski em mente ao dizer: "somos todos responsáveis por tudo e por todos, perante todos e eu mais do que todos os outros"[76]. Sua visão da alteridade e da transcendência está inscrita no horizonte de uma fé que diferencia a vida de uma mera usurpação de um lugar ao sol. Para "a irrupção de Deus no ser ou a explosão do ser em direção a Deus"[77], não sou um simples ser no mundo. Sou acima de tudo um ser para o Outro. Deus, o Infinito em seu absoluto, é o *Autre* junto ao outro homem. É relação com outros, lugar de encontro entre homem e Absoluto. Lévinas retorna várias vezes a esse ponto. Insiste nele com palavras inequívocas: a dimensão do divino se abre a partir do rosto humano. É impossível um "conhecimento" de Deus que prescinda da relação com os homens.

Lévinas deriva da religião dos pais um monoteísmo rigoroso, de características transcendentes, invisíveis, inobjetiváveis, talvez indizíveis. Seu Deus é um *rosto* encoberto por um véu impenetrável, oculto no segredo de seu mistério. Fé significa dizer desencanto do mundo, separação, distância infinita, encontro entre Deus e o homem. O Deus de Lévinas é estranho a qualquer sacralização, indiferente a qualquer forma de fusão com o homem, visto que esta anula tanto a transcendência de Deus quanto a autonomia do homem.

---

74  *Ibidem*, p. 111.
75  *Ibidem*.
76  *Ibidem*, p. 115.
77  Emmanuel Lévinas, *Difficile libertà. Saggi sul giudaismo*, Brescia: La Scuola, 1986, p. 277.

Também Rosenzweig[78] faz uma severa crítica da totalidade, favorecendo a ruptura com o pensamento do idêntico. Seu convite para abandonarmos o *logos* grego — que até agora tem definido nossa identidade e, talvez, a identidade em geral — é radical. A uma filosofia que não reconhece nada além de si mesma, que se pretende sem nenhum pressuposto e que, desde suas origens, identifica a totalidade do universo com a unidade do *logos* — deslocando para as margens o múltiplo, o negativo, o alógico e o individual —, Rosenzweig contrapõe a indigesta realidade do homem, a irredutível concretude de seu ser assim. De súbito o homem descobre, apesar de tudo, que ainda está aqui. O homem como "eu", que é pó e cinzas. O eu, o mais comum dos indivíduos, com nome e sobrenome.

O crepúsculo dos *idola* historicistas e de todas as totalidades expõe o pensamento diante de Deus, do mundo, do homem. É a existência (trama e drama do ser) que realiza o horizonte do encontro entre Deus, homem e mundo. Revelação é a ligação de Deus com o homem (que é amor de Deus pelo homem). Mas Deus não é só aquele que redime: é também aquele que é redimido. "Na redenção do mundo por meio do homem, do homem no mundo, Deus redime a si mesmo"[79].

Rosenzweig desenvolve uma filosofia e uma teologia da criação-revelação-redenção, em que a verdade renuncia à lógica e se torna conquista ética. Caminhar na luz do rosto de Deus, percorrer o espaço aberto da "estrela da redenção", é possível para quem segue a palavra de Deus, como nos versículos de Miqueias : "Ele te declarou, ó homem, o que é bom; e o que o Senhor pede de ti, senão que pratiques a justiça, ames o bem e andes humildemente com teu Deus?"[80].

A verdade se revela no véu sombreado que cobre a face de Deus e na ação humana que tenta desvelá-la[81]. A experiência da alteridade roça apenas a superfície. "Quem faz experiência não participa do mundo. Pois a experiência é 'nele' e não entre ele e o mundo"[82]. É a relação Eu-Tu o caminho por onde o Eu se abre ao outro e a suas profundezas. Mas mais alta do que a relação Eu-Tu é a relação entre Eu e Deus. A ela se remetem todas as outras relações pessoais. Essa relação é a forma

---

78   Franz Rosenzweig, *La stella della redenzione*, Milano: Vita e Pensiero, 2005.
79   *Ibidem*, p. 256.
80   Miqueias, 6, 8, *apud* Franz Rosenzweig, *op. cit.*, 2005, p. 453.
81   Martin Buber, *Sette discorsi sull'ebraismo*, Firenze: Israel Società Tipografico Editoriale, 1923, p. 104.
82   *Idem*, *Il principio dialogico*, Milano: Edizioni di Comunità, 1958, p. 11.

extrema do diálogo, o pressuposto da reciprocidade de palavra entre o homem e Deus. Toda relação autêntica com o Absoluto, toda verdadeira forma de fé encerra a possibilidade de uma revelação. Mas o Absoluto é um Tu que nunca poderá se converter num Este ("Ai daquele que é infundido a ponto de crer que possui Deus"). Deus jamais se revela como é em si mesmo. Pois, se se revelasse, iria se tornar objeto do conhecimento humano. Mas Ele está sempre além do conhecimento.

Quando Moisés, na famosa passagem do Êxodo[83], pede a Deus que revele Seu nome, recebe em resposta palavras misteriosas: "'ehjeh 'asher 'ehjeh" [Sou aquele que sou]. Para Buber, tradutor da Bíblia para o alemão com Rosenzweig, o verbo 'ehjeh deve ser entendido não no sentido estático e abstrato de ser, e sim no de acontecer, devir, estar aqui, estar presente. A palavra de Deus poderá ser traduzida, portanto, como "Serei presente como serei presente" ou "Estarei aqui como estou aqui". E, como em hebraico o tempo imperfeito compreende tanto o presente quanto o futuro, seu sentido conterá também o presente e o futuro e poderá ser apresentado assim: "Estou presente como estou presente" ou "Estou aqui como estou aqui"[84].

Como observou lucidamente Sergio Quinzio[85], a plenitude inalcançável de Deus não reside no eterno, tempo qualitativamente diferente do tempo do homem, mas no futuro a que aspiram o desejo e a obra do homem. Atenção! Não se trata de um problema filológico, mas de uma passagem filosófica e teológica crucial, que designa um caminho humano exposto às radiações da história e, ao mesmo tempo, sanciona o êxodo definitivo dela. Estar presente na história sem ser da história significa viver fora da idolatria da história. É um compromisso sem consolações. Nesse atravessar o tempo (presença, saída, passagem, travessia) aparece o ponto de encontro entre transcendência e imanência que unifica aquilo que a superstição do *logos* havia separado. Essa irredutível alteridade tem um nome: individuação, que leva a uma saída da idolatria do universal grego que, para representar abstratamente a totalidade,

> [...] precisa recorrer à intercessão de um elemento lógico e móvel, capaz de separar e reunir, de ultrapassar as particularidades atra-

---

83   Êxodo, 3, 13-14.
84   Martin Buber, *Mosè*, Casale Monferrato: Marietti, 1983, pp. 34-50.
85   Sergio Quinzio, *Radici ebraiche del moderno*, Milano: Adelphi, 1990, p. 107.

vessando-as: o *logos*, mediação universal, representação esvaziada de presença, portanto, ídolo por definição. Na perspectiva judaica, porém, o particular é o elemento móvel do universal. Assim, a letra deixa de ser figura do particular, obstáculo ao universal. O particular, a individualidade não são mais um bloco opaco na transparência do universal, mas uma travessia, uma passagem, um deslocamento (*ha'avarah*). A casa é um lugar de passagem, uma porta onde todo ingresso (*kanes*) é uma reunião (*kenes*, *knesset*), e não mais a clausura numa cidadela[86].

Talvez se possa considerar toda a história do Ocidente como a história da oposição entre o antropocentrismo e o cosmocentrismo, a transcendência bíblica e a imanência do *logos* grego: ou seja, entre a certeza sem fundamentos da liberdade e a lógica do Uno que tudo pretende conhecer e explicar. Na história do mundo, é a fé em Deus que institui a única igualdade compatível com a liberdade humana: a igualdade diante de Deus. Inversamente, o *logos* grego construirá o universo totalitário de um Estado que se pretenderá Deus e, à força da igualdade ideológica, suprimirá toda e qualquer singularidade não repetível e desarmônica do homem.

Na história sem ser da história

O que dizer da história de nosso tempo? Insensata, trágica, desumana? Poderia surgir um sentido adotando-se uma perspectiva não histórica. Somente fora da história, de fato, pode-se compreender como foi possível chegar ao ápice da desumanidade política, como resultado de um longo processo de imanentismo, de engenharia da história, de uma louca busca do Bem absoluto que, no entanto, escancarou as portas do Mal absoluto. Isso significa despedir-se definitivamente de todo justificacionismo histórico, procurar nas sendas da história espiritual do mundo. A vida dos homens, com efeito, é um entrelaçamento inextricável de ações e reações que deixam marcas. Tudo nos condiciona e condicionamos a tudo, escreveu Neher.

Essa grandiosa, mas aterrorizante responsabilidade, que a psicanálise permite tocar, foi explorada até suas profundezas pelo rito

---

86  Shmuel Trigano, *Alle radici della modernità*, Genova: ECIG, 1999, pp. 315-6.

judaico, e existe precisamente para permitir que o homem meça sua responsabilidade esmagadora e, ao mesmo tempo, para lhe dar os meios de enfrentá-la. Uma das afirmações mais exaltantes da fé judaica é a de que o homem tem poder sobre o mundo. Não é apenas Deus que rege o universo e a história: o destino da humanidade é uma partida que se joga a dois. Deus e o homem estão empenhados juntos, em virtude do pacto que Deus selou com um povo em particular, o povo de Israel.

Se Deus intervém na história, em virtude desse pacto, o homem também intervém nela e com frequência muito maior [...]. O mal despedaça até o trono de Deus, o mal feito pelo homem é uma ofensa a Deus.

Já na Idade Média, Moisés Maimônides descobrira no livre-arbítrio a chave de todo o edifício da teologia judaica. O grande desafio divino, seu desígnio na criação, era que a liberdade se tornasse a lei física do homem. No cosmo, onde cada criatura tem sua lei e não pode seguir nem obter outra que não seja a sua, o homem tem por lei ser livre: na infinita paisagem da criação, ele constitui a reserva de liberdade. Inextirpável, ao abrigo de todas as outras forças, exceto a sua, essa reserva pode infinitamente viver isolada, dobrada sobre si mesma num pacífico vaso fechado. Mas pode também transbordar a qualquer momento, romper as barreiras, ameaçar invadir a criação, aniquilá-la ou torná-la sublime, arrancá-la a Deus num gesto brutal ou conduzi-la a Ele numa primavera absolutamente nova, oferecê-la à danação ou à redenção[87].

As palavras de Neher irradiam uma intensa luz sobre as esferas da ética, o valor da liberdade, o dever da responsabilidade. Todo homem tem uma grande responsabilidade em relação a si mesmo, ao próximo, ao mundo criado. O que importa é o agir e como agir. De outra forma, as horas tempestuosas da história nos surpreenderão despreparados, fracos, espiritualmente escravos. Cada gesto do homem deixa uma cicatriz na realidade da vida, para além das intenções, que pouco ou nada importam. O que importa é a ação moral realizada, que nos empenha totalmente, e não apenas nosso pensamento que a guia. Sim, porque a inteligência tem seus tempos e às vezes é lenta e desajeitada; a intuição certamente é mais vivaz, mas não raro falaz. A ação moral,

---

[87] André Neher, *op. cit.*, 1988, p. 85.

por sua vez, é a bússola por meio da qual o homem sempre reencontra sua posição correta diante dos outros, a cada vez reencontrando também seu lugar de associado na obra de Deus no plano da história.

Num poema hebraico sobre a aposta e a esperança, Neher retoma o verso "As lágrimas são o vinho duro da alma" e cita uma das últimas páginas da *Estrela da redenção* de Rosenzweig.

> Torturantes desventuras surpreendem o homem? Que ele, então, reaja como os cavaleiros que partem para a guerra para demonstrar sua coragem e que por nada neste mundo fugiriam diante da espada. Sentiriam vontade de fugir. E é para não serem indignos que resistem em batalha, deixam-se ferir e matar, sabendo perfeitamente que, morrendo em combate, não receberão nenhum salário de seu senhor. Pois não diz Jó na Bíblia: "Ainda que Ele me mate, n'Ele esperarei"? Sim, eu o servirei correndo o risco de não receber nenhum salário neste mundo nem no outro[88].

O heroísmo invocado por Rosenzweig é o mesmo daqueles que aceitaram o sofrimento e a morte de rosto descoberto, sabendo plenamente que o que estava em jogo estava além do insucesso: estava no próprio combate, no desafio humano lançado contra a fera desumana[89]. A contraprova da asserção é talvez ainda mais dura e significativa, mas repleta de esperança. Quem não fez o que os nobres cavaleiros do gueto de Varsóvia fizeram contra os senhores da morte terá sentido medo, terá encontrado justificativas, omissões, terá ficado do lado dos algozes, terá até sentido compaixão pelas vítimas. Como quer que tenha sido, foi uma opaca cumplicidade que permitiu o mal. Os revoltosos do gueto de Varsóvia não buscavam a imortalidade. Por suas ações, aqueles homens já estavam ligados ao Eterno: o Deus de Abraão, de Isaac, de Jacó e de todas as gerações que os precederam. Toda a vida cotidiana deles decorria sob o signo de uma lei moral. Na hora da decisão, fizeram o que deviam fazer: responder na terra a um altíssimo dever moral — porque a Torá é desta terra, não do céu.

A filosofia da história não consegue dizer nada mais sobre o sentido, as regularidades, as imprevisibilidades, o caos da história humana.

---

88   *Sefer Hassidim*, comentário ao Livro de Jó 13, 15, *apud* André Neher, *op. cit.*, 1988, p. 120.

89   André Neher, *op. cit.*, 1988, p. 120.

Parece ter até renunciado a procurar um sentido. Podem ser encontrados alguns tênues feixes de luz, perpassando os opacos novelos da história, nos fragmentos de verdade dispersos no imenso acúmulo dos acontecimentos históricos. Ali se incorre na liberdade e na mais exigente responsabilidade.

A vida de um justo, nesta terra e num mundo que virá, é um itinerário incessante de obra em obra, até o final dos tempos[90]. A plenitude inalcançável de Deus não reside no eterno, mas no futuro do tempo do homem, no caminho radicalmente exposto e submetido às radiações da história. Mas é um êxodo da história, pois estar presente na história significa viver fora da idolatria da história, num empenho tão desencantado e desmitificado quão ativo e confiante. O homem atravessa o tempo: um tempo que se ilumina ali onde se encontram transcendência e imanência, no prisma que reunifica aquilo que a superstição do *logos* havia separado. O livre-arbítrio é a chave reencontrada, fora da chave perdida da história.

A liberdade é a lei física do homem. Toda criatura tem uma lei sua e deve segui-la. O homem tem como lei ser livre porque, na infinita paisagem da criação, ele constitui uma reserva de liberdade. Essa liberdade pode se encerrar num insignificante vaso fechado ou romper as barragens, tornar-se mal absoluto. Caminhar no fino e perigoso fio suspenso entre esses dois extremos expõe o homem à danação ou à redenção. Todo homem, em suas escolhas de vida, é responsável pelo bem e pelo mal. Mas bem e mal não se afirmarão no mundo (e nunca se afirmaram) por meio de palingêneses apocalípticas, e sim por meio de ações éticas de indivíduos que encontraram seu destino na estrada que escolheram para evitá-lo.

---

[90] Salmos, 84, 8.

# As origens da democracia totalitária

Uma lei sem homens

Grande parte do caminho do Ocidente traz a marca da tensão entre filosofia e política. Na "estatalidade moderna", os conceitos e valores da política se revelaram como puras formas teológicas secularizadas. O longo período que transformou a ideia de Deus num artifício histórico (o Estado que se pretendeu Deus) não só enfraqueceu as dimensões da liberdade e da espiritualidade, mas acentuou a separação entre a minoria que detém o poder e a maioria sem poder. Esse processo sofreu no século XX uma metamorfose radical: a política deixou de ser paradigma teórico e prático do Estado e se transformou em mero tecnicismo, um instrumento de mediação estranho (e hostil) às hierarquias dos valores morais, ao espírito de iniciativa, ao senso de risco, à lógica da descoberta científica.

A ideologia jurídico-política neutra (apenas na aparência) produziu dispositivos de efeitos arbitrários, irracionais, paralisantes. Uma sociedade nascida em nome dos interesses gerais — mas de fato guiada por legislações fundadas em interesses particulares de maiorias políticas temporariamente no poder — transformou os homens em observadores passivos de um número incalculável de normas. Um poder legislativo parcial, embora com uma máscara neutra e imparcial, gerou fenômenos de corrupção política, social e individual que se difundem do topo até a base. No entanto, a perda de legitimidade da decisão política não se deve apenas à revelação da verdadeira natureza da autoridade estatal. A profusão de leis produzidas por cálculos contingentes trouxe fraqueza e incerteza a todas as decisões, que sempre implicam aceitação de responsabilidades, liberdade de escolha e de risco, previsão dos efeitos intencionais e não intencionais, distinção entre bem e mal, entre útil e inútil. Alguns dirão: desresponsabilização, corrupção, indiferença e cinismo são fenômenos típicos da natureza humana. Certamente! Mas como deixar de perceber em nossos tempos um nivelamento generalizado, confundindo e borrando valores e desvalores, negando desigualdades e diversidades naturais, ofuscando a distinção entre bem e mal?

A ideologia do interesse geral enfraqueceu as liberdades individuais, a capacidade e consciência da livre escolha individual, o papel da família, as funções da escola como lugar fundamental do crescimento individual, assemelhando-a cada vez mais a um espaço de entretenimento, totalmente inadequado a uma sociedade complexa. A falta de certeza e de previsibilidade, eixos de toda a tradição jurídica ocidental, gera um *vulnus* nas próprias exigências humanas naturais de ordem social, de tranquilidade privada, de salvaguarda contra o abuso e a violência. Os efeitos sociais e psicológicos decorrentes são muito preocupantes. A proliferação incontrolável de normas comporta um efeito negativo sobre a eficácia das regras, das leis, até mesmo sobre os estilos de vida, os sentimentos, as opiniões e os valores de uma determinada sociedade[1].

A ideia de que o direito vive no âmbito exclusivo da legislação deriva da convicção de que somente as leis podem gerar comportamentos conformes aos objetivos de uma maioria governamental. Mas a luta pela conquista do poder legislador não só torna imprevisíveis as consequências dos comportamentos (a previsibilidade é condição essencial para as decisões e as ações humanas), mas sobretudo altera (pela obrigatoriedade das normas) a interação social e as trocas individuais. As consequências psicológicas e sociais são grandes: desconfiança quanto à imparcialidade da lei; ansiedade diante da amplidão dos campos em que a legislação pode interferir; observância da lei por mero temor; incerteza quanto às mudanças que as leis poderiam provocar subitamente nas relações entre indivíduos; obstáculo aos projetos individuais; desconfiança pelas convenções existentes e falta de respeito aos pactos; bloqueio das decisões de longa permanência determinado pela legislação particular e por decretos em caráter de urgência, pelo conflito entre leis simultâneas, pela dúvida de que a lei de hoje ainda esteja em vigor amanhã[2]. São esses, entre outros, os meca-

---

1   Alessandro Vitale, "Spontaneità e apprendimento nella costruzione sociale della legge", in: *Psicologia e problemi giuridici*, Milano: Giuffrè, 2000, p. 141.
2   *Ibidem*, p. 143.

nismos de dependência, desconfiança e medo que colocam o indivíduo em permanente posição submissa e subalterna aos atores políticos e aos burocratas estatais. Uma sombra desceu sobre as características distintivas da civilização ocidental, quais sejam: a fé nos pactos convencionados, a espontaneidade das regras de conduta, a honra das relações pessoais, a honestidade contratual. Essa perda de autoridade acomete, antes de mais nada, a política: se, no passado, ela se revestia de certa solenidade, enquanto depositária de nobres tradições (e até de submissão e respeito), hoje é abalada por um descrédito e uma deslegitimação sem freios.

Muitos estudiosos se perguntam se não é a própria impessoalidade das normas e do comando que constituiria um problema. Por muitos séculos, a tradição jurídica ocidental viu na objetividade e na impessoalidade das normas uma possibilidade de defesa contra os arbítrios do poder pessoal. Todos os Estados ocidentais têm se baseado

> [...] na impessoalidade do comando, isto é, no fato de que — por uma evolução secular das ideias e dos costumes, que amadureceu precisamente na "Europa fria" — os cidadãos preferem obedecer a normas objetivas, de preferência à autoridade (e ao arbítrio) de pessoas físicas. Toda a história das liberdades "constitucionais" no Ocidente pode ser considerada como uma luta interminável para substituir o comando pessoal (do senhor feudal, do príncipe, do juiz) pela soberania da lei, isto é, de normas estabelecidas em caráter permanente que, portanto, prescindem dos desígnios de quem deve aplicá-las e das expectativas daqueles a quem se aplicam[3].

As violações sistemáticas e generalizadas da lei e a propensão irracional à ilegalidade, decorrentes da obediência a normativas abstratas, não nos deveriam levar a perguntar se tudo isso não deriva da relação comando/obediência, e não tanto de tendências antropológicas e hábitos inveterados? Naturalmente, os modelos antitéticos da *personalidade* e da *impessoalidade* do comando têm longas histórias e várias camadas de motivações.

Nas civilizações mais antigas, as "mediterrâneas" (greco-latina e semítico-islâmica), bem como no sistema senhorial-vassalar-feudal (da

---

3   Gianfranco Miglio, *La regolarità della politica*, Milano: Giuffrè, 1988, p. 1097.

Idade Média), predominou, ao que parece, o modelo "pessoal" de comando. O "impessoal", por sua vez, surgiu no apogeu da romanidade e, sobretudo, na civilização moderna e "mercantil" da "Europa fria" (o mundo germano-franco-anglo-saxão), onde a intolerância do homem à dependência de outro homem e o culto das liberdades individuais se contrapuseram ao conjunto oposto de valores e encontraram uma passagem talvez crucial na ruptura da unidade religiosa do continente[4].

A essa forma de poder no mundo mediterrâneo antigo e feudal se contrapôs a "lei impessoal", nascida da tentativa de defender as instâncias individuais contra os arbítrios do poder pessoal. Os movimentos profundos da cisão protestante na Europa cristã virão a gerar e alimentar a antítese dos dois modelos em questão.

Não se pode ignorar que, enquanto a Reforma (fenômeno norte-europeu) privilegia o texto revelado — e, portanto, a norma objetiva —, o catolicismo romano (herdeiro da cultura clássica mediterrânea) se apoia na função do homem sacerdote enquanto intérprete da vontade divina, e assim se ancora na autoridade pessoal daquele que, como pastor, guia o rebanho. Mesmo a contraposição, cultivada em nossos dias, entre a ideia de "indivíduo" (de extração "reformada") e a ideia de "pessoa" (de origem católica) provavelmente descende dessa "ruptura" cultural. Da matriz calvinista, nasceu (com a laicização do "direito natural") a concepção secular dos poderes públicos e a ideia do Estado "de direito", como sistema de normas impessoais, tão abrangentes e eficazes a ponto de constituir um mecanismo automático (o "ordenamento") capaz de "governar" sem os homens ("reinam" as leis)[5].

Em outras palavras, o sistema de impessoalidade das normas, convertido em "direito de Estado", transformou a soberania das leis num rígido governo sem os homens; ou, melhor dizendo, num governo de poucos sobre todos os outros. A proteção das liberdades individuais — eixos do direito impessoal — ruiu sob o peso de sistemas parlamentares cuja razão de ser é o cálculo político contingente. Construído sobre o modelo da "impessoalidade do comando" e exportado da Europa setentrional para o mundo na esteira de sua expansão econômica e

---

4 *Ibidem*, pp. 1098-9.
5 *Ibidem*, p. 1099.

político-militar, o sistema constitucional moderno instaurou uma verdadeira hegemonia cultural.

As conexões profundas entre a nascente teoria da impessoalidade do direito e a fundação do *Jus Publicum Europaeum* logo se transformariam num eixo que viria a eliminar as relações pessoais da cena jurídico-política. Era inevitável que o transplante de leis e princípios de um universo social ao outro se tornasse fonte de arbítrio e falácia jurídica.

> O resultado dessa espécie de colonização político-intelectual foi que, em quase todo o "terceiro mundo" — e também na área mediterrânea de que a Itália faz parte —, adotaram-se "cópias" medíocres do modelo constitucional europeu, fundado na "impessoalidade" do comando, para o qual, porém, faltavam os pressupostos culturais (e, antes disso, antropológicos). Assim (como em todos os casos de civilização forçada), fora da verdadeira (e restrita) Europa, hoje existem constituições que, muitas vezes, não se ajustam à estrutura das respectivas sociedades e, sobretudo, mal conseguem disfarçar uma realidade efetiva subjacente, inspirada no modelo oposto do "comando pessoal" e, portanto, articulada em ligações de tipo clientelista e em relações de patronato e fidelidade[6].

O sistema jurídico da "impessoalidade" da lei fracassou nas premissas e nas consequências. Não só porque não garante os direitos individuais e as esferas privadas, mas porque, ao longo do tempo, ele veio acompanhado por uma gradual personalização abstrata do Estado.

> Não é exagerado considerar a ideia abstrata e "personalizada" do "Estado" como a obra-prima do pensamento político ocidental e, ao mesmo tempo, a mais sofisticada das "ficções" por trás da quais os homens que compõem a classe política são, desde sempre, obrigados a se ocultar[7].

Estado não é só uma ficção ou uma fórmula ideológica irreal. Por meio dele (e ao abrigo dele) desenvolve-se, desde sempre, uma luta encarniçada pelo poder entre classes dirigentes. Sob muitos aspectos, ela é, sem dúvida, inevitável: a política é feita de ideias abstratas, de fantasmas e

---

6   *Ibidem*, p. 1100.
7   *Ibidem*, pp. 825-6.

máscaras. Mas é curioso que o instituto da impessoalidade da lei se afirme justamente a partir do século XVII, quando o crescimento numérico da classe profissional inserida no sistema político leva o Estado moderno a se identificar com o Estado dos "burocratas". Em suma, a teoria da impessoalidade da lei se afirma paralelamente à máxima personalização da classe política. A partir daquele momento, uma classe profissional restrita vem a se transformar gradualmente num exército de funcionários que, à caça de rendimentos políticos, salários assegurados e privilégios públicos, torna-se funcional para o poder real. Esse processo de duas faces opostas — por um lado, de impessoalidade da norma e, por outro, de personalização dos interesses públicos — gera uma irresponsabilidade difusa em seus mecanismos de comando, dissimulada no interior de uma concepção do Estado como puro "ordenamento" movido pela força de seus próprios automatismos normativos.

O que permite dizer "nós"?

Na estatalidade moderna, a representação tem como pressupostos a totalidade e a humanidade. Em particular, no conflito entre representação de interesses de uma parte e representação de toda a comunidade, a personificação do coletivo é crucial. O conceito de *persona* coletiva exige que a pluralidade dos sujeitos seja total: não são admissíveis divisões ou repartições. Assim, não se pode dizer "alguns" ou "muitos" de um grupo. É preciso dizer "todos", para que a pluralidade real se torne a "coletividade abstrata" de uma ordem jurídica. Todavia, a palavra *nós* tem uma raiz diferente da dos outros pronomes. De fato, se digo *eu*, a consciência de mim mesmo é autoevidente. Se digo *você*, tenho à frente algo que existe. Se depois digo *vocês*, refiro-me a algo de objetivável, tal como quando digo *eles* e *esses*. Em suma, todos são realidades externas. Mas, quando digo *nós* e estabeleço um nexo entre mim e os outros e o transcendo, estou realizando uma operação sofisticada, cuja raiz na realidade é presumida. Embora a análise do *nós* seja uma fronteira da psicologia social, decisiva para a crítica de inúmeras ideologias e proposições axiológicas dela derivadas[8], incompreensivelmente ainda é um campo de pesquisa pouco explorado.

8   Gianfranco Miglio, *op. cit.*

Na tentativa de resolver as grandes contradições do sistema representativo, entre os séculos XVIII e XIX foram criados três mitos de matriz burguesa. O *primeiro mito* é a doutrina parlamentar, fundada sobre a ilusão de que o Parlamento poderia se tornar o local de mediação e composição de interesses divergentes. Naturalmente, não é preciso muita imaginação para ver que um "compromisso" não é, nem poderia ser, uma decisão. Menos ainda uma norma. Por sua própria natureza, nenhum ato de governo jamais satisfaz a todos. Na verdade, enquanto satisfaz alguns, prejudica outros. Assim, do ponto de vista lógico, o "bem comum" não existe. O interesse comum não é (historicamente) senão o interesse particular de uma fração, que consegue fazer com que todos os outros acreditem que o interesse dela é de todos[9]. O *segundo mito* é representado por outro mito burguês da época revolucionária, qual seja, que o Parlamento é "responsável" diante dos eleitores. Muito bem, esse conceito, tomado ao direito privado e transplantado para o direito público, indicaria uma espécie de "responsabilidade" dos governos em fornecer, em determinados momentos, respostas e explicações aos governados. Miglio decompõe o conceito de representatividade de Burke em representatividade objetiva e representatividade subjetiva. Ademais, não existem regimes não representativos.

> Mesmo o regime de Mao Tsé-Tung era representativo. Chegava a sê-lo em grau máximo, pois os seguidores se identificavam a tal ponto com o líder que, quando ele se lançava à água, apressavam-se em fazer o mesmo. Quando a relação política é plena e total, o seguidor se iguala ao líder. A "representação" consciente e racional não é a política, mas apenas a dos interesses de uma parte[10].

O *terceiro mito* é a ideia ambígua do controle recíproco entre cidadãos eleitores e parlamentares. O conceito de "controle" (em especial, o controle procedural) não poderia ser mais contraditório. Um "controle" é a verificação da correspondência entre as decisões do poder e o programa proposto, que comporta a identificação do "controle" com o exercício do poder. Em outras palavras, o controle de um órgão sobre outro é o poder de prevalecer sobre ele; ou, ainda, o controle que não seja puramente formal (o controle "de mérito") não é um controle, mas

---

[9] *Ibidem.*
[10] *Ibidem*, p. 993.

um exercício do poder. É, além disso, de grande interesse observar que, na história política moderna, antes aparecem os homens de governo (os antigos servidores da monarquia), depois o Parlamento e, por fim, os cidadãos eleitores, que são convocados a decisões já tomadas. Na formação do regime parlamentar, os primeiros que se organizam e constituem a nova classe política são os colaboradores do rei; num segundo momento, essa elite de governo procura sua sustentação com a eleição dos parlamentares; estes, por fim, mobilizam os eleitores para que legitimem seu poder. Em suma, o poder não sobe e sim desce. A regra é a cooptação, não a "designação" a partir de baixo. Nesse sentido, a adoção do sistema eletivo-representativo serve para regular e racionalizar a luta pelo poder, e depois passa a ser o modo de autopreservação da classe política. A periódica chamada às urnas que mobiliza politicamente os cidadãos obriga as pessoas a se alinharem, como seguidoras das diversas parcelas da classe política, dividida pelo menos em duas alas que se alternam no poder[11]. Com as eleições, o indivíduo não decide nada. No máximo, alinha-se.

O sistema eletivo-representativo é uma das expressões mais eminentes da impessoalidade do comando. Aqui o indivíduo se dissolve na "cidadania geral". Há mais: é o mesmo cidadão que anula o indivíduo. Numa entidade estatizada, o termo "cidadão" (literalmente, "homem da cidade") é dissolvido no interior de um universalismo abstrato e uma totalidade que submete pluralidade e singularidade. Somente uma refundação institucional, baseada na aproximação entre os indivíduos, tornará possível a emancipação das liberdades pessoais da coerção estatal.

## O Estado totalitário

A gênese do totalitarismo contemporâneo seria incompreensível sem os antecedentes da progressiva concentração do poder nas mãos do Estado, com a submissão de toda a cidadania à sua soberania, o alistamento obrigatório, a *totale mobilmachung* [mobilização total] para a guerra[12]. O estado de guerra é uma fase crucial da legitimação de um poder estatal sobre um território protegido por fronteiras claramente

---

11  *Ibidem*.
12  Ernst Jünger, *Die totale mobilmachung*, Berlin: Verlag für Zeitkritik, 1931.

traçadas. O Estado-nação está desde sempre ligado a uma determinada ideia do território. Como expôs agudamente Alessandro Vitale:

> Ao contrário do que se pensa, o conceito de "território" apropriado pelos Estados modernos não está em absoluto ligado ao conceito de terra (caso em que se deveria chamar *terratorium* — e daí o italiano *terratorio* —, que, não por acaso, era utilizado na época medieval). Pelo contrário, ele deriva do verbo latino *terreo*, isto é, "espantar", "atemorizar". O *territor* (parente de pleno direito do termo "terrorista") é aquele que, ocupando um determinado território, atemoriza aquele que não faz parte dali (o inimigo em potencial). Não por acaso, o Estado moderno se desenvolveu numa contínua contraposição territorial em relação a quem estava "de fora", excluído, e era sempre um inimigo potencial a combater[13].

Hoje, as fronteiras dos Estados nacionais estão submetidas a uma crescente erosão e uma perda de funções proporcionais à sua crise. No século XX, foi a Primeira Guerra Mundial que celebrou a potência política e simbólica dos Estados fronteiriços. Logo, porém, a guerra na linha de fronteira se transformou numa militarização total de nações inteiras. Há uma vasta historiografia documentando como a combinação entre guerra e expansão (burocrática, militar, intervencionista e fiscal) dos Estados envolvidos contribuiu para o nascimento dos totalitarismos do século XX. Arendt ressaltou com clareza o papel das organizações combatentes para a chegada ao poder do fascismo italiano e do nazismo. A Primeira Guerra Mundial — que no *front* russo verá o encontro entre a massa dos camponeses soldados e a vanguarda bolchevique — será um terreno decisivo para o nascimento do comunismo soviético e de uma estatização integral, que veio a perdurar por setenta anos. O Estado moderno encontra nos Estados comunistas seu paradigma mais coerente.

> A antiga "equipe dominante" de Maquiavel teve de ser reforçada e, sobretudo, adaptada às exigências dimensionais de imensas agregações políticas: assim, o "partido único" constitui o destino do Estado "totalitário" (vermelho ou negro) porque "incorpora" e "encerra" a "equipe dominante", restabelecendo a relação "dualista" entre o príncipe e

---

13  Alessandro Vitale, "Rinascita dell'aspirazione a comunità politiche di ridotte dimensioni territorial", *Élites*, anno II, n. 1, gennaio-marzo, 1998, p. 73.

seu *status*, de um lado, e o país governado, de outro lado. É um país, porém, onde não existe mais uma "sociedade" autonomamente organizada, e trata-se apenas de um exército indiferenciado de "iguais"[14].

No último meio século, houve uma sucessão ininterrupta de indagações filosóficas, políticas, historiográficas e politológicas sobre os nexos e simetrias entre o stalinismo, o totalitarismo e a democracia. A Jacob L. Talmon cabe o mérito incontestável de ter apontado, com grande antecipação, uma forma de democracia alternativa à democracia totalitária enraizada no pensamento de Rousseau, dos jacobinos, de Babeuf[15], em que a democracia (e a política, que é um instrumento seu) se realiza dentro de fins coletivos justos e indiscutíveis: o Bem e a Verdade. Seguindo Talmon, no entanto, uma democracia tem como fim, antes de mais nada, a ausência de coerção. Na verdade, já no início do século XIX, Benjamin Constant se havia perguntado por que um estudioso genial como Rousseau, inspirado pelo mais puro amor à liberdade, fornecera pretextos funestos a mais de um tipo de tirania. Talmon reconstrói a genealogia da forma política que prometeu uma redenção da humanidade no horizonte terreno e não num além da fé ou da revelação. Da luta contra o absolutismo do Antigo Regime ao terror generalizado, que funda sua inaudita violência numa "vontade abstrata de Bem, um perfeccionismo irreal"[16], a passagem é rápida.

Talmon capta analogias importantes entre os movimentos quiliásticos que explodiram na Idade Média e na Reforma Protestante (em especial, entre a ala radical da revolução puritana inglesa do século XVII) e a Igreja cristã; entre a democracia liberal e o messianismo revolucionário moderno; entre a Igreja oficial e o movimento revolucionário escatológico. Os movimentos de pobreza evangélica, as seitas heréticas, as revoltas religiosas, que transferiam as instâncias transcendentais e os ideais da comunidade dos santos para o plano social, identificavam-se ardentemente com a palavra de Deus — embora, pela intensidade da fé religiosa, o quiliasmo anterior ao século XVIII se diferencie claramente do messianismo político moderno.

14  Gianfranco Miglio, *op. cit.*, p. 829.
15  Jacob Leib Talmon, *Le origini della democrazia totalitaria*, Bologna: Il Mulino, 2000.
16  Carlo Galli, "Presentazione", in: Jacob Leib Talmon, *Le origini della democrazia totalitaria*, Bologna: Il Mulino, 2000, p. XXIV.

Isso explica por que os movimentos messiânicos ou os espasmos do tipo precedente acabaram invariavelmente por se separar da sociedade e por formar seitas baseadas na adesão voluntária e nas experiências em comum. O messianismo moderno sempre aspirou a uma revolução da sociedade como fim absoluto[17].

Em suma, há duas visões revolucionárias de uma sociedade de livres e iguais, uma religiosa e uma mundana — duas visões aparentemente semelhantes, mas profundamente diferentes entre si.

Embora os revolucionários cristãos lutassem pela liberdade do indivíduo na interpretação da palavra de Deus, seu soberano não era o homem, e sim Deus. Eles almejavam a salvação individual e uma sociedade igualitária baseada na lei da natureza, pois tal lei lhes fora dada por Deus, que nela depunha a salvação, e pensavam que a obediência a Deus era a condição da liberdade humana. O ponto de referência do messianismo moderno, por seu lado, é a razão e a vontade do homem, e sua aspiração a alcançar a felicidade na terra por meio de uma transformação social. O ponto de referência é temporal, mas as aspirações são absolutas. Assim, é notável que os revolucionários cristãos, salvo raras exceções, em particular a Genebra de Calvino e a Münster anabatista, rejeitassem o uso da força para impor seu ideal, a despeito de sua fé na proveniência desse ideal e em sua autoridade divina, enquanto o messianismo secular, partindo de um ponto de referência temporal, chegou a uma resolução fanática em converter sua doutrina em norma absoluta e universal[18].

Talmon capta claramente a diferença entre messianismo transcendente e secular. O monismo religioso, diz ele, é sempre diferente do absolutismo político moderno.

A brusca guinada para a imposição de um ideal único, porém, seria impedida, se não pela convicção da falibilidade humana, ao menos pela consciência de que a vida terrena não é um círculo fechado, mas tem sua continuidade e sua conclusão na eternidade. O monis-

---

17  *Ibidem*, p. 18.
18  *Ibidem*, p. 19.

mo laico-messiânico não está sujeito a tais limitações. Ele exige que todas as contas sejam saldadas aqui e agora[19].

Essa diferença ajuda a esclarecer por que o puritanismo de Cromwell teve tão pouca influência sobre os movimentos e ideologias revolucionárias da Europa continental, inspirados, inversamente, nos modelos políticos de Roma e da antiga Grécia. Se aqui o cidadão era livre, mesmo que dentro da constituição política orgânica da pólis e da *res publica*, na ordem (ascética e puritana) instaurada por Cromwell, era possível ser membro da nação soberana, desde que não houvesse interesses fora da organização coletiva. Essa diferença esclarece por que as comunidades congregacionistas dos colonos puritanos norte-americanos deram vida a uma revolução de liberdade constitucional e federal, ao passo que o profetismo perfeccionista jacobino deu origem ao "terror".

Enquanto a comunidade puritana vivia de relações comunitárias voluntárias (inspiradas na fé), o messianismo político, para ser coerente com suas promessas de emancipação, não pôde recuar diante de nada. Nem mesmo de fazer rolarem as cabeças dos opositores ou dos que tinham ideias diferentes. Na intenção de remodelar os seres humanos, o messianismo político demonstrou ser um sistema científico de subjugação dos homens que, desde o culto da razão até a tese materialista-marxista da religião como superestrutura da sociedade, levou a cabo eventos terríveis. Não há comparação possível com a fé religiosa! Mesmo quando se mostra dogmática, mesmo quando pretende (ingenuamente) colocar-se no plano racional, ela sempre continua a ser fé: um mistério irredutível. Ao contrário, as religiões messiânicas seculares (os nacionalismos, o racismo, o marxismo e as próprias doutrinas idolátricas do Estado) são construções esquemáticas sem o calor, a limpidez e a riqueza que se encontram na carne de homens vivos e nas nações[20].

É fato que o século XVIII iluminista foi um século pedagógico, marcado por ingenuidades e simplificações, mais do que um século totalitário. O republicanismo da época ainda não desenvolvera aquele delírio de homogeneização e politização das massas que se manifestaria mais tarde. As lógicas e práticas do totalitarismo foram um fenômeno próprio do século XX.

---

19  *Ibidem*, pp. 19-20.
20  *Ibidem*.

> A dialética democrática enquanto contradição do sujeito que é sacrificado aos fins éticos da soberania democrática, ou a reocupação substantiva do quadro formal vazio do racionalismo político moderno, não é uma aberração setecentista que se projeta no século XX, mas é interior a uma lógica do Uno, que La Boétie já identificara como alma da modernidade ocidental, incapaz de pensar a pluralidade concreta, dramática e conflitual da política. É uma lógica tão poderosa e incontornável que o Uno perpassa todo o moderno, apresentando-se seja como construção representativa, por obra de todos (o Estado formal), seja como posição destrutiva, de uma Totalidade por obra de uma minoria (o totalitarismo, substancial e niilista ao mesmo tempo), seja como ausência de Deus substituído por Seu análogo, o Uno, seja como Sua presença direta, imediata e destrutiva[21].

Nesse sentido, contrapor um pluralismo liberal-democrático e a teologia política do Uno é um gesto teórico e histórico-político falacioso, justificável apenas no contexto da luta contra o nazismo e o comunismo. Por outro lado, porém, mesmo que em formas diversas,

> [...] o desaparecimento da individualidade na unidade amorfa, no conformismo e na passividade das massas anônimas, consequência paradoxal da transcendência que se tornou imanente devido ao sonho de onipotência do sujeito moderno e das lógicas econômicas e técnicas geradas por ele, agora também é uma triste experiência das democracias ocidentais, uma experiência, aliás, cuja inevitabilidade já fora anunciada por Tocqueville, o qual forneceu a Talmon a epígrafe de seu livro[22].

Talmon captou os traços essenciais da genealogia do totalitarismo: da tirania da maioria e da ideia de "vontade geral" ao despotismo das massas e de seus líderes. A solução completa e definitiva do drama histórico, por obra do ideal democrático totalitário, instauraria, como para a ditadura jacobina, o reino da virtude. Esse ideal teve no marxismo apenas uma de suas versões. A felicidade pública programada pelo Estado produz uma degeneração progressiva e inevitável, contrapondo um poder onipotente e o indivíduo isolado, isento de direitos e reconhecimentos.

---

21   *Ibidem*, pp. 27-29.
22   *Ibidem*, pp. 29-30.

A democracia totalitária logo evoluiu para um sistema de coerção e concentração [...]. O homem não devia ser liberado apenas das restrições. Todas as tradições existentes, as instituições vigentes e os ordenamentos sociais deviam ser derrubados e reconstruídos [...]. Para chegar ao homem em si, era preciso eliminar todas as diferenças e todas as desigualdades. Assim, logo a ideia ética dos direitos do homem adquiriu o caráter de um ideal social igualitário. Veio a se colocar toda a ênfase na destruição das desigualdades, no rebaixamento dos privilegiados ao nível da humanidade comum e na eliminação de todos os centros intermediários de poder e de fidelidade a partidos, classes sociais, comunidades regionais, grupos profissionais ou corporações. Não se deixou sobreviver nada entre o homem e o Estado. O poder do Estado, não controlado por organizações intermediárias, tornou-se ilimitado. Essa relação exclusiva entre o homem e o Estado implicava a ortodoxia. Ela se opunha, ao mesmo tempo, à diversidade que acompanha a multiplicidade de grupos sociais e à diversidade que deriva da espontaneidade humana e do empirismo[23].

Uma ideia jacobina fundamental era a de que a soberania popular — isto é, a identificação do voto popular com a "vontade geral" — comportaria uma igualdade social, econômica e política completa. Quando se evidenciou que a vontade da maioria jamais coincidiria com a "vontade geral"

> [...] o ideal aparentemente ultrademocrático da soberania popular absoluta logo se transformou num sistema de coerção. Para criar as condições para a expressão da vontade geral, era preciso eliminar os elementos que alteravam essa expressão. O povo devia ser libertado da influência perniciosa da aristocracia, da burguesia, de todos os interesses adquiridos e até mesmo dos partidos políticos, para que ele pudesse querer o que lhe estava destinado querer. Essa tarefa, assim, tomou precedência sobre o ato formal da expressão da vontade e do povo. Isso implicava duas coisas: o senso de um estado de guerra provisório contra os elementos antipopulares e o esforço para reeducar as massas, até que os homens fossem capazes de querer livremente e de boa vontade sua verdadeira vontade[24].

---

23   Jacob Leib Talmon, *op. cit.*, p. 342.
24   *Ibidem*, p. 344.

Em tempo de guerra e de revolução, a coerção violenta era uma prática usual e perdurava até o surgimento de uma condição de harmonia social que coincidia, inevitavelmente, com a eliminação da oposição. Através do terror, o messianismo secular se transforma numa ortodoxia rígida e sistemática. Enquanto houver o temor de uma oposição, a liberdade está simplesmente abolida.

Para além de qualquer interpretação, Talmon mostra as insídias e os riscos totalitários implícitos em toda absolutização da democracia representativa, em toda restrição da liberdade humana e das esferas individuais: em outras palavras, deixa explícito o problema teórico e prático de nosso tempo e de todos os períodos históricos que viram o nascimento de totalitarismos. Obras como *As origens do totalitarismo*, de Hannah Arendt[25], ou *Ditadura totalitária e autocracia*, de Carl J. Friedrich e Zbigniew K. Brezinski[26], mostram como o totalitarismo, a mobilização da sociedade, os absolutismos da opressão estatal são fenômenos políticos novos, formas absolutas da política totalmente inéditas. No centro do sistema totalitário, concordam eles, há a ideologia absoluta, o partido único de massas, o terror da polícia sobre toda a sociedade. Mas, se Arendt atribui um papel central à polícia secreta, Friedrich e Brezinski o apontam na planificação centralizada da economia, no controle monopolista dos meios de comunicação e dos instrumentos da violência. Num regime totalitário, a distinção entre o Estado como aparato político e a sociedade é totalmente anulada. De fato, se o Estado moderno concede aos indivíduos um reconhecimento apenas formal, os totalitarismos históricos (com os aparatos de Estado, partido e polícia) simplesmente negam a sociedade. O amálgama entre doutrinação ideológica e terror, nas formas que se tornaram possíveis devido à tecnologia moderna, politiza todo o tecido social.

A chave de leitura crucial do totalitarismo contemporâneo é a representação desmistificada do algoz. Com o conceito de "banalidade do mal" (a célebre análise da conduta e da personalidade de Eichmann no processo de Jerusalém), Arendt lança luz sobre a normalidade, a rotina burocrática, o automatismo anônimo do aparato do terror (e do terror como aparato), as simetrias de todos os aparatos políticos de domínio. Para deixar claro: um extermínio de massa planificado não tem nada a

---

25 Hannah Arendt, *The Origins of Totalitarianism*, New York: Harcourt, Brace and Co., 1951. Ed. bras.: *As origens do totalitarismo*, São Paulo: Companhia das Letras, 2012.

26 Carl J. Friedrich; Zbigniew Brzezinski, *Totalitarian Dictatorship and Autocracy*, Cambridge: Harvard University Press, 1956.

ver com uma planificação comum da vida social. As diferenças quantitativas e qualitativas são enormes. Apesar disso, é impossível deixar de ver que, por vias explícitas e implícitas, o campo inteiro das relações de comando/obediência molda toda a lógica do Estado moderno. Entre o Eichmann empregado do crime e o funcionário da tranquila burocracia de um Estado de direito, há toda a ambiguidade de uma ligação kafkiana. Nos personagens-máscara de Kafka reconhece-se a distância abissal entre existências individuais e a lei, os tribunais, os impérios, as muralhas. *O processo* é uma profecia da mais extrema lucidez sobre o que ocorreria mais tarde na História. A inquietante exatidão de sua narrativa define, mais do que os terríveis testemunhos dos sobreviventes dos campos de extermínio, a existência individual no pesadelo totalitário, o caráter indizível de todo universo concentracionário, onde o que importa não é a natureza do delito, mas o pré-juízo da acusação.

A história de Eichmann não é um caso qualquer. Poderia ser definido um paradigma da radicalidade e da inexpiabilidade do mal. Um mal que tem uma alternativa igualmente radical: a ação extrema dos homens livres, a ética da liberdade. A espantosa normalidade de Eichmann é um símbolo do totalitarismo[27]. Mais que a do demagogo ou aventureiro, a figura humana típica do totalitarismo é representada pelo átomo de uma sociedade de massas, incapaz de discernir e de agir eticamente, pelo soldado de uma organização que anulou todo livre-arbítrio e se tornou uma engrenagem de uma máquina de extermínio.

O núcleo de resistência ao totalitarismo é, pelo contrário, a pura existência individual, o que nos foi entregue ao nascimento (nosso corpo, nossa mente), que se nutre da incerteza e dos humaníssimos riscos da amizade, da simpatia, do amor[28]. Arendt ressalta as categorias do espaço público e do agir político, até quase idealizar a pólis grega. Na verdade, nesse universo político o mundo privado era fugidio, imprevisível, perigoso. O mundo político suspeitava da esfera privada. Aliás, enquanto expressão de diversidade e de diferença, ela representava uma ameaça constante para a esfera pública baseada, inversamente, na igualdade.

O regime totalitário estende seu poder irrestrito sobre todos os aspectos da vida individual. Liquida toda a sua espontaneidade, até nas expressões mais privadas e apolíticas. Para Arendt, que limita sua

---

27  Günther Anders, *Noi figli di Eichmann: lettera aperta a Klaus Eichmann*, Firenze: La Giuntina, 1995.
28  Hannah Arendt, *op. cit.*

análise exclusivamente aos regimes nazista e comunista, o totalitarismo não é um acidente da história, mas um fenômeno intimamente ligado ao Estado-aparato, ao desenvolvimento da sociedade de massas. Ele representa, em outras palavras, uma variante do desenvolvimento do Estado moderno, uma potencialidade degenerativa constante do regime político democrático.

Mas o aspecto mais fecundo da investigação arendtiana sobre o totalitarismo está encerrado em sua pergunta simples e terrível: como pôde acontecer? É este o ponto incontornável para qualquer reflexão sobre o totalitarismo: para sua genealogia, para sua herança e as ligações internas do aparato normal com o aparato interno do terror. Aqui, porém, apresentam-se outras perguntas, urgentes e incômodas. Por quanto tempo será preciso calar sobre o processo de alastrante estatização e politização da sociedade, sobre a tendência do Estado em assumir poderes ilimitados que estão enredando todas as formas de direito vivo? Talvez seja hora de rever algumas definições ambíguas do totalitarismo. Em primeiro lugar, perguntando se existe realmente uma especificidade sua. Em outras palavras, o totalitarismo existe apenas quando chega ao ponto extremo de penetração e mobilização da sociedade? Ou ele representa apenas uma escalada de graus, formas e modos, que perpassa as relações entre aparato político e sociedade, estado e indivíduos?

O inimigo absoluto

Como forma extrema da política, a guerra vai além da oposição entre instâncias éticas, jurídicas, religiosas. Na base do conflito político está a identidade fundada no pertencimento, a diferença em relação ao outro ou a outros grupos. Aqui, toda identidade, todo reconhecimento se constitui na distinção-exclusão, na contraposição radical. Em muitos casos, é justamente essa contraposição que dá corpo à identidade e à existência política de indivíduos e grupos. Ademais, a separação da própria existência em relação à dos outros (que vivem e agem segundo regras, condutas e costumes diferentes) não poderia ocorrer a não ser pelo reconhecimento entre semelhantes que fazem parte do mesmo grupo. O *principium individuationis* que define a identidade política define também a identidade individual e o pertencimento como processo de distinção-diferenciação.

Com o nascimento do Estado e dos conflitos entre Estados, a guerra muda radicalmente sua característica. A hostilidade política em relação ao inimigo público passa a ser total. Transforma-se, de fato, em técnica de aniquilação, em teoria da desumanização do adversário, em desqualificação do inimigo como raça inferior. A guerra estatal e interestatal transforma a agressividade interespécies "natural"[29] em conflito civil e ideológico, em destrutividade sem *pietas*. Antes do nascimento do Estado moderno, as guerras eram conflitos ritualizados, limitadas no tempo e no espaço, que se concluíam com a paz entre vencedores e vencidos. Homero e Virgílio relatam admiravelmente a *pietas* que os gregos e os romanos tinham pelos vencidos. As conquistas militares dos romanos, em especial, eram reguladas pela política e pelo direito nas formas de um *foedus*, que deixava às cidades e aos povos vencidos a autonomia e uma relativa liberdade de usos e costumes. Mesmo as frequentíssimas guerras do mundo feudal eram guerras limitadas. Comparadas às guerras contemporâneas, parecem escaramuças, entreveros entre grupos armados, que envolviam somente as populações próximas da linha de combate.

É o nascimento do Estado moderno que faz a guerra dar um salto de qualidade. Na epopeia napoleônica toma forma a guerra do mundo moderno, a guerra absoluta dos Estados-nação, com o alistamento obrigatório, a tecnologia industrial, o poderio econômico[30]. É verdade que, no plano tático-estratégico, apesar da profunda e evidente distinção entre os cenários político-sociais, não havia muitas diferenças entre as guerras napoleônicas e as campanhas de Alexandre, o Grande. Mas agora a guerra torna-se luta absoluta,

> [...] embate mortal em que estão envolvidos todos os cidadãos (não mais súditos), que se alastra por meio das fantasias, dos ardis e das cautelas da guerra da *âge de la raison*. Episódios bélicos que pareciam peças de teatro para alguns milhares de soldados profissionais treinados na corporação fechada, guiados por um corpo de oficiais, formado essencialmente por filhos da aristocracia que faziam suas evoluções nas campanhas setecentistas como se estivessem na praça de armas, terminaram definitivamente, junto com os reinos encantados do Antigo Regime[31].

---

29  Irenäus Eibl-Eibesfeldt, *Etologia della guerra*, Torino: Bollati Boringhieri, 1983.
30  Carl von Clausewitz, *Vom Kriege*, Berlin: Ullstein, 1998. Ed. bras.: *Da guerra*, São Paulo: Martins Fontes, 1996.
31  Carlo M. Santoro, "Introduzione a Raymond Aron", in: *Clausewitz*, Bologna: Il Mulino, 1991, p. 12.

A surpresa de Goethe diante da batalha de Valmy (1792) — "iniciou-se a nova história" —, mais do que admiração pela genialidade de Napoleão, é despertada pelo poderio de um inédito e grandioso acontecimento histórico: a guerra nacional moderna. Por sua mobilização sem precedentes, as guerras napoleônicas representam um divisor de águas na história militar. Foram, de fato, guerras de expansão para a unificação do comando político-militar e o triunfo da nação armada. A teoria e a prática desse novo modo de combater e, de modo mais geral, da guerra absoluta, encontram um acurado intérprete em Carl von Clausewitz[32]. Ele enxergou claramente a dupla natureza da guerra: interestatal nas fronteiras externas, intraestatal e civil nas fronteiras internas. Nas pegadas dos grandes estudiosos de estratégia — Sun Tzu, Tucídides, Maquiavel —, Clausewitz trouxe uma contribuição extraordinária à filosofia da política, em especial ao tema da relação entre política e guerra. A guerra, afirma ele, não é mais um ato de força para submeter o adversário, mas uma forma verdadeira da política.

Contudo, nem todas as guerras modernas tiveram as mesmas razões e as mesmas dinâmicas. Embora tipicamente moderna, a Guerra Civil Norte-Americana (uma guerra árdua na qual se defrontaram técnicas bélicas e exércitos em números sem precedentes) teve razões políticas muito diferentes das da velha Europa. O conflito entre uma parte dos Estados federados (que anunciaram a Secessão) e o poder da União federal se deflagra com o fracasso do equilíbrio constitucional e do pacto federativo estabelecido pela Convenção da Filadélfia. Os efeitos da guerra foram catastróficos e as feridas permaneceram abertas por muito tempo. No entanto, as consequências desse conflito foram em boa medida absorvidas pela comunidade e encontraram uma forma de composição em instituições federais. As guerras do século xx, por seu lado, constituíram o paradigma da guerra total. Com a militarização integral da economia e da sociedade e, principalmente, a transformação de espaços geopolíticos inteiros numa imensa linha de frente, elas representaram a expressão mais direta e coerente do Estado-nação, com suas características de "corpo orgânico", a unificação identitária dos povos, a soberania exclusiva, o controle molecular sobre um território entrincheirado.

O passo até os regimes raciais e ideológicos foi pequeno. O nazismo e o comunismo representam na história o desdobramento absolu-

---

32  Carl von Clausewitz, *op. cit.*

to da combinação entre guerra regular e guerra civil. Como disse Carl Schmitt, retomando Jean Bodin, toda agregação política sempre nasce contra um inimigo. O binômio *amicus-hostis* — a ligação política e a inimizade pública — é a essência de todo ato político: uma oposição real e existencial, a mais intensa e extrema de todas.

> Inimigo não é o concorrente ou adversário em geral. Inimigo não é sequer o adversário privado que se odeia com base em sentimentos de antipatia. Inimigo é apenas um conjunto de homens que combate pelo menos potencialmente, isto é, com base numa possibilidade real, e que se contrapõe a outro agrupamento humano do mesmo gênero. Inimigo é apenas o inimigo público, visto que tudo o que se refere a um mesmo agrupamento e, em particular, a um povo inteiro passa a ser, por isso mesmo, público. O inimigo é o *hostis*, não o *nimicus* em sentido amplo[33].

Se o inimigo é parte de uma totalidade (a agremiação política, o partido, a formação miliciana da guerra civil), o amigo é, por sua vez, o militante, o soldado do Estado-nação, aquele que vive totalmente em função do inimigo. Não há espaço para mediações ou terceiras vias. A dupla amigo-inimigo é a própria essência da política, do Estado, do *polemos* político. Não há espaço para o concorrente, o adversário na discussão, o *inimicus* privado: estas são figuras basicamente adequadas à democracia representativa, à economia, à sociedade civil. O valor último e radical da oposição amigo-inimigo público é a guerra.

> A guerra, enquanto meio político extremo, torna manifesta a possibilidade, existente na base de todas as concepções políticas, dessa distinção entre amigo e inimigo e, por isso, conserva um significado apenas enquanto tal distinção se mantém realmente entre os homens ou, pelo menos, enquanto é realmente possível. Do contrário, seria totalmente insensata uma guerra empreendida por motivos "puramente" religiosos, "puramente" morais, "jurídicos" ou "econômicos". Não é possível derivar dessas contraposições específicas entre esses setores da vida humana o agrupamento amigo-inimigo e, portanto, tampouco a guerra. A guerra não precisa ser religiosa,

---

33 Carl Schmitt, *Le categorie del politico: saggi di teoria politica*, Bologna: Il Mulino, 1998, p. 111.

nem moralmente boa nem lucrativa: hoje, provavelmente, nem isso. Essa consideração simples ganha complexidade porque contrastes religiosos, morais e outros se transformam em contrastes políticos e podem dar origem ao agrupamento de luta decisivo com base na distinção amigo-inimigo. Mas, se chega a isso, o contraste decisivo já não é mais o religioso, moral ou econômico, e sim o político[34].

A comparação entre Jacob Taubes e Carl Schmitt — o primeiro um arguto pensador judeu e o segundo um genial jurista antissemita — ilumina a fundo os nós sobre a guerra civil. Taubes define Schmitt como uma força espiritual que se eleva acima de qualquer conversa intelectual. Embora estigmatize seu compromisso com o nazismo, Taubes considera o volume *Ex Captivitate salus*, escrito pelo jurista prisioneiro dos aliados após o interrogatório de Nuremberg, não como mera autodefesa, mas

> uma exposição impressionante que, se não esclarece tudo, permite olhar as profundezas da alma; nunca li até hoje, da parte de ninguém de nossa geração, uma exposição tão íntima e ao mesmo tempo nobre (e sincera), uma verdadeira prestação de contas consigo mesmo — se ao menos Martin Heidegger, portanto, tivesse tido a coragem de julgar a si mesmo da mesma maneira, teria guiado a juventude alemã em busca de uma via melhor[35].

Taubes coloca perguntas vertiginosas, fundamentais:

> Se o humanismo (de Platão a Nietzsche, como diz Heidegger) faliu, isso significa apenas que a pergunta sobre o homem se coloca se maneira mais radical (do que jamais sonharia um humanismo). E quem determina a divisão entre os campos: teologia, jurisprudência etc.? O currículo das universidades, a atividade da sociedade liberal? O que existe hoje que não seja "teologia" (tirando o palavrório teológico)? E Jünger é menos "teologia" do que Bultmann? Kafka menos do que Barth? Hoje, a pergunta sobre o direito deve, sem dúvida, ser feita do ponto de vista "teológico" ou, melhor, deve-se perguntar: que aspecto terá o direito, já que nosso destino é o ateísmo? Privado

---

34  *Ibidem*, p. 119.
35  Jacob Taubes; Elettra Stimilli, *In divergente accordo*, Macerata: Quodlibet, 1996, p. 42.

do direito divino, o Ocidente terá de se afogar no sangue e na loucura, ou poderemos nós, por nós mesmos, "na situação terrena e mortal do homem", distinguir entre o justo e o injusto?[36].

Suas interrogações, que vão bem além de Nuremberg, chegam ao cerne dos dilemas do século. Ele põe em questão a cultura europeia inteira e abre caminhos impensados.

> O problema da teologia política (foi Carl Schmitt que cunhou a expressão?) atinge o centro e ainda não foi explorado a fundo. A teologia política é talvez "a cruz" de toda teologia; ela conseguirá elucidá-lo? O cristianismo (Agostinho) se recusou a colocar o problema. O judaísmo "é" teologia política — esta é sua "cruz", porque a teologia não é inteiramente absorvida na divisão através do "político", porque a lei não é o primeiro e o último termo, porque "até" entre homem e homem existem situações que "superam", "ultrapassam" a lei — o amor, a piedade, o perdão (que não são de maneira nenhuma "sentimentais", e sim "reais"). Eu não conseguiria dar sequer um passo em minha vida miserável e amiúde tortuosa (na realidade, não conseguiria dar qualquer passo adiante) sem me ater firmemente a esses "três momentos"[37].

A radicalidade ética do confronto com o "inimigo" leva Taubes a reconsiderar o justo-injusto da lei na esfera bíblica, na profundidade religiosa, na teologia política. Na disputa em torno de Carl Schmitt, Taubes toma posição:

> Ele diz: existe guerra, uma guerra, ela existe. Quem condena a guerra enquanto tal, como, por exemplo, o pacto Kellog, não consegue aboli-la; na verdade, não vai além de criminalizá-la, e é por isso que hoje a guerra só pode ser travada em suas piores formas. Quem está em minha frente, aqui e agora, deve ser um criminoso e, como tal, é eliminado. Isso significa que não se admitirá que possa existir entre os homens um estado de guerra que, apesar de tudo, depois conduz à paz; ela se tornará sempre mais violenta, brutal, desenfreada. Quem não reconhece isso não quer a paz, mas uma guerra mais violenta.

---

36  *Ibidem*, p. 44.
37  *Ibidem*, pp. 44-5.

Não creio que isso seja uma apologética. Em seus escritos, de fato, por exemplo em *Ex captivitate salus* — que, apesar de todas as reservas, permito-me recomendar, pois nele estão condensadas experiências que envolvem também a nós —, Schmitt frisou várias vezes que "o inimigo é a figura de nosso próprio problema", ou seja, nele podemos observar a nós mesmos. Depois, Schmitt escreveu àqueles de nós que o visitaram. Acreditava que sua obrigação era precisamente tratar o inimigo com suas tutelas e pôr freios à inimizade[38].

Sobre o falso humanitarismo que mascara a crua realidade do conflito, Carl Schmitt escrevera palavras impressionantes numa obra sobre Donoso Cortés, singular pensador apocalíptico:

> O essencial é a consciência precisa de que é justamente a pseudorreligião da humanidade absoluta que abre o caminho para um terror desumano. Tratava-se de uma percepção nova, mais profunda do que as inúmeras máximas de efeito que De Maistre enunciara sobre revolução, guerra e sangue. São erupções fulminantes, que muitas vezes irrompem de uma nuvem da retórica totalmente diferente, tradicional [...] um exemplo: Donoso afirma que a abolição legal da penal de morte sempre prenuncia um genocídio em massa. Em 1848, ele teve experiência direta disso, e hoje podemos acrescentar outras experiências similares. Mas suas palavras contêm algo além da generalização mais ou menos problemática de uma determinada experiência; o sentido delas ultrapassa em muito o conteúdo empírico ou intelectualista: suas palavras são os gestos eloquentes de um homem que se debruça sobre o abismo da natureza humana, sobre o abismo das forças que se servem da ideia de humanidade absoluta para declarar que todo opositor é um animal. Com uma imediaticidade fulminante, ele capta ao mesmo tempo o dado de partida, a abolição legal da pena de morte, e junto com ele sua consequência, um mundo onde o sangue parece brotar até das próprias pedras, pois os paraísos ilusórios se transformam em infernos reais.
>
> O que sempre o preenche de um novo terror é sempre a mesma consciência: o homem que filósofos e demagogos elevam à medida absoluta de todas as coisas não é, ao contrário do que eles afirmam, a quintessência da paz, de maneira nenhuma, mas combate com o

---

38 *Ibidem*, pp. 60-1.

terror e a aniquilação os outros homens que não se submetem a ele. O conceito de homem, com efeito, apenas aparentemente comporta uma neutralização geral dos contrastes entre os homens. Na realidade, ele encerra em si um conceito oposto, o de não homem, dotado do mais terrível potencial destrutivo — e a mera possibilidade do termo "não homem" escancara um pavoroso abismo de inimizades. No entanto, até mesmo a possibilidade do abismo entre homem e não homem ilumina apenas o estágio inicial de desenvolvimentos subsequentes. A cisão entre homem e não homem se redobra necessariamente e com coerência na cisão ainda mais profunda entre super-homem e sub-homem. O homem que trata outro homem como não homem já realiza na prática a distinção entre super-homem e sub-homem. Mas, para o sub-homem, não existe mais a pena de morte; não existe mais nenhum tipo de castigo, mas apenas o extermínio e a aniquilação[39].

Donoso Cortés e Carl Schmitt revelam toda a sinistra luz infernal que há na pretensão de uma nova humanidade como paraíso terrestre. O realismo antropológico político de Carl Schmitt ilumina os recessos mais obscuros da história.

> A guerra civil tem algo de particularmente cruel. Ela é guerra civil porque é conduzida dentro de uma mesma unidade política, compreendendo também o adversário, e no campo do mesmo ordenamento jurídico, e porque as duas partes em luta afirmam absolutamente e, ao mesmo tempo, negam absolutamente essa unidade comum. Ambas colocam o adversário em termos absolutos e incondicionais no não direito. Em nome do direito, retiram o direito ao adversário. Na essência da guerra civil, está a sujeição à jurisdição do inimigo. Daí decorre que a guerra civil mantém com o direito uma relação estreita e especificamente dialética. Ela não pode ser senão justa, no sentido de estar convencida de suas próprias razões, e assim se converte no arquétipo da guerra justa.

> De modo mais perigoso do que em qualquer outra espécie de guerra, cada partido é obrigado a tomar impiedosamente o próprio direito como pressuposto e, com igual impiedade, o não direito do

---

39  Carl Schmitt, *Donoso Cortés: interpretato in un prospettiva paneuropea*, Milano: Adelphi, 1996, pp. 110-1.

adversário. Uma parte faz valer um direito legal, a outra, um direito natural. O primeiro confere um direito à obediência; o segundo, à resistência. A intervenção de argumentações e instituições de tipo jurídico envenena a luta. Impele-a para uma extrema dureza, tomando os instrumentos e os métodos da justiça como instrumentos e métodos da aniquilação. Erige-se em tribunal sem deixar de serem inimigos. A instituição dos tribunais revolucionários e das cortes de justiça popular não quer atenuar o horror, e sim agudizá-lo. O sentido das difamações e discriminações legais públicas, das listas de proscrições públicas ou secretas, da declaração de qualquer um como inimigo do estado, do povo ou da humanidade, não é conferir ao adversário o estatuto jurídico de inimigo, na acepção de parte beligerante. Pretendem, pelo contrário, retirar-lhes até este último direito. O sentido delas é a privação total de direitos em nome do direito. A hostilidade se torna a tal ponto absoluta que mesmo a antiquíssima e consagrada distinção entre inimigo e criminoso se dissolve no paroxístico convencimento do direito próprio. A dúvida sobre o próprio direito é considerada traição; o interesse pela argumentação do adversário, deslealdade; a tentativa de uma discussão, aliança com o inimigo[40].

O martírio do *demos*

Nos livros de história há pouco espaço para misérias e horrores. Como se os historiadores tivessem dificuldade em expor como foram ásperas e implacáveis as vicissitudes dos homens que a atravessaram. Por sorte, alguns grandes livros de testemunhos (como os de Elie Wiesel, Primo Levi, Vassili Grossman) rasgam o véu do conformismo.

As pesquisas de Rudolph J. Rummel e Daniel J. Goldhagen levaram à atenção da opinião pública internacional os temas da violência estatal e do genocídio na História. Incansável estudioso da violência gerada pela concentração moderna do poder, Rummel documentou como as políticas dos Estados contemporâneos eliminaram, somente no século XX, quase 200 milhões de pessoas, em paz e em guerra (às vezes, mais em paz do que em guerra: 174 milhões de mortos que, postos em

---

40  Idem, *Ex captivitate salus: esperienze degli anni 1945-47*, Milano: Adelphi, 1987, pp. 58-9.

fila, dariam quatro vezes a volta na Terra). O politólogo norte-americano escreve: "se toda a água e o sangue dos 174 milhões de mortos no século XX descessem pelas cataratas do Niágara, assistiríamos a uma queda d'água equivalente a mais de dez horas, ou a uma queda de sangue equivalente a quase 43 minutos"[41]. Não se trata de uma invectiva moral de Rummel, mas do resultado rigoroso e detalhado de uma pesquisa empírica de mais de vinte anos.

A concentração e absolutização do poder político, que alcança seu auge no século XX, gerou formas inéditas de agressividade, arbítrio e violência, em relação tanto ao próprio povo quanto aos outros povos, dando início às guerras mais destrutivas e devastadoras que a história jamais conheceu. Rummel demonstra que, pelo número de vítimas, as guerras interestatais não são nem de longe comparáveis aos extermínios levados a cabo pelos Estados contra suas próprias populações. Antes ainda que os povos fossem objeto de agressão e conquista, a expansão ilimitada do poder produziu uma política de extermínio desses próprios povos.

Tendo partido muito jovem como voluntário para a Guerra da Coreia, Rummel retornou com marcas indeléveis, que influenciaram profundamente toda a sua pesquisa posterior. As pesquisas sobre as causas da guerra e as raízes dos conflitos internacionais e civis permitiram que Rummel se inserisse entre aqueles estudiosos — definidos como "idealistas" ou "kantianos" — mais propensos a examinar a complexidade das relações internacionais e as dinâmicas internas de cada nação do que seu âmbito geopolítico, em busca das causas políticas que conduzem ao conflito. Quanto à Guerra Fria, ele estudou a influência das dinâmicas e da organização interna dos Estados nas relações internacionais. Mais tarde, porém, o objeto principal de sua pesquisa passou a ser o uso da violência interna e externa por parte do Estado.

A elaboração mais completa, derivada de um grande volume de estudos históricos e demográficos, levou Rummel a escrever *Stati assassini. La violenza omicida dei governi* [Estados assassinos: a violência homicida dos governos], sua obra mais conhecida e original. A tese desse estudo é que, se o poder mata, o poder absoluto mata de modo absoluto. A causa da violência de massas está na concentração de poder político nas mãos de uma oligarquia dominante, não limitada ou

---

41 Rudolph J. Rummel, *Stati assassini. La violenza omicida dei governi*, Soveria Mannelli (CZ): Rubbettino, 2005, p. 21.

contida por vínculos constitucionais, por contrapoderes políticos e econômicos. As estatísticas de Rummel mostram que a História, desde suas mais remotas origens — dos grandes impérios asiáticos do mundo antigo até os totalitarismos do século xx —, nunca conheceu absolutismos pacíficos e iluminados. O absolutismo sempre se caracterizou por extermínios de massa.

As pesquisas posteriores de Rummel ampliam e aprofundam o estudo dos instrumentos de contenção do poder, inaugurando uma nova teoria constitucional. Com efeito, ele propõe uma estratégia política para uma ordem internacional não violenta e mais estável, pela extensão da garantia dos direitos individuais e do livre mercado por todo o mundo. Rummel mostra os benefícios da liberdade criativa, da livre concorrência, contrapostos às diversas formas de concentração totalitária do poder, que não só não protege os cidadãos e seus direitos individuais, mas é causa de uma violação destrutiva de seu direito natural primário, o da conservação da vida. Se o interesse inicial de Rummel se concentrava na origem e nas causas das guerras interestatais modernas, pela enormidade dos massacres de massa e sua esteira de sofrimentos inenarráveis (depois do Tratado da Westfália, os mais violentos que a história humana jamais conhecera), seu interesse posterior se concentra numa outra tipologia dos massacres de massa — os "democídios" —, comparados aos quais as guerras modernas e contemporâneas, e até mesmo as duas guerras mundiais do século xx, acabam por parecer pouco relevantes.

À diferença do genocídio tradicional, os "democídios" são assassinatos em massa provocados pelos governos em prejuízo de seus próprios súditos e cidadãos. Sua gravidade, ferocidade e premeditação são proporcionais à concentração do poder político nas mãos de uma oligarquia ou de um tirano único. A análise política dos regimes que foram protagonistas desse fenômeno evidencia, no plano quantitativo, a estreita correlação entre a concentração de poder e os "democídios". A história dos Estados modernos, conclui Rummel, contém em si um longo martírio do *demos*, um constante e sistemático "democídio".

> O caso de Rummel e de sua análise dos "democídios" é um caso exemplar de crítica destrutiva, produzida pela pesquisa científica sobre a política, de doutrinas consolidadas e tidas como óbvias, de convicções erradas e suposições do senso comum. O prestígio que o Estado construiu para si em todas as partes, como instrumento de *law and order* interno, de freio às guerras civis, entendidas como episódios dos mais perigosos para a conservação da vida humana,

vem solapado em sua raiz pela constatação empírica da realidade dos fatos. Com efeito, longe de serem as guerras civis e as interestatais modernas as principais responsáveis por trazer a morte aos povos, o estudo histórico-experimental dos "democídios" de Rummel demonstra que o Estado, os governos são os maiores responsáveis pelos massacres em massa perpetrados em prejuízo das populações civis, previamente desarmadas por eles mesmos[42].

As consequências das descobertas de Rummel são de enorme alcance para as doutrinas políticas. Ele, de fato, subverte literalmente a tradicional doutrina de Hobbes, viga mestra do Estado moderno: o monopólio estatal da violência com a finalidade de preservar a vida dos cidadãos-súditos.

> O temor à morte violenta nas mãos de outrem é, como se sabe, segundo Hobbes, a motivação primária que leva os homens a se unirem por um contrato mútuo e a criarem um artifício político, como é a síntese estatal que põe remédio a tal situação. No entanto, os estudos de Rummel mostram que, para a vida humana, é precisamente tal tipo de síntese política, tanto mais dotada de poder absoluto e do monopólio da violência nas mãos de uma equipe de poder ou de um indivíduo isolado, que é o maior perigo que pode existir para a conservação da vida humana. Em outros termos, Rummel consegue demonstrar o fracasso total do monopólio estatal de violência legítima como instrumento não só da preservação da vida humana, mas também da paz[43].

Na tradição do pensamento político houve alguns lampejos antecipando essa descoberta. Platão foi um dos primeiros a perguntar como ter segurança de que os guardiões da lei obedeceriam, eles mesmos, a ela. Locke também levantara a mesma objeção às teses de Hobbes. O próprio Edmund Burke indagara eloquente: *"Quis custodiet ipsas custodes"* [Como se defender dos governantes?][44]. E em sua obra principal, *A lei*, Frédéric Bastiat havia escrito:

---

42   Idem, *Lo stato, il democidio, la guerra*, Treviglio: Leonardo Facco Editore, 2002, p. 15.
43   *Ibidem*, p. 16.
44   Edmund Burke, *A Vindication of Natural Society*, Indianapolis: Liberty Classics, 1982, p. 24.

As pretensões dos "organizadores" levantam outra questão que muitas vezes lhes coloquei e à qual nunca responderam. Visto que as tendências naturais da humanidade são más, a ponto de ser preciso lhe tolher a liberdade, como é possível que as tendências dos "organizadores" sejam boas? Os legisladores e seus agentes não fazem parte da espécie humana? Creem-se feitos de material diferente do dos outros homens? Dizem que a sociedade, abandonada a si mesma, corre inevitavelmente para o abismo porque seus instintos são perversos. Pretendem detê-la nessa trilha perigosa e lhe imprimir uma direção melhor. Assim, receberam dos céus uma inteligência e virtudes tais que os colocam fora e acima da humanidade: que mostrem então seus títulos. Querem ser pastores, querem que sejamos o rebanho. Esse arranjo pressupõe neles uma superioridade natural, cuja prova preliminar bem temos o direito de pedir[45].

Não é um paradoxo, de maneira nenhuma: nas formas da soberania moderna, o poder favorece guerras, rebeliões, democídios e formas inéditas de violência. O paradigma hobbesiano é falacioso precisamente em seus dogmas fundamentais: a garantia de direitos naturais e a defesa da vida humana. Para perseguir seus próprios fins, o Estado, detentor do monopólio territorial da violência legítima, chega a empregar especialistas da violência, livres de qualquer contrato com seus mandatários que se limite à proteção e que exclua qualquer possível agressão. A relação hobbesiana *protectio-oboedientia* é apenas uma hipótese abstrata. Como observara Locke, entregar nas mãos do poder político uma força delegada ao exercício arbitrário de uma vontade limitada significa submeter-se a uma condição pior do "estado de natureza", em que os delegantes tinham, pelo menos, a liberdade de defender seu direito contra as ofensas dos outros[46]. Nessa condição, no entanto, os detentores do poder podem mover guerra aos súditos, fazendo recuar os ponteiros da história a um estado de natureza pior do que o pré-político, com a agravante, porém, de que agora esse poder, sustentado pelas multidões, é incontrolável e não sujeito a punições.

A história deu razão a Locke. Quantas vezes se pisoteou o fim fundamental — a conservação da vida humana — pelo qual se ingressara na comunidade política? A própria paz interna (fim essencial do

---

45  Fédéric Bastiat, *La legge*, Treviglio: Leonardo Facco Editore, 2001, p. 73.
46  John Locke, *Secondo Trattato sul governo civile*, Pisa: Edizioni Plus, 2007.

Estado moderno) se torna impraticável, porque a concentração do poder mina a cooperação entre os homens pela própria base. Tudo é aplainado, uniformizado. As relações humanas e sociais, tal como nas econômicas e de troca, são tolhidas pela presença intrusiva do Estado que, mediante formas de persuasão dissimulada e coerção explícita, gera massas de indivíduos em busca contínua de aprovação e de favores dos detentores do poder, gerando por fim um conflito latente de tudo contra todos. Os interesses se polarizam, as contraposições se tornam irredutíveis. O terror, tanto mais eficaz quanto maior for o grau de atomização dos súditos, pode eliminar qualquer oposição. Como disse Schmitt, quanto mais concentrado for um poder, mais estreito se torna o corredor de acesso ao poder, tanto mais violenta e muda se faz a luta entre os que ocupam a antecâmara do poder e os que controlam o corredor.

A experiência histórica demonstra como é falaciosa a ideia de que, fora do Estado, tudo é "estado de natureza" (*extra civitatem nulla securitas*). Caberia dizer que mesmo a anarquia (conflitual) do sistema internacional moderno, que não possui uma autoridade superior que imponha lei e ordem, comparada a uma ordem hobbesiana "interna", mostra-se menos violenta e perigosa para a vida humana. É inegável que, em casos extremos, ela produz guerra entre os Estados, mas é muito diferente da descrição dada pelos teóricos hobbesianos: um campo de instabilidade permanente, de perigo, de arbítrio e violência indiscriminada. A anarquia do sistema internacional moderno é formada predominantemente por relações sociais e econômicas de livre-câmbio e de desenvolvimento; por um direito internacional não coercitivo, sem tribunais de última instância nem monopólio da violência; por contratos que são respeitados porque é conveniente fazê-lo, e não porque alguém obrigue a respeitá-los com a força. Além do mais, embora separados por fronteiras nacionais, os povos de países diferentes mantêm relações pessoais, econômicas e comerciais razoavelmente ordenadas. Os perigos da tirania estatal são muito mais intensos no plano interno. Já há muito tempo dizia Edmund Burke que, no estado de natureza, "é verdade que um homem mais forte pode me atacar e me roubar, mas também é verdade que tenho plena liberdade para me defender ou para me vingar, tomando-o de surpresa ou utilizando a astúcia ou de qualquer outra maneira em que eu possa ser superior"[47].

---

47   Edmund Burke, *op. cit.*, p. 46.

O próprio William Godwin anotava em 1793:

[...] os danos da anarquia não são piores do que os que o governo consegue produzir. Quanto à segurança pessoal, a anarquia certamente não é pior do que o despotismo, com a diferença de que este último é perene, enquanto a anarquia é transitória. A anarquia, de fato, estimula o pensamento, difundindo energia e espírito de iniciativa na comunidade; incentiva os homens a um exame imparcial das razões de suas ações[48].

No século XX, com a pretensão da criação de um "novo" homem, uma "nova" sociedade e um "novo" Estado, cuja realização requer a eliminação de grupos humanos e sociais, etnias, "raças", classes, castas, grupos profissionais e dissidências políticas inteiras, a violência totalitária dá um salto de qualidade. O medo sistemático provocado nos súditos durante o nascimento do Estado moderno, para instituir e expandir o poder, é reforçado por uma violência sistemática, proporcional ao poderio do aparato estatal. Quando o Estado se implanta integralmente, todo o seu território se transforma numa penitenciária, onde vigora um permanente sentimento de angústia pelo risco da eliminação física.

Com a *Shoá*, os democídios alcançam intensidade e proporções sem precedentes. Com uma diferença: o povo judeu encarna, ao mesmo tempo, o estrangeiro interno e o inimigo de traços demoníacos. Ou melhor, o inimigo absoluto a ser aniquilado. Na verdade, toda a história da estatalidade moderna, a partir do Ato de Expulsão de 1492 decretado pelos soberanos unificadores da Espanha, é caracterizada por genocídios antijudaicos. O Estado moderno não tolerava as comunidades intermediárias, típicas da pluralidade medieval, sobretudo as judaicas, que deviam se refugiar naqueles territórios como o Império Otomano, os Bálcãs e a confederação polaco-lituana, onde ainda não ocorrera a estatização moderna. Mais tarde, com o racismo nacionalista (legitimado por um pseudocientificismo) do final do século XIX, o antissemitismo se tornará ideologia orgânica e programa político contra qualquer atividade financeira e comercial que escapasse à assimilação e nacionalização estatal. Antes na França e depois na Alemanha, veio a se desenvolver o nacional-socialismo antissemita, que defendia

---

[48] William Godwin, *Enquiry Concerning Political Justice*, Harmondsworth; Baltimore: Penguin, 1976, VII, parágrafo V.

a unificação plena da nação por intermédio da destruição da ordem capitalista-burguesa. A começar por Alphonse de Toussenel, discípulo de Fourier e autor de *Le Juifs, rois de l'époque de la féodalité* [Os judeus, reis da época do feudalismo][49] — que descrevia os judeus como "dominadores do mundo" por meio do controle do capital financeiro e os acusava de serem inimigos da nação e do povo —, logo difundiu-se um maciço antissemitismo socialista.

Os movimentos ultranacionalistas e socialistas frequentemente convergiram para posições antissemitas. O próprio marxismo identificou muitas vezes a sociedade "capitalista-burguesa" com o judaísmo, considerando-o até um "elemento antissocial"[50].

A expansão do Estado moderno não só limita e comprime a esfera privada, mas adquire potencialidades "democidas". Apesar disso, o indivíduo, para se defender, é obrigado a recorrer ao Estado, assim ficando, por ironia do destino, indefeso. A atomização do homem é irrefreável. A burocracia estatal moderna constrói mecanismos que favorecerão os democídios, criando quadros funcionais habilitados a organizá-los, com homens "impessoalmente" obedientes ao poder, de qualquer natureza que ele seja. George Mosse defendeu que o Estado e a burocracia explicam os extermínios de massa.

> Sem o Estado moderno, o genocídio de massa é impossível porque, para executá-lo, é preciso capturar todos, um por um, e para isso os *pogroms* não funcionam, e há necessidade da burocracia e do Estado. Hitler entendeu uma coisa que muitos esqueceram: o extermínio de um povo inteiro só é possível num Estado moderno[51].

O Estado contemporâneo — ampla combinação de estruturas de comando, aparatos administrativos e produção legislativa — alcançou a forma atual de concentração de poder com a Primeira Guerra Mundial, abolindo as regras do direito internacional moderno (não por acaso, o fascismo viria a celebrar a Grande Guerra). Em muitos aspectos, os totalitarismos nazista e comunista representam tanto uma radicalização quanto uma consequência da expansão do aparato estatal.

---

49  Alphonse de Toussenel, *Le Juifs, rois de l'époque de la féodalité*, Paris: Libraire de la Sociéte des Gens de Lettres, 1888.

50  Zeev Sternhell, *La destra rivoluzionaria: le origini francesi del fascismo 1885-1914*, Milano: Corbaccio, 1997.

51  George Lachmann Mosse, *Intervista sul nazismo*, Roma; Bari: Laterza, 1977, p. 70.

A obra de Daniel Jonah Goldhagen, autor do célebre e polêmico *best-seller Os carrascos voluntários de Hitler*[52], também enriquece a análise do extermínio de massa na história, com outros argumentos e de outros pontos de vista. O estudioso de Harvard mostrou que, por meio de verdadeiros massacres, carestias geradas por decisões políticas e expulsões em massa, houve um número de mortes nas últimas décadas superior ao das próprias guerras. Mas por que isso ocorre? Quais são as condições e os mecanismos que desencadeiam os genocídios?

No último século, diz Goldhagen, as maiores atrocidades não resultaram apenas de diferenças culturais e religiosas, de entranhados conflitos territoriais, de acúmulo de ódios e disputas não resolvidas, mas também de verdadeiros cálculos de poder e de uma intensa vontade de perseguição[53]. Não houve nenhuma explosão de loucura coletiva, mas assassinatos deliberados como ato político. O autor estudou os mais importantes genocídios do século XX, examinou suas razões profundas, suas características e métodos de execução. Apesar das diferenças geopolíticas e temporais, a eliminação da *Shoá*, o genocídio na ex-Iugoslávia, os massacres dos curdos e em Ruanda apresentam afinidades, cuja análise pode nos servir para entender como enfrentá-los e barrá-los.

> As democracias do mundo devem deixar de apoiar e proteger os tiranos também em seu poder de praticar políticas exterminadoras, desde os assassinatos e expulsões em massa à repressão violenta daqueles que não seguem suas rígidas prescrições etnocêntricas, ideológicas ou religiosas. Os líderes democráticos e os povos do mundo devem deixar de perpetuar a ficção jurídica, institucional e política, evidente em grau máximo nas Nações Unidas, de considerar regimes e líderes tirânicos como representantes de qualquer outra coisa além de seus interesses criminosos, fomentadores de guerras e extermínios. As democracias devem trabalhar assiduamente para reduzir o número desses regimes, que são intrinsecamente instáveis e fracos[54].

---

52 Daniel Jonah Goldhagen, *I volonterosi carnefici di Hitler*, Milano: Mondadori, 1997. Ed. bras.: *Os carrascos voluntários de Hitler*, São Paulo: Companhia das Letras, 1997.
53 Idem, *Peggio della guerra*, Milano: Mondadori, 2010.
54 Idem, *Peggio della guerra: lo sterminio di massa nella storia dell'umanità*, Milano: Mondadori, 2010, p. 597.

*Arcana imperii*

Ao lado da dupla amigo-inimigo, público-privado, assume especial importância a combinação amigo-inimigo "secreto"[55]. Do segredo da maçonaria e dos conluios às associações protegidas pelo sigilo, toda a política moderna é caracterizada pelos *arcana imperii* do poder: estruturas aparentemente apolíticas, mas, na verdade, intensamente políticas[56]. Koselleck[57] mostrou que é precisamente a face obscura e indefinida da política que leva a oposição a se organizar secretamente e a enfrentar o poder em seu próprio terreno. Por outro lado, já desde os *Discursos* de Maquiavel, Livro III, capítulo sobre as conjurações, e o *Leviatã* de Hobbes, em especial o capítulo sobre as sociedades parciais, a teoria das conspirações se torna um tema essencial da doutrina da razão de Estado e, em geral, do pensamento político moderno. A criminalização do inimigo interno — consequência extrema e coerente do princípio de exclusividade da síntese política — obriga todo potencial opositor a se retirar e se organizar em segredo.

Esse fenômeno alimentou as teorias conspiratórias modernas sobre os judeus, os jesuítas, a maçonaria, o comunismo, o capitalismo, onde o inimigo é apresentado em sua ubiquidade, em seu caráter simultâneo de inimigo interno e inimigo externo.

> Uma vez estabelecido realisticamente que a política é conflitualidade até o limiar da ameaça à identidade e à integridade individual e coletiva, patenteia-se que o inimigo menos temível é o externo (e tanto menos temível quanto mais "visível" seja). O mais perigoso e inquietante é o inimigo interno: é difícil defender-se dele, porque é o concidadão, a sombra que sai dos porões, aquele que, enquanto dormimos à noite, pode nos agredir e matar (como diz uma passagem de Montaigne, uma das testemunhas mais lúcidas da guerra civil). Mas o inimigo secreto, que se dedica por toda parte à sua obra de conspiração, é extremamente temível por ser invisível,

---

55  Pier Paolo Portinaro, "Materiali per una storicizzazione della coppia 'amico-nemico'", in: Gianfranco Miglio *et al.*, *Amicus (inimicus) hostis: le radici concettuali della conflittualità "privata" e della conflittualità "politica"*, Milano: Giuffrè, 1992.
56  *Idem*, "Il realismo politico", in: *Arcana imperii*, Roma: Giuffrè, 1999, pp. 93-9.
57  Reinhart Koselleck *et al.*, *Geschichtliche Grundbegriffe*, Stuttgart: E. Klett, 1997.

mas também por ser ao mesmo tempo interno e internacional, ou seja, "absoluto"[58].

A história da modernidade é marcada por conflitos políticos periódicos e absolutos. Enquanto guerras do povo, a Revolução Francesa e a Revolução Bolchevique ultrapassaram todos os limites com a absolutização do inimigo e o confisco integral do espaço privado. Em nome da "fraternidade", da "nação" e da "classe", as mobilizações populares davam vida a novas formações e identidades políticas: premissa da guerra absoluta. Incapaz de colocar freios à guerra, a política mostra aqui toda a sua impotência. Quando se anula toda e qualquer fronteira entre esfera militar e esfera civil, entre combatentes e não combatentes, a guerra total é inevitável. A mobilização integral das energias econômicas e intelectuais da sociedade e o emprego de tecnologias de destruição chegam ao grau máximo de sua potência[59].

Com a entrada em cena do "militante" — figura revolucionária inédita que introduz na luta política e na guerra uma intensidade sem precedentes —, a absolutização da dupla amigo-inimigo opera um salto de qualidade. Em *Teoria del partigiano* [Teoria do militante][60], Schmitt introduz um par conceitual ausente de sua elaboração anterior: o do inimigo real/inimigo absoluto. A categoria schmittiana de "hostilidade absoluta" nos ajuda a interpretar as mudanças históricas mais graves do século XX. O risco do holocausto nuclear e a perspectiva de uma guerra civil mundial tomam o lugar da guerra mundial como guerra entre Estados. Os conceitos de irregularidade e mobilidade, de caráter telúrico, e a intensidade do engajamento político dão a medida do risco latente no caráter permanente da guerra civil e, ao mesmo tempo, revelam as proximidades entre militante e terrorista. Enquanto o primeiro age num território concreto e contra um inimigo real, o segundo, combatendo o inimigo absoluto de modo absoluto, põe sua agressividade a serviço de uma estratégia ofensiva. "O militante é o jesuíta da guerra", diz Schmitt, retomando expressamente a tese de Che Guevara. Há dois tipos de militantes: o primeiro é o defensor autóctone do solo nacional, o segundo é o ati-

---

58   Pier Paolo Portinaro, "Il realismo politico", *op. cit.*, p. 247.
59   *Ibidem.*
60   Carl Schmitt, *Teoria del partigiano: note complementari al concetto di politico*, Milano: Il Saggiatore, 1981.

vista revolucionário que se identifica com o Partido e tem como campo de ação o mundo todo.

> Na guerra revolucionária, o pertencimento a um partido revolucionário representa uma ligação total. Outros agrupamentos ou associações, entre os quais especialmente o Estado contemporâneo, já não têm mais condições de ligar seus integrantes a si mesmos de maneira tão definitiva[61].

Esta ligação total funda, por um lado, uma forte amizade entre os afiliados e, por outro lado, uma inimizade pública absoluta em relação aos inimigos. Na lógica revolucionária, o inimigo personifica aquele que, negando-nos de modo absoluto, deve ser negado de modo absoluto. Lênin transferiu para o plano político o baricentro conceitual da guerra — isto é, a distinção entre amigo e inimigo —, transformando o inimigo real em inimigo absoluto.

> O que Lênin podia tomar a Clausewitz e aprendeu plenamente não foi apenas a famosa fórmula da guerra como continuação da política. Foi também aquela outra noção referente à maneira de distinguir entre o amigo e o inimigo, e que esta é a coisa mais importante, pois define não apenas o tipo de guerra, mas também o tipo de política. Para Lênin, apenas a guerra revolucionária é a verdadeira guerra, porque se funda na hostilidade absoluta. Todo o resto é jogo convencional[62].

É assim que o célebre conceito clausewitziano da política como continuação da guerra é invertido em guerra como continuação da política. De conflito entre Estados, a guerra se transforma em regime de guerra civil permanente e absoluto. O internacionalismo proletário subordinado à rígida hierarquia do Estado se tornará um instrumento de guerra civil e de intervenção-agressão. Nesse processo, que praticamente impossibilita a todos "[...] renunciar à discriminação e à difamação dos seus inimigos"[63], o *Jus Publicum Europaeum* (que indicava o inimigo como *justis hostis*) é deixado de lado: ele é substituído pela demonização do inimigo, não diferente da das guerras civis e religiosas. Só que

---

61   *Ibidem*, pp. 10-1.
62   *Ibidem*, p. 70.
63   *Ibidem*, p. 72.

agora a amizade absoluta não deriva mais da religião, e sim de uma visão do mundo construída sobre a tautologia primitiva segundo a qual o que é revolucionário é sempre justo e correto por ser revolucionário. E com um elemento a mais a ser considerado: que os homens contemporâneos possuem armas capazes de aniquilação e destruição total do inimigo. Na parte final de *Il nomos della terra* [O nomos da terra][64], Schmitt aponta que a presença e o uso desses instrumentos abrem as portas do abismo do ódio absoluto ao inimigo: armas extraconvencionais requerem homens e métodos extraconvencionais. A aniquilação por meio dessas armas obriga à destruição das vítimas não só no sentido físico, mas também no sentido moral. O mais importante, acima de tudo, é estigmatizar a natureza criminosa e desumana do inimigo, a absoluta falta de valor de sua existência.

A guerra civil permanente dos totalitarismos do século XX, com as mobilizações totais e as militarizações ideológicas das agregações (nacionalismo de massas, regimes de partido único), parece uma demonstração literal da análise schmittiana. A "guerra fria", como a "guerra civil mundial", imporá um conflito generalizado entre um universo concentracionário e um "mundo livre" que, por sua vez e em lugar das potências, limitará as liberdades por meio de uma centralização estatal e um controle molecular sobre a sociedade e os direitos individuais. Alinhar-se e agregar-se passa a ser obrigatório. As guerras do século XX, o Holocausto, as limpezas étnicas, os terrorismos de Estado e os fundamentalistas dão a medida da progressão totalizante e criminosa dos diversos tipos de guerra. Desde o *Manifesto comunista*, a ideologia marxista-leninista se funda sobre o conceito de "guerra final", baseada na agregação universal dos proletários de todo o mundo contra todas as burguesias do mundo.

> O conflito econômico assume a configuração de hostilidade política [...]. Todos os desenvolvimentos posteriores se fundam na especificação do inimigo a ser derrotado na mesma continuidade da hostilidade absoluta, a que leva o acirramento do conflito, que exclui a possibilidade de pacificação a não ser depois da aniquilação de uma das partes. Inimigo interno e inimigo externo perdem sua conotação, seguindo o deslocamento do conflito decisivo. A hosti-

---

[64] Carl Schmitt, *Il nomos della terra nel diritto internazionale dello Jus publicum europaeum*, Milano: Adelphi, 1991.

lidade absoluta provoca uma permanência da guerra civil (com a criminalização stalinista do inimigo interno), a guerra em que se desdobram mais plenamente as categorias do "político". O inimigo de classe é o inimigo público por excelência[65].

As formas do inimigo público têm sempre a máscara dos diversos totalitarismos: o inimigo étnico nacional, o inimigo de classe, o infiel da guerra santa, e assim por diante. As iniciativas e as práticas reformadoras são perfeitamente ilusórias. A violência leva quase sempre ao predomínio dos meios sobre os fins. Assim, o mundo se torna cada vez mais violento[66].

## A ilusão da paz perpétua

Embora hoje o espectro de outro holocausto mais extenso, o nuclear, pareça mais distante, parecem ressurgir dos escombros da velha ordem internacional dos impérios ideológicos e coloniais algumas realidades étnicas e nacionais que agitam valores culturais profundos, míticos e simbólicos. A decomposição da União Soviética e o sangrento desmoronamento da Iugoslávia das décadas passadas (apesar das ações imperiais russas de nossos dias) são apenas alguns exemplos recentes, mas paradigmáticos, do ressurgimento desses fermentos.

O efeito homologador das ideologias "universalistas" do século XX, que aplainaram identidades e histórias, tradições e culturas, trouxe de volta à superfície, junto com os nacionalismos, os fundamentalismos religiosos. As religiões, que haviam ficado confinadas às sombras com a expansão do poder secular do Estado no século XX, agora arrolam Deus sob suas bandeiras. Com o risco de conflitos e microconflitos regionais, sub-regionais e locais[67], retornam as teorias sobre a guerra limitada, e até mesmo sobre a guerra nuclear limitada. Além disso, tanto a globalização das trocas e o efeito político-estratégico deflagrado pelas tecnologias da informação quanto as dinâmicas de sedentarização e lo-

---

65  Alessandro Vitale, "Il 'nemico pubblico' nella letteratura ideologica d'area slava", in: Gianfranco Miglio *et al.*, *Amicus (inimicus) hostis, op. cit.*

66  Hannah Arendt, *Sulla violenza*, Milano: Mondadori, 1971. Ed. bras.: *Sobre a violência*, Rio de Janeiro: Relume-Dumará, 1994.

67  François Thual, *Les Conflits identitaires*, Paris: Ed. Marketing, 1995.

calização conspiram contra a ordem geopolítica pós-bipolar e contra a função ordenadora do território do Estado contemporâneo[68].

O declínio do Estado-nação também acarreta o fim da legitimidade das funções militares e dos exércitos permanentes. Depois de séculos tentando conquistar o predomínio militar e estender as fronteiras ao máximo possível, os Estados unitários de vastas extensões espaciais seguem para o ocaso. O declínio das funções militares (e das guerras interestatais), paralelo ao enfraquecimento da função política dos Estados e de sua ordem interna, já se configura como uma das regularidades mais comprovadas da política[69]. Como demonstra a história das últimas décadas (Irlanda do Norte, Grã-Bretanha, País Basco, Itália, Oriente Médio, Estados Unidos, Rússia etc.), os aparatos de segurança estatais — tão eficazes no controle do cotidiano dos cidadãos tomados individualmente — não são capazes de se defender do terrorismo político, nem de garantir nenhuma paz. Embora poderosos no plano militar, mostram-se vulneráveis e indefesos. Isso transforma radicalmente a natureza e os cenários operacionais da guerra: da guerra entre Estados passa-se às guerras regionais e terroristas. São dados que mostram o caráter ilusório da paz perpétua e o fôlego curto dos organismos supranacionais (como a ONU) que tentam estabelecer formas de paz internacional, de eliminar os conflitos, de transformar as guerras em operações policiais: enfim, convertendo o mundo inteiro numa grande democracia pacífica e protegida.

A eliminação dos conflitos do cenário mundial não passa de uma ilusão, uma abstração. A ideia de uma "segurança comum" é falaciosa não só devido à ingênua visão de natureza humana subjacente a ela, mas também porque nenhuma segurança efetiva pode ser comum a todos. Sua eficácia, de fato, depende da vontade dos Estados e de seus interesses políticos divergentes e contingentes. Muito pelo contrário, é evidente que todo Estado age baseado em seus interesses nacionais, em seu poderio, e para aumentar seu peso, sua riqueza, sua segurança. A esperança kantiana na base dos paradigmas institucionalistas — qual seja, a ideia de um concerto intergovernamental para a regulação dos conflitos — colide com os problemas postos pela erosão da soberania do Estado-nação por parte dos atores subnacionais e transnacionais, pela

---

68 Samuel P. Huntington, *Lo scontro delle civiltà e il nuovo ordine mondiale*, Milano: Garzanti, 1997.
69 Yves Lacoste, *Dictionnaire de géopolitique*, Paris: Flammarion, 1993.

incapacidade dos Estados em mobilizar recursos anteriormente disponíveis, pela dificuldade em identificar sempre o agressor, pela criticidade político-estratégica do controle e da gestão das intervenções.

Tudo isso dificulta um prognóstico sobre o futuro da paz e os novos equilíbrios geopolíticos. Mas, se é verdade que a guerra nasce das tensões, conflitos e explosões de violência imprevisíveis e sob muitos aspectos inextinguíveis, também é verdade que a evolução das trocas e a concorrência exigem prevenções dos conflitos, cenários não beligerantes, limitações das guerras. Para se chegar a tal meta, será preciso aguardar longas e dolorosas transições, com retrocessos breves e violentos. Esse caminho terá de ser percorrido sem dispor mais das tranquilizadoras grades de proteção político-psicológicas que, durante quase todo o século XX, garantiram o equilíbrio fundado na interação conflitante entre as três ideologias (comunismo, fascismo, democracia) e, após 1945, no equilíbrio bipolar assentado nas ideologias residuais comunista e liberal democrata.

O que se evidencia, com certeza, é que não serão as utopias institucionalistas nem as retóricas normativas que farão da paz uma hipótese política exequível. Dentro de certos limites, o que poderá levar a isso é a consciência de que não basta recusar o nacionalismo, as culturas étnicas, as diversidades. Novas formas de coexistência serão possíveis se se reconhecerem as diferenças geo-históricas e as dimensões simbólicas dos diversos *éthos*, as espacialidades, os territórios, as identidades, os complexos mítico-simbólicos das várias comunidades étnicas e nacionais. Em suma, se se restituir definitivamente um "equilíbrio dinâmico" à comunicação mundial. Mas tal equilíbrio não poderá ocorrer a não ser identificando todos os graus possíveis de independência, de "autonomia", de "devolução", assim como todos os possíveis contextos geopolíticos das crises e dos conflitos já ocorridos ou potenciais.

# A sarça ardente da liberdade

Qual é a essência da liberdade? Talvez suas características possam ser as seguintes:
1) ela existe somente em situações dialéticas, isto é, de contraste ou de oposição a uma determinada situação;
2) para se afirmar, ela requer determinados instrumentos, embora todo instrumento que a traz à vida também possa oprimi-la;
3) meios técnicos a seu favor — legislativos, econômicos, psicológicos, éticos ou outros mais — podem favorecê-la, mas não gerá-la;
4) pode-se esperá-la como efeito de atos criativos espontâneos individuais.

A própria história linguística e conceitual da liberdade demonstra que ela só pode ser definida por oposição. Os antigos lhe atribuíam um significado diferente do dos modernos[1]. Com efeito, se os antigos consideravam a liberdade como, acima de tudo, a possibilidade de participar ativamente no governo da coisa pública, os modernos a consideram como a possibilidade de defender sua esfera privada contra ingerências externas, sobretudo do poder público. Em ambos os casos, porém, o que varia não é tanto a concepção da liberdade, mas seu termo de comparação. Por exemplo, comparado ao homem persa, súdito de um regime despótico, o cidadão da pólis grega é um homem livre. Muito mais do que o homem livre romano (cuja condição é oposta à do escravo ou do prisioneiro de guerra) que, entre a morte e a submissão ao vencedor, prefere esta última.

Atenuados ou desaparecidos esses perigos, a liberdade passa a ser medida por perigos de outra natureza. Não porque seu conteúdo muda, mas porque muda o termo de comparação que lhe serve de oposição

---

[1] Benjamin Constant, *La libertà degli antichi, paragonata a quella dei moderni*, Torino: Einaudi, 2001.

para se afirmar. Comparada à época de Constant, a participação ativa no governo da coisa pública é vista hoje como componente profundo da liberdade (talvez porque continua a se enfraquecer em muitos Estados, que sempre lembram mais o império persa do que a pólis grega).

Cabe dizer que o declínio histórico da pólis leva os gregos a elaborar uma ideia de liberdade diferente da clássica. A liberdade se torna prerrogativa exclusiva do homem "sábio", livre (e, por isso, "feliz") em qualquer contexto, desvinculada de qualquer condição histórico-social. Embora aparentemente abstrata e artificial, essa liberdade estoica (que, absolutizada, torna-se destino) mostra um aspecto unilateral da liberdade. Mesmo sendo verdade que as circunstâncias exteriores não são determinantes para o exercício da liberdade, ainda assim elas não são indiferentes, ao contrário do que pensavam os estoicos. O estoico Epicteto afirma que sempre se pode ser livre. E continua-se a ser livre mesmo empurrando uma mó na condição de escravo, afirma. Sim, porque se pode continuar a pensar e, de algum modo, a ser livre. O tirano, pelo contrário, na ilusão de ter uma liberdade ilimitada (como já vira Platão) descobre, que é o mais escravo de todos. A do tirano é uma forma diferente de escravidão. De fato, externamente oprime os outros, enquanto é "internamente" escravo. Já o escravo sempre pode defender a liberdade dentro de si, na liberdade de sua consciência, na dignidade de seu agir. Nada no mundo pode impedi-lo.

Para além das situações de fato, não há dúvida de que é sempre possível procurar uma fonte do livre agir. Mas ainda é uma explicação insuficiente. Continua-se no campo gravitacional dos fatos, embora de natureza diferente: um campo distante da dimensão interior, dentro do qual ela deveria crescer.

Existe, então, uma fonte originária das liberdades? E, se existe, onde procurá-la? Talvez se possa dizer sobre a liberdade aquilo que Don Abbondio, personagem do romance *I promessi sposi*[2] [Os noivos], pensava sobre a coragem: é algo que "não se pode dar a si". Disso decorre que, se a pessoa não pode dá-la a si por si mesma, tampouco os outros poderão dá-la. Na verdade, em qualquer situação que nos encontremos, a liberdade é a única coisa que sempre podemos nos dar. A ambígua frase de Don Abbondio é verdadeira num sentido e demasiado cômoda em outro. O sentido em que se mostra verdadeira constitui

---

2  Alessandro Manzoni, *I promessi sposi*, Milano: Garzanti, 2008.

um problema que não se pode eliminar ou subestimar. Vale tanto para a liberdade quanto para a coragem.

Neste ponto, são inevitáveis algumas implicações de natureza teológica. Com efeito, em nenhum outro campo o conceito de liberdade foi tratado tão radicalmente quanto na teologia, em especial por sua relação com a "graça". No pensamento teológico, a liberdade se funda sobre a graça. Mas, aqui também, a graça não é algo que alguém possa dar a si mesmo, nem pode provir do exterior. Por isso ela é tradicionalmente definida em oposição ao pecado. Paulo de Tarso acredita que a liberdade é, antes de mais nada, liberdade do pecado. Em todo caso, o que funda a liberdade e emancipa da escravidão do pecado é justamente a graça. Ora, se é a graça que funda a liberdade, retorna aquilo que a doutrina estoica havia excluído: que basta querer a liberdade. A graça, no entanto, não admite o abstrato "basta querer". O "conseguir querer" é problemático. Se a graça fosse comparável a uma circunstância externa, ela não teria grande importância para a liberdade. Mas a graça é o fundamento originário da liberdade, que a pessoa não pode dar a si a partir do exterior.

Então, eis que a situação se reapresenta novamente em forma dialética. Não nos podemos dar a liberdade através de soluções técnicas. Como fonte primária da liberdade, a graça antecede qualquer técnica de libertação, física ou psíquica, exterior ou interior. Para que um ato de liberdade se realize, é preciso sempre a iniciativa de uma pessoa, impossível de determinar *ex ante*, como uma causa que gera seu efeito. Não basta sequer se autoconvencer. É preciso esperar a liberdade com confiança, depois de lhe propiciar todos os meios possíveis. O conteúdo é uma "criação" sua. Por isso, por mais reduzida e limitada que seja, ela é criativa. Não há verdadeira liberdade sem criação.

Um ato de liberdade se distingue de um ato arbitrário porque o primeiro é originário, enquanto o segundo pressupõe opções entre as quais se "escolhe". Para a liberdade, porém, não há alternativas: depende da criatividade que a decisão pode gerar. É por causa disso que o ato é livre, não mecânico. Pois não é verdade que certas máquinas podem, tal como nós e talvez melhor do que nós, fazer escolhas simples, não casuais e até com base em algum fundamento racional? Nem por isso são livres. A liberdade nasce de um ato criativo individual, mesmo que ele se realize entre vínculos e possibilidades exteriores. É nesse horizonte que encontramos, secularizada, a figura teológica da graça. Favorecer a liberdade significa, portanto, preparar as condições para que ela possa se desenvolver. Tanto no caso de uma ação destinada a uma limitação jurídica que harmonize a liberdade de cada um com a dos outros quanto no caso de uma promoção da prosperidade, condição necessária, mas não suficiente, para o exercício da liberdade. Também neste caso, a ação em favor da liberdade remove um obstáculo, mas sem agir sobre sua fonte. A fonte, de fato, está somente no indivíduo: não num aspecto particular de sua mente, mas em toda a sua personalidade.

Uma vez realizadas todas as condições mais favoráveis, é preciso cuidar do impulso à liberdade. O perigo de todos os projetos voltados à promoção da liberdade é a imodéstia de suas intenções: isto é, acreditar que se pode realizar aquilo para o qual se pode apenas preparar o terreno. Por outro lado, os instrumentos necessários para a sua afirmação são os mesmos que podem enfraquecê-la e até suprimi-la. Por exemplo, se a liberdade não pode existir sem a lei, esta última, ao restringir seu alcance, impõe-lhe limitações, chegando por vezes a eliminá-la. De fato, para garantir sua existência, é necessário recorrer à proteção do Estado que, como ocorre com frequência, expandindo-se, pode destruí-la. Naturalmente, se é verdade que a liberdade não pode prescindir dos meios materiais, também é verdade que o bem-estar não é suficiente para tornar livre. Pelo contrário, pode inclusive se converter num modo de escravizar. Evidentemente, a liberdade é a cada vez ameaçada pelos meios dos quais se serve. Parece uma situação sem saída.

Parece um completo paradoxo: a liberdade pode se perder justamente na busca daquilo que lhe é necessário. Por exemplo, observou-se diversas vezes que a aspiração à igualdade, assim como a busca indiscriminada de segurança, acaba por prejudicar a liberdade. É claro: a segurança é uma condição indispensável da liberdade. Abaixo de um certo nível, a liberdade é impossível. Em nossa época, a ameaça à nossa liberdade é a insegurança, condição já permanente da vida cotidiana. Contudo, precisamente essa busca acirrada de segurança ameaça a liberdade. A percepção cada vez mais aguda do homem contemporâneo sobre sua própria insegurança o leva a uma recusa radical da *insecuritas* típica da condição humana, repelindo junto com ela também a esperança da liberdade.

Na infância da vida, a liberdade se reveste com as mais belas cores. Um poderoso impulso de liberdade abre caminho na floresta petrificada das proibições. Também por isso, chegando à idade adulta, acalentamos as lembranças daquele tempo, quase saudosos daquelas possibilidades, daquelas promessas irrealizadas. Mas ser livre significa decidir-se, assumir responsabilidades, sacrificar as coisas que pareciam poder coexistir, tornar-se, enfim, consciente do cuidado pelos outros. Assim, é compreensível que, para se libertar desse fardo, o homem delegue a alguma outra coisa — a um princípio supra-humano, ao destino, aos astros, à história, ao Estado, ao partido ou a qualquer outra coisa — o esforço de inventar, decidir, projetar. Mas, recusando-se a liberdade, recusa-se aquilo que oferece motivos para a existência humana, pois a liberdade, mesmo incerta e difícil, é a única coisa que torna o homem insubstituível, seja abaixo ou acima de si.

## Sendas da liberdade

Historicamente, a liberdade é um caminho traçado pela coragem, pela determinação, pelo sofrimento de homens famosos e menos famosos que, com seu trabalho e sua criatividade, luta e paixão, contribuíram para afirmar sua presença no mundo: inovadores, pensadores, homens empreendedores compreendidos e reconhecidos apenas muito tempo depois de seu desaparecimento. O mais clássico dos pensadores liberais, John Locke, por muito tempo considerado impropriamente como o ideólogo da "burguesia" (pelo menos até 1956, quando Peter Laslett[3] demonstrou que os *Dois tratados sobre o governo civil* anteciparam em uma década a Revolução Gloriosa (1688-89)), foi tido por deterministas e marxistas como o defensor da construção político-constitucional britânica, e não como aquele que adotara como fundamento de seu pensamento político a afirmação dos direitos individuais e de uma sociedade baseada no consenso. Mesmo o mundo dos empreendedores mercantis florentinos, venezianos e flamengos que, no final da Idade Média, deram vida a um sistema consensual de regras e contratos (que encorajou a revolução empresarial moderna), foi por muito tempo negligenciado por aqueles que não reconheciam nenhuma dignidade ao comércio e ao empreendedorismo.

Apesar das sinistras sombras que frequentemente a obscureceram (escravidão, colonialismo, nacionalismo, stalinismo), a história ocidental teve extraordinários momentos de luz: por exemplo, quando criou uma organização social capaz de favorecer a máxima expressão dos talentos individuais, isto é, os fatores essenciais de uma civilização

---

[3] Peter Laslett, "The English Revolution and Locke's 'Two Treatises of Government'", *Cambridge Historical Journal*, Cambridge: 1956, v. 12, n. 1.

dinâmica e aberta. Este foi e continua a ser o mérito imorredouro das sociedades de tradição europeia.

"Por que apenas o Ocidente?", perguntara-se Max Weber[4]. Afinal, por que apenas o Ocidente criou espaços de liberdade individual inimagináveis, uma prosperidade sem precedentes e um desenvolvimento tecnológico constante? As respostas devem ser procuradas na busca constante, tortuosa (e incompleta) da necessária limitação dos poderes, da afirmação prática e conceitual (frequentemente contestada) da produção de riqueza, de instituições que unam dignidade pessoal e prosperidade econômica. Somente no Ocidente e em nenhum outro lugar, a reflexão sobre a liberdade do homem, como valor em si e fim político supremo, nasce em defesa do direito natural e para dar voz à resistência da sociedade civil e dos indivíduos contra a tendência do Estado moderno de centralizar o poder e dominar seus súditos.

Sem dúvida, mesmo antes do nascimento do Estado moderno existiam várias formas de liberdade. Basta pensar, na Europa, na época caracterizada pelas comunas regidas por estatutos citadinos livres e nas formas de autogestão das comunidades mercantis urbanas. Naquela época, não existia uma delimitação do poder sobre um território. A um poder opunha-se outro, de força análoga, que tentava se impor sobre o mesmo território. O pluralismo político e territorial da Idade Média se assemelha a um jogo de caixas chinesas. O conceito de soberania ainda era desconhecido. Os poderes medievais são simples pretensões — no máximo, tentativas de impor ou negociar o domínio de um senhor, de um grupo de mercadores ou de clérigos. Pretensões que devem levar em conta outras instituições, no livre jogo das pretensões contrárias. Em suma, a Idade Média ainda não conhece o monopólio da força sobre um determinado território, que é o valor característico da "estatalidade". Sobretudo, não conhece a ideia de uma fonte única do direito: de fato, coexistem no mesmo tempo e no mesmo espaço costumes locais e antigas máximas do direito romano, readaptadas pelos glosadores. O direito medieval é, por assim dizer, de malhas largas, e é principalmente um modo de resolver as controvérsias entre os particulares. Os fatos juridicamente relevantes permanecem "privados": jamais se consideraria possível a caracterização de um delito contra o corpo social ou a coletividade.

4   Max Weber, *L'etica protestante e lo spirito del capitalismo*, Firenze: Sansoni, 1965. Ed. bras.: *A ética protestante e o "espírito" do capitalismo*. São Paulo: Companhia das Letras, 2004.

A desestruturação dos "corpos intermediários" é um dos efeitos do advento do Estado e de sua intrusão nas relações sociais. Ou melhor, de sua imposição, deixando em campo apenas duas entidades: ele próprio e o indivíduo. Nunca se assistira na história a uma tal reviravolta no espaço de poucas décadas. Os governos locais, as corporações, as comunidades religiosas e todas aquelas associações às quais os homens concedem uma parte da sua lealdade desaparecem ou são reduzidos ao papel de instituições privadas, circunscritas e limitadas. Todas as coisas recaem sob o controle do Estado.

Na Europa do século XVI, ainda existiam cerca de quinhentas comunidades políticas intermediárias — nem soberanas, nem autônomas — que, potencialmente, poderiam ter evoluído de muitas maneiras e percorrido caminhos diferentes: da República de Veneza à Confederação Helvética até às Províncias Unidas da Holanda, a história europeia nos mostra a quantidade de modelos alternativos existentes, a quantidade de outros caminhos realmente trilháveis e parcialmente trilhados. Apesar de sua importância, permaneceram às margens da história ocidental. A evolução institucional seguiu um único eixo político: o construído em torno da figura do monarca e, mais tarde, da assembleia parlamentar. Paradigmático é o modelo francês, com a passagem do absolutismo monárquico para o jacobino e parlamentar. Os modelos alternativos são estigmatizados como atrasados no plano social e político.

O primeiro país a abandonar o modelo da soberania estatal foi a Inglaterra seiscentista, antes com a revolução de Oliver Cromwell, que rapidamente se degenera em absolutismo parlamentar e pessoal do Lorde Protetor, e depois com a Revolução Gloriosa (1688-89), que dá início ao primeiro exemplo de Estado liberal cujo fim é a tutela dos direitos individuais. Para isso, reconhece-se um novo conceito: a soberania popular. A monarquia constitucional britânica muda de rosto: com a introdução do *habeas corpus* em 1679, instituído como garantia contra as prisões arbitrárias, e da Carta de Direitos de 1689, que estabelece os direitos dos cidadãos diante do poder, chega à maturação o longo processo iniciado com a Magna Carta de 1215, que tornará a Inglaterra um dos países de maior respeito às liberdades. O ideal do Estado de direito, que mais tarde se revelará extremamente problemático, torna-se a bandeira da ação política do liberalismo.

Contudo, é na complexa construção jurídico-política do jusnaturalismo moderno que se devem buscar as raízes da cultura e da ação contra o absolutismo estatal. É a partir da obra de Ugo Grozio, *De jure belli ac pacis*[5] [O direito da guerra e da paz], que a doutrina do direito natural evolui para o jusnaturalismo moderno. A afirmação do jurista holandês de que a existência dos direitos naturais individuais é um fato incontestável mesmo à ausência de Deus abre o caminho para a doutrina que viria a ser o principal instrumento de luta política revolucionária nos séculos XVII e XVIII.

Na verdade, todos os grandes pensadores políticos daquele período são, num ou noutro sentido, jusnaturalistas e contratualistas. Acreditam, de fato, na existência de direitos naturais e consideram a sociedade como expressão de um acordo contratual. Os direitos naturais são todos aqueles direitos de que os homens gozam enquanto seres humanos, independentemente do pertencimento a uma sociedade política. Não podem ser violados sem ofender a dignidade humana. Esses direitos pré-políticos, anteriores a qualquer norma ou instituição, representam a principal construção política e intelectual da Idade Moderna, a única capaz de se contrapor ao edifício intelectual dominante: a monarquia de direito divino. Sob essa luz, o direito de resistência constitui, de um lado, uma filiação cultural do direito ao tiranicídio; de outro lado, é a garantia mais importante, superior a qualquer ordenamento jurídico legítimo.

As ideias sempre têm consequências. Na história, somente a plena consciência do embate entre despotismo e liberdade conduziu à limitação do poder. O Estado, que no alvorecer do pensamento liberal se apresentava como defesa da vida e dos direitos dos indivíduos, ao longo do século XX torna-se o inimigo mais encarniçado desses mesmos direitos. Além disso, se durante sua longa gestação (pelo menos até o final da Segunda Guerra Mundial) ele pôde exigir sangue em vez de dinheiro de seus cidadãos, na segunda metade do século XX as coisas mudam. Mesmo aceitando níveis de tributação sem precedentes, os cidadãos se imbuem de um espírito de resistência contra esse Estado que os trata como carne de canhão nas guerras totais. Assim, as ideologias que antes justificavam a guerra agora se transformam em doutrinas sociais da expropriação: um fenômeno que os pensadores libertários definiram como *warfare-welfare state*.

O pragmatismo e o "bom-senso" de um certo liberalismo enfraquecem a defesa das liberdades diante de nacionalismos e socialismos de massa: não será talvez mais conveniente serem defraudados de recursos

---

5   Ugo Grozio, *Il diritto della guerra e della pace*, Padova: CEDAM, 2010.

materiais do que se arriscar à morte ou à mutilação de guerra? Assim, a resistência popular se manifestará mais contra a guerra do que contra os impostos, enquanto boa parte das democracias contemporâneas é atravessada por correntes antiliberais que saem ao aberto, tentando transformar a livre-troca numa economia de comando. Mas um liberalismo que renuncia à defesa da livre economia enfraquece a si mesmo e às liberdades civis e políticas. No século XX, o próprio termo se torna um problema semântico, além de teórico. Todas as doutrinas políticas que acompanharam o surgimento da sociedade de massas (fascismo, comunismo, sindicalismo revolucionário, social-democracia) declaram o liberalismo obsoleto, injusto ou outras coisas mais. São ofensivas que, de fato, vêm não só do exterior, mas também de seu interior.

Na realidade, já no século XIX assistira-se a uma acentuada divisão entre diversos "liberalismos". Mesmo ficando incólume a confiança no livre mercado, a expansão do utilitarismo traz a filosofia dos direitos naturais individuais de volta à discussão entre os liberais da época. Assim, se a cultura e a mentalidade daquele século consideravam uma posição liberal contrária à economia de troca como uma contradição, no século XX numerosos intelectuais, mesmo sem depor a bandeira do liberalismo, abandonam a ideia de que o livre mercado seja o melhor instrumento para a realização das necessidades individuais. Somente uma minoria de estudiosos e pensadores defende essa posição. A maioria chega a sentir vergonha de suas próprias raízes, a ponto de quase se submeter à ideia de que o mercado é apenas um apêndice da política.

As ciências sociais do século passado puseram na ordem do dia a busca de uma alternativa "equitativa" ao sistema da livre-troca. A convicção de que o capitalismo estaria exposto aos riscos de uma revolução favorece, nos países anglo-saxões, as posições de personalidades como Lorde Beveridge, Franklin D. Roosevelt e John Maynard Keynes, para os quais o planejamento não é um inimigo a ser combatido, mas sim uma necessidade de nossa época. Mais vale abandonar as teorias liberais para colaborar com os estatalistas no plano da iniciativa política. Apenas um pequeno número de estudiosos e pensadores terá a coragem de repropor as razões da identidade liberal tradicional.

As escolas de pensamento que empreenderam uma resistência cultural diante do "estatalismo" foram a Escola de Viena na primeira metade do século e a Escola de Chicago no período após a Segunda Guerra Mundial. Ambas lançaram um tremendo desafio cultural ao *social planning* e às pretensões do Estado onipotente, construindo, assim, as premissas das reviravoltas políticas e sociais que se manifestaram a partir dos anos 1980. É dessa forma que a tradição reformadora e revolucionária do liberalismo clássico, dada como desaparecida, volta a florescer de modo inesperado e surpreendente, colocando em discussão, com espírito crítico, dogmas e certezas há muito tempo partilhados e aceitos por convicção ou conformismo.

Aos 90 anos de idade, um dos mestres dessa nova época, Friedrich A. von Hayek, Prêmio Nobel de Economia, ressaltará essa situação singular, afirmando ironicamente que, quando era jovem, o liberalismo era velho e, quando ficou velho, o liberalismo voltou a ficar jovem. Uma nova história renasce das cinzas de duas guerras mundiais e sobre as devastações praticadas por sociedades massificadas e burocratizadas. A partir de personalidades como Carl Menger, Friedrich von Wieser e Eugen von Böhm-Bawerk, passando por Ludwig von Mises e Friedrich Hayek, a Escola Austríaca se liga a uma tradição política norte-americana renovada, já nutrida pelos princípios do individualismo e da concorrência. Em torno do núcleo dos discípulos de Mises, na Universidade de Nova York, destacam-se pensadores como Murray N. Rothbard, encabeçando a tendência libertária, e Israel M. Kirzner. Nos anos 1970, os estudos de Kirzner[6] sobre a figura do empreendedor como inovador social, criador dinâmico e protagonista da liberdade econômica, impõem-se também à atenção da ciência econômica oficial, que entrara em crise após décadas de duras críticas dos teóricos keynesianos ao livre mercado.

Nos anos 1930, Keynes[7] contribuíra para difundir a ideia de que o capitalismo, sem a correção dos gastos públicos, fica exposto a crises cíclicas de subprodução e subconsumo. Tal posição era, em muitos aspectos, até mais insidiosa do que a marxista, pois provinha do próprio cerne da reflexão econômica londrina e não da periferia da filosofia hegeliana. Esse paradigma, com seu predomínio nos principais centros econômicos acadêmicos e político-culturais, apresentava a ideia de concorrência como a causa de todos os problemas, não a possível solução. Por essa via, os economistas se transformam em conselheiros do príncipe, que indicam à classe política as soluções que ela tem mais interesse em adotar. Os sofisticados modelos matemáticos dessa teoria chegam sempre à mesma conclusão: o livre mercado não produz um nível suficiente de gastos com a saúde, com o desenvolvimento tecnológico, com a

---

6    Israel M. Kirzner, *The Meaning of Market Process*, London: Routledge, 1992.
7    John Maynard Keynes, *The General Theory of Employment, Interest and Money*, Cambridge: Macmillan, 1936.

educação e assim por diante. Todos os setores sobre os quais se estende a mão pública (visível) são prognosticados com alto risco de retração da "mão invisível" e, portanto, precisam de intervenção governamental.

Os economistas keynesianos contribuem para fornecer álibi e legitimação acadêmica à classe política, tanto no que se refere à alocação dos recursos (e inevitavelmente dos valores), quanto no que se refere à criação de deseconomias e expansão da burocracia política. Se, no alvorecer da Idade Moderna, os monarcas absolutos haviam encontrado entre seus mais zelosos servidores improváveis teólogos que pregavam fervorosamente o dogma do direito divino do rei, no ocaso da modernidade são os economistas que, com seus modelos extravagantes, constroem as justificações teóricas da ação estatal. Portanto, pode-se facilmente compreender por que o liberalismo renasceu justamente no terreno da pesquisa científica e da liberdade na economia, reerguendo-se exatamente no local onde caíra.

Outro interessante filão cultural antikeynesiano é o da Escola de Chicago. Os teóricos dessa orientação desafiam os adversários em seu próprio terreno: o dos modelos matemáticos, que, todavia, a Escola Austríaca considerava impraticáveis. A Escola de Chicago, em certos aspectos mais próxima da cultura econômica ortodoxa, não pagou o preço da rejeição preconceituosa que coube à Escola Austríaca. Além do mais, ela apresenta três Prêmios Nobel de Economia — Milton Friedman (pai do monetarismo), George Joseph Stigler (teórico da desregulamentação) e Ronald Coase (estudioso dos custos de transação e dos direitos de propriedade) — que restabelecem a posição central da livre-troca, como ponto de encontro e interação de atores livres e racionais (empreendedores, consumidores, trabalhadores), que não precisam da tutela e da intervenção estatal.

Outro autor-chave do liberalismo do século XX é James M. Buchanan. Entre os fundadores da *Public Choice*[8], o estudioso norte-americano conseguiu incluir na análise econômica o cálculo do custo-benefício da estrutura estatal, esclarecendo como a fórmula do interesse geral esconde, na verdade, interesses particulares ("interesses fracionais") de indivíduos e grupos que, de diversas formas, compõem os aparatos públicos. A demonstração da existência desse

---

8   James M. Buchanan, "Public Choice: The Origins and Development of a Research Program", in: *Center for Study of Public Choice*, Virginia: George Mason University, 2003. Disponível em: <http://www.gmu.edu/centers/publicchoice/pdf%20links/Booklet.pdf>. Acesso em: 5 fev. 2016.

"mercado político" passa pelo desmascaramento das aparências, das autorrepresentações, dos mitos do Estado intervencionista. Buchanan mostra, de fato, como os governantes oferecem bens públicos em troca de votos, e os eleitores, por seu lado, se comportam como consumidores racionais de impostos. A burocracia, a busca de posições de renda, a corrupção mais ou menos endêmica são, todas elas, constantes das democracias contemporâneas. A contribuição científica da escola da *Public Choice* tornou tais dinâmicas muito mais compreensíveis e qualificáveis. Graças a esse filão de pesquisa, o liberalismo revive como tentativa de limitação constitucional dos poderes da classe política.

Naturalmente, entre os autores do renascimento liberal não há apenas economistas. Uma personalidade de clara relevância é a do jurista Bruno Leoni, autor de *La libertà e la legge*[9] [A liberdade e a lei], que capta lucidamente a relação entre o direito codificado (as leis promulgadas pelos parlamentares) e o planejamento econômico. Contra a degeneração antiliberal do direito, ele propõe uma redescoberta da *common law*, muito mais respeitosa dos direitos individuais e amplamente compatível com as ações humanas e uma sociedade livre.

As temáticas liberais retornam ao centro das atenções no campo acadêmico e, em geral, nos centros do *establishment* universitário norte-americano, com o debate sobre a justiça em que se confrontam John Rawls, autor de *Uma teoria da justiça*[10] e defensor de uma concepção igualitária, e Robert Nozick, que, em *Anarquia, Estado e Utopia*[11], discute argumentos de matriz libertária, elaborando poucos anos depois uma crítica radical de todas as concepções redistributivas. Entende-se melhor o debate entre Rawls e Nozick considerando-se que o primeiro inscreve sua elaboração dentro de uma tradição liberal mais ampla (tanto europeia quanto norte-americana), ao passo que o segundo atrela sua reflexão às pesquisas e propostas que encontraram sua expressão principal na obra de Rothbard[12]. O quadro em que se inscreve a pesquisa de Nozick é o rothbardiano do "Estado mínimo"[13]. Rothbard,

---

9   Bruno Leoni, *Freedom and the Law*, Princeton: Van Nostrand, 1961.
10  John Rawls, *A Theory of Justice*, Cambridge: Belknap Press of Harvard University Press, 1971. Ed. bras.: *Uma teoria da justiça*, São Paulo: Martins Editora, 2008.
11  Robert Nozick, *Anarchia, stato e utopia*, Firenze: Le Monnier, 1981. Ed. bras.: *Anarquia, Estado e utopia*, São Paulo: WMF Martins Fontes, 2011.
12  Murray N. Rothbard, *Man, Economy, and State*, Auburn: Ludwig von Mises Institute, 2009.
13  Robert Nozick, *op. cit.*

discípulo de Mises, é favorável a uma "ordem sem Estado", isto é, uma sociedade sem instituições monopolistas e regulada pelos mecanismos da concorrência em todos os campos, mesmo os mais tipicamente reservados à mão pública[14]. Pode-se bem dizer que a afirmação do comunista russo Gueorgui Plekhanov, que considerava os anarquistas como os *enfants terribles* do liberalismo, se tornará verdadeira, cerca de um século depois, com o anarquismo individualista norte-americano.

## A paixão da liberdade

Historicamente, liberdade e democracia estiveram sempre em rivalidade e cooperação, em oposição e solidariedade. O *éthos* democrático consiste na visão da igualdade de condições e das possibilidades de liberdade, embora em seu interior encontrem-se riscos igualitaristas e tendências à concentração do poder político. Alexis de Tocqueville, pensador liberal que analisou como nenhum outro as fases da aurora da democracia norte-americana, captou plenamente as ambivalências: de um lado, instituição política de autogoverno local, ordem jurídica adequada a uma sociedade produtiva, método e disciplina moral, reconhecimento das tradições e costumes dos indivíduos e das associações; de outro lado, tendência à centralização, ao despotismo dissimulado, à tirania da maioria. Ele captou agudamente a propensão da maioria ao abuso e ao arbítrio e à opressão das minorias. Em sua visão, a democracia tende a

> [...] generalizar o espírito cortesão, tendo presente que o soberano, a ser adulado pelos pretendentes aos cargos, é o povo e não o monarca. Mas adular o soberano popular não é melhor do que adular o monárquico, e talvez seja ainda pior porque o espírito cortesão na democracia é aquele que, em linguagem corrente, chamam de demagogia[15].

A liberdade era a primeira entre as paixões de Tocqueville. Ele não amava a democracia. Aceitava-a sem a enaltecer. Olhava-a com certo "prazer intelectual". Assim, se ele criticava os fenômenos de massa da democracia norte-americana da primeira metade do século XIX, ao

---

14  Murray N. Rothbard, *op. cit.*
15  Raymond Aron, *Le tappe del pensiero sociologico*, Milano: Mondadori, 1972.

mesmo tempo admirava as instituições originais dos Estados Unidos: a vida livre, a iniciativa autônoma, a participação associativa, como houve na fase inicial da Revolução Francesa.

> Mal pisamos em solo norte-americano e já nos encontramos numa espécie de tumulto; ergue-se de todas as partes um clamor confuso; mil vozes nos chegam aos ouvidos ao mesmo tempo; cada uma delas expressa alguma necessidade social. À nossa volta tudo se agita; aqui, os moradores de um bairro se reúnem para saber se devem construir uma igreja; ali, estão ocupados em escolher um representante; acolá, os deputados de um condado vêm com toda a pressa à cidade para providenciar certas melhorias locais; mais adiante, os habitantes de um vilarejo abandonam seus campos para ir discutir o projeto de uma estrada ou de uma escola. Alguns cidadãos se reúnem com o único objetivo de declarar que desaprovam a medida do governo, enquanto outros se reúnem para proclamar que os homens no governo são os pais da pátria[16].

Tocqueville admira o fervor da livre-iniciativa, o dinamismo individual, associativo, popular, mas intui os riscos provenientes da concentração política e burocrática. Se, de um lado, reconhece a diferença entre uma democracia viva e genuína (a norte-americana das origens e o despotismo típico dos poderes absolutos europeus), de outro lado, aponta as tendências de fundo do estado democrático.

> A América é o único país no mundo em que se extrai o maior partido possível do associativismo. Além das associações permanentes criadas pela lei — comunas, cidades, condados —, há uma grande quantidade de outras associações que devem seu surgimento e desenvolvimento apenas à vontade individual. O habitante dos Estados Unidos aprende desde o nascimento que deve contar consigo mesmo, antes de mais nada, para lutar contra os males e as dificuldades da vida: ele vê a autoridade constituída com olhar inquieto e desconfiado e recorre a ela somente quando não pode evitá-lo. Algo do gênero começa a se notar desde os anos de escola, onde os garotos se submetem, mesmo em seus jogos, a regras estabelecidas por

---

16  Alexis de Tocqueville, *La democrazia in America*, Rocca San Casciano (FO): Cappelli, 1957, pp. 187-8. Ed. bras.: *A democracia na América*, São Paulo: Martins Editora, 2014.

eles mesmos e punem por si os delitos que eles mesmos definiram. O mesmo espírito se encontra nos atos da vida associada: surge acaso um obstáculo na via pública, a passagem fica interrompida e não se pode mais circular? Os cidadãos da área se unem num corpo deliberativo e dessa assembleia improvisada brota um poder executivo que remediará o problema: e tudo isso antes que a ideia de uma autoridade pública e preexistente à dos interessados se apresente à mente de qualquer um que seja[17].

Para o autor, abre-se um universo de liberdades individuais, de valores e poderes sociais e civis radicalmente diferentes da velha Europa, prisioneira de mecanismos de comando e obediência. Para Tocqueville, é absolutamente clara a diferença entre um país sem liberdade, onde tudo é inércia, imobilidade, submissão, e um país livre onde tudo é atividade e movimento. As *townships*, expressões fundamentais da vida política norte-americana, que Thomas Jefferson definiu como "repúblicas elementares", eram caracterizadas por liberdades privadas reconhecidas e respeitadas, por espaços públicos vitais, plurais, limitados e independentes, por poderes territoriais deliberativos.

É nas leis de Connecticut, como em todas as da Nova Inglaterra, que se vê surgir e se desenvolver aquela independência comunal que se constitui, ainda em nossos dias, como o princípio e a vida da liberdade norte-americana. Na América, pode-se dizer que a Comuna foi organizada antes da Província, a Província antes do Estado, o Estado antes da União. Inversamente, na maioria das nações europeias, a existência política se inicia nas esferas superiores da sociedade e se comunica aos poucos, e sempre de modo incompleto, às diversas partes do corpo social[18].

A experiência revolucionária norte-americana é uma escola de liberdade, um local de amadurecimento das decisões próprias, de formação das vontades, de discussão com os adversários sobre a base de valores comuns. Na vida pública democrática daquela época, o respeito às tradições, às convicções morais e religiosas, aos direitos dos indivíduos, mostra-se exemplar: a maioria que decide é uma maioria apenas temporária, sem nada de onipotente. Acima da democracia estão os critérios da jus-

17   *Ibidem*, p. 112.
18   *Ibidem*, p. 63.

tiça e da razão. Impedir a independência comunal significa converter os homens livres em homens administrados, em servos e não em cidadãos.

Na tendência igualitarista da democracia, Tocqueville entrevê a premissa da centralização pública, que se torna extrema e descontrolada no estado de guerra, o qual "quase sempre coloca as nações democráticas diante dessa infeliz alternativa, em que sua derrota as destina à destruição e seu triunfo ao despotismo"[19]. Ele compreendera que a centralização e o despotismo de todo regime de massas (mesmo democrático) reduzem as qualidades morais e intelectuais de uma nação. A habilidade administrativa concentrada apenas nas mãos do governo não se difunde. Quanto mais centralizada é a autoridade governamental, mais inertes e propensas à obediência se tornam as periferias. A sociedade inteira é tomada por uma apatia administrativa e os indivíduos perdem suas tendências naturais à competição. A centralização política e administrativa "habitua os homens a se abstraírem total e continuamente de sua vontade; a obedecer, e não apenas uma vez e sobre um ponto, mas em tudo e todos os dias"[20].

Nascida com o absolutismo monárquico, a centralização do poder assume, com a revolução jacobina francesa, as formas típicas de uma tirania moderna, de um novo regime absoluto: uma espécie de despotismo democrático sustentado por uma massa indistinta

> meticulosamente privada de todas as faculdades que lhe permitiriam dirigir ou mesmo vigiar por si seu governo; acima dela, um mandatário único, o Parlamento, encarregado de fazer tudo em nome dela sem consultá-la; para controlá-lo, uma razão pública sem órgãos; para detê-lo, revoluções e não leis[21].

O igualitarismo democrático absolutizado gera um nivelamento que se espalha por todas as áreas da sociedade, cavando um fosso entre os homens e a liberdade: a soberania popular se transforma num povo sem soberania. Por mais esforços que faça, um povo

> nunca chegará a tornar as condições de todos os seus membros efetivamente iguais, e, mesmo que se verificasse a desgraça de atingir

---

19   Alexis de Tocqueville, *Oeuvres completes*, t. 2, Paris: Gallimard, 1962, p. 281.
20   *Ibidem*, p. 106.
21   *Ibidem*, p. 107.

esse nivelamento completo e absoluto, ainda assim permaneceria sempre a desigualdade da inteligência, a qual, provindo diretamente de Deus, sempre escaparia às leis[22].

Numa democracia de massas, a desigualdade natural da inteligência se transforma, devido ao juízo distorcido pela inveja, em ódio à inteligência. O século XX é o exemplo paradigmático disso: as teorias e os impulsos jacobinos da vontade geral e do interesse geral realizam os nivelamentos igualitários (centralização do poder, estatização da sociedade, nacionalização das massas, negação das diferenças individuais e das diversidades territoriais, anulação dos poderes locais) que transformaram a democracia contemporânea numa forma, aberta ou dissimulada, de domínio dos representantes sobre os representados. A lei do número (os mecanismos eleitorais) e o governo da maioria da democracia de massas não só põem à sombra as diferenças naturais entre os homens, mas também ignoram seus direitos individuais. A tendência puramente quantitativa, abstrata e anônima da lei do número reduz inevitavelmente os espaços das escolhas individuais e das liberdades associativas. O igualitarismo e a tutela social do berço à sepultura minam nas bases a responsabilidade individual.

No século XX, a falsa igualdade entre governantes e governados e o exercício do poder dissimulado pelo anonimato permitiram que a classe governante, com a produção incessante de novas leis, exercesse a primazia do poder legislativo político sobre a tradição jurídica. Nas épocas anteriores, ao contrário, soberano e parlamentos eram tolhidos de criar novas leis. O dever de juízes e júris era, de fato, limitar-se a aplicar leis preexistentes.

> [...] o monarca era visto apenas como juiz, não como legislador. Fazia respeitar os direitos subjetivos e ele mesmo os respeitava; encontrava esses direitos já existentes e não contestava que fossem anteriores à sua autoridade. Os direitos subjetivos não eram considerados gozos concedidos precariamente, mas direitos absolutos. O próprio direito do soberano era desse tipo. Era um direito como todos os outros, ainda que de dignidade mais elevada, que não podia eliminar os demais direitos[23].

---

22   *Ibidem*, p. 203.
23   Bertrand de Jouvenel, *La sovranità*, Milano: Giuffrè, 1971, p. 172.

No fim do século XIX, o eminente jurista Albert Venn Dicey[24] afirmava que, na Grã-Bretanha, não existia uma legislação (o direito público) distinta da lei preexistente (o direito privado). Hoje, entretanto, "estamos acostumados a ver as decisões soberanas dos legisladores modificarem nossos direitos [...] fica claro a todos que os direitos subjetivos são precários e subordinados aos desejos das autoridades"[25].

A crítica ao igualitarismo das democracias de massa modernas encontra em Tocqueville e Nietzsche as motivações mais sólidas. De formas diversas, mas em parte convergentes, ambos apontam na afirmação da democracia moderna a falta daquele distanciamento interno, daquele sentimento da nobreza para o qual, dentro dos esquemas de uma sociedade estratificada, todos os homens tradicionais eram educados. Se todos os homens se tornam iguais, diz Nietzsche, dissolve-se o *páthos da distância*. Quando o ambiente social é igualitário, o indivíduo não poderá mobilizar energias e ascender a dimensões mais elevadas. A essência da consciência moral do homem europeu, diz Nietzsche[26], é o *ressentiment*. Aliás, toda a história da sociedade e grande parte da reflexão filosófica ocidental se fundam sobre o *ressentiment*, enquanto instinto de vingança. A história da humanidade tem em suas bases uma relação de dominação à qual tanto os dominadores quanto os dominados estão submetidos. Com efeito, comungam a mesma visão de mundo: o *ressentiment*, uma verdadeira moral de escravos.

Essa crítica de que o *ressentiment* forma uma massa servil também encontra concordância em Hannah Arendt[27], por uma perspectiva diferente, a qual observou que toda política de massas nega os direitos naturais e a associação política voluntária. O próprio termo "massa"

> [...] refere-se apenas a grupos que, pelo aspecto numérico ou pela indiferença em relação aos assuntos públicos ou por ambas as razões, não podem se inserir numa organização baseada sobre a comunhão de interesses. Potencialmente, ela existe em todos os países e forma

---

24 Albert Venn Dicey, *Introduction to the Study of the Law of the Constitution*, London; New York: Macmillan, 1889.
25 Bertrand de Jouvenel, *op. cit.*, p. 189.
26 Friedrich Nietzsche, *Al di là del bene e del male*, Milano: Adelphi, 1996. Ed. bras.: *Além do bem e do mal: prelúdio a uma filosofia do futuro*, São Paulo: Companhia das Letras, 1992.
27 Hannah Arendt, *Le origini del totalitarismo*, Milano: Edizioni di Comunità, 1996. Ed. bras.: *Origens do totalitarismo*, São Paulo: Companhia das Letras, 2013.

a maioria das pessoas politicamente neutras que se dão o trabalho de ir às urnas. Os movimentos totalitários europeus, tanto os fascistas quanto os comunistas após 1930, recrutaram seus membros entre essa massa de pessoas manifestamente indiferentes, que todos os demais partidos haviam deixado de lado por ser demasiado apática ou demasiado obtusa. Em decorrência disso, esses movimentos foram compostos, em sua maioria, por pessoas que nunca haviam antes aparecido na cena política[28].

Arendt ressaltou as diferenças entre, de um lado, as Revoluções Francesa e Russa e, de outro lado, a Revolução Norte-Americana: as primeiras criaram o terror, a segunda, a liberdade. A única revolução legítima é a política, a única que cria instituições livres. A revolução social é, ao contrário, liberticida e niveladora nas premissas e nos resultados. Não por acaso, à diferença das Constituições programáticas da Europa continental, a Constituição dos Estados Unidos — a primeira constituição federal criada na história contemporânea — é uma "Constituição curta", com um corpo de princípios essenciais, sem a definição de um programa. Assim, se a Revolução Francesa edifica um Estado absoluto, a Revolução Norte-Americana institui uma Constituição através da divisão territorial dos poderes em torno de relações federais originais.

Apesar das ásperas críticas à segunda fase da Revolução Francesa, Tocqueville expressou um juízo positivo sobre o primeiro período do jacobinismo, o da Constituinte inspirado na anterior Revolução Norte-Americana.

> Creio que em nenhum momento da história, e em nenhuma parte do mundo, viram-se tantas pessoas tão sinceramente apaixonadas pelo bem público e tão verdadeiramente esquecidas de seus interesses, tão absortas na contemplação de um grande projeto, tão decididas a arriscar tudo o que os homens têm de mais caro na vida e a fazer um esforço para se elevarem acima das pequenas paixões de seu íntimo. É o fundo comum de paixão, de coragem e abnegação do qual nasceram todas as grandes ações que por si compuseram a Revolução Francesa. Foi um espetáculo curto, mas conheceu belezas incomparáveis; jamais sairá da memória dos homens a visão daque-

---

28   *Ibidem*, pp. 431-2.

les primeiros dias de 1789, que transmite a nitidez, a vivacidade e o frescor das emoções da juventude[29].

Se o fervor, o entusiasmo e a esperança inspiraram o início da Revolução Francesa, o Terror jacobino e a absolutização do poder não tardaram a se afirmar. Retornando dos Estados Unidos, Tocqueville viu que quase todos os soberanos europeus haviam utilizado ideias, sentimentos e necessidades do estado social democrático norte-americano para ampliar seu poder. Ele teve a clara impressão de que as nações da Europa continental, mais cedo ou mais tarde, chegariam a uma opressão semelhante àquela que pesara sobre muitos povos antigos.

> Nos séculos passados, nunca se viu um soberano tão absoluto e poderoso que desejasse administrar sozinho, sem o auxílio de poderes secundários, todas as partes de um grande império, nem que tentasse submeter indistintamente todos os seus súditos aos detalhes de uma regra uniforme e descesse ao lado de cada um deles para regê-lo e guiá-lo. A ideia de uma tal empresa jamais se apresentou ao espírito humano e, mesmo que alguém a tivesse concebido, a insuficiência das ordens civis, a imperfeição dos sistemas administrativos e, acima de tudo, os obstáculos naturais nascidos da desigualdade das condições, logo o teriam dissuadido de empreender um projeto tão vasto[30].

Tocqueville observa que os diversos povos que habitavam o Império Romano durante o auge do poderio dos Césares ainda conservavam usos e costumes diferentes, e a maioria das províncias era administrada separadamente. Nelas floresciam municípios poderosos e ativos e, embora o governo do império estivesse concentrado nas mãos de um só e dispusesse de um poder arbitrário, os detalhes da vida social e da existência individual geralmente escapavam ao controle do imperador. Tocqueville vê nas nações democráticas o risco de um governo paternalista, mais do que de uma tirania, e procura compreender as novas formas de opressão que ameaçam os povos democráticos, totalmente diferentes das anteriores na história.

---

29   Alexis de Tocqueville, *De la démocratie en Amérique*, Paris: Gallimard, 1986, pp. 249-50.
30   *Ibidem*, p. 260.

> Se tento imaginar o novo aspecto que o despotismo poderá ter no mundo, vejo uma multidão incontável de homens iguais, empenhados apenas em obter prazeres pequenos e vulgares, para satisfazer seus desejos. Cada qual ficando separado, mantém-se quase alheio ao direito de todos os outros e, para ele, seus amigos formam a totalidade da espécie humana; quanto ao restante de seus concidadãos, é vizinho deles, mas não os vê; toca-os, mas não os sente; vive em si e para si e, se ainda lhe resta uma família, pode-se dizer que não tem mais pátria. Acima deles, eleva-se um imenso poder tutelar, único que se encarrega de assegurar seus bens e de velar por sua sorte. É absoluto, particularizado, metódico, previdente e brando. Poderia se assemelhar à autoridade paterna se, como ela, tivesse a finalidade de preparar os homens para a virilidade, mas, ao contrário, procura conservá-los irrevogavelmente na infância, gosta que os cidadãos se divirtam, para que não pensem senão em se divertir. Trabalha constantemente para o bem-estar deles. Mas quer ser seu único agente e regulador; provê a sua segurança e, para atender a suas necessidades, facilita-lhes o prazer, trata de seus assuntos principais, dirige suas indústrias, regulamenta suas sucessões, divide suas heranças; isso não poderia dispensá-los inteiramente do trabalho de pensar e do esforço de viver? Assim, a cada dia, ele torna menos necessário e mais raro o uso do livre-arbítrio, restringe a ação da vontade a um espaço menor e, aos poucos, retira de cada cidadão até mesmo o uso de si próprio. A igualdade preparou os homens para todas essas coisas, dispô-los a suportá-las e até a considerá-las como um benefício[31].

O igualitarismo democrático tem como efeito o aumento da distância entre os círculos do poder e a massa dos homens que, subjugados pela ilusão da cidadania geral, tornam-se novos súditos, em certos aspectos mais súditos dos que os do mundo pré-moderno. A soberania acolhe em seus braços todos os indivíduos. Plasma-os à sua maneira. Estende suas mãos sobre toda a sociedade. Cobre sua superfície com uma rede de regras complicadas e uniformes, por meio das quais dobram-se os espíritos mais originais e vigorosos, impedidos de se destacar e se erguer da massa. Para Tocqueville, a soberania

---

31   *Ibidem*, p. 104.

raramente obriga a agir, mas esforça-se continuamente para impedir que se aja; não destrói, mas impede de criar; não tiraniza diretamente, mas tolhe, comprime, abate, extingue, por fim reduzindo a nação a não ser senão um rebanho de animais tímidos e industriosos cujo pastor é o governo[32].

Diagnóstico impiedoso sobre o destino das democracias de nossa época e, ao mesmo tempo, palavras frementes de paixão pela liberdade e humanidade de cada homem. Nossos contemporâneos, diz Tocqueville, vivem em contínua indecisão entre a tutela e a liberdade. Não podendo fazer com que uma prevaleça sobre a outra, esforçam-se para conciliá-las. Imaginam um poder único, tutelar e onipresente, mas querem que seja eleito pelos cidadãos e conjugam a centralização com a soberania popular. Isso lhes restitui uma espécie de alívio ilusório: consolam-se por estar sob tutela, pensando terem eles mesmos escolhido seus tutores. Cada indivíduo aceita sentir-se atado, pois pensa que a corda que o ata está nas mãos, não de um homem ou de uma classe, mas nas do povo. Assim, por um instante, o cidadão sai da dependência para eleger o senhor, e depois regressa rapidamente a ela.

O compromisso entre despotismo administrativo e soberania popular parece garantir a liberdade dos indivíduos. Contudo, quando o soberano é eletivo, vigiado por um poder legislativo, a opressão, às vezes maior, parece menos degradante: de fato, mesmo sentindo-se dominado, o cidadão acredita obedecer somente a si mesmo. A sujeição dos homens refere tanto aos grandes quanto aos pequenos assuntos. Mas é precisamente nos detalhes que é perigoso submeter os homens. Com efeito,

> a dependência nos pequenos assuntos se manifesta todos os dias e se faz sentir indistintamente entre todos os cidadãos; não os leva ao desespero, mas contrapõe-se continuamente a eles, levando-os a renunciar ao uso da vontade própria. Aos poucos, abate o espírito deles e lhes enfraquece o ânimo, ao passo que a obediência, devida apenas num pequeno número de circunstâncias gravíssimas, mas raras, mostra a servidão apenas de vez em quando e a faz pesar sobre poucos homens. É inútil confiar a esses cidadãos, tão dependentes do poder central, o encargo de escolher periodicamente os representantes desse poder, pois esse uso tão importante, mas tão

---

32  *Ibidem*, p. 106.

breve e raro, de seu livre-arbítrio, não os salvará da perda progressiva da faculdade de pensar, sentir e agir por si próprios e os levará a caírem gradativamente abaixo do nível da humanidade[33].

Realmente é estranha a situação dos cidadãos diante da liberdade política. São considerados incapazes de conduzir os assuntos de pequena monta (para os quais basta o bom-senso) e, depois, quando se trata do governo do Estado, são confiadas a eles grandes prerrogativas. Em todo caso, é difícil compreender como homens que renunciaram a dirigir a si mesmos podem ser capazes de escolher bem os que vão guiá-los. Com um crítico realismo e um afã de liberdade, Tocqueville conclui: não há nenhuma esperança de que um povo de servos eleja um governo enérgico e sábio.

> Uma constituição republicana no topo e ultramonárquica em todas as demais partes sempre me pareceu um monstro efêmero: os vícios dos governantes e a obtusidade dos governados logo a conduziriam à ruína, ao passo que o povo cansado de seus representantes e de si mesmo criará instituições mais livres ou voltará a aceitar um só senhor[34].

## Breve viagem pelo pensamento da liberdade

Para repensar a liberdade, é necessário fazer uma viagem pelas etapas significativas de sua evolução conceitual. Quem lançou as bases para uma guinada conceitual em relação à reflexão anterior foi Kant, com sua reflexão sobre a liberdade formal como condição da lei moral, sobretudo devido a sua relação intrínseca com a vontade e a lei. É a liberdade que nos faz basearmo-nos em nós mesmos, aproximarmo-nos do inteligível, construirmos "[...] a pedra angular de todo o edifício de um sistema da razão pura, e mesmo da razão especulativa"[35]. A liberdade é, para a moral, um "postulado da razão pura prática". Não há nenhuma diferença entre a ação livre e a ação moral. O livre-arbítrio não é

---

33   *Ibidem*, p. 110.
34   *Ibidem*, p. 111.
35   Immanuel Kant, *Fondazione della metafisica dei costumi: critica della ragion pratica*, Milano: Rusconi, 1988, p. 176. Ed. bras.: *Crítica da razão prática*, São Paulo: Martins Fontes, 2008.

liberdade de indiferença, mas uma faculdade posta entre o bem e o mal, entre o impulso ao universal e a adequação à realidade particular. Ela tem, além do mais, um caráter rigorosamente formal: não possui conteúdos objetivos ou experienciais, mas é objetiva enquanto determinação da vontade segundo o dever.

Para Kierkegaard, a liberdade é existência e não tem relação com o ser. Se o ser é objetivável, a existência é inobjetivável. De fato, pensar objetivamente o ser é pensá-lo inevitavelmente como necessidade. Pensar a existência é, ao contrário, liberdade, transcendência, história: categorias inobjetiváveis. No fundamento dessa posição está a primazia ontológica do possível e a interpretação do devir. "A mutação do devir é a passagem da possibilidade à realidade"[36].

Se Hegel considera o "necessário" como síntese do possível e do real (e, portanto, como a verdade), Kierkegaard considera que, onde há devir, há possibilidade. A realidade é sempre precedida pela possibilidade daquilo que poderia não ser ou ser de outra maneira. Assim, no fundamento da liberdade está não a necessidade (que "não pode mudar"), mas a possibilidade. Liberdade e necessidade são irredutíveis uma à outra. Todo devir se cumpre na liberdade, não pela necessidade. Tudo depende de uma causa livre. Se no fundamento da liberdade está o devir, o existente humano não só devém, mas é também capaz de fazer acontecerem coisas, é existência livre na relação com a liberdade divina. Por isso, afirma Kierkegaard, a relação entre existente e realidade só pode ser delineada no horizonte da "fé": com um ato de conhecimento que é, ao mesmo tempo, um "ato de vontade", em que a subjetividade está implícita na verdade que afirma. Em suma, a verdade se manifesta apenas "subjetivamente".

A liberdade não pode ser prevista. Devido a seu caráter inobjetivável, não é possível inscrevê-la num sistema: em certo sentido, ela é infinita. É por isso que o exercício consciente da liberdade provoca vertigem e angústia. Aliás, a angústia é a própria possibilidade de liberdade. É, de fato, no espaço vazio da angústia que a liberdade pode ser exercida segundo sua ilimitada capacidade, até sua última implicação: a liberdade infinita de Deus. Somente na vertigem da angústia o homem descobre que é livre. Mas, assim como Adão caiu experimentando a culpa (que é o oposto da liberdade), da mesma forma o homem culpado é privado da liberdade.

---

36   Soren Kierkegaard, *Briciole di filosofia*, Firenze: Sansoni, 1972, p. 238.

A existência-liberdade é regulada pela relação finito-infinito. O homem é síntese de finito e infinito, de tempo e eternidade, de possibilidade e necessidade. Nesse sentido, a essência da liberdade não é o livre-arbítrio — o qual é apenas o início da liberdade e sua determinação formal —, mas a fé em Deus. Somente a fé, afirma o filósofo dinamarquês, respeita a relação entre liberdade finita e liberdade infinita. Somente ela concede a independência, porque a onipotência pode retomar a si mesma enquanto se doa e constituir a independência de quem recebe. Somente Deus pode gerar "a coisa mais frágil de todas": uma natureza independente em relação ao onipotente. A criação mostra que a onipotência pode tornar livre.

Os temas típicos da tradição espiritualista — consciência/liberdade *versus* objetivismo/necessidade — encontram em Henri Bergson um ponto de vista absolutamente original. Em *Ensaio sobre os dados imediatos da consciência*[37], o filósofo procede a uma aguda análise do problema da liberdade. As objeções à existência da liberdade, diz ele, derivam de uma concepção espacializada da consciência, como soma de atos sucessivos num tempo homogêneo. Quase sempre pensamos tendo em mente o espaço, nisso sustentados pela ordem da linguagem usual, à qual corresponde a funcionalidade do pensamento conceitual, que visa a manipular a realidade. A própria experiência interior do tempo, a duração real, é projetada exteriormente: algo análogo ao espaço, mas de natureza mais simples[38]. O determinismo traduz ilegitimamente o inextenso em extenso, a qualidade em quantidade, espacializando acriticamente a experiência segundo uma ordem meramente quantitativa.

Também Bergson critica a concepção da liberdade como livre-arbítrio. Ele a considera análoga à tradição voluntarista, porque a liberdade é representada como uma alternativa entre momentos separados e contrapostos da vida interior. A liberdade consiste, pelo contrário, na evolução *sui generis* da duração, na qual toda ação deriva de seus antecedentes, sempre acrescentando algo de novo. Em suma, é a duração que funda a liberdade. Bergson afirma que somos livres quando nossos atos exprimem a nossa personalidade inteira, embora os atos realmente livres e conscientes sejam raros[39]. Nesse sentido, quanto

---

37 Henri Bergson, *Saggio sui dati immediati della coscienza*, Milano: Cortina, 2002. Ed. bras.: *Ensaio sobre os dados imediatos da consciência*, São Paulo: Edições 70, 1988.
38 *Ibidem*.
39 *Ibidem*.

mais a liberdade é ela mesma, tanto mais escapa à preensão intelectual, à conceitualização, à definição. Em *A evolução criadora*[40], Bergson orienta sua pesquisa num sentido cósmico-metafísico: a liberdade é dilatada até exprimir uma energia inovadora interna à evolução cósmica. A consciência e sua liberdade permeiam o universo todo.

Maurice Merleau-Ponty reflete sobre a liberdade partindo da crítica sartriana da "liberdade absoluta". A originariedade do mundo da vida, defende Merleau-Ponty, implica uma unidade entre homem e mundo, consciência e natureza, que supera a contraposição entre o *em-si* e o *para-si* e o poder anulador da consciência[41]. Entre homem e sociedade não existe nenhuma relação de causalidade. Assim, a primazia marxista da economia sobre a constituição do homem e da sociedade é totalmente infundada. O homem é livre, e não há uma estrutura — a começar pela econômica — que possa pôr em questão sua liberdade constitutiva. Isso vale também mesmo se a liberdade de um homem é condicionada por seu passado e pelo ambiente em que vive. Portanto, determinismos ou escolhas absolutas não são plausíveis. Escolhemos nosso mundo e, por nossa vez, somos escolhidos pelo mundo. Por isso, é enganoso o dilema segundo o qual a nossa liberdade ou é total ou não existe.

A existência da liberdade é condicionada por nossa estrutura psicológica e histórica. Estamos inextricavelmente mesclados com o mundo e com os outros. Nossa liberdade não destrói determinadas situações: insere-se nelas. Por isso, o jogo nunca está encerrado. Não há fuga aos fatos, portanto. Minha liberdade se afasta de mim a cada vez que tento superar minha situação natural e social, quando não a assumo até o fim ou não me uno, por meio dela, ao mundo natural e humano. Mas ela se afasta também quando, diz o filósofo francês, rendo-me aos fatos como pretenderia o materialismo histórico. O direito, a moral, a religião e a estrutura econômica coparticipam num evento social, assim como as partes do corpo coparticipam na unidade de um gesto, ou os motivos fisiológicos, psicológicos e morais coparticipam numa ação. É, portanto, impossível reduzir a vida humana a relações econômicas, jurídicas ou morais pensadas pelos homens, da mesma forma como é impossível reduzir a vida individual às funções corporais e ao conhecimento que temos sobre essa vida.

---

40 Henri Bergson, *L'evoluzione creatrice*, Milano: Cortina, 2002. Ed. bras.: *A evolução criadora*, São Paulo: Martins Fontes, 2005.

41 Maurice Merleau-Ponty, *Il visibile e l'invisibile*, Milano: Bompiani, 2007. Ed. bras.: *O visível e o invisível*, São Paulo: Perspectiva, 2012.

A história é um sistema aberto e incompleto, contingente. Não é dominada por leis dialéticas invioláveis: oposição e liberdade não duram muito tempo numa revolução[42]. Todas as revoluções degeneram. Tornando-se instituições — isto é, perdendo o imenso potencial que tinham nas formas iniciais do movimento —, traem-se, "desfiguram-se". É preciso perguntar, afirma Merleau-Ponty, se um regime que não pretende fazer a história de cima a baixo, mas tenciona apenas mudá-la, não seria mais favorável à liberdade; se não seria o caso de procurar um regime desse tipo, ao invés de entrar mais uma vez no círculo fechado da revolução.

Nesse sentido, a perspectiva muda. O problema não é a existência ou inexistência da liberdade, mas seu conflito com a irracionalidade e o arbítrio ético. A liberdade como autarquia e arbítrio exprime a afirmação de si contra o outro, enquanto a liberdade soberana se realiza na relação originária da responsabilidade pelos outros[43]. A "liberdade finita" é passiva. Positiva, inversamente, é a gratuidade da liberdade que deriva da exposição ao outro, por meio da qual o eu recebe a si mesmo e do qual é responsável. A liberdade humana é, pois, uma resposta à chamada da responsabilidade. O homem se constitui no impulso que funda a liberdade responsável. É assim que a liberdade encontra sua medida ética: a epifania do rosto é ética. A liberdade responsável coloca em questão, de um lado, a subjetividade como *cogito* independente; do outro lado, exalta a identidade que nos é remetida pelo outro: a palavra "eu" significa "eis-me"[44]. A lógica da liberdade consiste no bem e na gratuidade oposta à necessidade e à independência.

O tema da liberdade humana recebe uma persuasiva atenção de William James, que aponta a indecidibilidade racional no debate sobre determinismo e indeterminismo. Existe apenas uma decisão moral, diz James[45]. A única via para a escolha, assim como para as questões igualmente indecidíveis da existência, é a "vontade" de acreditar. A resolução de questões que dizem respeito ao sentido último da vida — como as religiosas, morais e antropológicas — tem sempre efeitos práticos significativos. O pessimismo fatalista ou as crenças na harmonia holística do mundo, atitudes deterministas geralmente equivalentes,

---

42 Idem, *È possibile oggi la filosofia?*, Milano: Cortina, 2003.
43 Emmanuel Lévinas, *Autrement qu'etrê ou aù-delà de l'essence*, La Haye: Martinus Nijhoff, 1974.
44 *Ibidem*.
45 William James, *The Principles of Psychology*, London: Macmillan and Co., 1891. Ed. bras.: *Princípios de psicologia*, São Paulo: Abril Cultural, 1974.

tornam a ação humana irrelevante. Pelo contrário, uma atitude indeterminista restitui sentido à própria ação, abre um universo onde a multiplicidade e a independência relativa dos seres e das consciências tornam possíveis o acaso, a liberdade e a novidade, restituindo sentido ao valor moral das ações.

Mas tudo isso guarda relação com a singularidade e unicidade da existência. Essa unicidade é também multiplicidade, porque cada existência individual está junto com as outras existências, cada uma com sua própria verdade. A verdade do outro não é tanto uma verdade oposta à minha, mas sim a verdade de outra existência que, junto com a minha, procura aquela verdade para além de todas as verdades: o horizonte que transcende a todas e rumo ao qual todas se dirigem. É por isso que não existe nada de mais dogmático do que afirmar sua própria verdade como única verdade, abrindo o caminho ao relativismo e ao ceticismo dos que afirmam a existência de tantas verdades quantas são as existências. Um filósofo atento, diz Jaspers, não deveria jamais cair no erro da verdade total e completa. Não existem verdades definitivas. Temos de avançar por um caminho desprovido de garantias, favorecendo o diálogo entre as verdades das existências individuais.

É a partir daqui que Jaspers[46] lança sua crítica aos sistemas totalitários, marxismo e nazismo, e escolhe a liberdade. Os sistemas totalitários pretendem conhecer todo o curso da história. Mas não é possível a ninguém — nem pelo conhecimento, nem pela ação — compreender a totalidade do mundo. Quem o pretendesse, teria necessariamente de conquistar o mundo pela força: como um assassino que toma a vida a outrem, não como um homem que tenta se relacionar com outros seres humanos para construir um mundo comum. O totalitarismo não admite formas de conhecimento que não sejam dogmáticas. É por isso que sempre existe algo que transcende o conhecimento científico, como se fosse um conhecimento ainda mais certo do que este. O nacional-socialismo e o bolchevismo são exemplos modelares. A finalidade da filosofia, afirma Jaspers, é tanto reforçar a resistência interior contra a propaganda de grupos cínicos e facciosos, quanto defender o indivíduo de cair presa de fés absurdas.

Se o indivíduo nas relações sociais ajuda, mesmo com toda a sua fragilidade, a sustentar o todo, nos regimes totalitários ele é oprimido (e aniquilado) pelo todo. De um lado, há a liberdade de discussão

---

46 Karl Jaspers, *Psicologia delle visioni del mondo*, Roma: Astrolabio, 1950.

e julgamento do indivíduo; de outro lado, a censura de um poder que proíbe e oprime. A rocha da liberdade é sempre a independência do indivíduo. A filosofia deve se precaver continuamente contra a pretensão de um conhecimento total, mantendo desperto o pensamento independente e, por conseguinte, a independência do indivíduo que o poder totalitário procura asfixiar.

## O coração das trevas da modernidade

Os temas da liberdade e da lei ressurgem com inquietação e fecundidade no pensamento de Leo Strauss, filósofo discípulo de Cassirer, que emigrou para a Inglaterra e depois para os Estados Unidos, para escapar à perseguição nazista. Nascido e crescido na Alemanha numa família judia ortodoxa, assistira atônito à liquidação do liberalismo provocada pela ascensão de Hitler ao poder, aclamado vivamente por legiões de intelectuais politizados. O fracasso de algo essencial na cultura do Ocidente não podia se manifestar com maior clareza. Strauss coloca perguntas similares às de Arendt e Lévinas. Mas o filósofo, passando da velha Europa para o outro lado do Atlântico, não levou consigo apenas uma consciência genérica da crise da modernidade: o trauma que conduz da República de Weimar ao nacional-socialismo mostrava a Strauss, ao mesmo tempo, os limites do liberalismo e da cultura iluminista que estavam em sua base, segundo a qual a ligação da sociedade estaria inscrita numa moral universal, ao passo que a religião seria um assunto da esfera privada.

Strauss coloca no centro de sua pesquisa a conexão problemática entre religião revelada, pensamento filosófico e política, tradição e modernidade. Pretende demonstrar como a tensão entre razão e fé deve se manter em aberto: ela não deve de maneira nenhuma gerar uma teologia política fundamentalista, nem ser superada na filosofia racionalista e tampouco, enfim, ser recomposta em visões liberais de pensadores como Cohen e Rosenzweig. A religião revelada é lei divina irredutível ao *logos*[47]. Ainda que esteja na base do governo da cidade, não deve dar vida a uma teologia política. A filosofia, por sua vez, como evidencia o caso exemplar de Sócrates, constitui uma atitude crítica de potencial antipo-

---

47 Leo Strauss, *Jerusalem and Athens: some Preliminary Reflections*, New York: City College, 1967.

lítico. A relação entre o filósofo e a cidade é sempre dramática e ambivalente: de um lado, ele precisa se defender dos ataques devido à sua crítica corrosiva dos mitos e das religiões que fundam a política; de outro, precisa ser útil à cidade, ensinando o conhecimento do bem e do mal com base em critérios objetivos de valor, expressos pelo direito natural antigo[48].

Strauss mostra a força explosiva do direito natural antigo que inspirou as revoluções políticas modernas: a Revolução Inglesa do século XVII (com os puritanos, o processo contra o rei Carlos I em nome de uma lei mais alta, o *Appeal to Heaven* de Locke e a Revolução Gloriosa (1688-89)) e a Independência Norte-Americana. O próprio Renascimento nascera de uma descontinuidade com a Idade Média, extraindo inspiração do pensamento clássico. Ele se opõe vigorosamente à mescla entre filosofia e política instituída pelo Ocidente na época moderna, nascida da crítica à tradição judaico-cristã e substituída por um direito natural que coincide com a razão humana subjetiva e seus critérios. A modernidade, diz Strauss, nasce de um projeto de secularização articulado em três ondas[49]. A *primeira*, subjetivista, igualitária e iluminista — promovida de diferentes maneiras por Maquiavel, Spinoza e Hobbes —, realizada com a emancipação da religião, a eliminação da tensão entre transcendência e imanência, a subjetivação, o rebaixamento dos critérios morais e, por fim, com uma confusão entre política e filosofia. A *segunda*, historicista, com Burke, Hegel e Marx, que tentam depor a razão do sujeito, mostrando que a política é o produto da história que transcende a vontade humana. A *terceira*, com Nietzsche, Weber, Heidegger e Schmitt, que não só desnuda a incapacidade humana de distinguir entre o bem e o mal, mas também evidencia que a dependência do poder e da técnica e certa tendência ao totalitarismo são conaturais à filosofia moderna.

Para as contradições da modernidade, diz Strauss, é preciso retornar ao liberalismo antigo, alternativo ao liberalismo moderno centrado na igualdade e na uniformização, que torna os ideais medíocres até quase extingui-los[50]. No universo da liberdade antiga, o homem era educado para a dignidade e a independência, fontes de uma liberdade capaz de resistir à tirania dos tempos modernos. Escreve Strauss:

A lei natural é, em primeiro lugar e acima de tudo, uma "regra e medi-

---

48   Idem, *Filosofia e legge*, Firenze: Giuntina, 2003.
49   Leo Strauss, *Natural Right and History,* Chicago: University of Chicago Press, 1965.
50   *Idem, Liberalism Ancient and Modern*, New York: Basic Books, 1968.

da" objetiva, uma ordem obrigatória (*binding*), precedente e independente da vontade humana, ao passo que a lei natural moderna é ou tende a ser, em primeiro lugar e acima de tudo, uma série de direitos, de reivindicações subjetivas, que têm origem na vontade humana[51].

Strauss critica duramente a antropologia naturalista e vitalista de Hobbes. Somente a racionalidade nos permitirá encontrar, afirma ele, uma saída para o perigo mortal da violência. O antídoto à guerra de todos contra todos reside no pleno desdobramento da racionalidade individual, o qual consiste, afinal, na renúncia a qualquer sentido ulterior, na desconfiança como atitude fundamental do ânimo humano, no estudo da história como esforço sistemático de conhecimento do homem (à diferença da filosofia que, inversamente, dirige-se ao ideal). Hobbes não acredita numa sociabilidade natural do homem. Considera a ação, o progresso, as relações sociais e, definitivamente, a moral e a política pré-científica também como convenções[52].

Em sua pesquisa sobre Hobbes, Strauss esboça sua crítica do pensamento político moderno, deixando entrever uma revalorização do universo pré-moderno (o conjunto dos valores da Grécia clássica, do mundo bíblico e das relações humanas inspiradas pelos afetos e pela razão), que mais tarde levará a cabo. As referências ao pensamento de Heidegger (que considera um dos portos da modernidade) e de Husserl (que julga ser quem abre o caminho para sua superação) são claríssimas. Mas Strauss valoriza também o racionalismo dos pensadores judeus e islâmicos medievais, por suas referências constantes a um Deus transcendente: aquele que, não sendo redutível a um conteúdo ou a um objeto da razão, permanece estranho a ela, permitindo-lhe existir.

Se, de um lado, a autofundação da razão (a absoluta e irracional confiança em si mesma) lançara as bases de sua própria dissolução, a dependência da razão ante a *lei revelada* garantia um exercício crítico contínuo sobre a própria lei. Strauss concentra sua atenção no pensamento de Maimônides, maior representante do iluminismo judaico medieval, cuja pesquisa é marcada por uma tensão entre submissão à lei e a busca constante por seu sentido. Em *O guia dos perplexos*[53],

---

51   Idem, *The Political Philosophy of Hobbes*, Oxford: The Clarendon Press, 1936, p. XII.
52   *Ibidem*.
53   Maimônides, *La guida dei perplessi*, Torino: Utet, 2003. Ed. bras.: *O guia dos perplexos*, São Paulo: Landy, 2003.

o pensador judeu aborda o tema da profecia, o evento caracterizado pelo encontro entre a ação divina e o profeta (homem de excepcionais qualidades morais e intelectuais), do qual se origina a lei, que, antes de mais nada, fornece regras de conduta ao homem e então lhe indica, como objeto de conhecimento, a própria lei e o Absoluto do qual ela deriva. Segundo Maimônides, as qualidades de Deus são, primeiramente, qualidades morais ou atributos de ação que se manifestam através do conhecimento do profeta. Apenas num segundo momento cabe reconduzir a Ele o ser do cosmo e do homem.

De extraordinária importância é o juízo de Strauss sobre Maquiavel (*Reflexões sobre Maquiavel*[54]). É o pensador florentino, e não Hobbes, que Strauss considera como o verdadeiro fundador da atitude moderna em relação à natureza humana. Critica a admiração e o respeito que os mais importantes filósofos da época moderna alimentam por Maquiavel. Strauss o considera literalmente um mestre do mal. Com uma análise detalhada de *O Príncipe*[55] e dos *Discursos sobre a Primeira Década de Tito Lívio*[56], ele lança luz sobre o elemento fundamental da doutrina e da influência histórica de Maquiavel. Segundo Strauss, o pensador florentino:

1) justificou condutas comumente consideradas reprováveis para o agir político;

2) abandonou tanto o terreno da classicidade como orientação rumo ao divino quanto o mundo da revelação como modelo para o homem;

3) substituiu o código dos povos que haviam reconhecido a Bíblia como texto sagrado por outro código: as ideias de conquista e de poder de Roma antiga;

4) tornou a religião instrumento da política;

5) concebeu as nações como sociedades governadas pelas leis da autoridade política;

6) definiu o homem por seus sentimentos mais baixos e suas paixões mais mesquinhas;

7) negou qualquer finalidade na história, confiando as coisas humanas à *fortuna* e ao arbítrio humano;

8) desconheceu qualquer traço do divino, descrevendo o homem

---

54 Leo Strauss, *Thoughts on Machiavelli*, Glencoe, Illinois: The Free Press, 1958. Ed. bras.: *Reflexões sobre Maquiavel*, São Paulo: É Realizações, 2015.

55 Maquiavel, *Il Principe*, Torino: Einaudi, 2006. Ed. bras.: *O príncipe*, São Paulo: Martins Fontes, 1999.

56 *Idem*, *Discorsi sopra la prima Deca dei libri di Tito Livio*, Milano: Rizzoli, 1984. Ed. bras.: *Discurso sobre a primeira década de Tito Lívio*, São Paulo: Martins Fontes, 2007.

como um ser miserável, aterrorizado pela perspectiva da morte e da pobreza e empenhado na apropriação das coisas;

9) por fim, confundiu uma certa forma do humano com o homem enquanto tal.

Ora, embora certamente seja verdade que nenhuma tese sobre Maquiavel, pensador grandioso e controverso, pode ser considerada definitiva, é igualmente verdade que nenhuma análise pode prescindir da penetrante reflexão straussiana sobre a alquimia entre uma antropologia negativa e a lógica tirânica da expansão do poder político, presente nas reflexões do pensador florentino.

Nas raízes da civilização do Ocidente, Strauss vê dois caminhos, ora diferentes e contrapostos, ora análogos e simbióticos: *Gerusalemme e Atene*[57] [Jerusalém e Atenas]. Ele enxerga, tanto na cultura hebraica quanto na cultura grega, uma forte presença do passado e uma poderosa tensão rumo ao eterno: um caráter divino da lei (que a sacraliza e a coloca além da investigação racional) e, ao mesmo tempo, um caráter da razão como elemento essencial do homem, ela também transcendente, mas não o suficiente para compreender o Todo. Em alguns de seus últimos escritos, Strauss atribui o nome de *Jerusalém* à tendência humana fiel ao passado, obediente à autoridade moral de pais e mestres, humilde ao ouvir a palavra divina; e, por outro lado, o nome de *Atenas* à tendência do homem de empreender uma busca livre, de contar com suas próprias forças, de querer alcançar o divino através da visão.

Com o tempo, o contraste Jerusalém/Atenas se acentua, até demarcar uma distinção entre *Weltanschauungen* (tradições religiosas, costumes e formas de vida das diversas civilizações) e a filosofia dominada apenas pela razão. Strauss toma à fenomenologia husserliana a oposição entre a *Weltanschauung* do homem como ser histórico e a filosofia como saber fundado exclusivamente sobre a razão do homem. Enquanto a *Weltanschauung* designa uma vertente da natureza humana imersa na existência e no tempo (encarnada por aqueles que conduzem a vida com base numa revelação religiosa), a filosofia indica a tendência de se projetar, mediante a teoria, em direção ao Absoluto.

Em *Direito natural e história*[58], o filósofo apresenta a ideia do direito natural como instância normativa que guia o homem em suas

---

57  Leo Strauss, *Gerusalemme e Atene*, Torino: Einaudi, 1998.
58  *Idem, Natural Right and History*, Chicago: University of Chicago Press, 1965. Ed. bras.: *Direito natural e a história*, São Paulo: WMF Martins Fontes, 2014.

ações. Agudiza sua crítica às teorias políticas contemporâneas: o historicismo, o positivismo, as ciências sociais com suas pretensões não valorativas, o liberalismo benévolo que, em nome da igualdade de preferências e escolhas, assume os contornos de um relativismo corrosivo, abriram caminho ao niilismo. O método científico forma uma unidade com a indicação política. A obra, com efeito, inicia com a famosa citação da *Declaração de independência norte-americana*, concernente aos direitos inalienáveis do homem, que Strauss considera como fonte do dinamismo e da prosperidade da sociedade nos Estados Unidos.

Segundo Strauss, ao direito natural opõem-se as mais importantes correntes intelectuais e políticas da época, intérpretes de uma política dissociada dos valores. O primeiro adversário é o historicismo, segundo o qual a história mostra a mutabilidade de todos os princípios de justiça e, portanto, a impossibilidade de um direito universalmente reconhecido. Strauss afirma, porém, que a presença de diferentes noções de justiça não só não nega a existência do direito natural, como sobretudo convida-nos a não renunciar à busca de uma ideia de justiça permanente. O direito natural é um direito superior, que estabelece o certo e o errado, um direito válido por si mesmo em todos os tempos e todos os lugares. Contra o historicismo, o autor afirma que o dever da filosofia é procurar a verdade para além da mutabilidade das opiniões, num movimento de ascensão que da "caverna" da realidade histórica possa chegar a uma cultura específica. Os problemas fundamentais do homem permanecem os mesmos em todas as épocas. Nietzsche, aliás, já mostrara que o historicismo é apenas uma doutrina ligada a uma determinada época, cujo destino é ser superado. O próprio ideal weberiano de uma ciência social eticamente neutra, não valorativa, é amplamente falacioso. Ele equipara, de fato, todos os valores e ideais, impedindo que o cientista emita juízos de valor sobre fenômenos absolutamente negativos, como a tirania. Strauss defende uma política em sintonia com a lição dos clássicos, segundo a qual o estudo dos comportamentos sociais deve culminar na busca da melhor forma de governo: isto é, um governo dos melhores, uma classe dirigente que tenha uma educação política de excelência.

Strauss diferencia a doutrina clássica do direito natural — que começa com Sócrates e Platão e prossegue com Aristóteles, os estoicos, Maimônides e Tomás de Aquino — e o jusnaturalismo moderno, que tem início no começo do século XVII. Os pensadores clássicos consideravam que a vida segundo a natureza era a vida por excelência, e que o homem poderia realizar todas as suas potencialidades somente no interior de uma cidade bem-ordenada. Por isso, a ordem política visava a criar cidadãos virtuosos, à diferença do que ocorre na modernidade política que, de Maquiavel em diante, separou a realização do *summum bonum* e a criação do Estado, renunciando, assim, à busca da melhor forma de governo em favor daquela mais facilmente exequível. Essa vertente também está presente nas teorias jusnaturalistas modernas, que excluem os deveres e enfatizam os direitos do homem.

O fim do Estado não é mais a virtude do cidadão, mas a busca da paz e a defesa da propriedade. No topo da hierarquia dos fins naturais do homem está a autoconservação. Strauss considera a reflexão lockiana, ápice do jusnaturalismo moderno, como uma profunda modificação do pensamento hobbesiano, enquanto a rousseauniana — com a vontade geral, abstrata e impessoal que toma o lugar da lei natural, para então ser absorvida na democracia legislativa — é vista como o início da crise do direito natural moderno. Com Nietzsche e sua visão "genealógica" dos valores, a crise chega ao ápice e se torna irreversível.

Strauss considera a filosofia política dos antigos, gregos e hebreus, muito superior à ciência política dos modernos. Está convencido de que só o direito natural pode fornecer um fundamento genuíno aos direitos inalienáveis do homem e do cidadão — sancionados no direito constitucional —, como também aos novos direitos vistos como forte exigência das sociedades contemporâneas. O direito natural é a antítese da tirania e da tendência totalitária, enquanto a expansão do direito positivo prepara o advento delas. Aponta Strauss:

> [...] as obras dos grandes escritores do passado são muito bonitas, mesmo externamente. Todavia, sua beleza visível é uma beleza sórdida, se comparada ao esplendor daqueles tesouros ocultos que se revelam à vista apenas depois de um longuíssimo trabalho de escavação, nunca fácil, mas sempre apaixonante. Creio que era esse gênero de trabalho que os filósofos tinham em mente quando recomendavam cultivar a educação. Pois sentiam que a educação é a única resposta à pergunta sempre tão premente, à indagação política por excelência: como conciliar uma ordem que não seja opressão com uma liberdade que não seja licenciosidade?[59].

---

59   *Idem, Scrittura e persecuzione*, Venezia: Marsilio, 1990, p. 34. Ed. bras.: *Perseguição e a arte de escrever*, São Paulo: É Realizações, 2015.

Muito pertinente é a noção de liberdade na reflexão de Isaiah Berlin. Judeu de origem russa, emigrado para a Grã-Bretanha, Berlin afirma, à diferença de Strauss, que é impossível reduzir o conjunto de valores das diversas culturas a um único valor de referência. A história política e cultural ocidental mostra que toda escolha favorece uma visão específica do mundo em detrimento de outra, assim como a luta por uma maior igualdade social prejudica as liberdades individuais e vice--versa. É preciso tender a um pluralismo moral sem pretender impor valores totalizantes. Daí sua famosa e polêmica distinção entre *liberdade negativa* e *liberdade positiva*[60], que remete à distinção de Constant entre *liberdade dos antigos* e *liberdade dos modernos*.

Segundo a tradição liberal, a liberdade negativa é poder fazer algo sem interferências externas, ao passo que a liberdade positiva, segundo a tradição democrática e marxista, é a possibilidade de realizar as potencialidades próprias e controlar a própria vida. Berlin se inclina pela "negativa" por três motivos. O primeiro é que se deve distinguir o valor da liberdade dos demais valores, como o bem-estar individual ou coletivo, ou a igualdade: distinção que a tradição democrática e marxista anulou. O segundo se refere à suspeita pela autonomia política do indivíduo, por seu empenho na luta para afirmar suas potencialidades. O terceiro é que, na base do conceito de liberdade positiva, há uma espécie de imposição por parte de uma elite, impingindo valores como interesses gerais do povo. Segundo Berlin, trata-se de uma resposta autoritária, nascida da passagem gradativa "de uma doutrina ética da responsabilidade individual e do aprimoramento individual para um estado autoritário submetido às diretrizes de uma elite de guardiães platônicos"[61].

A liberdade é também criação de barreiras capazes de impedir que um grupo imponha sua própria vontade. É também uma das razões pelas quais combateram os homens que conseguiram afirmar a liberdade. Porém, os revolucionários de todas as épocas, afirma Berlin, "na maioria das vezes, entenderam por liberdade nada mais do que a conquista do poder e da autoridade por parte de uma determinada seita de fiéis de uma doutrina, de uma classe ou de algum outro grupo social, velho ou novo"[62]. Por isso, o liberalismo, absolutista do ponto de vista dos direitos e garantidor do ponto de vista das regras, é preferível a qualquer

---

60   Isaiah Berlin, *Four Essays on Liberty*, Oxford: Oxford University Press, 1969.
61   *Ibidem*, p. 217.
62   *Ibidem*, p. 226.

outra forma de governo. Ele não se propõe perseguir uma solução final, como ocorre, inversamente, com os seguidores de Hegel e Marx, metafísicos racionalistas do gênero de Platão. O pluralismo, com a quantidade de liberdade negativa que comporta, parece a Berlin:

> [...] um ideal mais verdadeiro e mais humano do que os objetivos perseguidos por aqueles que procuram nas grandes estruturas autoritárias e disciplinadas o ideal do domínio positivo de si por parte das classes, dos povos ou da humanidade inteira[63].

As ideias de Berlin são uma contribuição útil para a manutenção das liberdades individuais, contra os perigos que as ameaçam e sufocam constantemente e como limitação da interferência dos poderes públicos.

### A revolta libertária contra a revolução totalitária

Em seu livro mais conhecido e intenso, *O homem revoltado*[64], Albert Camus tenta compreender até que ponto os movimentos revolucionários e as revoltas históricas corresponderam ao desenvolvimento de valores humanos e a uma rebelião contra o absurdo. Camus distingue entre dois tipos fundamentais de revolta: uma metafísica e a outra histórica. A revolta metafísica nega que a vida tenha uma finalidade, que Deus exista e a criação tenha acontecido. Disso deriva que o homem ignorará seus limites e/ou negará a realidade de modo absoluto. Assim, a revolta se torna revolução, enquanto o niilismo legitima o assassinato e a tirania. Em sua forma degenerada, a revolta histórica absolutiza a história. O marxismo, por exemplo, subordina todos os valores à utopia de uma sociedade justa, para assumir características niilistas e totalitárias; nisso não se diferencia do nacional-socialismo, o qual, se é pior do que o marxismo devido a seu desmesurado irracionalismo, tem afinidades com ele em sua absoluta falta de respeito pela vida do outro.

O pensamento mediterrâneo, escreve Camus, pode constituir a base para uma sociedade humana. Somente o pensamento da *medida* expres-

---

63  *Ibidem*, p. 235.
64  Albert Camus, *L'uomo in rivolta*, Milano: Bompiani, 1998. Ed. bras.: *O homem revoltado*, Rio de Janeiro: Record, 1996.

sa a verdadeira revolta: a medida, de fato, é a premissa e a promessa de uma justiça (relativa), a barreira contra qualquer forma de absolutização. Em suas palavras, a liberdade se transfigura num sopro vital.

> Na plena luz do pensamento, o homem revoltado recusa a divindade para compartilhar as lutas e a sorte comum. Escolheremos Ítaca, a terra fiel, o pensamento ousado e frugal, a ação lúcida, a generosidade do homem que sabe. Na luz, o mundo é nosso primeiro e último amor. Nossos irmãos respiram sob nosso mesmo céu, a justiça está viva. Agora nasce a estranha alegria que ajuda a viver e a morrer, e que recusaremos adiar. Sobre a terra dolorida, esta é a gramínea incansável, o amargo alimento, o vento ríspido vindo dos mares, a antiga e nova aurora[65].

Camus expressa o protesto do homem contra Deus, contra Aquele que permite a existência do mal e da morte. É uma revolta metafísica, pois obstinadamente contrária a um aspecto eterno do mundo; um protesto e um diálogo com o Criador, que na época moderna se converte em negação de Deus, revolução que tenta instaurar a qualquer preço o reino do homem. Mas a revolução não atenua a infelicidade do homem: intensifica-a, pois a ilusão de uma felicidade futura e definitiva lhe retira qualquer possibilidade de desenvolvimento autônomo. A revolução, portanto, trai inevitavelmente o espírito da revolta.

Um alvo polêmico de Camus é o historicismo, visão de mundo que retira do homem qualquer horizonte que não seja intrínseco ao curso histórico. A história, afirma, não só legitima o assassinato, mas também decreta o fim do respeito ao outro como pessoa. A história é regime de polícia, mistificação da justiça, organização alimentada por confissões extorquidas, anulação completa da pessoa. Os heróis da tragédia grega são um exemplo do espírito de revolta contra a história. Todavia, sua revolta é parcial, porque se desenvolve na esfera de uma racionalidade natural, contra a qual é inconcebível revoltar-se. Na modernidade, a revolta mais autêntica é atestada num plano metafísico-literário por Sade, Nietzsche e alguns aspectos do romantismo.

Foi a Revolução Francesa que transformou a revolta metafísica em revolta histórica. Eliminado o rei, a Revolução Francesa elimina o próprio fundamento da legalidade, mantendo apenas alguns princípios

---

65  *Ibidem*, p. 334.

(que serão historicizados por Hegel e Marx) como definitivos e insuperáveis no tempo. Mas a revolução vai muito além. Em nome de uma suposta finalidade da história, ela chega a legitimar qualquer conduta. A tudo isso, Camus opõe o humaníssimo sentimento de revolta, movimento inextinguível de protesto contra a injustiça, a quem quer que seja infligida. Trata-se de um sentimento que exprime a superioridade do valor da pessoa sobre a história. Também a experiência estética é experiência de "eternidade". O artista, de fato, tenta subtrair-se à história, transcendê-la, dando forma a um valor que escapa no devir, assim reconduzindo-nos às origens da revolta.

Embora *O homem revoltado* tenha sido recebido com ardentes controvérsias, especialmente por parte de Jean-Paul Sartre e Francis Jeanson, a obra foi para Camus uma etapa crucial na evolução de seu pensamento. Ele passa do niilismo inicial para um singular personalismo próprio, explicitamente ateu nas premissas, mas não nas instâncias em que se expressa. Ao longo de todo o livro — mas poderíamos dizer ao longo de toda a sua obra —, percebe-se uma intensa referenciação, por vezes entusiástica, ao mundo real, ao ser, ao homem e ao mundo tais como são. O horror à história e a seu inexorável devir, que anula as singularidades individuais e, de modo mais geral, o mundo da vida, não poderia ser mais explícito. A duríssima condenação de Hitler dá-nos uma mostra disso. Ele é execrado e amaldiçoado enquanto encarnação daquele espírito germânico que gerou o primado e a sacralização da história: a história messiânica e dialética de Hegel e de Marx. Camus vê uma simetria perfeita entre o *Führer*, que pretendia fazer a história pelo menos por um milênio, e a história em estado puro.

À lógica germânica, um "pensamento noturno" que devastou a Europa, Camus opõe o sentimento e a natureza mediterrânea, o sentido natural de seus limites, sua beleza solar. O homem revoltado coloca um limite à história: um limite que é promessa de um valor, forma daquilo que é determinado, duradouro e conserva o sentido vivo de sua própria medida. Essa defesa do ser é, para Camus, o caminho de uma forma singular de transcendência. E não é absolutamente verdade, afirma polemizando com Nietzsche, que todas as transcendências são falsas e caluniam o mundo. Há uma transcendência da beleza: nosso mundo terreno, limitado e mortal, alternativo a qualquer outro mundo sonhado ou planificado. O mal se manifesta naqueles períodos de revolta metafísica e de niilismo que se opõem à condição da criatura humana e sustentam, inversamente, a solidão do homem e a vacuidade de toda moral.

Mas, ao mesmo tempo, todos procuraram construir um reino puramente terrestre, onde reinasse a norma que haviam escolhido. Rivais do criador, logicamente foram levados a refazer a criação por conta própria. Aqueles que, para o mundo que criaram, recusaram todas as regras, exceto a do desejo e da potência, seguiram para o suicídio ou para a loucura, e cantaram o apocalipse[66].

Acreditar-se Deus, agir como se fosse Deus, para construir um mundo à medida do próprio desejo e da própria potência, gera inevitavelmente uma destruição homicida. Camus afirma que Sade, os românticos, Ivan Karamázov e Nietzsche desejaram a tal ponto a vida que escancararam as portas para a morte. O ódio contra o criador pode se transformar em ódio contra a criação ou em amor exclusivo: em ambos os casos, o resultado é o homicídio e a perda do direito à revolta. Certamente, há revoltados que querem morrer e revoltados que querem matar. "Mas são os mesmos, ardentes de desejo pela verdadeira vida, privados do ser e agora levados a preferir a injustiça generalizada a uma justiça mutilada. Nesse grau de indignação, a razão se torna furor"[67].

A revolta metafísica tem como desfecho a destruição absoluta. O niilismo, diz Camus, transformou o "mesmo que existas" em "não mereces existir" e, por fim, em "não existes". Por isso, os niilistas procuram o delito extremo. Assim, desesperando da imortalidade, decidiram matar Deus. De Sade até o presente, o progresso se manifestou como uma contínua expansão de um espaço fechado: um espaço sem Deus. Ou melhor, uma fortaleza contra o Deus deposto e exilado. Ao fim da revolta, há apenas a construção do campo de concentração, do cárcere dos próprios delitos. "Matar Deus e construir uma Igreja, este é o movimento constante e contraditório da revolta. A liberdade absoluta se torna, ao cabo, prisão de deveres absolutos, ascese coletiva e, por fim, história"[68].

A revolta se converte em niilismo moral e vontade de potência. No início, o homem revoltado queria apenas conquistar seu lugar diante de Deus. Logo, porém, perde a memória de suas origens e, levado por uma espécie de imperialismo espiritual, põe-se em marcha para o domínio do mundo através de assassinatos infinitos. Depois de expulsarem Deus de seu céu, os homens ficam sós, com sua história a ser

---

66   *Ibidem*, p. 113.
67   *Ibidem*, p. 115.
68   *Ibidem*, p. 116.

compreendida e construída: construí-la a qualquer custo e com qualquer meio. É por essa via que os delitos da razão, a caminho do império absoluto dos homens, serão acrescentados aos delitos do irracional.

Camus considera o *Contrato social* de Rousseau uma espécie de catecismo em tom e linguagem dogmáticos: o manifesto de uma nova religião em que a racionalidade é divinizada e confundida com a natureza. Seu poder, porém, deriva do consenso geral, não do arbítrio. A mística da vontade geral — um nós coletivo que dá forma a um corpo orgânico indivisível — assume o mesmo semblante de Deus, que força o indivíduo a ser livre e pune aquele que recusa obediência. Não por acaso as palavras mais frequentes no *Contrato social* são "absoluto", "sacro", "inviolável". Essa religião civil — que não prevê oposição nem neutralidade — justifica a submissão ao poder e a pena de morte. Se o soberano assim exige, é preciso saber morrer. É preciso dar-lhe razão até contra si mesmo. Para Saint-Just, a moral é mais forte do que os tiranos.

> Assim, toda desobediência à lei provém não de uma pretensa e impossível imperfeição dessa lei, mas de uma falta de virtude no cidadão renitente. Por isso, a República não é apenas um Senado, como diz enfaticamente Saint-Just: ela é virtude. Qualquer corrupção moral é, ao mesmo tempo, corrupção política, e vice-versa. Provindo da própria doutrina, agora se estabelece um princípio de repressão infinita; sem dúvida, Saint-Just era sincero em seu desejo de idílio universal[69].

Uma moral absolutizada devora todas as coisas, conduz implacavelmente à República das guilhotinas. A exclamação de Saint-Just, "Ou a virtude ou o terror!", é um reflexo perfeito disso. Passeando pela cidade ideal, com costumes conformes às leis, onde resplandecem a inocência do homem e a identidade de sua natureza com a razão, ele antecipa o princípio das tiranias do século XX: "É patriota quem sustenta a República em bloco: quem a combate em qualquer detalhe que seja, é um traidor"[70]. Quem a critica é traidor; quem a defende sem entusiasmo é suspeito. A lâmina da guilhotina é, ao mesmo tempo, um raciocínio e uma refutação. As palavras de Saint-Just ecoam alto nos tribunais do povo stalinistas e hitleristas e, em graus diversos, em todo justicialismo

---

69 *Ibidem*, p. 140.
70 *Ibidem*, p. 142.

desprovido de direito: "Um biltre que o tribunal condenou à morte diz que quer resistir à opressão porque quer resistir ao patíbulo!"[71].

O reino da lei instaurado pela Razão universal transpõe qualquer limite, torna-se uma ideologia contra a psicologia, sanciona o fim de todo poder legítimo. A lei se confunde com o legislador. Perde qualquer norte. Transforma toda conduta em crime potencial. Essa tirania sem limites, nascida e alimentada por princípios sem fundamento, traça o caminho para o terrorismo individual e de Estado. Camus descreve com eficácia a fenomenologia desse processo histórico e suas consequências:

> A partir do momento em que os princípios eternos forem postos em dúvida, junto com a virtude formal, e todos os valores forem desacreditados, a razão se porá em movimento, sem se remeter a nada além de seus próprios sucessos [...]. Aos regicidas do século XIX sucedem-se os deicidas do século XX, que seguem até o final a lógica da revolta e querem converter a terra no reino em que o homem será Deus. Começa o reino da história, e o homem, identificando-se apenas com sua história, infiel à sua revolta verdadeira, agora se consagrará às revoluções niilistas do século XX: negando toda e qualquer moral, elas procuram desesperadamente a unidade do gênero humano por meio de uma acumulação exaustiva de crime e de guerras. À revolução jacobina, que procurava instaurar a religião da virtude para fundar sobre ela a unidade, seguem-se as revoluções cínicas, sejam de direita ou de esquerda, que tentarão conquistar a unidade do mundo para fundar finalmente a religião do homem. Tudo o que pertencia a Deus agora será entregue a César[72].

Esse caminho prossegue com a fé no materialismo. Mas o materialismo é um conceito ambíguo. Ao simples fato de nomeá-lo, admite-se a existência de algo além da matéria. E com tanto maior razão no caso do materialismo histórico marxista, que considera o *primum vivere* a determinação mais importante do homem. Ele é, de fato, somente uma pequena engrenagem de uma história maior: a dos meios de produção. Marx leva a cabo o movimento de negação iniciado com o Iluminismo:

> [...] os jacobinos destroem a transcendência de um Deus pessoal, mas a substituem pela transcendência dos princípios; Marx funda o ateís-

---

71   *Ibidem*, pp. 142-3.
72   *Ibidem*, p. 149.

mo contemporâneo destruindo também a transcendência dos princípios. A fé, em 1789, é substituída pela razão. Mas essa razão em sua fixidez é ela mesma transcendente. Marx, mais radicalmente do que Hegel, destrói a transcendência da razão e precipita-a na história. Antes deles, ela era reguladora; agora é conquistadora[73].

A absoluta falta de cientificidade do socialismo científico marxista está relacionada com o fato de querer ser, ao mesmo tempo, determinista e profético, dialético e dogmático. Se o espírito é um mero reflexo das coisas, certamente não pode pretender ser anterior ao curso delas. Em outras palavras, se a teoria é determinada pela economia, ela pode descrever apenas o passado da produção. Assim, o materialismo histórico só pode exercer uma crítica da sociedade presente. Não tem nada a dizer sobre a sociedade futura. Não por acaso, acrescenta Camus, o texto fundamental de Marx se chama *O capital* e não *A revolução*.

> Se se reduz o homem à história, não lhe resta outra alternativa senão se afundar no som e na fúria de uma história insana ou imprimir a essa história a forma da razão humana. A história do niilismo contemporâneo, portanto, não passa de uma corajosa tentativa para conferir, apenas com as forças do homem ou simplesmente com a força, uma ordem a uma história que não existem mais. Essa falsa razão acaba por se identificar com a astúcia e a tragédia, com a expectativa de culminar no império ideológico[74].

As contradições da revolta e da revolução são insolúveis. Não há saída. Com efeito, ao expressar revolta, um revolucionário deixa de ser revolucionário e se torna agente da polícia contra a revolta. Se, porém, continuar fiel à revolta, terá de se insurgir contra a revolução. Em suma, todo revolucionário acaba inevitavelmente por se tornar opressor ou herege. Na história, revolta e revolução terminam num beco sem saída: polícia ou loucura. No entanto, é na construção do homem novo, contra o homem como ele é, que a revolução chega a seu abismo de loucura.

A revolução absoluta pressupunha a absoluta plasticidade da natureza humana, sua redução possível ao estado de força histórica. Mas

---

73  *Ibidem*, pp. 219-20.
74  *Ibidem*, p. 242.

a revolta é, no homem, a recusa de ser tratado como coisa e reduzido à pura história. É a afirmação de uma natureza comum a todos os homens, que escapa ao mundo da potência[75].

A revolução fundada no plano da história significa servidão ilimitada. A revolta é, ao contrário, um pêndulo desregulado, de ritmo profundo. Enquanto sugere uma natureza comum aos homens, dá a ver a medida e o limite que são seus fundamentos. A própria ciência confirma essa medida das coisas: na mecânica quântica, na relatividade, nas relações de incertezas e de medidas relativas. Apenas um pensamento que opere por aproximações gera realidade. O próprio avanço cego das forças materiais encontra uma medida sua. A própria lei da medida é parte da revolta e a própria revolta é medida.

> Qualquer coisa que façamos, a desmedida sempre conservará seu espaço no coração do homem, no lugar da solidão, todos trazemos dentro de nós nosso ergástulo, nossos crimes e nossas devastações. Mas nosso dever não é o de desencadeá-los mundo afora; consiste em combatê-los em nós e nos outros. A revolta, a vontade secular de não sofrer, ainda hoje está nas origens desse combate. Mãe das formas, origem de vida autêntica, ela nos mantém sempre de pé no movimento informe e furioso da história[76].

A medida é o sopro vital da ação e do pensamento humano. Inversamente, a desmedida do absoluto histórico e a ambição são o sopro vital da inquisição e da morte. A história é apenas uma ocasião, não um absoluto. A revolta é amor. Recusa a injustiça. Não calcula. É generosa em relação ao futuro, porque dá tudo ao presente. Ao contrário, a revolução prefere o homem abstrato ao homem de carne e osso. Substitui o amor pelo ressentimento. Quando a revolta, subjugada pelo ressentimento, nega a vida, transfigura-se numa escravidão agressiva. Assim, "não é mais revolta nem revolução, mas rancor e tirania. Então, quando a revolução em nome da potência e da história se converte em mecanismo suicida e desmesurado, sacraliza-se uma nova revolta, em nome da medida e da vida"[77].

---

75   *Ibidem*, p. 271.
76   *Ibidem*, p. 329.
77   *Ibidem*, p. 333.

O limite e a medida, essência daquele pensamento mediterrâneo, anti-histórico, antiabsolutista que Camus define como *pensamento meridiano*, encarnam-se em sua própria escrita. Antes de *O homem revoltado*, Camus questionara o absurdo em *O mito de Sísifo*[78]. Seu humanismo ateu recusa qualquer tentativa de encontrar um sentido que transcenda a imanência do mundo. O absurdo é a cisão entre a própria razão (em busca de uma unidade e de um sentido absoluto) e a irracionalidade da existência. O caráter irremediável dessa cisão coloca-o diante da única consequência lógica: o suicídio. Pode ser cometido de duas formas: uma física, a outra filosófico-espiritual. O suicídio físico resulta da relação absurda entre homem e mundo, mas não soluciona o problema da falta de sentido da existência. Encontra-se um impasse semelhante no suicídio espiritual, que o autor censura nos fenomenólogos e existencialistas. Kierkegaard, por exemplo, renuncia à razão perdendo-se totalmente na esperança em Deus, enquanto Husserl racionaliza o concreto para além dos limites da finitude. A atitude correta está numa razão consciente dos próprios limites, numa liberdade que assume plenamente a absoluta falta de sentido do mundo. A rebelião constante contra o destino confere à vida seu valor próprio. A busca do Absoluto consiste no caminho que a própria vida realiza.

As três figuras de Don Giovanni, do comediante e do conquistador, são exemplos de uma vida que se realiza intensamente aceitando o passado. Quem consegue se colocar diante do absurdo com maior radicalidade e decisão é o artista, pois o faz de duas maneiras: na realidade e na obra. Na mitologia clássica, Sísifo é o ícone da existência absurda. Os deuses o condenaram a empurrar uma pedra montanha acima. Porém, logo antes de chegar ao topo, a pedra escapa e rola montanha abaixo. Assim, Sísifo adquire consciência do limite de suas possibilidades e assume seu destino. Camus vê em Sísifo a figura de um homem feliz.

Mas, mais do que nos ensaios, é na literatura e no teatro que Camus explora o tema do absurdo existencial. Em 1947, concebe *A peste*[79], romance que sofre inicialmente a influência de Herman Melville (*Moby Dick*) e depois amadurece com as experiências e os estudos entre o início da Segunda Guerra Mundial e os primeiros anos do pós-guerra. Narrada em terceira pessoa pelo doutor Rieux, a ação se

---

78  Albert Camus, *Il mito di Sisifo*, Milano: Bompiani, 2013. Ed. bras.: *O mito de Sísifo*, Rio de Janeiro: Record, 2004.

79  Idem, *La peste*, Milano: Bompiani, 2013. Ed. bras.: *A peste*, Rio de Janeiro: Record, 2009.

desenrola em Orã, cidade argelina, cara ao autor. Camus afirma que, por meio do romance, quer representar a resistência antifascista e apontar as formas do mal contra as quais o homem deve lutar, até "encarnar" a real condição humana: isto é, a "prisão" onde está encerrado. De fato, devido a uma epidemia de peste, a cidade de Orã é fechada, isolada, separada do mundo. Enquanto alguns dos moradores se adaptam à situação, outros demonstram absoluta indiferença diante do flagelo. Poucos entendem realmente. A luta é árdua e desigual. Doutor Rieux, seu amigo Tarrou e outros dois personagens compreendem que a peste diz respeito a todos e lutam com abnegação. Embora a epidemia se alastre mortífera e muitos percam as esperanças, a tenacidade deles se mantém inalterada. Depois de enormes sofrimentos, chegam as primeiras curas imprevistas (e incompreensíveis). A doença recua. Depois, termina lentamente. Tarrou morre. Rieux, depois da indescritível solidão de um exílio na pátria, assiste à intensa e confusa alegria de seus concidadãos, ansiosos em romper o isolamento. A difusão do "calor humano" faz com que se esqueça tudo e que Rieux recupere a paz que procurava.

O romance se encerra com o testemunho do cronista que, seguindo "a lei de um coração honesto", toma "o partido da vítima", unindo-se a seus concidadãos nas únicas coisas que têm em comum: o amor, o sofrimento, o exílio. Ele quis testemunhar, assim, em favor dos atacados pela peste, "para deixar uma lembrança da violência e das injustiças feitas a eles". Principalmente para dizer o que se aprende através dos flagelos: "que há nos homens mais coisas a serem admiradas do que a se desprezar". Não podendo ser santos e recusando os flagelos, esses homens cuidaram dos outros, tornando-se a seu modo médicos. O cronista sabe que sua crônica selará uma vitória definitiva: o bacilo da peste não morre, nem jamais some.

Em *A peste*, o drama de Meursault, se estende para toda a comunidade. Aqui, o provisório e o relativo são superados, de um lado, pela aspiração a uma moral da solidariedade e da compreensão e, de outro, pela criação da obra de arte, em que ação e espiritualidade se fundem numa confissão serena e pacífica que emerge dos abismos da alma e de profundas meditações.

Camus percorre os problemas do mal e da natureza, da honra e do medo, do amor à vida e a Deus, do exílio e do medo, da solidão e do encontro. Em plácidos tons épicos, o narrador apresenta o nascimento, desenvolvimento, declínio e fim de um flagelo terrível. A peste gera imagens de horror, de condenações ineclutáveis, de mistério, de violência surda e inesperada, de morte. O narrador jamais eleva o tom nem utiliza um relevo marcado. Mostra como os cidadãos de Orã tomam consciência tardia de um acontecimento insuspeitado, o qual custam a aceitar devido à sua enormidade; como se encontram imersos nele, conseguem combatê-lo e, pelo menos provisoriamente, vencê-lo.

Entre reconhecimentos entusiásticos e polêmicas candentes, o autor aplicará todas as suas energias numa vida criativa de extrema intensidade. Depois de sua morte trágica em 1960, seu amigo italiano Nicola Chiaromonte, crítico e ensaísta de grande vulto, escreve na revista *Tempo Presente* palavras carregadas de um sentimento próximo aos de Camus.

> A história de um homem é sempre incompleta, e basta pensar que poderia ter sido diferente — em quase tudo — para saber que jamais pode conter o sentido de uma vida humana, mas apenas o que a uma existência foi concedido ser e dar. A verdade estava na presença viva e esta nada pode substituir. A imortalidade é um engano, para a arte e para o pensamento: muda sobrevivência dos despojos à erosão do tempo e às catástrofes da história, como os monumentos de pedra. Mas é naquilo que iguala o que falsamente chamamos de "grande" — e é apenas o que teve a sorte de se exprimir — à existência mais humilde que reside o sentido e o valor da vida humana, e irá muito além do fim do mundo[80].

Chiaromonte conhece Camus em Argel, em 1941. Era jovem e já líder reconhecido de um grupo de jornalistas iniciantes, aspirantes a escritores e estudantes que viviam no amor e na admiração extasiada do mar, dos bailes, do teatro e da conspiração política contra o regime do marechal Philippe Pétain. Logo partilham as ideias que incendiavam a mente de Camus: que era o ano zero do homem, que a história era desprovida de sentido e que a única coisa do homem que tinha sentido era o que permanecia externo e estranho à história, impenetrável ao turbilhão dos acontecimentos. Desde que existisse.

Reencontram-se em Nova York, em 1946. Camus já tinha conquistado seu lugar no palco do mundo. Era famoso e escrevia livros de grande beleza. Assim Chiaromonte julga a obra do amigo:

---

[80] Nicola Chiaromonte, *Silenzio e parole*, Milano: Rizzoli, 1998, p. 19.

Conseguira dizer, à sua maneira febril e num discurso sempre esmerado como a lâmina de uma navalha, por que, apesar do furor e do horror da história, o homem é um absoluto, e indicara com precisão onde estava, segundo ele, esse absoluto: na consciência, mesmo que fechada e muda, no ter fé em si mesma, mesmo que condenada pelos deuses a repetir eternamente a mesma labuta sem fim[81].

Camus não receava passar de repente da lógica à afirmação emocional e, portanto, expor-se a uma torrente de críticas. Não tinha um sistema de ideias. Era movido pelo veemente sentimento do segredo encerrado no coração de todo homem, enquanto homem "condenado a morrer". Aqui está a transcendência do homem em relação à história, a verdade que nenhum imperativo social pode anular. Verdades desesperadas e absurdas, mas que ressurgem a cada vez que Sísifo desce novamente a montanha, em seu tormento sem fim.

> Precisava viver o niilismo — a possibilidade de que nada tivesse sentido e tudo fosse permitido — e, ao mesmo tempo, combatê-lo: o ato de vida mais simples é, com efeito, um ato de afirmação; significa aceitar a vida, a sua e a alheia, como princípio de toda a razão; pretender viver negando significa pôr-se ao lado da má-fé[82].

As anotações de Chiaromonte permitem reconstruir o discurso, ao mesmo tempo humilde e persuasivo — um desafio extremo —, apresentado por Camus em 1946, aos estudantes da Universidade Columbia em Nova York:

> Quando estávamos diante do terror hitleriano, de que valores podíamos extrair conforto, para nos opormos àquela negação? De nenhum. Se o problema fosse o da falência de uma ideologia política ou de um sistema de governo, teria sido bastante simples. Mas o que estava acontecendo vinha do próprio fundo do homem e da sociedade: quanto a isso não havia como se enganar, tínhamos uma confirmação diária, e mais no comportamento dos medíocres do que no dos criminosos. Observando os fatos, os homens mereciam aquilo que lhes acontecia: seu modo de vida tinha muito pouco valor e a

---

81  *Ibidem*, p. 21.
82  *Ibidem*, p. 22.

violência da negação hitleriana, em si e por si, era lógica. Mas era insuportável e nós a combatemos. Agora que Hitler desapareceu, sabemos algumas coisas. A primeira é que o veneno que alimentava o hitlerismo não foi eliminado. Ainda está aqui, em cada um de nós. Qualquer um que hoje fale da existência humana em termos de poder, de eficiência, de "deveres históricos", difunde-o: é um assassino, real ou potencial, pois se o problema do homem se reduz a um "dever histórico", qualquer que seja, então o homem não passa de matéria-prima da história e pode-se fazer com ele o que se quiser[83].

Camus fala de improviso e conclui seu discurso com extraordinária simplicidade:

> Aprendemos mais uma coisa, e é que não podemos aceitar nenhuma concepção otimista da existência, nenhum tipo de final feliz. Mas, se acreditamos que é uma tolice sermos otimistas, sabemos também que é uma torpeza sermos pessimistas quanto à ação do homem entre seus semelhantes. Opusemo-nos ao terror porque o terror é a situação em que a única alternativa é matar ou ser morto, e a comunicação se faz impossível. É por essa razão que recusamos qualquer ideologia que pretenda direitos globais sobre a vida humana[84].

O pensamento de Camus readquire vida no belo livro de Bernard-Henri Lévy, *Il testamento di Dio*[85] [O testamento de Deus]. Numa mesma tensão antitotalitária, Lévy relembra uma passagem de *O homem revoltado*, sobre os planos de igualdade humana com a conquista dos poderes do Estado pelo revolucionário terrorista Tkachev.

> Tkachev propunha suprimir todos os russos com mais de vinte e cinco anos, como incapazes de aceitar as novas ideias. Método realmente genial, que devia predominar na técnica do superestado moderno, em que a educação forçada das crianças se realiza em meio aos adultos aterrorizados[86].

---

83 *Ibidem*, p. 23.
84 *Ibidem*.
85 Bernard-Henri Lévy, *Il testamento di Dio*, Milano: SugarCo, 1979.
86 Albert Camus, *op. cit.*, 1988, p. 194.

A história assistira várias vezes a esse tipo de planificação e operação. Lévy concede um grande valor ao comentário de Camus sobre o memorável requisitório de Saint-Just no processo de condenação de Luís XVI, primeiro ato da modernidade. Segundo Lévy, Camus ocupa a rigor uma posição profética quanto às metrópoles ideocráticas e às grandes necrópoles do saber e da ciência. Camus,

> [...] queria dizer que a acepção própria da palavra "exílio" é a de migrar dos conjuntos capciosos produzidos pelas ideologias, somente para reintegrar melhor uma solidariedade mais verdadeira que se estabelece apenas entre indivíduos, frente a frente. Dizia que não existe palavra que, por mais singular e particularizada enquanto singular e particularizada que seja, que não tenha seu peso, que não seja vivida virtualmente como responsável perante a terra inteira[87].

Trata-se da mesma loucura que, para Roland Barthes, inspira todo artista quando recusa a alienação e o enquadramento dentro de uma "categoria" e, ao contrário, assume o risco de falar e universalizar a singularidade de seu nome. Quanto a Tkachev, Lévy relembra como os senhores totalitários modernos querem extirpar a "doença da lembrança": expressão que os seguidores do Khmer Vermelho usavam ao proceder, antes do genocídio, à destruição dos arquivos. "Se a memória é, enquanto tal, uma inigualável arma de resistência, é porque, antes de mais nada, há nos fatos e nos textos uma máquina de guerra contra a história"[88].

O impulso libertário com a dedicação vital ao princípio e ao dever da liberdade humana, à beleza estilística, à verdade meridiana, encontra exemplaridade no indivíduo Camus e em sua obra. Não se aborda Camus no plano da falta de rigor especulativo, como Sartre tentou polemicamente fazer. Em seu universo de sol e mar, de individualismo existencial, de êxtase do instante, o rigor é uma verdade provisória e assistemática, é responsabilidade da ação, destruição feliz das idolatrias totalitárias, lucidez severa da palavra escrita. Camus se engaja totalmente na luta contra a abstração intelectual e os delírios que pretendem moldar os homens e as coisas segundo ideias de mando e polícia universal[89].

---

87 Bernard-Henri Lévy, *op. cit.*, p. 202.
88 *Ibidem*, p. 294.
89 Virgil Tanase, *Albert Camus*, Roma: Castelvecchi, 2013.

Camus está imerso no mundo como ele é. Sua assombrosa busca é uma verdade luminosa porque parcial, até contraditória, porque próxima das inúmeras assimetrias inextricáveis do mundo. A página de Camus se torna poesia porque parte de dados corporais, de percepções sensíveis, de verdades existenciais terrenas, a uma distância astronômica dos céus da metafísica e das ideologias. Suas páginas mais belas são exortações morais a uma revolta: uma revolta necessária para sermos homens na honra, na dignidade, na liberdade. A revolta não é uma opção possível entre muitas disponíveis, declara ele com argumentos peremptórios e palavras incisivas, mas um dever absoluto, um imperativo de liberdade.

A fama e a sorte, a beleza e a expressividade de sua escrita, a confirmação de suas previsões conduziram, inevitavelmente, à criação da imagem de um bom-mocismo inofensivo, que força e distorce o sentido de sua obra. Livros sobre Camus, como os de Paolo Flores d'Arcais[90] e de Michel Onfray[91], enrijecem e banalizam suas páginas, enquadrando-as em esquemas ideológicos. Por exemplo, não se pode menosprezar a diferença radical entre o ateísmo de Camus, livre, pessoal, não declarado, não ideológico, trágico e por isso respeitoso da alteridade da fé, e o vulgar ateísmo ideológico de Onfray. Bastaria ler as reflexões do pensador protestante Jürgen Moltmann que, em sua teologia da cruz e da esperança[92], julga o ateísmo de Camus "realmente sério": um "ateísmo por amor a Deus". Para Moltmann, o pensamento de Camus estabelece um confronto entre a fé em Deus e a realidade do sofrimento, alcançando uma corajosa "revolta metafísica".

Em Camus, na verdade, o problema de Deus se entrelaça e se choca continuamente com o da moral, onde a complexa relação com a religião é testemunhada também pelo fato de que nenhum dos seus textos afirma ou nega explicitamente a existência de Deus. Cria-se uma tensão entre a moral religiosa com seus valores e a moral laica do empenho em salvar o homem nesta terra. A atitude trágica que anima o pensamento de Camus, a impossibilidade de responder à demanda de justiça do homem, anuncia a derrota da filosofia e chama a literatura para testemunhar sobre a condição humana. Na época em que a

---

[90] Paolo Flores d'Arcais, *Albert Camus filosofo del futuro*, Torino: Codice, 2010.

[91] Michel Onfray, *L'ordre libertaire: la vie philosophique d'Albert Camus*, Paris: Flammarion, 2012.

[92] Jürgen Moltmann, *Theology of Hope: On the Ground and the Implications of a Christian Eschatology*, London: SCM Press, 1967.

ciência chega ao fim de seus paradoxos, fica em aberto a possibilidade de analisar e contemplar a paisagem, sempre virgem, dos fenômenos: deste ponto de vista, "a obra é a única possibilidade de manter a própria consciência e registrar suas aventuras. Ela assinala ao mesmo tempo a morte de uma experiência e sua multiplicação"[93], estabelecendo, enfim, um retorno ao aspecto "carnal" do vivido. Se a indagação filosófica não pode não se deter diante da verdade da beleza; se cabe à arte dar vida a essa eterna tensão, então, são a narrativa e o teatro que representam a plena e singular originalidade de uma consciência.

## A liberdade como origem e como destino

Quem lança uma luz inquieta e trágica sobre o abismo da liberdade humana ou divina, em que se espelha nossa face mais autêntica, é Luigi Pareyson[94]. O eixo de sustentação de sua ontologia da liberdade é uma original hermenêutica da experiência religiosa, que jamais renuncia ao discurso filosófico. Assim, se de um lado ele mostra o sentido do mito religioso, de outro lado, reconhece o caráter existencial e revelador da experiência da verdade. Pareyson vai além da definição da existência como liberdade: o próprio ser é liberdade, nascente original que nada pressupõe antes de si. Essa realidade gratuita e sem fundamento é porque é: e, enquanto tal, é ligada à liberdade. Assim, é necessário abandonar a primazia do ser e substituí-la pela da liberdade. Não existe o Deus dos filósofos, diz Pareyson. O único Deus de que se pode falar é o Deus da fé.

> Para o homem religioso, Deus existe e a existência de Deus é, para ele, algo sólido que torna supérflua qualquer demonstração, pois é objeto de fé, ou seja, de uma escolha radical e profunda, da qual nasce todo o resto[95].

A existência de Deus é objeto de uma escolha radical e profunda, não o resultado de um raciocínio ou de uma demonstração. Certamente, observa Pareyson:

---

93 Albert Camus, *op. cit.*, 2013, pp. 120-1.
94 Luigi Pareyson, *Esistenza e persona*, Torino: Taylor, 1985.
95 *Ibidem*, p. 24.

> [...] o homem religioso pode entender a dúvida, a qual não é senão o avesso de sua fé, um aspecto essencial ou um momento interno dela, visto que a fé está muito longe de ser uma posse tranquila, segura e inquestionada, protegida pela tradição e reforçada pelo hábito, sendo antes, amiúde, uma luta extremamente árdua e uma tensão lancinante, apenas levemente mitigada pela consciência de que é coisa viva e vivificadora, suficiente para inspirar e preencher uma vida inteira[96].

Sem dúvida, um homem religioso pode ser assediado pela dúvida e até sofrer tormentos por causa disso. Mas ele não precisa de demonstrações racionais, pois possui algo infinitamente mais rico e mais profundo: a fé. Já é tempo que a filosofia se despeça de suas ilusões fundadoras: sua tarefa é hermenêutica, não demonstrativa. Os símbolos poéticos e míticos, embora desprovidos de exatidão e rigor como os conceitos filosóficos, aproximam-nos incomparavelmente mais de Deus. Mas onde a indeterminação do objeto se deve, não à vagueza de uma ideia nebulosa e indistinta, mas à sua irredutível ulterioridade, a singela humildade do símbolo encontra sua compensação à custa da indevida e estéril *hybris* da razão. Por outro lado, se os princípios da razão são instrumentos eficazes inventados pelo homem para se defender da angústia do imprevisível, ao mesmo tempo também respondem a exigências emotivas e afetivas, que se aplacam quando as coisas do mundo se deixam ler de maneira unilateral e, portanto, previsível. Isso, porém, não nos ensina como é o mundo, mostra apenas como nós o ordenamos para vivermos nele. Isso se aplica não só à razão, mas também à ciência, que busca a regra para eliminar o aspecto amedrontador do mundo: aquele medo do imprevisível e do incalculável, cifra secreta da ciência.

Pareyson coloca a dor e o mal no centro do universo. Contra todas as teodiceias anteriores, ele afirma que o coração da realidade é trágico e doloroso.

> Quanto ao mal, a filosofia ou o negou inteiramente, como nos grandes sistemas racionalistas; ou atenuou, quando não eliminou, sua diferença em relação ao bem, como no difuso empirismo contemporâneo; ou o minimizou, interpretando-o como mera falta e priva-

---

[96] Luigi Pareyson, *Filosofia della libertà*, Genova: Il Melangolo, 1998, pp. 15-6.

ção; ou ainda inseriu-o numa ordem total e harmoniosa, com uma função precisa, segundo uma dialética que considera Satanás como colaborador necessário de Deus. A teodiceia apresentou Deus e o mal como os termos de um dilema excludente, sem compreender que eles só se podem afirmar em conjunto. Assim, a incandescência e a virulência do mal se perderam[97].

Pareyson concebe Deus como liberdade que, vencendo as trevas, conserva em si um traço da negatividade debelada. Deus vence o mal e o nada. Mas eis a descoberta desconcertante: o mal em Deus. Para ser positividade, Deus precisou conhecer, experimentar o negativo. Para negar o mal, precisou conhecê-lo. Em *Ontologia della libertà* [Ontologia da liberdade], escreve:

> [...] esse redespertar do mal, como ensina a narrativa bíblica, é o homem. A origem do mal é Deus, mas seu verdadeiro autor é o homem, mas carrega toda a responsabilidade por essa realização. O homem não é autor da negação, mas reanima-a, dá-lhe prosseguimento na realidade, oferece-se a ela como colaborador e instrumento. E a energia insuspeitada que manifesta nesse empreendimento lhe vem da liberdade, daquela mesma liberdade que, em Deus, inversamente, realizou o bem derrotando o mal. A negação, que nasceu já derrotada pela liberdade (divina), apenas da liberdade (humana) pode extrair nova vida e novo vigor. Esse uso ou abuso da liberdade revela no homem uma impressionante reserva de negatividade e uma extraordinária vocação aniquiladora[98].

Já no Gênesis está escrito que o homem despertou o mal adormecido em Deus. Mas o modo como "pôde fazê-lo é algo vertiginoso e aterrador, tão profundo, escuro, tenebroso e até mesmo insondável é o abismo do mal"[99]. O abismo da liberdade está em seu advento, que antecede a criação do mundo: o ato em que a liberdade original afirma a si mesma, a completa identificação de Deus e liberdade, o nascimento da liberdade positiva na base da criação.

---

97 *Ibidem*, p. 48.
98 Luigi Pareyson, *Ontologia della libertà*, Torino: Einaudi, 1995, p. 474.
99 *Ibidem*.

> A liberdade é primeiro início, puro começo. Origina-se de si: o início da liberdade é a própria liberdade. A liberdade não é precedida senão de si mesma: é posição de si. O que a caracteriza é a instantaneidade de seu início: não se segue a nada que a preceda, e nada do que a precede explica seu surgimento. Ela se apresenta como um muro liso e escarpado, sem nenhum recorte. Nenhuma espera a atrai, nenhum preparativo a antecipa. É irrupção pura, imprevista e súbita como uma explosão. É a esse caráter imprevisto que se alude quando se fala, o que ocorre amiúde, no "nada da liberdade". Dizer que a liberdade começa por si em nada difere de dizer que ela começa do nada. A instantaneidade do começo não pode ser pensada senão como o brotar de um não ser, e a liberdade não é concebível senão como um limite do não ser. Mas a expressão "o nada da liberdade" é significativa, porque coloca a liberdade em relação com uma negatividade no mesmo instante em que ela se afirma. É este o ponto mais difícil e impenetrável do problema da liberdade, que consiste em entender como ela pode ser, ao mesmo tempo, início e escolha[100].

A liberdade se afirma no contraste com a possibilidade de que não se inicie ou não se afirme e, portanto, a possibilidade de sua negação: a liberdade é escolha, decisão entre opções alternativas.

> "O elemento potenciador é a liberdade, que é energia benéfica e criadora e, ao mesmo tempo, força letal e destrutiva, incremento ontológico que enriquece a realidade e turbina aniquiladora que atravessa e subverte o universo, ímpeto de vida fresco e luminoso e impulso de morte funesto e sombrio"[101].

A liberdade é positiva somente se conheceu e venceu a negação, apresentando-se como uma vitória sobre o nada e sobre o mal. A liberdade é uma réstia de súbita luz entre as trevas, uma vontade que pretende se afirmar.

---

100 *Ibidem*, p. 470.
101 *Ibidem*, p. 471.

*Epos* da liberdade

O amor, a beleza, a tenacidade e a fidelidade à liberdade humana encontram voz, no século XX, na narrativa pungente, abissal e indômita de Vassili Grossman. No cerne de sua obra encontra-se a atroz aniquilação da liberdade do homem. Em *Vida e destino* (romance que sobreviveu rocambolescamente à apreensão da KGB), uma multidão de personagens desiludidos e dolorosos exprimem sua natureza humana residual e o ardente sentido da liberdade na vida dos campos de concentração e dos *gulags*. O ponto focal do livro é o diálogo entre um oficial das SS e um velho bolchevique prisioneiro, em que surgem as profundas simetrias entre o nacional-socialismo e o comunismo: ambos encarnação do mal e expressão do desprezo absoluto pelo homem e sua liberdade.

Foi precisamente a semelhança entre nazismo e comunismo, núcleo central e escandaloso de *Vida e destino*, que constituiu a razão da apreensão, da censura e, por fim, da marginalização do texto.

Um prisioneiro suspira e diz:

> [...] seria preciso escrever um livro sobre o desespero no campo de concentração. Pois existe o desespero que te oprime, que recai de súbito sobre ti, que te tira o ar e te impede de respirar. E existe outro que não te tira o ar, não te oprime e não recai de súbito sobre ti, mas te deforma a partir de dentro, como a pressão do oceano deforma os monstros dos abismos[102].

A abjeção psicológica, a degradação humana são aqui mais graves e profundas do que a tortura física. *Vida e destino*, disse George Steiner, é ao mesmo tempo poema do século XX e uma *Odisseia* da contemporaneidade. No amplo e emocionado espaço narrativo concedido ao tema judaico, Grossman relata a *Shoá* numa longa carta em que a mãe judia de Strum narra o extermínio dos judeus na Ucrânia, a morte de Sofia e do menino David que, ao término de uma longa viagem, entram abraçados na câmara de gás. Grossman relata também as primeiras manifestações da violenta campanha antissemita que se desencadearia nos últimos anos do poder stalinista. Pelo antissemitismo de ambos, ele não vê nenhuma

---

102 Vassili Grossman, *Vita e destino*, Milano: Adelphi, 2008, p. 162. Ed. bras.: *Vida e destino*, Rio de Janeiro: Alfaguara, 2014.

diferença entre Hitler e Stálin. Este último confisca o livro negro sobre o genocídio nazista dos judeus soviéticos (entre 1941 e 1945, com Ilya Ehrenburg, Grossman havia escrito *Il libro nero. Il genocidio nazista nei territori sovietici*[103] [O livro negro. O genocídio nazista nos territórios soviéticos]), que seria publicado pelo Comitê Antifascista Judaico, mas que ficaria desaparecido por muito tempo. A primeira versão em língua russa reaparece em 1980 em Jerusalém e somente em 1991 em Kiev. Foi precisamente o antissemitismo, motivo da deportação para os campos de concentração e depois da morte da mãe judia, que abriu os olhos de Grossman, intelectual marxista adepto do regime, correspondente de guerra do jornal *L'Armata Rossa* [O Exército Vermelho]. O antissemitismo lhe permite enxergar a homologação totalitária. Daí sua guinada idealista, fundada na aspiração à liberdade e na prioridade ética. Numa época dominada pelo terror e pela loucura insensata, ele escreve: "a bondade pequenina, grão radioativo esfarelado na vida, não desapareceu". A bondade é bela, delicada como orvalho. Um dos prisioneiros diz:

> [...] agora conheço a verdadeira força do mal. Os céus se esvaziaram. Na terra há apenas o homem. Como se apaga o mal? Talvez com as gotas de orvalho da bondade humana? Mas é uma chama que nem a água de todos os mares e de todas as nuvens conseguiria apagar. [...] Fortaleci minha fé no inferno. Ela nasceu do fogo dos fornos crematórios, do cimento das câmaras de gás, minha fé. E vi que, na luta contra o mal, não é o homem que é impotente: por mais poderoso que seja, o mal nada pode em sua guerra contra o homem. A bondade é débil, frágil: este é o segredo de sua imortalidade. Ela é invencível. Quanto mais tola, quanto mais ilógica e indefesa, mais grandiosa é. O mal nada pode contra a bondade! Profetas, apóstolos, reformadores, líderes, chefes das nações nada podem contra ela. A bondade, amor cego e mudo, é o sentido do homem.
> A história dos homens, portanto, não é a luta do bem que procura derrotar o mal. A história do homem é a luta do grande mal que procura matar o pequeno germe da humanidade. Mas se, mesmo em momentos como estes, o homem conserva algo de humano, o mal está fadado a sucumbir[104].

---

103 Ilya Ehrenburg; Vassili Grossman, *The complete black book of Russian Jewry*, New Brunswick, NJ: Transaction Publishers, 2002.
104 Vassili Grossman, *op. cit.*, 2008, pp. 389-90.

Depois do grande romance, Grossman escreve *Tutto scorre*[105] [Tudo escorre], uma obra curta e intensa que narra o horror da vida nos *gulags*, mas também outro horror: aquele mais sutil de quem retorna e encontra a torpeza, o embaraço e o medo nos olhos de parentes e amigos. O mesmo relato apresentará o extermínio dos *gulags*, a delação como fundamento e sistema desse universo, o papel de Lênin e seu "desprezo pela liberdade" na construção do mundo soviético.

Depois de ter passado quase trinta anos ininterruptos nos *gulags*, por ter defendido o princípio da liberdade, Ivan Grigórievitch retorna para casa. A ação no romance é reduzida ao mínimo. Contudo, cada encontro do protagonista, cada lembrança e cada reflexão se tornam motivos para desenvolver os temas lancinantes do passado concentracionário. Em Moscou, Ivan encontra o primo, um cientista medíocre que fez carreira ocupando o lugar de um colega judeu expurgado durante a campanha contra os "médicos assassinos". Seu desconforto é grande porque, mesmo nunca tendo praticado maiores torpezas, ele assinou, a exemplo de muitos outros, vários pedidos de condenação. Ivan, em sua nova cidade, apaixona-se pela dona da casa, uma viúva de guerra humilhada pelo destino e sofrendo de câncer, que lhe fará uma crônica precisa e delicada dos terríveis anos de coletivização e carestia na Ucrânia.

Grossman vê na Revolução Russa uma fase da permanente negação da liberdade daquela terra. Na opressão de Stálin encontra-se "a maldição da história russa", a influência asiática, mongol, no espírito russo. Após a morte da mulher amada, Ivan retorna a suas origens, à casa paterna no Mar Negro. Ivan não pode redigir um balanço de vida que seja motivo de orgulho. Não criou nada. Mas uma coisa, talvez a maior de todas, ele conseguiu defender: continuar a ser, apesar de tudo, um homem.

O reconhecimento de que existe algo de bom até nos impiedosos carcereiros é o ponto mais terrível desse romance:

> [...] os informantes são culpados ou não? Sejam ou não sejam culpados, o que repugna é o fato de existirem. Repugnante é o lado animal, vegetal, mineral, físico-químico do homem. É precisamente essa sórdida parte mucosa, peluda do ser humano que produz os informantes. Os informantes germinam a partir do homem. O vapor fervente do terror estatal regou a raça humana e os grãos adormecidos se incharam e germinaram. O terreno é o Estado. Se as

---

105 *Idem, Tutto scorre*, Milano: Adelphi, 2010.

sementes não estivessem ali ocultas no terreno, não germinaria o trigo nem o joio. É a si mesmo que o homem deve remontar a sordidez humana. Sabes o que há de mais repugnante nos informantes e nos delatores? O mal que há neles, pensarias. Não! O mais terrível é o que há de bom neles; a coisa mais triste é que são cheios de dignidade, são pessoas virtuosas. São filhos, pais, maridos ternos e amorosos... Gente capaz de fazer o bem, de ter grande sucesso no trabalho. Amam a ciência, a grande literatura russa, a bela música; alguns apresentam com inteligência e coragem seu juízo sobre os mais complexos fenômenos da filosofia e das artes modernas. [...] É este o terrível: há muito de bom neles, em seu estofo humano[106].

Como confirmação das simetrias entre os totalitarismos, aqui retornam todos os temas de *A banalidade do mal* de Arendt. A violência física e psicológica cotidiana do regime é narrada com um senso inexorável da verdade. Mas com leveza. Sem indignação. Principalmente, sem ódio, tal como nas páginas de Primo Levi. Assim:

[...] ao observá-las, não via ódio nas pessoas. Todos eles — aqueles que o haviam conduzido à sala do juiz de instrução empurrando-o com a ponta do fuzil, aqueles que, entre um interrogatório e outro, haviam-no impedido de dormir, aqueles que, como velhacos, haviam entregado seu nome nos interrogatórios, aqueles que, igualmente velhacos, haviam-no denegrido nas reuniões do partido, aqueles que o haviam renegado, aqueles que lhe roubavam o pão no campo de concentração, aqueles que o haviam espancado — todos eles, em sua pusilanimidade, rudeza, crueldade, não haviam feito o mal porque quisessem fazer mal a ele em particular. Haviam traído, difamado, renegado, pois, de outro modo, não se sobreviveria, se estaria perdido; e mesmo assim eram sempre homens. Aqueles homens não desejavam o mal de ninguém, e, no entanto, haviam feito o mal durante toda a sua vida[107].

A não liberdade integral, a opressão construída com minucioso sadismo para suprimir a aspiração à liberdade não pode não fracassar. A liberdade, apesar de tudo, sobrevive, guardada no fundo da alma, até nos corações mais deformados e torturados, entre a memória e a es-

---

106  *Ibidem*, p. 81.
107  *Ibidem*, p. 228.

perança do futuro. Ivan não havia realizado nada. Nenhum livro, nenhum quadro, nenhuma descoberta. Não criara uma escola ou um partido, tampouco ensinara ou formara discípulos. Nada de nada. Por que, então, sua vida fora tão dura? Aqui também não há nenhuma resposta. Ele escolhera continuar a ser o que sempre fora: um homem.

## O dever da liberdade

A liberdade é uma exceção na história dos homens. As condições de sua realização foram e serão sempre singulares: as *poleis* gregas diante dos impérios orientais, autogovernos urbanos medievais, repúblicas marítimas, revoluções constitucionais, instituições e relações federais, guerras de resistência. Na história, as instituições políticas nascidas de movimentos e revoluções de liberdade continuam como minoria, até como exceção. Precisam confiar em suas próprias raízes, tomar impulso a partir delas, manter acesa a chama da liberdade contra os poderes antiliberais.

Em grande parte do mundo, as constituições e as instituições que se remetem a ela mostram como a liberdade é uma corda que se estende sobre o arbítrio, a opressão, a repressão, a tortura, a morte. A própria marginalização de um pensamento rigoroso da liberdade — em geral banido de escolas, locais de pesquisa e universidades — é confiada à coragem espiritual de indivíduos que lutam quase clandestinamente. Observando-se o curso da história, com sua longa sucessão de horrores e dominações, já parece muito que existam pessoas e minorias que vivem na liberdade e pela liberdade, que a defendam para si e para os outros, testemunhando sua luz moral, exercendo-a, mostrando suas vantagens materiais e imateriais.

A liberdade vive numa atmosfera de confiança e espiritualidade, de respeito pela dignidade das pessoas e de amor pela verdade, de coragem, de esperança. As instituições educacionais e culturais não parecem muito interessadas na educação de si: pelo contrário, opõem-se ao anticonformismo, à crítica, típicos das mentes e dos espíritos abertos, inquietos, insatisfeitos. É bem verdade que o exercício da liberdade (e da responsabilidade) não está ao alcance de todos. Requer, com efeito, elevação moral e tensão cultural constantes, muito mais frágeis do que as tendências antiliberais, conformistas, servis, burocráticas. Nesse sentido, a liberdade é uma conquista permanente para os que sabem combinar autonomia (decisão responsável e ética interiorizada) e heteronomia (fidelidade aos princípios da liberdade, das regras de conduta, da lei moral). Isso significa que não pode existir uma liberdade de massa. Massa e liberdade estão em conflito permanente. A massa é informe. Sua essência atomística anula os indivíduos. E o ser atomizado é privado de autonomia, "heterodirigido" pelas modas, pela demagogia e pela tirania da vez, votado à indiferença egoica e à manipulação instrumental.

"Difícil liberdade", dizia Lévinas. Talvez exatamente aí residam a beleza e o valor de seu horizonte frágil e difícil. No mundo tal como é. Pensemos no antitotalitarismo. A despeito de uma difundida retórica antifascista e também de genuínos sentimentos antifascistas, permanece a continuidade das mentalidades, permanecem inúmeros revisionismos ambíguos, para nem mencionar as horripilantes minorias neofascistas e neonazistas. Existe e resiste um antissemitismo que olha a *Shoá* com uma atitude de compaixão sem justiça; ou, melhor, que se limita à compaixão diante do inaudito, esquecendo a rede de cumplicidades que a tornaram possível. Esse novo antissemitismo substituiu o crime de existir do povo judaico (instituído pelo nacional-socialismo) por um novo crime: o da negação da independência e da liberdade política, conquistada após milênios de exílio e perseguição. Ilustres intelectuais progressistas de países civilizados se mostram até compreensivos em relação aos Protocolos dos Sábios do Sião, flertando com o negacionismo, com palavras atrozes em relação aos filhos dos sobreviventes.

Quanto ao comunismo, a remoção não é menor. Uma trama de minimizações e justificações atenua suas responsabilidades, classificando os crimes como incidentes, desvios, degenerações. Tratava-se, porém, da abolição do homem enquanto homem, de um sistema de planificação implacável sobre tudo e sobre todos. Para os homens livres, foi uma lição de vida: um ordenamento de terror e de guerra civil permanente, populações entregues à eliminação física, ao aviltamento moral, à morte da dignidade.

Essa visada tão destrutiva não podia deixar de ter seu calcanhar de aquiles. Bastou que, no próprio inferno em que viviam, homens livres fossem capazes de se reunir, embora em condições de absoluta clandestinidade, para que o processo da libertação tivesse início. Foram capazes disso os dissidentes soviéticos, com uma coragem que merece o reconhecimento e a lembrança comovida dos homens livres de toda a terra. Transmitiam e circulavam manuscritos (*samizdat*), eles mesmos transcrevendo (à mão ou à máquina) textos que a censura de Estado jamais deixaria passar. Essa atividade não se limitava à literatura. Se de início tal prática reunia documentos de todos os tipos, materiais secretos, protestos e convocações, poesias, romances, ensaios filosóficos, no final dos anos 1950 ela assume as características de um meio de comunicação poderosíssimo. O mecanismo era simples. O autor escrevia o texto com algumas cópias em papel carbono e depois distribuía aos amigos. Se estes o consideravam interessante, por sua vez distribuíam-no, alcançando os lugares mais remotos do país. Os fascículos do *samizdat* passavam rapidamente de mão em mão. Com efeito, dispunham de apenas uma noite para a leitura de um texto, pois a lista de espera era imensa. Assim, o afortunado passava a noite acordado, imerso na leitura e, em alguns casos, convidava os amigos a participar.

Aqueles homens não esperavam uma vitória. Não havia a menor, a mais remota esperança de vitória. Cada um deles, porém, queria ter o direito de dizer aos filhos: "fiz tudo o que pude". A consciência de tudo isso é ainda minoritária, pois no mundo são minoritários os homens livres, em comparação aos intelectuais e opiniões públicas que praticam a eliminação, tornando-se inevitavelmente cúmplices dos totalitarismos. Mesmo o antifascismo e o anticomunismo, embora respeitáveis expressões da liberdade, mostram-se constitutivamente frágeis. Com efeito, alinham-se contra algo e, em termos estratégicos e morais, um totalitarismo não pode ser uma alternativa a outro, sendo simétricos por sua própria natureza. Assim, se o antifascismo abrange os comunistas, o anticomunismo acaba inevitavelmente por abranger os fascistas.

Quantas solidariedades secretas! Não se resumem às já expostas. Nem àquelas que parecem evidentes para além do arame farpado dos campos de concentração e dos *gulags*. Não, referimo-nos às simetrias entre os totalitarismos fundadas na escravização dos homens e na anulação de qualquer distinção entre espaço privado e espaço público; mas malhas estreitas da burocracia em que, como mostrara Arendt, a administração substitui o governo, o despacho toma o lugar da lei e a provisão anônima de um departamento toma o lugar das decisões jurídicas públicas, até o homicídio de massa administrativo, em que se unem despacho e terror, que representam o último estágio de um desenvolvimento coerente.

Esse aspecto foi agudamente examinado por Raul Hilberg, autor de *La distruzione degli ebrei in Europa*[108] [A destruição dos judeus europeus], que, contra todo negacionismo, documenta o projeto e a execução do extermínio dos judeus com uma enorme reconstituição de detalhes e atos administrativos. Um trabalho penoso e perspicaz,

---

108 Raul Hilberg, *La distruzione degli ebrei in Europa*, Torino: Einaudi, 1999.

que pode ser comparado às páginas de Arendt sobre a banalidade do mal, de onde surge a perplexidade da filosofia diante da naturalidade com que os intelectuais alemães se deixaram domesticar pelo regime nazista. Apesar de sua cultura e suas personalidades marcantes, nenhum rejeitou as mais vulgares teorias depois que arrebataram as massas. Não é de surpreender. As verdades de massa são quase sempre assim, e é usual a tendência dos intelectuais a se alinharem com as "paixões" da massa, a se tornarem intelectuais políticos, renunciando à função natural de crítica autônoma e culturalmente independente.

O terror administrativo tem como ator o tipo humano de Eichmann, que declarou durante o processo de Jerusalém: "Se era preciso fazer tal coisa — isto é, a *Shoá* planificada —, então era melhor que a calma e a ordem dominassem e tudo fluísse bem"[109]. Eichmann acreditava na superioridade do caráter civilizado do extermínio mecanizado, em comparação às atrocidades brutais dos *pogroms* e dos massacres "espontâneos", emocionais e carregados de ódio, dos povos do Leste Europeu. As operações mortíferas da máquina de extermínio correspondiam à lógica interna do regime, que precisava de uma tecnologia limpa de eliminação. Nos campos de concentração, ademais, os guardas matavam as vítimas já antes da morte física, ao ponto em que elas, privadas de vontade, cadáveres ambulantes, cavavam a vala com suas próprias mãos. Para os dominadores, a desumanização e a destruição do inimigo interno absoluto eram prioritários também em relação à própria sobrevivência. Mesmo nos momentos mais difíceis do segundo conflito mundial, o regime nazista considerava mais importante consumar o extermínio do que vencer a guerra. Em certos casos, antes da chegada dos aliados, os nazistas completavam friamente a matança antes de fugir para salvar a própria pele.

No processo, Eichmann se justifica com duas razões: o sucesso do chefe e sua própria carreira. Ele considerava decisivo que Hitler, simples cabo do Exército alemão, tivesse conseguido se tornar *Führer* de um povo de quase 80 milhões de pessoas. "Seu sucesso, por si só, já me demonstra que eu devia me submeter a ele", declara[110]. Eichmann é incapaz de distinguir entre bem e mal, entre legalidade e ilegitimidade. Não é perpassado por dúvidas, perguntas, emoções. Como ele próprio

---

109 Hannah Arendt, *La banalità del male*, Milano: Feltrinelli, 1964, p. 232. Ed. bras.: *Eichmann em Jerusalém: um relato sobre a banalidade do mal*, São Paulo: Companhia das Letras, 1999.

110 *Ibidem*, p. 163.

afirmou, suas certezas foram reforçadas pelo fato de não ter encontrado ninguém, absolutamente ninguém, contrário à "solução final". Sentia alguma inquietação apenas nas raras ocasiões em que devia agir emocionalmente e era obrigado a se afastar das diretrizes que lhe foram ordenadas e lhe pareciam válidas. Por exemplo, não se angustiava com o assassinato, mas sim com um tapa que, num súbito acesso de cólera, desferiu no presidente da comunidade judaica de Viena.

A reflexão sobre a produção da morte através de ordens administrativas é de importância radical para compreender a que consequências de desumanidade conduz a dinâmica totalitária do poder. Certos crimes "de paz" podem ser até piores do que os horrores da guerra, porque constituem os tijolos de um edifício e uma ordem criminosa.

## Em conclusão

Uma barreira mínima de defesa antitotalitária demanda uma cultura radical da liberdade, como valor inalienável e irrenunciável. Não se trata do passado, mas do presente e do futuro. Trata-se da vontade de resistir e se opor às tendências que derivam da agressão do terror no exterior e das insídias interiores aos sistemas de democracia representativa, com a concentração crescente do poder, a extensão da burocracia e dos decretos, a imposição fiscal antiprodutiva, o conformismo antiliberal. Embora valorizados em comparação aos vários regimes de partido único e às tiranias fanáticas, os próprios sistemas eleitorais estão em discussão. Um voto, enquanto tal, não é expressão de liberdade. As máquinas do consenso são inexoráveis. Máquinas, justamente, que contemplam em seu interior tendências insidiosas à massificação, que isolam e excluem os homens capazes. Os mecanismos eleitorais trazem em si níveis baixíssimos de concorrência entre opções diferentes e têm, pelo contrário, um alto grau de cooptação interna às elites de poder.

De fato, o cidadão eleitor não dispõe de instrumentos decisórios. Ele está excluído do jogo que se desenrola diante de si. A campanha eleitoral se torna, assim, eminentemente autorreferencial. Finda a campanha eleitoral, no dia seguinte o eleito da vez declara que o "jogo mudou". A disputa eleitoral foi justamente apenas um jogo, sem compromisso com as coisas a serem feitas e as condutas consequentes. De modo implícito ou explícito, a campanha eleitoral se realiza fora dos programas e o palco é ocupado por aquela propaganda que os especialistas em campanha eleitoral chamam, tecnicamente, de "comunicação de barriga". Mas votar com a barriga não significa, por definição, escolher fora de nossa esfera racional? Não significa, sobretudo, que não há liberdade de escolha no mecanismo institucional das eleições e, no máximo, tem-se a possibilidade de se alinhar diante de blocos políticos determinados e incontroláveis? Mas alinhar-se não é escolher.

Esses mecanismos e comportamentos não só recolocam em discussão as bases da legitimidade: lançam uma sombra sobre a legalidade das instituições representativas. E até mesmo sobre a noção central de "soberania popular". O que significa, de fato, essa expressão? Ser soberano de si mesmo? Quem é soberano, e sobre quem? Como é possível conciliar a vontade de milhões de indivíduos sem poder e a fórmula da soberania popular? São temas, evidentemente, que devem ser examinados com a cultura alternativa de uma liberdade e responsabilidade radical.

Se persistem as solidariedades entre ordens totalitárias e o terror, é porque a liberdade não foi alcançada, porque não é um valor primário em si, porque não é a regra precípua de uma vida civilizada, a linha de demarcação entre o bem e o mal. O cálculo político, em todas as suas formas, não prevê a existência da liberdade. O mesmo discurso para o "politicamente correto", para os hábitos de escravidão ou de insurrecionismo que constroem ressentimento e ódio. Se a liberdade é um mandamento, todas as coisas devem ser submetidas a um exame de liberdade, com base num decálogo ético, claro e inflexível, laico e religioso, humanista e científico, pessoal e social. Um decálogo para a ação humana, não para o discurso.

O fundamento da liberdade é de ordem espiritual: é isso que fortalece e torna inflexível a ordem da liberdade e forja o caráter dos homens livres. O costume, o pensamento, os valores, a pluralidade das condutas, das ideias e dos estilos de vida, as relações espontâneas são decisivas para a ordem da liberdade. Mil vezes mais do que as instituições. A liberdade concedida, protegida, regulamentada, nega a si mesma. Seu cerne se encontra na iniciativa, na criação, no desafio às convenções servis, e não na tutela. Assim como não existe uma liberdade de massa, tampouco existe uma liberdade generalizável. A liberdade é particular, singular. Difunde-se apenas por exemplaridade, iniciativa, imitação e cooperação espontâneas.

O que precede o direito é o dever da liberdade. Sim, porque a liberdade é uma responsabilidade: é tomar a si todas as consequências factuais e morais da própria ação. Não existe, portanto, o direito à liberdade sem a ação do homem que cumpriu seu dever. É por isso que é uma *difícil liberdade*, potência ética de exemplo, horizonte do mundo *por vir*, reino da esperança. A única revolução pacífica, incruenta, virtuosa, humaníssima é a revolução da liberdade. Não um novo discurso, um novo pensamento, mas uma criação de atos de liberdade, a partir da mudança de si mesmo. Toda ação, que rompe as correntes da tirania sem rosto de nosso tempo, que cria a liberdade-responsabilidade num âmbito horizontal, no *frente a frente* das pessoas e das associações, é sinal dessa revolução. É livre, para si mesmo e para os outros, aquele que está disposto a morrer pela liberdade diante de qualquer forma de escravidão. Muitos assim fizeram e nos entregaram a liberdade. Não há nada mais fecundo e altruísta do que a heroica disponibilidade de quem garante à sua vida e à dos outros existir na liberdade e viver por ela.

# No mundo como estrangeiros

*A pergunta que me faço todos os dias é: o que é um estrangeiro? Como se pode ser estrangeiro em si mesmo, para si mesmo e não para os outros? Como se pode ter um nome, um rosto para os outros e não para si mesmo? [...] Pois o estrangeiro não é aquele que, desde o início, aparece como estrangeiro, mas antes aquele que se rebela por não poder ser tomado pelo estrangeiro que ele é a seus próprios olhos.*

EDMOND JABÈS

A história da humanidade é marcada por migrações de povos e indivíduos. Os homens percorrem o mundo desde sempre, por guerras ou fome, emancipação ou independência, desespero ou deportação. Pense-se nos gregos das antigas colônias, que fundam novas *poleis* em locais áridos e desabitados; nos colonos ingleses que, fugindo às discriminações religiosas e perseguições políticas, constroem *covenants* institucionais, pactos e associações (do Pacto do Mayflower à Convenção de Filadélfia), dando vida aos primeiros núcleos dos futuros Estados Unidos da América; no povo de Israel que, fugindo à escravidão no Egito, atravessa o Mar Vermelho rumo à Terra Prometida, numa viagem pelo deserto que se prolonga por quarenta anos, tornando-se o arquétipo de todas as libertações da escravidão; nas tumultuadas migrações de mulheres e homens por causa da Revolução Industrial; ou, por fim, nas gigantescas migrações nas margens do Mediterrâneo, em que sangue e violência, resignação e esperança, escravidão e anseio de liberdade entretecem-se dramaticamente.

Em formas e graus diversos, ser estrangeiro é uma condição que marca toda a história humana, entre visões totalitárias e outras inspiradas em verdades abertas e em curso constante. Mas qual é, hoje, o espaço dessas verdades? Existem homens que compreendem a mensagem de fraternidade "ama teu próximo como a ti mesmo" somente depois de crimes e devastações, que enxergam a necessidade de uma justiça ou de uma lei moral apenas depois de imensos sofrimentos. Se no mundo real os homens não conseguem amar o irmão de sangue, aquele que lhe é mais próximo (Caim mata Abel, Esaú odeia Jacó que o enganara, os irmãos querem matar José e o vendem como escravo), menos ainda amam o estrangeiro, aquele que parece diferente, insidioso, incompreensível.

Amar o próximo como a nós mesmos implica um horizonte de proximidade espiritual: por aqui passa inevitavelmente toda a reflexão sobre a questão do estrangeiro. Não deve ser meramente maltratado ou oprimido: deve ser colocado no mesmo plano do nativo, amado com o mesmo amor que dedicamos a nós mesmos. A prescrição "ama-o como a ti mesmo" anula todas as fronteiras de raça, de fé e de cor. A peremptória clareza do mandamento exclui qualquer eventual margem de dúvida. Com a injunção "ama teu próximo!" diz-se: age em relação a ele como se te dirigisses a ti mesmo. Para defender fracos e oprimidos, o coração e a mente devem se abrir à verdade do estrangeiro, aquele que vive entre estranhos e desconhecidos.

Vós também, que fostes estrangeiros na terra do Egito e sentistes na pele a hostilidade, a humilhação, a prepotência e a tortura, deveis amar o estrangeiro, prega Moisés a seu próprio povo. Ora, por que Moisés recomenda amar o estrangeiro e não os irmãos de sangue? Afinal, ainda estão vivas nele as feridas sofridas por seu povo, que é estrangeiro em outra terra. Não, a incompreensão e a hostilidade não têm importância. Não devemos fazer aos outros aquilo que não gostaríamos que fizessem a nós. Só isso importa. Importa o que fazes, em relação à tua dignidade, liberdade, responsabilidade.

Uma heterogênese dos fins

A humanidade não é e nunca será uma Torre de Babel à qual se possa impor uma unidade arbitrária e totalitária. A pluralidade de suas diversas nações — cada uma com suas histórias, identidades, vocações; suas mil variedades e heterogeneidades; suas diversidades tão harmoniosas quão conflituosas; suas infinitas individualidades: tão infinitas quão infinita é a alma humana (como dizia Giordano Bruno) — está a uma enorme distância daquilo que hoje é definido como "multiculturalismo", palavra-chave da discussão cultural, moral e política de nosso tempo, sobre a qual se projeta a sombra de tensões e mal-entendidos.

O termo multiculturalismo foi usado pela primeira vez no início dos anos 1970, para explicar a proposta política de convivência tolerante entre os diversos grupos étnicos presentes no território nacional. Inicialmente definido como mosaico canadense, o multiculturalismo nasce como alternativa ao modelo norte-americano do *melting pot*, definição que indica, pelo menos até 1960, a política assimiladora adotada em relação aos imigrantes. Se a partir dos anos 1920, nos Estados Unidos, começara a se delinear penosamente um pluralismo cultural mais atento e respeitoso às diferenças étnicas, a fórmula do *melting pot* levava a aderir ao *american way of life*, um horizonte cultural em que a diversidade étnica constitui um fator positivo para a convivência social: um valor a ser preservado como condição para manter o "credo americano".

Logo, porém, a atmosfera muda. Começa-se a falar de "caldeirão étnico", para indicar o fato de que as diversas culturas não se contentam mais em ser simplesmente toleradas, mas buscam uma maneira de serem ouvidas publicamente. Pela primeira vez, põe-se em dúvida o "credo norte-americano". A oposição à Guerra do Vietnã, os movimentos pelos direitos civis, os movimentos estudantis norte-americanos e europeus, a revolta estudantil de 1968, a contestação feminista, os efeitos da descolonização levam ao surgimento de uma cultura de protesto carregada de ilusões e tensões violentas, muitas vezes sem consistência nem propostas (não imune ao ressentimento, ao hedonismo, à autogestão), que logo começará a se definir como multicultural. A partir dos anos 1970, a tendência se inverte. Ao modelo assimilador do *melting pot* e ao multiculturalismo (em sua versão radical) se sucederão, com intensidade cada vez maior, manifestações de "revivalismo étnico", de culto à etnicidade, de exaltação das diferenças étnicas[1].

Progressivamente, o multiculturalismo adquire uma fisionomia própria diante das diversas problemáticas. De que reconhecimento se trata? E o que significa "igual dignidade"? Mas, mesmo antes disso, a que grupos ou comunidades se devem reconhecer eventuais direitos coletivos? São concebíveis direitos supraindividuais no interior de uma sociedade liberal? O eixo da discussão se desloca claramente. As causas dos problemas decorrentes do convívio de diversas culturas acabam por ser atribuídas às forças culturais em jogo. Em outras palavras, a identi-

---

[1] Anthony D. Smith, *Ethnic Revival*, Cambridge: Cambridge University Press, 1981.

dade individual começa a parecer uma representação da relação entre si e o outro. Reforça-se, enfim, a ideia de que respeitar o indivíduo significa respeitá-lo por tudo aquilo que o define: sua cultura, sua comunidade, sua história, sua língua. Isto é, inaugura-se um novo modo de entender a sociedade. A sociedade contemporânea aparece não tanto como uma comunidade de indivíduos, e sim como uma união de comunidades ou, melhor dizendo, uma união social de uniões sociais.

No entanto, logo o aparato ideológico do multiculturalismo mostra suas primeiras rachaduras[2]. Os efeitos desse novo modo de fazer política (*identity politics*) se revelam como uma mistura de intransigência sectária e inépcia. Além dos vícios do pertencimento e dos perigos derivados da institucionalização da ideologia multiculturalista, o risco principal é imobilizar todos os grupos no interior da própria estrutura atual, impossibilitando qualquer processo de revisão da própria cultura. Considerar o grupo em seu conjunto como sujeito de direitos culturais equivale a aceitar as estruturas existentes como ponto pacífico e favorecer as maiorias internas. Além disso, a euforia da diversidade étnica conduz a uma ambígua mescla de antirracismo que, em suas formas ideológicas extremas, configura-se como uma cultura da separação, que anula as diferenças no caldeirão da indiferença societária, vindo, no extremo, a criar guetos. À declarada aversão pela unificação e homogeneidade, opõe-se não a ideia da livre convivência, mas a de um mundo de culturas e etnias exaltadas em sua especificidade e separação, que dissolvem aquela hierarquia de valores universais que funda e garante os direitos e deveres recíprocos das pessoas, das associações, da sociedade civil, das autonomias, das comunidades voluntárias, dos autóctones e dos estrangeiros.

O multiculturalismo se apresenta como uma forma de convivência ideal, mas na verdade produz conflitos reais. Enfatizadas enquanto tais, as etnias se exprimem em subculturas e em culturas neotribais e folcloristas, muitas vezes incapazes de conviver e que, pelo contrário, não raro tendem à violência. Daqui também derivam as crescentes violências entre latinos e negros africanos, islâmicos árabes e asiáticos, nativos racistas e várias etnias; a formação de bandos criminosos étnicos; o ressurgimento de um antissemitismo não só fascista e totalitário, mas islâmico agressivo e fundamentalista. Não será esta a paisagem das áreas multiculturais — das metrópoles norte-america-

[2] Richard Sennett, *The Fall of Public Man*, New York: Knopf, 1977.

nas às *banlieues* parisienses e às periferias londrinas — em que ondas de intolerância negam e abatem pela raiz a universalidade do dever do respeito de todos por todos, a civilização dos direitos e das liberdades?

Não é por acaso que intelectuais de direita como Alain de Benoist[3] tenham defendido a primazia do direito de cada etnia individual, chegando à negação explícita e polêmica da universalidade dos direitos do homem. As teorias comunitaristas, nascidas em ambientes anglófonos, principalmente nos Estados Unidos, por obra de intelectuais pertencentes à esquerda pós-marxista, como Alasdair Macintyre[4], chegam a tratar da importância das ligações comunitárias na vida do indivíduo. Essa posição é apresentada contra a concepção do sujeito-pessoa, a qual é tida pelos comunitaristas como politicamente estéril, visto que se refere a um indivíduo independente de qualquer referência a um grupo. Em termos conceituais, o comunitarismo constitui a premissa teórica mais direta em defesa do multiculturalismo, justamente por causa da importância atribuída aos direitos étnicos[5].

Mas cabe dizer que também existe um multiculturalismo moderado, o qual, se frisa a importância do pertencimento a um grupo étnico, mesmo assim atribui primazia aos direitos fundamentais da pessoa. Para outros autores, no entanto, a convivência dos diversos grupos étnicos (regulada por uma substancial equiparação jurídica) não deve ser tutelada por direitos coletivos, pois se acabaria sobrecarregando uma teoria dos direitos moldada sobre sujeitos jurídicos individuais. Nesse sentido, bastaria reconhecer aos titulares dos direitos individuais uma identidade intersubjetiva para conferir aos indivíduos plena titularidade de "direito ao pertencimento cultural", sem precisar recorrer a teses comunitaristas para defender estes últimos. Como quer que seja, o que predomina é um multiculturalismo neocomunitarista que nega a própria existência dos direitos universais[6]. Os neocomunitaristas apontam a irredutibilidade dos interesses comunitários aos individuais e, em todo caso, subordinam os direitos

---

[3] Alain de Benoist *et al.*, *Razzismo e antirazzismo*, Firenze: La Roccia di Erec, 1992.
[4] Alasdair Macintyre, *Ethics and Politics*, Cambridge: Cambridge University Press, 2006.
[5] Michael J. Sandel, *Liberalism and the Limits of Justice*, Cambridge: Cambridge University Press, 1982.
[6] Jürgen Habermas, *L'inclusione dell'altro*, Milano: Feltrinelli, 1998. Ed. bras.: *Inclusão do outro: estudos de teoria política*, São Paulo: Loyola, 2002.

do indivíduo aos do grupo étnico de pertencimento[7]. Há também um multiculturalismo neomercantilista (*corporate multiculturalism*), para o qual as diferenças étnicas são apenas uma nova oportunidade para aumentar a venda de mercadorias. Sob esta perspectiva, as culturas se tornam um bem de consumo semelhante a qualquer outro, enquanto a questão dos direitos étnicos assume um caráter fundamentalmente retórico. Como é evidente, aqui se restaura o homem-mercadoria, consequência paradoxal da condenação moralista da natural compra-venda de mercadorias para as necessidades e desejos dos homens comuns.

## Existem direitos culturais?

Existem direitos culturais nas sociedades democráticas contemporâneas? E, se existem, qual é seu fundamento? Com exceção da hipótese fundada nos requisitos da identidade, os argumentos mais relevantes a favor da existência dos direitos culturais estão relacionados com os valores da liberdade e da igualdade. Outros dizem respeito às convenções entre nações que coabitam no interior do mesmo Estado, e outros ainda que ligam os direitos culturais ao pluralismo e às diversidades como bens em si. Entre os argumentos fundados no valor da liberdade, o direito à cultura é reconhecido como uma expressão do direito mais geral à liberdade. Em suma, cada indivíduo pode escolher os fins melhores para sua própria vida. Naturalmente, esse tipo de escolha só pode se dar quando há uma pluralidade de opções possíveis e o indivíduo tem conhecimento suficiente a respeito delas para poder deliberar. Defender o pluralismo cultural significa defender a autonomia individual e a liberdade de escolha, mas sobretudo as condições que a tornam possível. Uma sociedade que não permite crescer dentro de sua própria cultura é uma sociedade que discrimina duas classes de cidadãos: aqueles que, já tendo nascido num contexto cultural cosmopolita, beneficiam-se de uma continuidade cultural em todo o espaço de sua socialização, e aqueles que não escolheram e estão inevitavelmente condenados a um processo de reaculturação. Obviamente, a

---

[7] Charles Taylor, *Multiculturalism and the Politics of Recognition*, Princeton: Princeton University Press, 1992.

consideração oposta também é legítima: o pertencimento estrito a uma determinada cultura pode comportar um fechamento em relação a uma sociedade e a uma cultura cosmopolita.

Bastariam tais considerações para mostrar como o multiculturalismo é bastante controverso. O axioma da diversidade étnica que está em sua base — segundo o qual todos temos raízes identificadoras de que devemos ter consciência e orgulho, a tal ponto que, se a consciência étnica se debilitasse, seria preciso fortalecê-la por um processo de "culturalização" — comporta problemas enormes. De fato, no âmbito de uma "sociedade multicultural", cada qual pode aceitar o diálogo somente depois de se ter identificado no plano etnocultural. O resultado é que, à espera de uma sociedade de tolerância mútua, o fosso que separa seus cidadãos se aprofunda ainda mais e, ao fim, eles se encontram ainda mais divididos.

Insiste-se muito no fato de que as nossas sociedades seriam mosaicos étnicos, concepção esta que apresenta a coexistência de diferentes identidades como uma novidade. Na verdade, a história humana sempre foi caracterizada por essas coexistências. Por exemplo, na Roma imperial proliferavam etnias diferentes a um grau muito maior do que hoje. A própria globalização não é uma novidade recente, mas um processo secular de trocas com hibridações e imigrações de todos os tipos. Cabe dizer também que o conceito de etnia é bem mais complexo e ambíguo do que o de raça, porque não se baseia, como este último, num determinismo biológico, mas num conjunto de elementos heterogêneos: biológicos, linguísticos, sociais e mesmo aspectos ideológicos. É necessário manter a distinção entre esses fatores complexos porque, como explicou Lévi--Strauss, o "pecado original da antropologia"[8] reside na confusão entre elementos biológicos, sociológicos e psicológicos das culturas, confusão esta que se encontra na origem do "círculo infernal" que conduziu às ideologias racistas. Por essa razão, diversos antropólogos mostram desconfiança em relação ao conceito de etnia, e inclusive consideram recomendável que ele seja superado. A história das doutrinas raciais mostra grandes afinidades entre esse conceito de "linhagem", por meio do qual o chamado "racismo espiritualista" fascista tentou propor uma versão não biológica e mais "apresentável" do racismo.

O multiculturalismo cai numa armadilha conceitual, pois pretende que das divisões, de uma simetria de racismos e da violência

---

8   Claude Lévi-Strauss, *Race et Histoire. Race et Culture*, Paris: Unesco, 2001.

nasça uma sociedade comunitarista. Como disse Amartya Sen[9], a violência é alimentada pela prioridade que se dá a uma pretensa identidade. Essa verdade é demonstrada pela história recente: os recrutas hutus eram arregimentados para exterminar os tútsis com base na alegação de serem hutus, não ruandeses, africanos ou simplesmente seres humanos.

Para além da ideologia e dos preconceitos multiculturalistas, a ideia de identidade não tem em si nada de negativo. Todas as grandes criações da história estão ligadas a grandes afirmações de identidade e a grandes aberturas. São as identidades puras que são falsas, fechadas, retrógradas. Por exemplo, a identidade cultural do homem do Renascimento se caracterizava por tradições extraordinárias, uma criatividade efervescente, contribuições e recuperações culturais das mais diversas, harmonizadas por uma sólida visão e projetadas com ousadia para um fim bem determinado. Uma sociedade vital deve ter uma identidade própria reconhecida, que oriente o desenvolvimento e estabeleça valores e regras de convivência. Somente uma identidade desse tipo, confiante em si mesma, é capaz de se abrir ao outro, de acolhê-lo, respeitá-lo na naturalidade da concorrência, sobretudo no difícil empreendimento de transformar o potencial inimigo em amigo.

A negação dos direitos universais do homem comporta a destruição dos princípios morais e jurídicos que garantem a acolhida e o reconhecimento do estrangeiro no mundo. Inversamente, uma cultura disciplinada por uma legislação de Estado mata a liberdade cultural, cria um clima adverso à busca e à criação. De fato, a busca e a criação vivem de trocas e escolhas individuais, de cooperação e concorrência entre estilos de pensamento e culturas determinadas.

É necessária uma ética que resista ao relativismo e ao multiculturalismo que antepõem a cultura ao pensamento. Não é curioso observar o número crescente de pessoas que, só de ouvir a palavra "pensamento", sacam de sua cultura? Por essa via, o próprio pensamento (valor autêntico do humano) se torna objeto de contestação, para dar lugar a uma ênfase etno-historicista ou culturalista que cava fossos intransponíveis entre povos e grupos. Além disso, a exaltação acrítica de histórias e tradições leva à homologação. Num quadro geral

---

9   Amartya Sen, "Libertà e ragione l'unico passaporto", *Corriere della Sera*, Milano: 2 jan. 2006.

igualitário, insiste-se na existência de múltiplas culturas diferentes, todas elas consideradas igualmente interessantes e representativas de uma identidade, que se chega à desatinada proposta de abolir o estudo de Shakespeare, Aristóteles, Dante, Goethe nas escolas.

Somos um colóquio

A exaltação etnocultural, a desterritorialização e o nomadismo tecnológico são simples álibis diante da obrigação de pensar as responsabilidades e as questões de legitimidade, muito mais importantes e decisivas do que as jurídicas. Sem pensamento, sem ética, perdem-se as hierarquias dos valores. Tudo soçobra no nada. Prevalecem as culturas do ódio a si e aos outros, a guerra contra a tradição, que destrói o húmus e a sabedoria que preparam e estimulam descobertas e inovações. O multiculturalismo, hoje hegemônico em muitas universidades e em locais de poder ocidentais, trouxe de volta à cena uma cultura do ressentimento da qual, ilusoriamente, julgávamo-nos libertados.

Para estender os direitos e os deveres morais, civis, mais pré-políticos do que políticos, aos estrangeiros entre nós (e, diria eu, em nós) é preciso que sejamos pluralistas, que nos inspiremos nos princípios de liberdade e responsabilidade. Para acolher, respeitar, proteger o estrangeiro que bate à nossa porta, precisamos, mais do que de leis positivas, de uma ordem espiritual, de uma civilização moral, de regras de conduta, de uma rigorosa educação permanente. Um país, um território, uma cultura à mercê do ódio, que perde sua própria identidade e sua capacidade de evolução e de descoberta, não saberá, não desejará acolher o estrangeiro. Ama-se o próximo amando-se a si mesmo, permanecendo fiel a si mesmo, com lúcida consciência crítica e autocrítica, com sólidas bases na rocha da universalidade dos direitos. É nessas condições que é possível amar nosso próximo, o estrangeiro.

Mas qual é a relação entre o tema do estrangeiro e do multiculturalismo e o da identidade? É um ponto incontornável. Uma identidade se manifesta, inevitavelmente, num Eu diferente por sua unicidade, não único por sua diferença. Mas o encontro entre identidade e alteridade é tensão contínua, onde a alteridade do Outro corre o risco de ser suprimida para ser reconduzida a uma figura do Si. É nesse sentido que o Outro se torna constitutivo da identidade: uma identidade totalmente interior ao humano, que o atravessa e o marca irremediavelmente numa assimetria abissal entre o Eu e o Outro, que vai além de toda mediação social ou conceitual[10].

A identidade desse Eu encontra o Outro, o estranho. Mas quem é esse Outro estrangeiro se seu *alter ego* se refrata nas múltiplas imagens de um espelho? Como se realiza essa passagem de um Eu vazio e fagocitante a um jogo de ambivalência e estranhamento, que faz aflorar a estranheza que está em nós e que nós mesmos somos diante de nós? Questão bastante intricada, evidentemente, que não pode ser liquidada às pressas. Com efeito, enfrentá-la significa responder à pergunta sobre a natureza do homem, pergunta à qual, porém, é impossível responder, pois permanece sempre aberta.

Minha identidade é uma pluralidade de falantes. Meu pensar-falar se reconhece como pluralidade. "Somos um colóquio", dizia Hölderlin. Um colóquio entre identidades não fechadas, mas abertas ao imprevisivelmente outro. Toda língua, ademais, constitui-nos como uma comunidade. Uma comunidade não de separações abstratas, mas de diferentes modos como cada uma delas vive e interpreta suas próprias relações com as outras. É totalmente impossível pensar a identidade de maneira, por assim dizer, imunitária. A identidade que procuramos é o paradoxal empenho ao qual todos nós — nossa cultura, nossa civilização — somos chamados.

Nessa perpétua interrogação, o que interrogamos?, perguntava-se Agostinho. Interrogamos a nós mesmos, nós que estamos em busca de nossa identidade. Sem dúvida é preciso procurar, pensar nossa identidade. Mas trairíamos nosso compromisso se a pensássemos de modo imunitário. Encontrar nossa identidade significa produzi-la na (e por meio da) linguagem, na (e por meio da) comunidade. *Communitas* é, porém, o oposto de *immunitas*[11]. Não se cria comunidade imunizando-se ao contágio.

A identidade nunca se oferece como verdade definitiva: tal é o sentido de nossa perpétua interrogação. Há sempre uma tensão entre o desejo de saber quem sou e as respostas que me podem ser dadas, amiúde muito diferentes das que eu mesmo posso dar. Há apenas uma possibilidade: manter a interrogação sobre "quem é você?" e "quem é o outro?". Aqui se fecha o horizonte psicológico e ético de um homem diante da

---

10   Jacques Derrida, *La scrittura e la differenza*, Torino: Einaudi, 1971. Ed. bras.: *Escritura e diferença*, São Paulo: Perspectiva, 2005.
11   Roberto Esposito, *Immunitas*, Torino: Einaudi, 2002.

unicidade de outro homem. Essa subjetividade é uma unicidade incerta, frágil, arriscada, exposta ao olhar dos outros: que são sempre outros, com nome e sobrenome. Aqui, estamos nos antípodas não só do solipsismo cartesiano, mas também do individualismo hobbesiano: a filosofia da violência e do domínio sobre o outro que abriu caminho aos totalitarismos, coagulando a violência teórica da ontologia, a violência prática sobre o homem e a intolerância em relação ao diferente[12].

Mas será possível pensar uma relação consigo mesmo que não seja um retorno ao si, uma repatriação em si, uma entrega à ilusão da identidade? Ou seja, será possível um "despertar", um movimento copernicano que recoloque em questão a identidade, para depô-la, como diz Lévinas, como se depõe um rei? Como poderei entrar em relação com o Outro (estrangeiro) que chega de súbito, como um acontecimento inesperado; o Outro, estrangeiro, que bate à minha porta e perturba minha paz doméstica? Serão suficientes as costumeiras retóricas da hospitalidade? O estrangeiro que bateu à minha porta trouxe desordem à minha casa, não por seu gesto, mas pelas ressonâncias infinitas que subvertem minha ordem interior. Seu "rosto" é autossignificância por excelência, é anúncio de minha própria presença, é *páthos de uma distância* que se faz proximidade, embora proximidade inacessível[13]. O estrangeiro é acontecimento traumático, irrupção concreta de uma presença outra constituída pelos Outros, inacessíveis, separados e distantes como o próprio Invisível. A hospitalidade implica a reciprocidade de um *dià-logos* que existe apenas enquanto é diálogo de ambos com um Terceiro que jamais aparecerá como tal. Assim, não só os "amigos" são ambos estrangeiros, como também cada um deles se define em sua relação com o Estrangeiro[14]. Essa relação — que é sempre também *pòlemos* — pode adquirir um sentido comum somente sob a condição de não se tornar indiferença ou tolerância banal. Nenhum "nós", nenhum "copertencimento", nenhuma *communitas*, poderá ocorrer a não ser entre aqueles que "amam se afastar, se separar". É esta a única declinação possível do elo de hospitalidade, do vínculo de acolhida daquele que é realmente estrangeiro e que, de todo modo, permanece inalcançável. O *scandalon* que o estrangeiro exprime é um dom, um motivo inesgotável de inter-

---

12   Emmanuel Lévinas, *Totalità e infinito*, Milano: Jaca Book, 1983.
13   *Ibidem*.
14   Massimo Cacciari, *L'Arcipelago*, Milano: Adelphi, 1997.

rogação e doação de sentido. O Outro é um enigma que me solicita e recoloca em questão meu pensar. No encontro com aquele "tu" ímpar e assimétrico, o Outro que sobrevém não está ao alcance. Ele vai ao encontro do eu como diferença irredutível.

É por isso que uma identidade concebida como descoberta da própria *immunitas* individual destrói a identidade, pois ela só pode ser alcançada pela relação com o outro, o diferente, o estrangeiro. Se, pelo contrário, for concebida como algo que me defende e me protege da relação com o outro, então serei falado — como dizia Jacques Lacan[15] — pelas opiniões, sonhos, pesadelos de meu universo social, pelas diversas línguas, pelos diversos idiomas. Portanto, a tentativa de construir minha identidade de modo imunitário me levará à deriva, também psíquica. Por que também psíquica? Sim, porque não se constrói uma relação com a obrigação de ficar junto com outra pessoa. Construo algo junto porque desejo, penso, falo e sou falado. Não preciso sair de mim para estar junto: já estou junto. *Cogito ergo sumus*, poderíamos dizer. No sentido de que já reside em nós uma *societas interiore*, como relação com o outro. Nós mesmos somos uma relação, dentro da qual moram e falam outros. É evidente que essas vozes em nós, assim como entre nós, podem se entender mal, podem polemizar, entrar em conflito. O jogo da identidade não é uma comédia: é um drama, porque o outro *está* em mim[16]. Um drama que se desenvolve em mim, muito antes em minha *societas interiore* do que na relação com os outros: os outros cujas tensões e contradições percebo. Identidade é, pois, hospedar os diversos nós que somos: nós hospedeiros de outras pessoas, hospedeiros dos outros que habitam em nós.

Nossas cidades, nossos países, onde hospedamos outros que são estrangeiros para nós, são perpassados por conflitos. É também por meio desses mesmos conflitos que produzimos arduamente nossa identidade, que é a forma que conseguimos dar aos outros que hospedamos. Sem dúvida, pode ocorrer o restabelecimento de um colóquio entre esses outros, mas também pode ocorrer que esse colóquio fracasse e nossa *societas interiore* exploda. Pois bem, nossa identidade é o efeito dessas diversidades[17]. O que acontece entre nós é a projeção do

---

15    Jacques Lacan, "Funzione e campo della parola e del linguaggio in psicanalisi", in: *Scritti*, v. I, Torino: Einaudi, 2002.
16    Massimo Cacciari, *Il potere che frena*, Milano: Adelphi, 2013.
17    Idem, *Geofilosofia dell'Europa*, Milano: Adelphi, 2003.

que acontece continuamente em nós. Se não conseguirmos construir uma *societas* em nós, como poderemos construí-la entre nós? Como poderemos dar forma a nossas relações, se percebemos essa tensão em nós apenas como sofrimento, se não conseguimos dar forma a esse contradizer-se dos diversos e distintos em nós? Que *communitas* poderemos criar se não formos capazes de nos conceber como hospedeiros de distintos e diversos?

Está aqui todo o drama que temos diante de nós. O *hospes* pode se transformar a qualquer momento em *hostis*. Evidencia-o a própria língua: *hostis-hospes* eram, originalmente, a mesma palavra. Apenas mais tarde se diferenciaram. Quando a contradição se torna insolúvel, a tensão se transfigura em violência. Trata-se de um perigo sempre em aberto. Ninguém pode se considerar imune a esse risco. Sem a consciência de nosso ser com o outro em nós, o outro nos parecerá hostil. Nós nos sentiremos invadidos por inimigos, inseguros, vulneráveis, inquietos. E, inevitavelmente, voltaremos a pedir tutela e proteção. Se não formos capazes de compor o contraste, deixando que as diversas vozes se exprimam; se a busca de uma identidade própria reduzir a multiplicidade das vozes a uma só, muito bem, então, essa *reductio ad unun* gerará a "doença" que, inevitavelmente, irá se projetar fora de nós, na sociedade exterior. Irá, assim, desejar uma língua só (a sua), um idioma só (o seu), uma raça só (a sua). A pluralidade não será lei do mundo: será sofrimento e, enquanto tal, tentará a todo custo eliminá-la.

Se essa problemática aflorava e reaflorava no mundo antigo, no mundo moderno e contemporâneo tem sido violentamente marginalizada pela idolatria do Uno. No entanto, a exigência de repensar nossa identidade como hospedeira de distintos, de estrangeiros, está à porta de nossa casa, muito próxima de nós. Quantas vozes habitam em nós, e que não compreendemos, não conseguimos entender? Todavia, essas zonas de sombra também formam nossa identidade. A posição de certa psicanálise contemporânea que tenta unificar o que é distinto é falaciosa. As zonas de sombra devem ser compostas (não resolvidas ou negadas) com as outras vozes, mesmo quando isso pode significar não as compreender. A ideia de continuarmos estrangeiros a nós próprios, mesmo no esforço de nos conhecermos, é a única possibilidade restante. Em nós permanece, incoercível, uma sensação de inquietante estranheza.

## Reconhecer-se estrangeiro

Reconhecer-se estrangeiro é o caminho que está mais próximo de nós. Nossas religiões nascem com um pai, Abraão, que define a terra onde vive não como um residente ali domiciliado, não como um cidadão provido de todos os direitos políticos e civis, mas como *meteco* (diriam os gregos), aquele que reside em caráter precário e peregrino. O Abraão que está em viagem, não o Abraão que chegou. Testemunha disso é toda a tradição judaico-cristã[18]. Nossa identidade não pode possuir um local só seu. Jamais teremos uma identidade pura. Devemos procurá-la e, nesse percurso, habitar em diversos lugares. Sem jamais poder dizer: esta terra é nossa. Porque jamais terra nenhuma pode ser nossa. Tal é a essência de nossas tradições religiosas. Nossa casa hospeda infinitas vozes e contradições. É uma casa aberta ao estrangeiro porque estrangeiro é Abraão. Ele é estrangeiro até mesmo na terra prometida, onde finalmente chegou. Não é *xenofilia*. Não é o anseio ingênuo de reconhecer e amar todos os estrangeiros que somos. Não, é pretender não sermos anulados num idioma universal. É tentar conhecermos o estrangeiro, pois somente conhecendo sua diversidade poderemos fundar uma *communitas*. Não existem atalhos éticos ou falso-moralistas, mas apenas um caminho exigente, que deve ser seguido até o fim. Não sabemos sequer se algum dia o alcançaremos. Agostinho dizia que nossa natureza é a interrogação. E acrescentava: não amo o coração daqueles que dizem "encontrei"; amo o coração daqueles que dizem "procuro Deus, não o encontrei e ainda continuo a procurá-lo".

O que resta da identidade, a essa altura do percurso? Resta, talvez, a procura de uma verdade não prepotente, uma verdade que acolha o múltiplo numa longa viagem. Esse múltiplo não é relativismo indiferente, mas um diálogo que se torna tão mais autêntico quão mais evidentes são as diferenças: diferenças necessárias, que nos individualizam e são a premissa para uma inversão da dependência e da heteronomia em autonomia absoluta.

Nossa identidade, precisamos procurá-la. Mas, se realmente procurarmos, iremos encontrá-la em nós por meio de todos os estrangeiros que somos, tentando compor as dissonâncias, evitando naufragar na busca de unidades abstratas, o que ocorreria sobretudo se se negasse aquela lei do mundo que Arendt dizia ser a lei da pluralidade.

---

18   *Idem*, *La città*, Firenze: Pazzini, 2009.

# O alto-mar aberto

*A ruína do mundo será a saciedade de homens entediados.*
GÓMEZ D'AVILA

*Ensinar não é encher um vaso, mas acender um fogo.*
TEOFRASTO

Não herdamos o mundo de nossos pais, nós o tomamos emprestado de nossos filhos. Se, a partir da Antiguidade, a transmissão dos conhecimentos e dos valores fundamentais garantiu o desenvolvimento de uma sociedade, essa tradição milenar hoje está muito debilitada devido a tensões históricas e sociais inéditas. A educação se converteu em meio para o poder exercer sua superioridade sobre os cidadãos. Há outras fases históricas em que a tradição da *humanitas* ou da *paideia* se ofuscou, se enfraqueceu ou até se interrompeu. Na Roma antiga, por exemplo, esse obscurecimento levou ao abandono dos modelos da escola clássica, seguido de uma mudança radical que eliminou o latim como língua oral popular e, de modo mais geral, sucedeu-se um clima de grave imobilismo e regressão social. Quando a educação é funcional numa estrutura social, é extremamente difícil mudá-la sem minar as bases da própria sociedade ou abalar sua estabilidade.

No plano histórico, foi o Iluminismo que fez prevalecer uma visão progressista da educação sobre a visão conservadora da tradição. Desde então, para os reformadores e revolucionários de todas as épocas, a educação se torna um instrumento decisivo de transformação social. Embora as instituições educacionais ainda tenham garantido por muito tempo a transmissão de valores tradicionais, a longo prazo predomina a nova visão da educação a serviço da mudança social.

Nas sociedades tradicionais, um elemento notável na transmissão era o papel das categorias etárias e a educação se desenvolvia seguindo dois percursos. O primeiro consistia numa iniciação, uma cerimônia ritual cujos participantes deviam passar por algumas provas, referentes aos conhecimentos e experiências adequadas à idade e à identidade de gênero. As crianças e os jovens eram tidos como portadores de determinados poderes, os quais, porém, extinguiam-se com o matrimônio e a velhice. Nessas sociedades, se aos menores cabia o papel de intermediários com o "sobrenatural", aos jovens cabia animar os jogos e organizar as festas, mas também ser depositários da honra viril, defensores dos usos e costumes campestres, paladinos da comunidade contra inimigos e estranhos. Era na ação ou, melhor dizendo, na preparação da ação que o mais jovem recebia do menos jovem (não raro, seu irmão mais velho, de idade mais próxima à dele) os conhecimentos necessários: os valores a respeitar, os jogos, as músicas, as histórias, as atitudes espontâneas e outras coisas mais. Era assim que o mais jovem aprendia a desenvolver, além da memória, a imaginação, a voz e os gestos, a coragem, a força e a destreza.

Nessa época da vida, a educação não antecedia a ação. Tampouco a preparava. A própria educação era, em si, ação. Aprendia-se antes o papel de jovem solteiro, depois o de adulto casado, por meio de outra cerimônia de iniciação: o matrimônio. A cada categoria correspondia um conjunto de conhecimentos e regras de conduta. A educação se prolongava pela vida toda, e cada mudança etária exigia uma espécie de reeducação. Alguns aspectos dessa concepção sobreviverão entre os humanistas renascentistas do século XV e se propagarão na história posterior como formas de resistência à tentativa modernista de limitar a formação do adulto a um curto período da vida.

Se a primeira forma de educação é a idade funcional, a segunda é a associação entre coetâneos. Na verdade, passava-se o dia inteiro com os coetâneos. Não havia nenhuma barreira — em casa, no trabalho, no espaço social das ruas e das praças, das igrejas ou por ocasião de festas e jogos — a separar crianças e jovens dos adultos. Por muitos séculos, foi assim que se deu a transmissão do saber. Na Baixa Idade Média, as coisas mudam. Esse tipo dc educação é substituído pela ideia e pela prática do aprendizado. Crianças e jovens aprendem a fazer as coisas ajudando os adultos. Todos os rapazes, pertencentes ou não à nobreza ou a uma classe humilde, tão logo adquiriam autonomia física, eram confiados pela família natural a uma outra família ou a mestres que lhes ensinariam a futura profissão. É o caso do menino trabalhando como aprendiz na oficina de um mestre ou do pequeno clérigo passando a fazer parte da "casa" de um bispo ou de um cônego. Tratava-se de um aprendizado que abrangia dois níveis de atividade: o primeiro, uma aprendizagem direta, aplicada às técnicas das profissões (à qual não faltavam severos castigos aplicados pelos mestres); o segundo, um serviço que o aprendiz desenvolvia a exemplo de um autêntico servo, em papéis domésticos posteriormente confiados a assalariados. Por muito tempo, o serviço foi o eixo de sustentação de uma educação não escolar. Não porque a escola tivesse desaparecido — continuava a existir à sombra das catedrais. Mas era, acima de tudo, uma escola latina técnica, para uso dos futuros clérigos. Também neste caso o estudante era um aprendiz, servo do cônego que provia a suas necessidades e o encaminhava para a escola. De modo não muito diferente, o menino de uma família da nobreza entrava como pajem na casa de um senhor, a quem seguia na guerra, na caça e nos torneios.

Somente entre os séculos XVII e XVIII, e mais difusamente no século XIX, o aprendizado veio a se limitar às crianças que não frequentavam a escola, utilizadas nas fábricas não como aprendizes, mas como pequenos operários com determinadas funções limitadas. A ideia de que a educação podia se dar sem passar *tout court* pela oficina ou pela fábrica provoca uma mudança radical, que se insere na própria organização da educação-transmissão. A desconfiança em relação ao aprendizado irrompe como uma novidade absoluta. No século XVII, de fato, a escola era considerada, sobretudo entre a nobreza, um lugar inútil nas mãos dos pedantes. O cortesão, ainda modelo de civilização, empenhava-se em disfarçar que frequentara algum estabelecimento de ensino e em mostrar que as boas maneiras e as coisas mais importantes da vida não se aprendem na escola.

Nos séculos XIX e XX, a organização da educação passa por uma fase de profunda mudança. A formação dos jovens se estende para além da sociedade, num espaço reservado — a escola — que substitui o aprendizado com os adultos e entre os adultos. A escolarização da juventude se torna uma longa etapa de aculturação para uma sociedade que passa da transmissão oral à escrita. Se oralidade e escrita se misturaram durante toda a Idade Média e a Idade Moderna, com o Iluminismo e até o período contemporâneo é a escrita que vem a predominar sobre os outros meios tradicionais de comunicação. É a secularização que dirige esse processo de aculturação, progressivamente ganhando terreno até chegar às legislações impondo a obrigatoriedade do ensino primário.

Depois da Segunda Guerra Mundial, o processo se difunde rapidamente em todos os países industrializados. Realiza-se uma verdadeira "explosão do ensino". A expansão é tão ampla que levou muitas pessoas a indagarem se não foi precisamente a secularização que provocou a crise da condição juvenil e a inadequação da juventude em conviver na sociedade dos adultos; ou se esse processo não teria derivado da influência da Reforma e da Contrarreforma no século XVI. Tais dúvidas são plausíveis. Tratava-se ainda de uma população alimentada por superstições à qual se ensinava uma religião institucional: não era simples que homens de razão e religião conseguissem estabelecer ordem e moral. Daí parte a longa marcha da secularização, que hoje atingiu sua máxima difusão e, ao mesmo tempo, seus maiores fracassos.

Para muitos sociólogos, alcançou-se a secularização por meio do desmantelamento da família tradicional em favor dos poderes públicos. Ariès[1], o estudioso mais conhecido das relações geracionais, afirmou que, no intuito de prepará-los para o futuro e para os perigos da vida adulta, crianças e jovens foram encerrados em escolas e colégios, pela mesma vontade de ordem, disciplina e moral que leva a confinar vagabundos e doentes mentais em hospitais psiquiátricos. Hoje, devido às transformações da família nuclear moderna e à diminuição dos nascimentos, a formação escolar é programada. Se a família patriarcal não conseguia mais garantir a socialização das crianças, a família contemporânea concentra em si todas as funções de socialização e educação outrora garantidas pela comunidade, delegando à escola funções claramente determinadas.

Quanto aos múltiplos efeitos da massificação do ensino e dos processos midiáticos da cultura de massa, a escolarização pública parece ignorar não só as questões de sentido, mas também a importância da aprendizagem — como mostra um número cada vez maior de evidências científicas —, fortemente solicitada por processos ligados às emoções. Como se não bastassem séculos de arte e literatura, no âmbito científico invocam-se com frequência pensadores como Spinoza, o qual apontava que os sentimentos e as emoções têm grande incidência sobre o comportamento humano[2]. Hoje, também graças às novas metodologias no estudo do cérebro, conhecemos melhor a natureza das emoções e seu papel em nossa racionalidade. Diversos neurocientistas relançaram a teoria spinozista segundo a qual o pensamento está encarnado no corpo, atribuindo a ele uma função determinante na formação da mente[3].

---

1 Phillipe Ariès, *Padri e figli nell'Europa medioevale e moderna*, Roma-Bari: Laterza, 1981. Ed. bras.: *História social da criança e da família*, São Paulo: LTC, 1981.

2 Benedictus de Spinoza, *Etica*, Milano: Bompiani, 2007. Ed. bras.: *Ética*, Belo Horizonte: Autêntica, 2009.

3 Humberto Maturana; Francisco Varela, *Autopoiesi e cognizione*, Veneza: Marsilio, 1985.

Ora, se é verdade que, ao longo dos milênios, a mente humana acumulou informações e conhecimentos mediante uma enorme quantidade de decisões racionais, é igualmente verdade que a maioria das decisões se baseava numa lógica natural, cujas regras se mostraram evolutivamente vantajosas. Emoções, risco, imprevisibilidade e incerteza acompanham constantemente nossas condutas racionais. Nos anos 1950, Herbert A. Simon apresentou o conceito de "racionalidade limitada", segundo o qual um indivíduo, devido a seus limites cognitivos, adota esquemas simplificados na resolução dos problemas[4]. Além do mais, nossas ações são fortemente condicionadas por representações distorcidas do risco, que tornam improvável que se tenha uma resposta otimizada. Nesse sentido, a racionalidade não é um dado psicológico imediato, mas um exercício complexo que se obtém (e se mantém) somente com determinados custos psicológicos. Por mais paradoxal que possa parecer, portanto, a racionalidade não é uma faculdade típica de nossa espécie. Típica de nossa espécie seria, se tanto, a capacidade de identificar certas contradições, analisá-las, controlá-las e eventualmente rejeitá-las.

O exercício da racionalidade nos obriga a reconhecer nossos limites, a conhecer melhor as geografias acidentadas, a elaborar novas teorias, a melhorar os nossos juízos, a duvidar de nossas percepções imediatas. Com efeito, estes não são atos por meio dos quais atribuímos significados novos à nossa vida. É nosso corpo, é nosso olhar que explora e confere um passado ao presente e nos orienta em direção ao futuro. Uma percepção não é apenas uma atividade de invenção: ela reevoca e renova em nós fragmentos de vida distante. Aliás, o presente nem existiria se a percepção não guardasse em si um passado, se não o contivesse de alguma maneira em si mesma. Uma percepção não faz a síntese de um objeto, nem o recebe passivamente, ao contrário do que os empiristas afirmaram por muito tempo. A unidade do objeto aparece com o tempo, e o tempo escapa assim que se o recupera.

> Graças ao tempo, certamente tenho uma apreensão e uma retomada das experiências anteriores nas experiências posteriores, mas de maneira nenhuma uma posse absoluta de mim por mim mesmo, visto que o abismo do futuro se preenche sempre de um novo presente[5].

---

4   Herbert A. Simon, *Reason in Human Affairs*, Stanford: Stanford University Press, 1983.
5   Maurice Merleau-Ponty, *Fenomenologia della percezione*, Milano: Il Saggiatore, 1965, p. 278. Ed. bras.: *Fenomenologia da percepção*, São Paulo: WMF Martins Fontes, 2006.

Essas considerações se referem de perto à aprendizagem, que vem profundamente entretecida com os sentimentos de amor, ódio, lembrança, expectativa e esperança. Sem memória não há afetos. Não há remorso. Não há pessoa. Há apenas o nada. Nossos progenitores pensavam que a memória residia perto do coração, local em que, desde sempre, poetas e cantores acreditam ser a morada da alma. *Apprendre par coeur, learn by heart, hafiza a'nzahri kalb, decorar* são apenas alguns exemplos mostrando que muitas línguas designam o "aprender de memória" como "aprender com o coração". Tudo isso parece ter desaparecido do ensino contemporâneo.

No entanto, o homem é sempre o mesmo. Inclusive na época do progresso e da técnica. Com o desencantamento do mundo, o homem não precisa mais de Deus ou da magia. Ele racionalizou a civilização, tornou-a artificial. Verdade. Mas perguntemo-nos: é feliz? Ou, pelo menos, está satisfeito com a vida que leva? A vida do indivíduo civilizado,

> [...] inserida no progresso, no infinito, não pode, por seu próprio significado imanente, ter nenhum término. Abraão ou qualquer camponês dos tempos antigos morria "velho e saciado da vida" porque se encontrava no âmbito da vida orgânica, porque sua vida, mesmo em seu significado, ao ocaso de sua jornada trouxera-lhe o que lhe podia oferecer, porque não lhe restavam enigmas a serem resolvidos e, assim, ele podia sentir que já tivera "o suficiente". Mas um homem que veio a se civilizar, que participa do enriquecimento da civilização com ideias, conhecimentos e problemas, pode ficar "cansado da vida", mas não saciado [...] a morte, para ele, é um acontecimento absurdo. E sendo a morte destituída de sentido, igualmente o é a vida civil enquanto tal, na medida em que, precisamente com essa sua "progressividade" absurda, faz da morte um absurdo[6].

Weber enxergou claramente como a racionalização do mundo, gerada pelo progresso e técnica modernos, imporia seu preço: a perda dos valores que orientam e justificam as ações do homem. O homem moderno não pode mais se sentir saciado de vida. Tampouco parece capaz de encontrar sentido para suas ações. Sem dúvida tornou-se poderoso, a ponto de dobrar e submeter a natureza à sua vontade. Mas esse mesmo gesto o lançou no absurdo. Não conhece mais o porquê de seu

---

6   Max Weber, *La scienza come professione*, Torino: Einaudi, 2004, pp. 20-1.

agir e seu viver. O porquê não tem resposta ou, como disse Nietzsche, a resposta é o niilismo, "o mais inquietante dos hóspedes". O sentido de precariedade e de angústia não só não foi contido, mas a ele se somaram os sentimentos de incerteza e de aguda inexistência de direção. O niilismo é um hóspede fixo de nossos tempos, que se apoderou do homem, provocando nele um senso de inquietante inadaptação. É o mesmo sentimento que levou Pascal a dizer: "abismado na imensidão dos espaços que ignoro e que me ignoram, assusto-me".

### A "alegre casa" da *paideia*

Na longa história da educação, o modelo mais antigo e talvez mais fecundo é a *paideia*. Formada na melhor fase da democracia grega antiga, essa primeira expressão do humanismo pedagógico considerava o homem não como simples organismo biológico, mas como ser espiritual e social que, emancipado de sua condição natural, realiza a forma de humanidade que a pólis indica como ideal do cidadão. Aqui tem origem a concepção da educação como cultura. O homem se realiza somente na tensão rumo ao ideal. Seu desenvolvimento é uma construção consciente, marcada pelos valores mais altos da humanidade.

A *paideia* parte da ideia do homem como imagem universal da espécie, não do homem concreto. A educação dá concretude a essa ideia. Na origem, a *paideia* era uma educação técnica que preparava o menino para a vida. Somente mais tarde virá a designar aquele ideal de perfeição humana que nos chega através das artes, das letras e da ciência. Cabia um papel pedagógico ao aedo homérico, o qual transmitia a memória e a tradição poética pela oralidade rítmica (cantava "o que era, o que é e o que será"). Naquele período da história grega, não existiam instituições de ensino: assim, era tarefa precípua da pólis a *paideia* dos cidadãos, que se desenrolava diretamente nas assembleias, no teatro, nos banquetes, nos ritos religiosos.

O estilo de vida da aristocracia grega é cunhado segundo um ideal agonístico. Não basta apenas sentir-se como "o primeiro": é preciso sê-lo. A ação honrosa reforça e realiza o desejo de glória. Honroso é aquele que não poupa esforços, que não recua diante do risco, que supera todos os demais no exercício das qualidades mentais e físicas, aplicando-as ao limite. A bússola do agir é a honra, que ele busca desafiando o perigo, a cada vez, com o ânimo sereno de quem aguarda a melhor ocasião de dar (e mostrar) o máximo de si. Um herói busca a fama e a honra acima de qualquer outra coisa.

O fim da educação é, portanto, alcançar a *areté*, a virtude de se distinguir e se sobressair em todas as esferas e circunstâncias da vida: uma disposição de ânimo voltada para o bem, um modo de ser que transforma o homem em herói. Não por acaso, a cifra da mensagem homérica é a emulação dos heróis. A função educativa do poeta é imortalizar o herói: o *epos* como eixo de sustentação da *paideia*. As figuras típicas do educador são o sábio centauro Quíron e o velho preceptor Fênice, ambos mestres de Aquiles. "Fui eu que te fiz o que és", diz Fênice a Aquiles.

A missão educativa de Sócrates está encerrada numa pergunta moral, que é ao mesmo tempo uma descoberta e uma resposta à incerteza de seu tempo. Uma pergunta que exprime uma dúvida e não espera respostas. Ao exclamar que "só sei que nada sei", Sócrates estigmatiza as certezas ingênuas do homem moralmente desavisado. Dedica-se integralmente à busca de uma resolução moral, mesmo quando, para derrotar a sofística, repõe em discussão a própria existência de seu círculo. Para Sócrates, uma pergunta é muito mais importante do que uma resposta. Com efeito, pode-se responder a uma pergunta com aquilo que está implícito na própria pergunta. E não só. Uma pergunta não é um instrumento para dominar, humilhar ou confundir o interlocutor, para depois exibir a própria sabedoria. A pergunta é um meio de superar a esterilidade de um saber exterior, de reconhecer a indigência de seu próprio saber, sobretudo em relação à finalidade última da vida.

> A antiga compreensão do sentido que apenas Deus conhece e governa, sendo portanto inacessível ao homem apenas com suas próprias forças, tal como se exprime na tragédia, é o saber iluminista restrito exclusivamente aos meios, sem o sentido global[7].

O projeto educacional de Sócrates é geral, mas dinâmico e aberto. A sabedoria socrática é uma *filo-sofia*, não uma *sofia*. Sobre o bem, por exemplo, ele não tem respostas à mão. Tem somente perguntas. Por isso, tenta suscitar as mesmas perguntas nos outros. Mudar significa retornar às perguntas. Assim, se a pergunta versa sobre o bem último, então

---

7   Jan Patocka, *Socrate. Lezioni di filosofia antica*, Milano: Rusconi, 1999, p. 25.

é necessário que se tenha uma conversão radical, que obrigue a voltar sobre si mesmo para se acercar da sabedoria, do bem, da verdade.

> Com esse despertar da pergunta nos outros, Sócrates muda os outros [...], convida todos os que o seguem e o escutam a deixar de se preocuparem com o que é relativo e exterior e a cuidar realmente de si mesmos. Assim exorta a cuidarem de si, a cuidarem da cura da alma. Desses cuidados dedicados à cura da alma, desse ofício interior, depende a ação exterior, isto é, a política. O despertar moral, quando se realiza, não pode deixar de ter consequências sobre ela. Porém, o êxito do despertar da alma não é tão simples como o ensino de um ofício ou da matemática, em que a arte ou o saber são simplesmente transmitidos de um homem a outro, de uma alma a outra. Assim, em vez de fazer uma pregação pré-pronta, Sócrates sugere e opera a cura da alma. E como toda alma é cooperante e corresponsável neste processo, Sócrates, à diferença de um político ambicioso, também é apenas corresponsável, e não é culpa sua se a cidade, à qual desejava servir com seu despertar moral, um dia vier a se revoltar contra ele[8].

O que move a cura da alma é o *eros*, termo que Platão utiliza para descrever a relação afetiva entre Sócrates e seus discípulos. Apesar de muitas interpretações tortuosas, o *eros* socrático não é amor ao corpo, mas amor à alma e a sua beleza. O cuidado com a alma é o *punctum crucis* de uma reforma moral como exortação à vida consciente, encorajamento ao viver dirigido a si mesmo. Ela nasce de uma subversão que "desestabiliza" a opinião comum, por uma pergunta que não visa ao não saber, mas consiste em saber que não se sabe e, portanto, é a consciência dos próprios limites cognoscíveis. É isso que gera a humildade, a força que impulsiona a vida humana rumo a sua finalidade última. A exortação socrática ao cuidado da alma é uma tensão em direção ao bem que, embora muitas vezes oculto na sombra, está vivo e presente no homem. Essa relação com o bem é uma relação consigo mesmo, com os outros e com o divino nas diversas formas da virtude: sabedoria, temperança, justiça, fortaleza, piedade. Sócrates exorta à renúncia dos fins imediatos e de tudo o que se apresenta como vantagem imediata na vida. O simples juízo moral diante das atitudes mesquinhas, covardes, sórdidas, já é em si um projeto de vida. É preciso examinar a si mesmo, ser conscien-

---

8  *Ibidem*, pp. 350-1.

te. Mas isso pressupõe um nível mais alto de vida, ou seja, a exortação à consciência de si é o caminho para a criação de uma vida autêntica.

Na escola renascentista, os princípios da autonomia da razão e da vontade constituem a herança fundamental da *paideia*: justamente, seu "renascimento". Aqui o indivíduo reafirma a si mesmo como artífice de seu destino, árbitro de seu mundo, microcosmo que pode conhecer tudo, contra qualquer princípio de autoridade. Ele pode dominar tudo porque tem em si o universo. Se o homem, para Aristóteles, pode chegar ao divino, para Marsilio Ficino ele pode ultrapassar todas as fronteiras. Em Dante, é o ardor "que se torna um especialista do mundo". Contudo, a *humanitas*, isto é, a personalidade autônoma, não é dada *a priori*: é preciso chegar a ela por meio dos valores da educação. Na época renascentista, como evidencia a contínua criação de instituições de ensino em todos os níveis, a educação desempenha um papel central. É célebre a escola de Vittorino da Feltre, a "alegre casa", cujo frontão de entrada trazia a seguinte inscrição: "Vinde, meninos, aqui se instrui, não se atormenta". Foi essa extraordinária atmosfera cultural que fez do Renascimento o reino da pedagogia utópica, da descoberta de inéditos horizontes de formação e de existência, fora do tempo e do espaço, a que remete o próprio termo "utopia".

A educação utópica de Rabelais, que tomou forma na abadia de Thélème, é a encruzilhada luminosa da civilização renascentista, o triunfo (na liberdade) do ideal educativo da liberdade. Em Thélème vigora uma única regra: "faze o que quiseres", numa nobre emulação entre homens livres e instruídos. Aquele grandioso programa de estudos admitia todas as formas de exercícios físicos, todos os gêneros de habilidades manuais e técnicas, todas as ciências teóricas e práticas, as artes, os prazeres, os divertimentos da vida. Uma utopia fundada na diversão, na alegria, na hilaridade, porque, como diz Rabelais, "rir é próprio do homem". Uma utopia, enfim, que traz em si as ideias e aspirações do humanismo renascentista como herança seminal, ponte lançada em direção ao futuro, que inspira uma permanente inovação educacional.

## A educação com as raízes no céu

No "Shemá Israel", a prece mais ouvida da liturgia hebraica, os pais são intimados a ensinar a palavra de Deus aos filhos. Se a responsabilidade da educação dos adultos era, na época bíblica, confiada aos sacerdotes e aos levitas (havia também escolas que transmitiam as tradições proféticas), no judaísmo pós-bíblico o rabino era fundamentalmente um mestre da Torá oral. A introdução de um sistema educacional para as crianças, transferindo parcialmente as responsabilidades dos pais para professores profissionais, remonta ao século I da era corrente. Muitos judeus simples mantiveram um bom nível de instrução na língua e na cultura hebraica. Com pouco mais de três anos, as crianças podiam começar os cursos elementares bíblico-talmúdicos, muitas vezes ministrados na sinagoga ou na casa de um professor particular, e mais tarde nas escolas talmúdicas (*yeshivot*), onde os estudantes estudavam da puberdade aos vinte anos, até ingressarem, numa entrada festiva e solene (*bar mitzvah*), na vida adulta responsável. O local de estudo era a própria sinagoga (*Beth ha-Midrash*).

No período moderno, as comunidades judaicas dedicam recursos e energias crescentes à educação. A ignorância é considerada deplorável. Segundo a tradição oral, um anjo ensina a Torá à criança ainda no ventre, e depois, antes do nascimento, o anjo lhe toca os lábios para que ela a esqueça: é assim que a palavra de Deus se torna memória espiritual. Mas é toda a tradição hebraica que ressalta a importância das decisões e ações cotidianas dos pais na educação para a vida na comunidade. Além disso, a educação como dever precípuo dos pais em relação aos filhos já comparece na profissão de fé "Shemá Israel" recitada na vida cotidiana: "Ouve, Israel: o Eterno é nosso Deus, o Eterno é Uno", a que se segue o preceito:

> Amarás o Eterno teu Deus com todo o coração, com toda a alma e com todas as tuas forças. As coisas que te ordeno hoje manterás em teu coração. Repetirás a teus filhos e discorrerás sobre elas ao estares em casa, ao andares pelo caminho, ao te deitares e ao te levantares; atá-las-á como sinal em tua mão e te serão o frontal entre os olhos. E irás escrevê-las nos umbrais de tua casa e sobre as portas de tua cidade[9].

Nas práticas educacionais, a fé e a identidade judaica emulam o exemplo de Deus. Ao revelar a Torá a Moisés, Ele não responde com Sua voz, mas "com uma voz"[10], adaptando-se à capacidade de compreensão do profeta. Do mesmo modo, a essência da educação, na tradição talmúdica, consiste nos ensinamentos do pai adaptados à capacidade de com-

---

9   Deuteronômio, 6, 4-9.
10  Êxodo, 19, 19.

preensão do filho. A adaptação do ensinamento das regras da Torá aos filhos está na origem dos argumentos rabínicos sobre os quatro filhos de índoles diferentes, cada qual com sua personalíssima capacidade de compreensão, na *Hagadah do Pessach* (texto da vida hebraica que é lido na noite de Pessach, no Sêder, o jantar ritual, com a participação das crianças). Os sábios chamam à responsabilidade cada geração em relação ao seguinte: "quem aprende a Torá sem ensiná-la, diz-se, é como um mirto no deserto". Negligenciar a transmissão da Torá significaria pôr em risco o próprio bem-estar da comunidade.

> Onde não há crianças a aprender, não há alunos; onde não há alunos, não há Sábios; e onde não há Sábios, não há Anciães, e onde não há Anciães, não há Profetas, e onde não há Profetas, Deus não permite sequer pousar sobre eles sua *Shechinah* (isto é, a imanência de Deus, em seu vínculo com o povo de Israel)[11].

Ora, que a educação é um fator crucial para a própria existência do povo judaico, evidencia-se nas incessantes recomendações e advertências solenes sobre sua absoluta necessidade.

> Jerusalém foi destruída somente porque os meninos eram mantidos longe do ensino. O mundo é preservado somente pelo alento dos meninos que vão à escola. Não se impedem os alunos de frequentar as aulas, nem mesmo para construir o Santuário. Toda cidade em que não haja meninos frequentando a escola vem a ser destruída[12].

No ensinamento da Bíblia, dá-se absoluta precedência às perguntas dos alunos. Além disso, para promover o conhecimento da Torá e do Talmude, fomentam-se verdadeiras disputas com (e entre) os alunos, perguntando e respondendo, ouvindo e aprendendo, ensinando e praticando. As coisas, hoje, não mudaram muito. Nas escolas rabínicas (*yeshivot*), com essa prática caracterizada por uma fervorosa animação, há a discussão, a participação, a interação livre e dinâmica entre professores e alunos e, enfim, entre os próprios alunos.

Apesar do papel educacional central dos pais, a referência ao quinto mandamento "honrarás pai e mãe" torna explícito o juízo sobre a

---

11  *Pirkei Avot*, 10, 12.
12  *Shabat*, 119b.

absoluta insuficiência do parentesco apenas biológico. A literatura talmúdica, tanto a do *Midrash* quanto a rabínica, frisa a importância da reciprocidade dos deveres: dos pais em relação aos filhos e dos filhos em relação aos pais. O termo *kavód* (respeito, estima, admiração e reverência) esclarece o sentido do quinto mandamento: o destinatário pode ser tanto Deus quanto uma pessoa individual. Embora muitas vezes essa palavra seja traduzida, segundo o contexto, por "honra", "respeito", "glória", seu significado original é "peso", entendido no sentido de um dever de reconhecimento. Na literatura bíblica, o amor aos outros e a justiça são motivos de honra. Uma conduta eticamente inspirada ou que tenta corresponder a seus preceitos torna o indivíduo merecedor de estima. É a ética que conduz ao amor pela justiça, que presta honra e louvor a Deus, o qual, por Sua vez, se compraz em honrar aquele que O honra.

> Pode-se observar como a Bíblia, ao pregar o respeito e a honra que se devem aos genitores, associa e utiliza um termo que normalmente é empregado para indicar o ânimo que aquele que prega normalmente reserva a Deus, reconhecendo sua inefabilidade e a completa alteridade em relação a si[13].

Entre seus múltiplos significados, o termo *kavód* também exprime o senso de respeito para com o outro, quem quer que seja. O tratado *Pirkei Avot* diz: "seja-te cara a honra de teu próximo como se fosse a tua" (II, 10), ou "seja-te cara a honra de teu aluno como a tua, a honra de teu companheiro como o respeito por teu mestre, e o respeito por teu mestre como o respeito que nutres pelo Céu" (IV, 12). Igualmente significativo, no mesmo tratado, Ben Zomà diz: "Quem é digno de respeito? Aquele que respeita as criaturas" (IV, 1). Interpretando a Bíblia, os mestres repetem que se deve prestar "honra", isto é, respeito e proteção, à criação inteira. Mas honra e respeito devem ser sempre oferecidos, jamais pretendidos. Os antigos rabinos advertem contra a busca desenfreada da honra, pois ela conduz o homem para fora do mundo: a honra sempre foge de quem a persegue.

A insistência ética sobre o mandamento divino deriva do juízo quanto à insuficiência da filiação biológica, mas mostra ao mesmo tempo como é problemática a transmissão e renovação de um sistema de vida

---

[13] Giuseppe Laras; Chiara Saraceno, *Onora il padre e la madre*, Bologna: Il Mulino, 2010, p. 14.

sustentado por exigências éticas tão intensas. Todavia, é precisamente essa relação conflituosa entre pais e filhos, natural e amiúde áspera, que ressalta o caráter exemplar da relação entre as gerações no âmbito do judaísmo. A figura de Deus é o terceiro elemento, constitutivo e paritário (ao lado dos pais) no nascimento do homem. A autoridade dos pais é limitada pelas regras ético-religiosas da Torá. Não pode ser absoluta, prepotente e irracional. Nem mesmo o dever de respeito e de obediência em relação aos pais é absoluto. Um filho pode e deve se recusar a obedecer a um pedido dos pais contrário às normas éticas ou religiosas.

> No patrimônio ético do judaísmo, frisa-se um dever específico e preciso, que recai sobre os genitores, como contrapeso do direito à obediência filial. Esse dever encontra expressão nas firmes e severas recomendações aos pais para que nunca coloquem um filho, sobretudo se já estiver em idade adulta, na condição de reagir de modo desobediente e violento a uma ordem deles, seja ela legítima ou não, porque, neste caso, a responsabilidade pela eventual reação negativa do filho cabe a eles mesmos. A relação pais-filhos requer de ambas as partes um forte senso de responsabilidade e equilíbrio, com a consciência de que essa ligação recíproca, mesmo em sua beleza e unicidade, ainda assim é frágil e delicada, merecendo, portanto, ser tratada e vivida com grande atenção[14].

> A relação pais-filhos como um dos pilares da existência do mundo fica surpreendentemente evidente na esperança messiânica expressa pelo profeta Malaquias. "Eis que vos enviarei o profeta Elias antes que chegue o grande e terrível dia do Senhor. E reconduzirei o coração dos pais aos filhos e o coração dos filhos aos pais, para que, chegando, não precise golpear a terra com a destruição"[15].

Um pressuposto da transmissão geracional, de pai a filho ou de professor a aluno, no interior da família e da comunidade, é a existência de professores (*talmid chacham*) cujas virtudes todo homem deve buscar. Se não conseguir, deve encorajar os filhos e os membros da sua família a fazê-lo. A posição de um *talmid chacham* era de indiscutível primazia não só na época talmúdica, mas em todos os tempos. Gozavam de

---

14   *Ibidem*, p. 76.
15   Malaquias, 4, 5-6.

direitos especiais em todas as esferas: nas relações sociais e também na visão geral do mundo. Muitas vezes, faziam parte das classes políticas da sociedade, visto que os líderes da comunidade eram escolhidos entre eles. Contudo, a classe dos *talmid chacham*, formada pelos mais capazes do povo, nunca foi uma elite fechada. Com efeito, eles mesmos solicitavam que todos avançassem nos estudos da Torá. Não existia nenhum obstáculo externo impedindo que outros viessem a integrar sua classe, a não ser a vontade e a determinação, que obviamente dependem da natureza e da capacidade de cada um.

Adin Steinsaltz, eminente talmudista, de profunda cultura científica, conhecido por sua monumental tradução comentada do Talmude em hebraico moderno[16], mostrou como a maioria dos *talmid chacham* eram indivíduos de extração humilde que ascenderam à grandeza com suas próprias forças. Em suma, qualquer um podia se tornar um *talmid chacham*. Quem ingressava nessa classe social passava a fazer parte de uma aristocracia puramente intelectual. No entanto, para a concepção hebraica, o talento intelectual não basta.

> De fato, não é suficiente que o *talmid chacham* seja agudo e erudito; ele deve ser, antes de mais nada, humano, uma pessoa que exprime suas qualidades espirituais e morais em todos os seus comportamentos e em todas as suas ações. Aquele cujas ações não sejam condizentes com suas convicções, seja porque sua moral não está acima de qualquer suspeita ou porque não é escrupuloso na observância das *mitzvoth*, não pode ser efetivamente considerado um *talmid chacham* e é pior do que qualquer ignorante[17].

Para sê-lo, um mestre não deve apenas pregar bem: deve sobretudo observar uma conduta rigorosa e coerente. Somente ela determina a entrada ou a saída da esfera dos *talmid chacham*. Em cada ato e em cada palavra, o mestre deve corresponder à Torá. Uma conduta imoral acarretaria o fim do amor por parte da comunidade e, ao mesmo tempo, o mais agudo e aberto desprezo.

> Assim, o título de *talmid chacham* não é simplesmente intelectual, mas diz respeito à personalidade completa do homem, que deve ser

---

16  Adin Steinsaltz, *Cos'è il Talmud,* Firenze: Giuntina, 2004.
17  *Ibidem*, p. 333.

um exemplo e uma personificação da Torá. Tudo isso está na base da convicção segundo a qual é possível aprender com cada ação e cada palavra dos *talmid chacham*, em tudo o que fazem, ou seja, quem alcança o nível de *chacham* é digno de servir como mestre para a coletividade, seja pelo que ensina em público, seja pelo que faz na esfera privada[18].

As características e requisitos indispensáveis para um *talmid chacham* são extremamente rigorosos e o nível de exigência, muito elevado. Mestre não é quem estudou, mas quem encarna a Torá. Sua honra é a honra da própria Torá. Com efeito, é-lhe exigido: "honra teu Mestre como honras Aquele que está no Céu". O estudo do Talmude é o caminho para o indivíduo se tornar, na íntegra, protagonista de Seu processo de criação.

> Um verdadeiro *talmid chacham* sempre é parte do Talmude, cria-o sempre, tanto nas partes que estuda quanto nas partes em que inova. Requer-se de todo estudioso da Torá que não se limite a estudá-la, mas que sempre renove sua interpretação. Essa capacidade de inovação é, ela mesma, capacidade de perceber a obra originária em toda a sua profundidade e de dar-lhe prosseguimento[19].

### Raízes errantes

Em *L'ebreo errante* [O judeu errante], Elie Wiesel relembra, comovido, a figura pungente de um mestre, um originalíssimo mestre.

> Ninguém sabia seu nome nem sua idade, talvez nem tivesse. Não queria ouvir falar daquilo que geralmente define um homem ou, pelo menos, o identifica. Com seu comportamento, seu saber, suas tomadas de posição múltiplas e contraditórias, pretendia encarnar o desconhecido, o incerto: com a cabeça nas nuvens, servia-se de sua ciência para obscurecer a clareza, qualquer que fosse, de onde viesse. Gostava de deslocar os pontos fixos, isto é, de destruir o que

---

18   *Ibidem*, pp. 333-4.
19   *Ibidem*, p. 337.

parecia sólido: censurava Deus por ter inventado o universo. De onde vinha? Quais tinham sido suas alegrias, seus temores? O que procurava alcançar, esquecer?[20].

Um mestre, misterioso e fascinante, que evoca perguntas de obscura clareza, sem pedir respostas; que semeia e cuida (fazendo-se cuidar); que procura, fazendo-se procurar e lembrar para sempre.

Falava de si mesmo apenas para desorientar: sim e não se equivaliam, o bem e o mal andavam na mesma direção. Construía e demolia suas teorias num átimo, usando os mesmos meios. Quanto mais se o escutava, menos se sabia sobre sua vida, sobre seu mundo. Possuía o poder sobre-humano de recriar seu passado. Inspirava medo. E também admiração, sem dúvida. Dizíamos a seu respeito: "É uma pessoa perigosa, sabe coisas demais". Agradava-lhe que disséssemos isso. Queria ser só, estranho, inacessível[21].

O mestre aparece e desaparece de súbito, sem deixar vestígios. Apresenta-se em prestigiosas universidades e, depois de despertar risos e escárnio por causa de seu aspecto maltrapilho, fascina e emociona a plateia com seu prodigioso discurso, sem jamais conceder nada à retórica. Conhece trinta línguas, antigas e modernas, inclusive o hindi e o húngaro. Fala um francês puríssimo e um inglês perfeito. Seu iídiche se adapta à pronúncia do interlocutor. Recita de cor os Vedas e o Zohar. Estrangeiro de raízes errantes, sentia-se em casa em qualquer lugar.

Wiesel o encontra pela primeira vez numa sinagoga em Paris. Fica impressionado com o aspecto, os modos e a agudeza de seu discurso. Era a primeira vez, lembra Wiesel, e já pertencia a ele, já lhe confiava minha vontade. Ele falava — prossegue Wiesel — e eu só podia admirar a vastidão de seus conhecimentos, a riqueza de seus pensamentos. Suas palavras eliminavam todas as distâncias, todos os obstáculos. Não tinha começo nem fim. A voz rouca e desagradável lembrava ao Criador os mistérios e derrotas de sua criação. No final da conversa, emocionado, Wiesel quis lhe apertar a mão. Que bonito!, exclama num impulso. Mas o mestre, quase fora de si, replica com desprezo: Quando entenderás que uma resposta bonita não passa de uma ilusão? O

---

20   Elie Wiesel, *L'ebreo errante*, Firenze: La Giuntina, 1983, p. 99.
21   *Ibidem*, p. 102.

homem é assim, persegue o que o inquieta, não o que o tranquiliza. Quando entenderás — ele pergunta — que vives e procuras no erro, porque Deus significa movimento e não explicação?

> Lera todas as obras importantes ou singulares, penetrara todos os segredos, visitara todos os países; sentia-se em casa em toda parte e em lugar nenhum. Ninguém sabia onde morava, do que vivia. Chamavam-no Rabino e nem sequer sabiam se era praticante. Não reconhecia nenhuma lei, nenhuma autoridade, nem a da comunidade, nem a do indivíduo: submetia-se à vontade divina? Mistério aqui também. Os anos não haviam marcado seu corpo nem seu cérebro, não envelhecia. Continuava igual a si mesmo, desafiando a imaginação, provocando o tempo[22].

Wiesel viveu por anos em sua lenda. Contavam-se mil histórias sobre ele. Wiesel o procurou em todas as partes, desesperadamente, sem encontrá-lo jamais. Queria pedir para ficar com ele, para segui-lo a toda parte, a todo custo. Terminada a guerra, desaparecidos todos os mestres, volta a procurá-lo na pequena sinagoga de Paris. Respondem-lhe, ironicamente, para ter paciência. Mais cedo ou mais tarde, voltará. Ninguém sabe dizer quando. Mas certamente voltará. Ele sempre volta.

> Sim, o judeu errante era ele. Estava ainda na França? Acreditava-se que estava aqui, e já estava em outro lugar, sempre outro lugar, na Índia, no Marrocos, em Katmandu, no coração do deserto ou no alto do mar: como saber? Com ele, as certezas se desfaziam em pó[23].

Um dia, inesperadamente, a caminho de sua aula para um grupo de jovens sobreviventes dos campos de concentração poloneses e húngaros, reencontra-o. O mestre decide seguir Wiesel, seu antigo discípulo, até a aula. É um homem livre, ademais. Vai aonde quer. Quando quiser. Com quem quiser. Antes de terminar a aula, ele toma a palavra, despertando inevitavelmente os risos e o escárnio dos jovens, devido à sua aparência desmazelada. De pronto, atrai e prende magneticamente a atenção da sala, dispersando como areia ao vento todo o saber talmúdico exibido por Wiesel. Mostra-lhe impiedosamente que não entende-

---

22  *Ibidem*, p. 105.
23  *Ibidem*, p. 107.

ra nada daqueles salmos que também conhecia de cor. Sugere, ao invés disso, que faça as mais diversas perguntas sobre os mais variados temas. Seu ódio por tudo o que é repetitivo não podia ser mais evidente.

> Esse jogo retórico se tornou uma experiência inesquecível. A Bíblia, o Midrash, o Zohar: as perguntas choviam de todas as partes. Alguns, para levar a experiência ao absurdo, interrogavam-no sobre a política internacional, sobre a bomba atômica [...]. Enfeitiçados, nós o escutávamos, o cérebro em chamas, retendo a respiração, transformados, transportados para um universo estranho, onde seres e objetos se desvelavam, onde tudo estava interligado e tendia para um absoluto, qualquer que fosse, e onde, pela simples força da palavra e de nuance, o homem descobria o poder e o dever de dissipar o caos que precede e amiúde se segue a toda criação, de lhe impor um sentido, um devir. De repente, cada um de nós se apercebeu que todos aqueles temas, enunciados ao acaso, a esmo, como por diversão, estavam, na verdade, ligados a um centro, à mesma fonte de luz[24].

Depois ele desaparece de novo. Wiesel procurou o mestre incansavelmente, por longos anos. Um dia, veio a saber que tivera outros discípulos, entre os quais Emmanuel Lévinas. As últimas notícias diziam que estava em Montevidéu, ainda guardião de seu segredo.

> Ninguém sabia o que o levava a subverter tantos ânimos e quais eram as potências que desafiava. Onde aparecia, as pessoas paravam de falar, recolhiam-se a si mesmas e os corações angustiados começavam a bater com violência, como que diante de alguém que soubesse por que vivemos e por que morremos[25].

Como moscas na garrafa

De geração em geração, o caso judaico é um elevadíssimo exemplo de experiência educativa e formativa. Sua força consiste não só na transmissão de verdades, mas sobretudo na plena aceitação do fato de que o

---

24   *Ibidem*, p. 111.
25   *Ibidem*.

conhecimento também é composto de formas de aprendizado tácitas e inconscientes, que poderiam parecer insignificantes, mas que concentram o foco sobre a vida[26]. Coisas que transcendem não só nossas capacidades lógicas restritas, mas nossa própria capacidade de compreensão.

A aprendizagem que elimina qualquer horizonte de sentido é uma solução pobre aos desafios do conhecimento. Seus modelos e representações simplistas são estáticos demais para permitir que se vislumbrem suas arquiteturas imprevisíveis. Sem a relação com o mistério, o mundo descrito pelas práticas educativas corriqueiras não passa de um leve véu sobre o desconhecido. Jamais ficaremos satisfeitos com nossa vida (intelectual, moral ou espiritual), a menos que sejamos capazes de responder ao desafio e ao fascínio das potências do próprio tempo. Responder, com efeito, significa dar vida a uma ideia, fazê-la acontecer, comunicá-la. Mas somente as ideias vivas podem ser comunicadas. E é sempre um mestre, inevitavelmente, quem faz com que nasça uma ideia, quem ressalta sua importância, quem nos faz estabelecer uma unidade com ela. Apenas a profundidade atrai profundidade. "Os problemas da vida são insolúveis à superfície e só podem ser resolvidos na profundidade. Nas dimensões da superfície, são insolúveis"[27].

Superfície e profundidade são níveis distintos da vida, assim como são distintos os níveis da linguagem. O conformismo da cultura de massa, por sua vez, impede o crescimento da personalidade, a qual, afinal, é a capacidade de visão, a intuição, a irreverência, as qualidades, as atitudes interiores. Ela tende a liquidar o homem interior, ao esvaziar seu espírito. O homem só pode ser alcançado quando se chega a suas cordas interiores, ali onde ele é mais inseguro e é mais dolorosa a incompletude. A educação do caráter só pode ser realizada na profundidade, ou seja, cultivando o espírito, e não apenas a mente, sem pretender eliminar a distância entre o eu e o mundo. Existem muitas coisas além do eu, de seus interesses e necessidades. Mais cedo ou mais tarde, todos se encontram diante das perguntas cruciais da vida: Como posso reconduzir minha vida ao sentido último? Por que existo? Qual é a finalidade última da minha existência? Como quero ser lembrado?

Uma educação concebida como mera instrução banaliza inevitavelmente o homem. Sem liberdade e responsabilidade, sem elevação cultu-

---

[26] Abraham Joshua Heschel, *Dio alla ricerca dell'uomo*, Roma: Borla, 2006.
[27] Ludwig Wittgenstein, *Osservazioni filosofiche,* Torino: Einaudi, 1998, p. 45. Ed. bras.: *Investigações filosóficas*, Rio de Janeiro: Vozes, 2005.

ral e espiritual, sem abertura à transcendência, fracassa miseravelmente. Não basta saber que as coisas estão de tal ou tal maneira. Cada um de nós sabe muito mais do que entende, sente mais do que é capaz de dizer. Há inúmeras coisas que não sabemos dizer com palavras. A premissa de todo ato inteligente é a consciência sobre os limites de nossa linguagem, sobre nossa incapacidade de dizermos o que sentimos. Em suma, há em nossos modos habituais de pensar tantos mal-entendidos arraigados que nem sequer notamos. É a imaginação que desperta aqueles contragolpes que nos põem em condição de pensar, de ver e agir além do mero horizonte da linguagem. Mas isso não basta. É preciso ter visão aguçada para captar os problemas subjacentes aos equívocos da linguagem. Cuidado, porém! Os erros inerentes à linguagem não devem ser considerados no sentido comum. Na linguagem e em nossos modos habituais de pensar há inúmeras zonas de sombra que não são raras nem insólitas, mas simples e comuns. Se assim não fosse, por que seria o novo e o surpreendente a despertarem nossa atenção e, inversamente, o constante e corriqueiro a nos suscitarem os reflexos cansados do hábito? O conhecimento exige o esforço da clareza. Não para a solução de um problema, mas para o desaparecimento do problema. Eliminar o equívoco significa, de fato, remover o fundamento do problema: o qual, justamente, não se resolve, mas desaparece, assim como ocorre com as moscas na célebre imagem de Wittgenstein, às quais é preciso mostrar o caminho para sair da garrafa.

Uma tarefa essencial do ensino é deslindar os problemas reformulando o que já era conhecido, procurando um paradigma profundo do significado, uma visão de conjunto das estruturas que unem as margens irregulares das coisas. Conhecer é lançar luz sobre essas relações, captar a complexidade dos nexos intermediários, desenhar a imagem de uma forma de vida. É aqui que a linguagem se faz corporeidade, palavra encarnada que transcende sua própria encarnação, transfigurando-se numa dimensão ulterior. Em nosso vocabulário, um grande número de verbos que se referem a processos e atividades concretas e corporais encontra correspondência em outros tantos verbos que se referem a atividades incorpóreas: querer, decidir, compreender.

A filosofia e as políticas da educação hoje predominantes são fundadas sobre o pressuposto de que o homem deve ser considerado em termos de interesses e necessidades. Quase como se o universo existisse por si, para satisfazer a nosso eu. Isso, porém, significa não colocar perguntas à mente, ao corpo. Significa, acima de tudo, considerar secundários todos os esforços intelectuais e morais.

Todas as necessidades são unilaterais. Quando temos fome, precisamos de alimento, mas o alimento não precisa ser consumido. As coisas belas atraem nossa mente, sentimos a necessidade de percebê-las, mas elas não sentem a necessidade de nos perceber. Nessa unilateralidade está aprisionada a maior parte de nossa existência. Tente-se analisar a mente de uma pessoa normal e se verá que ela é dominada pelo esforço de recortar a realidade à medida do eu, como se o mundo existisse com a finalidade de satisfazer ao eu de uma pessoa. [...] exige-se de nós alguma coisa, existem objetivos que têm necessidade de nós [...], fins e "valores" que têm necessidade de nós[28].

### *Bildung*: a esperança traída

Totalmente diferentes são o sentido e a história da *Bildung*, universo educacional que, mesmo numa sequência articulada e numa combinação histórica dos paradigmas, assume um papel crucial para a cultura europeia e mundial. O termo *Bildung*, do verbo *bilden* ("formar") e do substantivo *Bild* ("imagem") remete a uma formação como construção harmoniosa da pessoa humana. Na origem, está relacionado com a formação à imagem de Deus, presente no pensamento do Mestre Eckhart (a tradução alemã do *Imago Dei* da Vulgata, por sua vez tradução de Jerônimo da expressão hebraica original *Tzellem Elohim*). Na teologia de Eckhart, o *Ego sum Lux Mundi* de João[29] se expressa numa poética do abandono em que o ser humano se despede do mundo, dos objetos, até do próprio eu, para ascender a uma dimensão ético-religiosa: é um ideal que se tornará o paradigma da formação do homem por toda a Idade Média alemã e virá a se desenvolver na obra de Johann Tauler e Heinrich Seuse.

A concepção da *Bildung* retorna com a Reforma luterana, para se irradiar no pietismo e na sociedade barroca de Leibniz, que a coloca numa ordem de sabedoria e justiça, amor e liberdade. Leibniz atribui posição central à *pietas* cristã que, com a *ratio* e a *curiositas*, constitui no tempo uma constelação de valores que não só resiste às diversas guinadas histórico-conceituais da *Bildung*, como também se enriquece em termos teóricos com absoluto e natureza, mística religiosa e conheci-

---

28  Abraham Joshua Heschel, *op. cit.*, p. 84.
29  Evangelho segundo São João, 8, 12.

mento científico, ética e estética. Com o tempo, porém, as esferas do conhecimento, da formação, da educação e da cultura — junto com uma multiplicidade de interesses naturais, artísticos e sociais — são absorvidas no conceito de *Kultur*. Mesmo em meio a descontinuidades e rupturas, a *Kultur* é um momento de síntese entre *paideia* (grega clássica), *humanitas* (latina) e *caritas* (cristã-medieval). Com efeito, ela absorve os influxos do ideal urbano do humanismo, da civilização do Renascimento europeu e, por meio da música barroca de Bach, dos conhecimentos esotéricos seiscentistas, da incipiente ciência moderna e do neo-humanismo alemão que se desenvolve entre os séculos XVIII e XIX.

No século XVII, o avanço inicial da burguesia mercantil da Europa setentrional e a afirmação das artes liberais e das primeiras tecnologias modernas produzem uma mudança radical no horizonte cultural. O advento do Iluminismo impulsiona uma *Kultur* como razão universal, instrumento de educação necessário para a formação de todos os homens. A *Bildung* se torna um dos instrumentos que conferem nova identidade e dignidade à ascensão social. Com o declínio da mística medieval originária, a *Bildung* iluminista enaltece o valor da autonomia subjetiva do homem. É ela, de fato, e não a tradição religiosa ou nacional, que confere singularidade ao indivíduo, como resultado de uma autoformação obtida por meio do estudo, da reflexão pessoal, da capacidade crítica, do cultivo: valores ideais de emancipação burguesa autorregulada, fundados numa ordem moral, na vida disciplinada e na responsabilidade cívica.

Na cultura alemã, é esta atmosfera cultural que serve de pano de fundo para o contraste entre *Kultur* (expressão autêntica da subjetividade humana) e *Zivilisation* (convenção de normas cristalizadas e de valores vazios) contra o qual Friedrich Nietzsche e Thomas Mann lançarão suas duras críticas. Uma das causas dessa separação é justamente a *Bildung*. Se no Iluminismo alemão cabe à razão a tarefa de libertar o homem da superstição e da dependência religiosa, no horizonte da *Bildung* a educação do indivíduo deve refletir a educação do gênero humano: o homem, de fato, resume o universo em si, e a humanidade é uma alegoria do divino. Se com Herder e Humboldt a *Bildung* se coloca na linha de uma *Humanitäts-philosophie*, com as influências iluministas, o pedagogismo rousseauniano e a ética kantiana recupera-se o valor do sentimento como valor distintivo da natureza humana. A cultura e a espiritualidade românticas determinam o primado da *Harmonias*, de grande influência sobre a *Bildung*, até promover uma visão da formação harmoniosa do homem, que funde a singularidade e a totalidade, o homem e a humanidade, o finito e o infinito.

A liberdade do espírito, valor ideal da *Bildung*, marca profundamente a obra de Goethe, Novalis, Hölderlin, Schiller, Schlegel, Schleiermacher. Em especial, a poética goethiana absorve as dimensões da natureza, da utopia e da "cosmicidade", introduzindo na "província pedagógica" o horizonte da viagem interior e utópica. Se Schleiermacher exorta o homem a ir ao encontro do mistério (divino) de sua alma, Schiller apresenta o homem à beleza, convidando-o a ouvir seu eco interior. A época áurea da cultura alemã, com suas culminâncias poéticas, literárias e musicais, contribui para a abertura da sociedade e a queda de muitas paliçadas culturais e psicológicas. Contudo, a afirmação de uma nova burguesia, filistina e conformista, provoca uma nítida guinada na filosofia da *Bildung*. Ao contrário da burguesia esclarecida, sensível e intelectualmente vivaz, esta deflagra uma tendência nacionalista insidiosa, que leva ao gradual abandono dos temas e dos sentimentos harmoniosos da interioridade. Surge uma nova necessidade de converter a formação e a educação na aprendizagem de técnicas e funções, que desemboca na pedagogia da *Schulung*: uma didática da obediência a regras exteriores e a uma respeitabilidade pequeno-burguesa, formada pelo simples treino, pela mera instrução, pelo exercício e pela doutrinação.

Os efeitos desse processo são dramáticos. O *Volk* substitui o *Geist*: assim, o nacionalismo prevalece sobre o humanismo, a especialização sobre a harmonia, a aprendizagem sobre a formação, o trabalho sobre a vocação. Família, educação dos filhos, vida social, vida cotidiana são submetidas às exigências do poder e da técnica. A *Bildung* neo-humanista da filosofia, da literatura e da arte chega ao fim e, com ela, os eixos de sustentação da grande cultura do Iluminismo e do romantismo alemães. Esse processo será favorecido pelo sistema hegeliano, visando à integração da formação do homem no rígido sistema de uma filosofia que, de um lado, elimina o neo-humanismo e, de outro lado, confina a pessoa a papéis previstos por uma rígida organização estatal.

Uma ulterior transformação ocorrerá na segunda metade do século XIX, quando o positivismo vem a anular todas as marcas do *Gefühle* (sentimento) típico da época de Goethe, nivelando o conhecimento humano pelos saberes técnicos e científicos. O anseio pelo infinito é substituído pelo desejo de descobrir as leis da natureza. O método da explicação científica prevalece sobre a cultura da interpretação elaborada por Schleiermacher em sua hermenêutica. A *Bildung* sofre mais uma mudança radical. Torna-se outra coisa. A experiência vivida (*Erlebnis*) e a experiência criadora (*Erfahrung*) serão deixadas de lado, em favor de um experimentalismo exasperado que abre caminho para uma atomização do homem, em que se espelha o niilismo dos valores e dos métodos educacionais concebidos na exaltação da mera aprendizagem.

## A noite do niilismo

Ao contrário da *Bildung*, a *Zivilisation* tem um papel decisivo na preparação do terreno para a secularização moderna e a educação generalizada, como na seleção social, na organização burocrática e técnica da sociedade. As políticas educacionais e de ensino técnico plasmam tudo. À formação clássica (o estudo da filosofia, das línguas antigas, da história, da literatura), cujos principais valores consistiam na construção da harmonia do homem, em sua interioridade e profundidade espiritual, prefere-se uma instrução técnico-científica enormemente distante da *Bildung*. A nova cultura educacional do século xx transforma o pensamento em função e a ação em objetivo imediato, por meio de uma especialização e departamentalização do ensino e da aprendizagem, segundo os baluartes do chamado reformismo pedagógico: os critérios da seletividade, da estratificação social, da especificação funcional e da prestação especial[30].

A contradição é insanável e, em muitos aspectos, paradoxal. De fato, por um lado, a *Bildung* perde as características vitais de humanismo universal, transformando-se numa aprendizagem técnica que esteriliza a cultura idealista alemã, sob muitos aspectos tornando-a, com a nazificação do sistema escolar alemão, cúmplice da abominação nazista; por outro lado, a defesa e a reelaboração da *Bildung* clássica é confiada a um grupo de intelectuais judeo-alemães. Pensadores como Adorno e Horkheimer, Benjamin e Arendt, Scheler e Simmel, Buber e Rosenzweig, Cassirer e Stein, mesmo com sensibilidades diferentes, criticam a modernidade defendendo a humanidade do homem individual, exaltando aquele "princípio da formação" que a cultura alemã clássica designara com o termo *Bildung*. Por meio de uma complexa trama filosófica e crítica, mas com determinação ética, muitos filósofos judeo-alemães, nos anos mais obscuros e dramáticos para seu pró-

---

30  Niklas Luhmann; Karl-Eberhard Schorr, *Il sistema educativo*, Roma: Armando, 1998, p. 266.

prio direito à existência, projetam luzes intensas nas trevas do horror niilista, utilizando, precisamente, os temas clássicos da *Bildung*. Por outro lado, a emancipação judaica na Alemanha ocorrera sob o signo da *Bildung*: a mesma ocorrência que a revolução nacional-socialista se empenhara em anular, devido aos brotos de liberdade e de fecundidade dialógica que trazia em si.

Enquanto os pensadores judeo-alemães, na tentativa de definir uma *Bildung* própria e específica, faziam um feliz casamento entre filosofia clássica alemã e judaísmo, o *Mein Kampf*, a Kristallnacht, a Conferência de Wannsee (onde se planeja a *Shoá*, a solução final da questão judaica) projetam suas sombras sinistras sobre o destino da *Bildung* que encontrara na esplêndida tradução da Bíblia para o alemão, feita por Buber e Rosenzweig, um elevadíssimo exemplo de reciprocidade, em que se viam os judeus ingressando no universo cultural germânico e os alemães ingressando no universo cultural judaico. Essa harmonização se realiza porque o humanismo da *Bildung* assume na raiz o mistério da transcendência (também como antídoto aos riscos ao quais a modernidade expõe o sujeito), e também porque no fundamento desse humanismo está a formação como caminho para a autenticidade do ser humano.

Os judeo-alemães emancipados encontraram na *Bildung* o caminho para a formação do caráter, a educação moral, a busca da harmonia interior. Na visão de Goethe, a *Bildung* é também *Um-bildung*, isto é, processo de (trans)formação contínua do ser humano. Walter Benjamin vai além. Num texto de juventude, ele discorre sobre três jovens amigos que se lançam em busca da religião, cada qual procurando seu próprio caminho educacional num difícil percurso existencial. O mistério tem como pano de fundo a *Bildung*. Sobre a formação do homem, a ofuscante luz ultraterrena, a potência de um mundo maravilhoso constroem um relevo indefinido, que cada um pode conhecer escalando os picos dos montes, ao esplendor do sol[31].

Theodor W. Adorno afirmou que o direito do Estado anteposto aos homens individuais prepara o caminho para o horror. O horror em que pensa Adorno tem os contornos inconfundíveis de Auschwitz. As páginas de *Educação depois de Auschwitz*[32] são alimentadas, como

---

[31] Anna Kaiser, *Introduzione a la bildung ebraico-tedesca del novecentos*, Milano: Bompiani, 1999, pp. 80-1.
[32] Theodor W. Adorno, "L'educazione dopo Auschwitz", *Parole chiave. Modelli critici*, Milano: Sugarco Edizioni, 1974. Ed. bras.: "Educação depois de Auschwitz", *Educação e emancipação*, Trad. Wolfgand Léo Maar, Rio de Janeiro: Paz e Terra, 1995.

um imperativo ético, pela busca de um modelo educacional que possa impedir qualquer possível sinal do "princípio de Auschwitz". A constatação de que a civilização europeia produziu o horror em seu próprio interior leva-o a dizer que, se

> [...] a barbárie também encontra seu fundamento no princípio de civilização, então ele possui algo de desesperado, contra o qual devemos nos insurgir. [...] É imperioso que os homens se desvencilhem da investida contra o exterior, na ausência de qualquer reflexão sobre si mesmos. A educação teria um sentido geral apenas se fosse uma educação para a autorreflexão crítica. [...] A única verdadeira força contra o princípio de Auschwitz poderia ser a autonomia, se me é lícito empregar a expressão kantiana, isto é, a força que leva à reflexão, à autodeterminação, ao não fazer o que fazem os outros[33].

É necessária uma iluminação universal que institua um clima espiritual, cultural e social que previna e rechace qualquer reiteração do horror. Em Martin Buber, a imagem do educador inspirado nos valores da *Bildung* apresenta um aspecto fundamental. A liberdade destituída de rumo, afirma Buber, lança uma sombra sobre a eternidade e a idolatria do coletivo aniquila a vocação pessoal. Palavras proféticas! Logo mais, a metamorfose anti-humanista, anti-iluminista e antiética da *Bildung*, na cultura e na opinião pública alemãs, entregará o ensino ao poder nazista. As virtudes sociais da sinceridade e da cultura, da liberdade e da tolerância, serão anuladas: representam barreiras resistentes demais para a afirmação de um projeto de ódio, de aniquilação, de morte. Numa forma histórica diferente, esse fenômeno se repetirá no totalitarismo soviético, onde uma mescla de instrução técnico-ideológica e de idolatria ao poder absoluto produzirá efeitos terríveis de escravidão e terror, com uma devastação antropológica atingindo gerações inteiras.

Hannah Arendt, a principal estudiosa das dinâmicas revolucionárias e totalitárias, captou agudamente essas invariantes em todas as sociedades e sistemas de instrução pública. Arendt vê na importância que todas as utopias políticas atribuem à instrução a intenção de quem pretende construir um mundo novo partindo das bases mais maleáveis. Ao invés de escolher a via da persuasão (expondo-se assim ao risco do fracasso), o poder totalitário intervém de modo autoritário, na convic-

---

33   *Ibidem*, pp. 122-4.

ção da superioridade absoluta de suas razões e na tentativa de "produzir" o novo como fato consumado. Naturalmente, sendo improvável uma "educação" dos adultos (essa palavra, em política, soa mal), todas as tiranias revolucionárias tentam criar novas condições começando pelas crianças. Por isso, uma vez assumido o poder, os filhos são tirados aos pais para serem doutrinados. Na verdade, tornando-se tutor apenas formalmente, o poder lhes proíbe o acesso à política ativa. A educação é somente o pretexto: o objetivo real é uma coerção sem uso da força[34].

Arendt lança luz sobre as motivações de uma pedagogia tão abrangente quanto afastada dos conteúdos e argumentos.

> A pedagogia e o corpo docente podem ter a função perniciosa apenas em virtude de uma certa teoria da aprendizagem [...]. Trata-se de um conceito que o mundo moderno sustenta há séculos, e que no pragmatismo erigiu em sistema: segundo tal postulado, portanto, pode-se conhecer e entender apenas aquilo que se fez. Aplicado à instrução, isso significa, em termos óbvios e rudimentares, que o aprender vem substituído ao máximo possível pelo fazer [...]. A intenção deliberada não é ensinar um conhecimento, mas inculcar uma técnica[35].

## Fora do formigueiro pós-humano

Um dia, Albert Einstein disse que a instrução é o que permanece depois de se esquecerem as coisas aprendidas na escola. O que mais importa é treinar a mente, cultivar as capacidades criativas. O grande físico e pensador dizia que não deveria ser a escola a ensinar diretamente competências e especificidades a serem empregadas na vida. As circunstâncias e as exigências da vida são multiformes demais para treinamentos especializados. Não só. O mais discutível é tratar um indivíduo como um instrumento passivo. A escola deveria contribuir para o crescimento de personalidades harmoniosas, não de especialistas. Inclusive as escolas técnicas deveriam se empenhar nessa tarefa. Mais do que formar competências especializadas, seria necessário dar

---

34   Hannah Arendt, *Vita activa*, Milano: Bompiani, 1991.
35   *Ibidem*, p. 239.

prioridade ao desenvolvimento da capacidade de pensamento e julgamento independente. Se possuirmos os fundamentos da matéria e se tivermos aprendido a pensar e trabalhar de maneira autônoma, seremos capazes de nos adaptar a qualquer contexto. Na escola, como na vida, a motivação mais importante é o prazer do trabalho, o prazer dos resultados e a consciência de seu valor para a comunidade. A tarefa da escola é, portanto, redespertar e fortalecer essas motivações no jovem. Somente tal tipo de fundamento psicológico ao desejo de bens humanos mais elevados: o conhecimento e a capacidade artística.

Os temas e as controvérsias da relação entre instrução e educação, cultura científica e humanista, inovação e tradição, encontram argumentos extremamente aguçados no pensamento de Eric Weil. Filósofo e educador, discípulo de Ernst Cassirer e amigo de Alexandre Koyré, Weil foi autor de textos filosóficos cruciais e — com a extraordinária experiência da revista *Critique* — protagonista de um vivo e intenso diálogo com as melhores mentes de seu tempo. Em continuidade com a ideia clássica da filosofia como sabedoria para a educação, Weil considera a filosofia como a disciplina humanista por excelência, âncora de todo o saber. Sua paixão pelas ciências humanas forma uma unidade com a reflexão de suas obras sistemáticas de lógica, ética e filosofia política, que exploram a condição humana no mundo contemporâneo e analisam as funestas consequências do desencantamento científico.

O tema da educação na sociedade de massa se apresenta a Weil como um radical problema de sentido: tanto pela posição do homem ante a modernidade, quanto pela posição da modernidade diante do homem. A questão essencial é a liberdade do homem numa sociedade sob a hegemonia da ciência e da técnica modernas[36]. Em suas obras, ele reflete sobre os comportamentos sociais e individuais, sobre a ordem social e a existência material, sobre os valores (e as hierarquias dos valores) na vida cotidiana, sobre a organização e a cultura das instituições educacionais nas sociedades ocidentais diante da hegemonia da cultura tecnocientífica, mas também sobre a nova função indispensável que a cultura humanista é chamada a desenvolver.

O fio condutor da pesquisa de Weil é a relação entre instrução e educação ou, melhor dizendo, a relação entre a cultura científica e a cultura humanista. Sua posição é diferente e distante da dos especia-

---

36  Eric Weil, "L'idea di educazione nell'insegnamento americano", in: *Educazione e istruzione. Scienza e discipline umanistiche oggi*, Milano: Guerini e Associati, 1992.

listas da área. No centro de seu raciocínio está o eixo progresso-moral. Weil alerta severamente seus contemporâneos sobre a exigência de fornecer às novas gerações um sentido para a libertação da necessidade que parece possível com a tecnociência. Não só para impedir que essa libertação se torne alienante, mas principalmente porque as gerações posteriores poderiam ser incapazes de solucionar tal problema.

Weil enfrenta a pergunta central do grande debate que, do Iluminismo ao positivismo, do relativismo à era da tecnociência, atravessa nossa história cultural: as artes e as ciências tornam os homens melhores ou não? O terreno que ele escolhe, explicitamente kantiano (embora saiba que Kant perdeu o "favor da providência"), é o do crescimento moral do homem que vive no incessante processo de civilização da sociedade. Com o ânimo inquieto devido aos sinistros presságios que pairam sobre a civilização do século XX, ele se pergunta se, e em que medida, após Auschwitz, os campos de concentração, os *gulags* e Hiroshima, ainda é possível exercer o otimismo da razão.

Após o fim da guerra, num Ocidente ocupado em remover o horror gerado por seu "coração das trevas" e reconstruir o que fora destruído, explode o entusiasmo por uma opulência como fim em si mesma, destituída de finalidade. Assim, se no alvorecer da modernidade Kant ironizava os homens "civilizados até o tédio", hoje esses homens, criados no culto fátuo da ciência, caminham inquietos, sem horizontes, expostos às mais insípidas sugestões. Weil toma partido: a instrução e o progresso material, afirma ele, sem dúvida são o pressuposto da liberdade, mas, quando se tornam fins, talvez não se autodestruam, mas se dissolverão sob o peso do tédio e do desespero. Que fique claro: Weil não se manifesta a favor ou contra o progresso. Aponta, antes disso, a elevação moral como principal caminho para um progresso que se difunda de maneira duradoura aos povos que ainda não o têm. Não há nenhuma virtude na miséria. E além do mais, com os poderosos instrumentos científicos e técnicos hoje disponíveis, bastaria querer e o deserto floresceria.

Esse crescente mal-estar (num tempo de crescente bem-estar material) era impensável para as gerações anteriores. Diferentemente de Dewey, Weil considera que a mera inclusão de mais pessoas no sistema de ensino não soluciona o problema da educação na democracia contemporânea. Mesmo salvaguardando as estruturas e as justas aspirações da democracia, o autor considera inevitável uma aristocracia dos mais instruídos e competentes, principalmente na economia, na técnica e na política.

> A grande contradição da sociedade moderna, uma soma de tradição e revolução, não pode ser resolvida a não ser pela palavra e pela ação racionais. Se se quiser que esse grande desígnio tenha alguma possibilidade de sucesso, é preciso buscar ao mesmo tempo esses dois ideais: uma democracia capaz de gerar uma aristocracia, graças ao cuidado com que cerque os mais bem-dotados; e uma democracia da igualdade que se esforce constantemente em elevar o nível médio, de modo que a elite não se mostra anêmica e como que suspensa no vazio. Uns e outros devem saber que existem verdades cuja forma muda no curso da história, mas que ninguém tem o direito de ignorar: a finalidade da sociedade livre, a "vida boa" (*vita bona*), e as condições materiais necessárias para poder atingi-la. Sem o conhecimento, um cidadão pode, sem dúvida, ser uma pessoa inofensiva, incapaz de fazer o mal, mas nunca será um homem de bem (*vir bonus*)[37].

Weil pensa em elites naturais, de talento, atores de uma efetiva promoção social por mérito. Nisso, afirma ele, consiste a diferença entre uma democracia genuína e um igualitarismo uniformizador. Para uma sociedade livre, os conhecimentos científicos e as habilidades técnicas e pragmáticas, mesmo sendo necessários, não são suficientes. A instrução é indispensável. Mas ainda mais importante — e aquilo que mais faz falta — é uma educação. À ausência de uma autêntica educação, falar de democracia, em qualquer acepção que seja, não passa de brincadeira.

Enfim, mesmo com a complementaridade entre instrução e educação, a primazia da segunda sobre a primeira é indiscutível. Sem dúvida, a instrução também pode se manter por si só: existem muitos exemplos de escolas profissionalizantes, como também várias especializações nos centros politécnicos e nos núcleos universitários de pesquisa. Mas se é de fato a educação que faz falta, então não é a instrução que dá sentido a ela, e sim a educação que dá sentido à instrução. É por isso que é errado acrescentar sempre novas doses de ensino científico nos currículos escolares — quase como se o destino dos homens dependesse do valor técnico da sociedade. O problema não é só a ausência da cultura e do espírito humanista nos institutos de ciências, mas também sua presença fossilizada nas próprias escolas de humanidades: é preciso que sua presença seja viva, não mera erudição inútil ou ouropel de esnobes. Este é o caminho para sair do beco

---

37  *Ibidem*, p. 31.

sem saída de uma escola científica sem alma e de uma escola humanista desvitalizada.

É preciso começar pelo ensino médio. Reviver o patrimônio — os valores, as matrizes, as raízes da cultura ocidental, de valor e fecundidade inesgotáveis — que nos vem de Atenas e Jerusalém. Em 1946, com palavras antecipadoras, Weil escreve:

> [...] estamos apenas no início da era das máquinas, sentimos apenas os primeiros efeitos da medicina moderna; a duração média da vida já aumenta continuamente e a parte reservada ao trabalho vem diminuindo aos poucos; como conservar a saúde moral da sociedade na ausência de uma educação capaz de prolongar seus efeitos durante todo o arco da existência e lhe conferir conteúdo, valor e dignidade? Devemos e podemos abandonar os adolescentes e os adultos aos divertimentos e ao ócio?[38].

A *culture de l'esprit* continua a ser o sal da democracia, mesmo que, sob muitos aspectos, seja subalterna à técnica científica. A educação, com efeito, passou a atender funcionalmente às exigências da sociedade industrial moderna. Todavia, se uma plena racionalização assinalasse a vitória completa do homem sobre a natureza externa, libertando-o dos vínculos naturais, criaria o vazio no homem. Ele teria todo o tempo à sua disposição, mas transformado num ser exclusivamente social, sem poder empregá-lo com sensatez[39]. A menos que renuncie aos sentimentos. Mas assim cairia no tédio: um tédio insatisfeito não diante disso ou daquilo, dessa ou daquela imperfeição, dessa ou daquela necessidade ou injustiça social, mas perante a própria existência que destruiria todas as conquistas alcançadas. Esclareçamos: não é implausível ou infundado pensar que o homem é capaz de anular todos os sentimentos, inclusive o tédio. Mas, a esse ponto, a humanidade se transformaria num verdadeiro formigueiro.

A vitória da racionalidade sobre a natureza só é possível em termos puramente abstratos. Com efeito, um modelo social plasmado pela ciência não valorativa levaria a sociedade moderna a mergulhar num novo estado hobbesiano de natureza. É o que nos confirma o número de

---

38  *Ibidem*, p. 41.
39  Eric Weil, *Filosofia politica*, Napoli: Guida, 1973. Ed. bras.: *Filosofia política*, São Paulo: Loyola, 1990.

> [...] desequilibrados nas sociedades avançadas: suicidas, neuróticos, adeptos de falsas religiões, alcoólatras, morfinômanos, criminosos "sem razão", indivíduos em busca de emoções e distrações, movimentos de protesto contra a realidade da sociedade, declarações e sermões de rebeldes gratuitos que se insurgem não contra um determinado aspecto da organização social, mas contra a organização fundada na racionalidade e no cálculo. A insuficiência e o absurdo de tais ações são evidentes; mas não se pode duvidar de sua sinceridade e da importância daquilo que expressam de maneira inadequada[40].

Na raiz da violência gratuita está a perda do gosto pela vida. Os acometidos por tal perda se transformam em "insetos nocivos" pululantes no "formigueiro pós-humano". Na origem das novas formas de alienação está o tédio de "comer doces e apenas doces", o tédio gerado pela conversão do tempo livre em "passatempo" intemperante e vicioso. O tempo livre, diz Weil, é o terreno onde o problema do indivíduo se torna um problema para a sociedade. De fato, muitas vezes ele deixa de ser uma ocasião de *otium* e se torna álibi para a violência gratuita de massa. É verdade que a tecnologia moderna libertou as massas dos grilhões do trabalho servil. Mas como não ver que o tempo livre de uma massa (sem educação) reconduz essa mesma massa a servidões piores do que as conhecidas na história? O mundo moderno deplora a escravidão e procura proibi-la no plano jurídico. Impõe sua abolição. Apesar disso, o escravo moderno — o indivíduo incapaz de exercer sua liberdade e racionalidade, de conferir um sentido à sua existência e, portanto, de distinguir entre um "patrão injusto" e quem "o educa para a liberdade" — continua a existir tal como antes. Os escravos modernos — bem nutridos, entediados e violentos — não só existem, mas seu número agora adquiriu a força de uma "maré" que não é mais possível conter: nem por obra dos "construtores de represas" — que ainda existem e resistem — nem pela violência legítima do Estado.

Enfim, o ano de 1968. A revolta estudantil só se afigurou como algo inesperado aos distraídos e sonolentos. Não a quem havia lido *Filosofia política*[41], originalmente publicado em 1956, e que se impressionou com seu caráter profético. Os sintomas já eram evidentes há bastante tempo. A falácia do modelo educacional positivista e a deriva de um

---

40  Idem, *Logica della filosofia*, Bologna: Il Mulino, 1997, p. 81.
41  Eric Weil, *op. cit.*, 1973.

sistema de ensino anunciado como a única e autêntica forma de educação não podiam gerar senão uma revolta. Era absolutamente inevitável a implosão de um sistema tão destituído de horizontes vitais.

Na verdade, Weil não empreendeu nenhuma análise específica de 1968. Apesar disso, sua *filosofia civilis* vem inteiramente permeada pela inquietação gerada por esse movimento. De súbito, o ano de 1968 transformou as análises anteriores numa necessidade urgente de modernidade. Os educadores positivistas do século XIX, preocupados apenas com os males que oprimiam a maioria de seus contemporâneos, negligenciaram justamente aquilo de que seus discípulos, uma vez emancipados, mais teriam necessidade: saber como utilizar sua liberdade. Nem sequer imaginaram que alguém pudesse não saber o que fazer com seu tempo livre.

Weil levou 1968 a sério, a ponto de tomar a educação como um dos eixos centrais de sua reflexão. Se, até *Filosofia política*[42] e *Filosofia moral*[43], ele criticara asperamente uma instrução voltada para a libertação da necessidade, sem dizer uma palavra sobre o sentido da vida, em "Objeto, métodos e sentido dos estudos humanistas", ele afirma que a ciência não pode fornecer respostas à revolta contra a sociedade.

> Com certeza, a agitação em escala mundial entre os jovens e meio jovens nas universidades pode ser analisada com o auxílio das ciências sociais, mas ela não desaparecerá nem se aplacará pelo mero fato de ser descrita. O problema é moral (se nos for permitido usar esse termo antiquado), é de pesquisa e pensamento humanista: sem dúvida, quase tudo o que ouvimos da parte de nossos "revolucionários" é confuso e não contém quase nenhuma proposta positiva e realizável, sequer potencialmente. Mas essa confusão ajuda a demonstrar a importância dos estudos humanistas, e não sua irrelevância[44].

No que concerne ao tempo escolar e ao tempo livre dos jovens e dos adultos, *Filosofia política* e os textos sobre as *humanités* constituem um projeto de educação e instrução permanentes. Quase em termos platônicos, Weil afirma que a época da vida mais propícia ao pleno de-

---

42  *Ibidem*.
43  Idem, *Philosophie morale*, Paris: J. Vrin, 1961. Ed. bras.: *Filosofia da moral*, São Paulo: É Realizações, 2011.
44  Idem, "Oggetto, metodi e senso degli studi umanistici", in: *Educazione e istruzione. Scienza e discipline umanistiche oggi*, Milano: Guerini e Associati, 1992, p. 115.

senvolvimento educativo das disciplinas humanistas é o tempo da maturidade avançada. Tal como Aristóteles, ele acredita que a moral não é matéria de estudo para os jovens de idade ou de espírito.

A predominância da cultura tecnocientífica não se deve apenas ao fascínio da ciência e da técnica, mas também à indigência crescente da cultura humanista, que criticava a filosofia por ter favorecido o triunfo do subjetivismo e do relativismo. De fato, se de um lado os sucessos da ciência marginalizam as disciplinas humanistas, por outro lado elas se adaptam ao novo papel de conhecimento especializado erudito e adornado, totalmente irrelevante para a sociedade moderna, quando não um luxo pernicioso. É a partir daí que Weil radicaliza sua crítica à fragmentação do conhecimento gerada pela ciência weberiana ("A ciência e a civilização moderna, ou seja, o sentido do não senso"[45]). Esse tipo de ciência, afirma ele, é um fator de profunda ruptura de nossa civilização. Devido a uma ciência eticamente neutra, a "má consciência" do humanista se tornou inconsciência do mundo. Com isso, tornou-se impossível não só distinguir entre o bem e o mal, mas também o que fazer com o poder da ciência.

Entenda-se: Weil não rejeita a modernidade e tem respeito pela ciência. Como diz, a ciência e a tecnologia vieram para ficar. Deveríamos conviver com elas. Muito influenciado por *Ciência em uma sociedade livre*, de Paul Feyereband[46] (que, entre outras coisas, retoma muitas considerações weilianas), ele aponta que o problema é restituir valor humano à cultura científica, reconduzindo-a a um horizonte humano, como a ciência pré-moderna sempre fizera. A tarefa é devolver sentido à ciência objetiva que, em si, é apenas um mero conhecimento dos fatos. Mas isso é possível apenas sob a condição de ver, neste mundo "às avessas", não a aura sacrificial de nosso intelecto (como pensava Weber), nem o totem de nosso atual desespero. Sim, pois apenas as disciplinas humanistas podem recolocar o mundo no caminho certo. Apenas elas sabem pensar o mundo e o homem como valores globais. A *civilisation moderne* pode e deve ser repensada numa visão unitária da vida e do saber, que é, afinal, o modo como seus pais também a haviam pensado: a mesma condição que oferecera a Copérnico, Galileu, Kepler e Bacon a possibilidade de viverem como homens de educação humanista e, ao mesmo tempo, trabalhando como cientistas

---

45 Idem, in: *Philosophie et réalité*, Paris: Beauchesne, 1982.
46 Paul Feyerabend, *Science in a Free Society*, London: NLB, 1978. Ed. bras.: *A ciência em uma sociedade livre*, São Paulo: Edunesp, 2011.

sem uma consciência dilacerada. Tal objetivo, porém, requer que as disciplinas humanísticas também reconsiderem a si mesmas, abrindo-se às contribuições oferecidas pela ciência e pela técnica modernas. É necessário, em outras palavras, uma visão que lance luz sobre os valores, inclusive aquele "valor" específico que é a ciência em si mesma, apesar de sua pretensa neutralidade axiológica. A objetividade e a verdade não são representadas apenas pelos sistemas exatos (ainda que hipotético-dedutivos). Existem níveis de realidade que antecedem todos os "discursos de segundo grau" e revelam sua arbitrariedade. Nascemos num mundo, não numa multiplicidade de fatos e valores destituídos de conexão. Vivemos num mundo, não no meio de correntes de elétrons. Somos seres dotados de elementos e pensamentos, não simples objetos da psicologia, da fisiologia, da economia, das ciências sociais. Acima de tudo, não escolhemos nossos valores antes de começar a viver.

Enfim, é preciso realizar a unidade entre cultura e educação. É preciso chegar a ela com um paciente método duplo de "ancilaridade": das ciências objetivas ante as disciplinas humanísticas, para lhes fornecer conhecimentos específicos e instrumentos de trabalho à altura de sua tarefa; das disciplinas humanísticas ante as ciências objetivas, para redimi-las de sua solidão arrogante. É uma tarefa na qual ressoa o eco da kantiana "moralização do mundo". Com a diferença, porém, de que, num mundo esfacelado por uma ciência que se pretende neutra, essa moralização adquiriu uma urgência sem precedentes.

As páginas de *Filosofia política*[47] e de *Será que se falará de novo da moral?*[48] são ainda mais ásperas do que as páginas sobre a *Shoá*. A indiferença da ciência (dita objetiva) diante das perguntas fundamentais da vida vem preparando uma humanidade "formigueiro", povoada de animais bem nutridos, entediados e violentos. Assim nos tornamos (ou estamos para nos tornar) após renunciarmos inadvertidamente ao debate moral. Isso não significa que a crise moral da educação moderna depende da pedagogia moderna. As coisas são, ao mesmo tempo, mais simples e mais complexas. A pedagogia moderna é incapaz de enunciar coisas significativas sobre a crise moral de um mundo sob a hegemonia da ciência valorativa, que mentes imprevidentes elevaram a modelo único das condutas e valores de nossa vida. As disciplinas humanísticas podem nos ajudar a compreender essa crise. Não a expli-

---

47   Eric Weil, *op. cit.*, 1973.
48   *Idem*, in: *Philosophie et réalité*, *op. cit.*

cá-la, claro, pois não têm condições de fazê-lo. Sobretudo porque pouco conseguimos compreender a nós mesmos à luz da moral. O homem será capaz de enfrentar os problemas e fazer escolhas somente se for educado (e não apenas instruído).

A educação moderna é afligida por muitos males. A crise do ensino, do primário à universidade, tem sido tratada com meras reformas administrativas, e não com medidas à altura dos problemas. A educação na era científica é um desafio para todos aqueles "especialistas" que acreditam resolver a questão com a reforma das instituições e políticas de ensino. A unidade da cultura, oposta ao ceticismo e ao falso humanismo, não é uma utopia. Ela se encarnou várias vezes na história, tomando forma na pesquisa de grandes cientistas. Por outro lado, apenas os que aspiram ardentemente à verdade e à compreensão — com um sentimento quase de natureza "religiosa" — podem fazer ciência. Como observa Einstein:

> Creio com Schopenhauer que o impulso mais poderoso que impele os homens empenhados na verdade e na compreensão rumo à arte e à ciência é o desejo de fugir à vida cotidiana, com sua dolorosa grosseria e seu vazio desesperançado, de escapar às cadeias dos desejos individuais mais sensíveis fora de seu eu individual, rumo ao mundo da contemplação e do juízo objetivo. [...] O sábio é perpassado pelo sentido da causalidade em tudo o que acontece, sua religiosidade consiste na admiração extasiada das leis da natureza. [...] A religião cósmica é o impulso mais poderoso e mais nobre rumo à pesquisa científica. Não sem razão, um autor contemporâneo disse que em nossa época, voltada de modo geral ao materialismo, os cientistas são os únicos homens profundamente religiosos[49].

Como todo contraste entre velhas e novas narrativas, no fundo da exploração científica encontra-se uma inextinguível busca de ordem metafísica: a harmonia de nosso mundo. Ou seja, a convicção, análoga ao sentimento religioso, de que o mundo pode ser compreendido. A existência de uma mente superior que se manifestaria no mundo da experiência constitui para Einstein a ideia spinozista de Deus. Naturalmente, as ideias religiosas e metafísicas e as teorias científicas continuam a ser universos separados. Mas as razões que Einstein apresenta com íntima

---

49   Albert Einstein, *Pensieri degli anni difficili*, Torino: Bollati Boringhieri, 1965, p. 160.

convicção, em seus motivos inspiradores, estão presentes com igual força em Galileu, em Newton e muitos outros cientistas.

## O chamado vertiginoso

Ao apontar a busca do conhecimento como única meta do homem, horizonte da dignidade e da liberdade humanas, Dante transfigura a última viagem de Ulisses: "Considerar vosso nascimento/ feitos fostes não para viver como brutos,/ mas para buscar virtude e conhecimento".

O desafio de Ulisses nada tem de heroico. Ao exortar os companheiros a enfrentar o desconhecido, conduzindo o navio além das colunas de Hércules, limite extremo do mundo, ele demonstra sua coragem sem se deixar enredar pela ambição e pela vanglória. Explorar o desconhecido é também a tarefa "normal" e, ao mesmo tempo, "revolucionária" da ciência. Mas a ciência não é tudo. Se assim fosse, estaria condenada à morte espiritual, como Ulisses que — condenado pelos deuses por ter desafiado os limites humanos insuperáveis — conclui seu "louco voo" entre as vagas do ignoto oceano sem fim. Dante nos adverte: o homem não pode se considerar Deus. Não tente sequer substituí-lo!

A viagem de Ulisses ao desconhecido é uma lição que atravessa a história, desde os píncaros da literatura medieval às explorações científicas do nosso tempo. A civilização contemporânea é assediada por movimentos divergentes: de um lado, a ubíqua quantidade de informações circulantes aumentou as expectativas do homem, ao mesmo tempo, porém, debilitando sua autonomia e a capacidade de escolha responsável. Nesse sentido, se a evolução social abriu novas possibilidades de liberdade individual, a tendência estatístico-quantitativa do sistema de ensino vem aviltando gradualmente os processos de conhecimento. A rigidez administrativa e seu papel não natural de "agência de socialização" estão enrijecendo a escola, tornando quase impossível a existência de perguntas vivas e finalidades compartilhadas. A distinção entre educação e instrução, concebida originalmente para afastar o fantasma da subordinação a um Estado ético, não só não melhorou a instrução, mas também provocou sua decadência progressiva. Separada da instrução, a educação tornou-se uma *no man's land*. A percepção difundida é que os sistemas oficiais de ensino são rígidos demais, burocráticos demais para mudanças radicais, e mesmo apenas para ensaios de educação livre, eficaz e responsável.

Os conceitos de autoecoeducação e de conhecimento do conhecimento, elaborados pelo pensador francês Edgar Morin, delineiam um pensamento educacional que responde tanto à complexidade dos processos cognitivos individuais quanto às dinâmicas da evolução social. O primado do método científico sobre a ciência teve efeitos deformadores sobre o conhecimento enquanto tal e provocou um crescente desinteresse em relação a si[50]. O conhecimento entendido como caminho que se encerra, uma vez alcançado o destino de chegada, torna-se inevitavelmente um irrelevante esforço para uma finalidade prática: isto é, o exato contrário de uma autêntica viagem do conhecimento, que é, antes de mais nada, abertura ao acontecer das coisas, imaginação, criação, pensamento, sentimento — em suma, uma aventura humana digna desse nome.

No pensamento de Morin, o tema do conhecimento está ligado naturalmente a problemáticas filosóficas, incluídas aquelas temáticas clássicas da gnosiologia e da epistemologia. Nosso conhecimento, afirma ele, não nos aproxima imediatamente da verdade. Pelo contrário, é muitas vezes condicionado e distorcido por erros e ilusões. A ciência, para além de suas importantes descobertas, não pode oferecer verdades. Sua essência é a incerteza, que nos expõe constantemente a ilusões e erros. Ademais, as coisas se complicam quando surgem formas francamente patológicas de conhecimento:

> [...] não se trata apenas da racionalização, do delírio lógico que acredita poder explicar o mundo de maneira absoluta, mas também da patologia presente no próprio desenvolvimento da ciência e faz com que esta tenha elementos de elucidação, cegueira e demência. Os aspectos de cegueira foram bem apontados por Husserl em suas conferências sobre a crise das ciências europeias, sobre a incapacidade de autoconhecimento da ciência (1961). Um aspecto da demência é, evidentemente, a nova barbárie presente em certos desenvolvimentos da tecnociência. Naturalmente, não se pode reduzir a ciência a essa loucura e a essa cegueira; percebemos que o conhecimento científico é um misto de elucidação e cegueira, mas é precisamente a relação entre esses dois componentes que hoje se esclarece. Acrescento que uma situação patológica mais profunda é

---

50   Edgar Morin, *Etica. Il método 6*, Milano: Raffaello Cortina, 2005. Ed. bras.: *Ética. O método 6*, Porto Alegre, 2011.

determinada, de modo grave, pela disjunção entre ciência e filosofia, que veio aumentando gradualmente até nosso século. Mesmo a filosofia atual se ressente dessa disjunção e é cada vez menos capaz de refletir sobre os dados e as descobertas da ciência. A filosofia pode fazer críticas pertinentes à ciência, mas não consegue moer o grão do conhecimento científico em seu próprio moinho[51].

A crise dos fundamentos que acomete o conhecimento contemporâneo nos interpela a fundo. A questão diz respeito não só às ciências cognitivas, à epistemologia ou à hermenêutica, mas também aos problemas vitais de nosso tempo[52]. É necessário um diálogo mais cerrado entre a ciência e a filosofia, sobretudo para aumentar a consciência de que a descoberta científica vem permeada de questões filosóficas fundamentais. Por outro lado, se a filosofia se isolar narcisisticamente dentro de suas fronteiras, não terá mais territórios a explorar, e a possibilidade de definir a ciência e a filosofia a partir de suas mútuas fronteiras seria totalmente desesperada. São as questões fundamentais que definem a pesquisa científica e filosófica. Conhecer significa também intensificar e valorizar os vários pontos de contato entre essas duas esferas de conhecimento.

Kurt Gödel[53] demonstrou que todo sistema formal encerra proposições indecidíveis, isto é, proposições ao mesmo tempo verdadeiras e não verdadeiras. Atenção: não cada proposição em si, mas o próprio sistema de regras formais que permite gerá-las. Basta, com efeito, apenas uma proposição indecidível para tornar todo o sistema incoerente. Assim, se se pretendesse eliminar a incoerência, seria preciso eliminar as regras formais que a geram. Em suma, qualquer sistema formal vive numa permanente oscilação entre incoerência e incompletude, que está presente em todas as formas de conhecimento e, mais em geral, na própria natureza da realidade externa.

No século XX, o teorema da incompletude de Gödel e o princípio da incerteza de Heisenberg[54] — segundo o qual nunca podemos conhecer ao mesmo tempo e de maneira exata a posição e a quantidade de movimento de uma partícula subatômica — intensificaram as dúvidas sobre

---

51  *Ibidem*, pp. 69-70.
52  Edgar Morin, "Auto-eco-conoscenza", in: Mauro Ceruti; Lorena Preta, *Che cos'è la conoscenza*, Roma-Bari: Laterza, 1990.
53  Kurt Gödel, *Opere*, v. 1, Torino: Bollati Boringhieri, 1999.
54  Werner Heisenberg, *Indeterminazione e realtà*, Napoli: Guida, 2002.

a cognoscibilidade do universo e romperam a confiança num racionalismo fundado sobre a certeza da cognoscibilidade da estrutura do mundo. Daí a premência de um metaponto de vista mais articulado e distanciado, de onde o conhecimento possa julgar a si mesmo. Nossas ideias sobre o mundo não são um espelho da realidade externa, mas uma tradução de nossas percepções numa linguagem específica: este é o artifício que definimos como conhecimento. Morin[55] relembra uma de suas fontes:

> Heinz von Foerster, num dos textos que mais contribuíram para minha formação intelectual, diz que a ideia de auto-organização é paradoxal, pois a auto-organização precisa de um mínimo de energia externa que lhe permita desenvolver o trabalho, e do contrário se desintegraria. Von Foerster diz também que do ambiente externo vem não só a energia, mas também a ordem. A meu ver, o extraordinário é que, para que um mundo nasça, é preciso dividi-lo em dois, separar-se de si mesmo. Creio também que estamos condenados a juntar novamente as duas partes, e que a autorreferência é incompreensível sem a esorreferência, isto é, a capacidade de distinguir entre o que faz parte do si e o que é exterior, e por isso falarei sempre em autoesorreferência e autoecoconhecimento. A indecidibilidade está na relação entre esses dois termos, não no mundo externo em si nem no sujeito como ser autônomo, em si, mas no conjunto que é, ao mesmo tempo, separado e indissolúvel[56].

A mente humana é expressão de uma longa interação entre natureza e cultura. Nossa individualidade psíquica se realiza em nós, assim como nós nos realizamos nela. As tentativas de decomposição racional da natureza humana em tantas partes quantas são as disciplinas que exercem em torno de sua pretensa soberania naufragam contra esta evidência. Assim, criticar a absolutização da racionalidade não significa ceder espaço à irracionalidade, e sim abrir o campo a uma racionalidade (auto)crítica. O problema do conhecimento deve ser enfrentado no âmbito das novas ciências cognitivas: esse arquipélago de disciplinas, ainda separadas na organização didática universitária, constituído pela epistemologia, pela inteligência artificial e pelos novos desenvolvimentos da psicologia cognitiva. Hoje, elas são assedia-

---

55 Edgar Morin, *La conoscenza della conoscenza*, Milano: Feltrinelli, 1989.
56 *Idem, op. cit.*, 2005, p. 75.

das por sérios problemas. Em primeiro lugar, por sua incapacidade de se constituírem como ciência "normal", fenômeno que se acentua cada vez mais devido à sua olímpica indiferença diante de questões cruciais como a crise de seu próprio estatuto, a patologia intrínseca a seus procedimentos, as ilusões e os vieses cognitivos e outras coisas mais. A impressão é que não parecem sequer roçadas pelo paradoxo de um conhecimento cujo objeto é seu próprio modo de conhecer. Por isso, descartam — como no paradoxo do Barão de Münchausen — contradições e aporias, quando é justamente a partir disso que se podem identificar as leis e as regularidades da cognição humana.

Contudo, o conhecimento da mente humana precisa de ciências cognitivas à altura dos desafios, e não de ingênuos determinismos de que ninguém sente necessidade. A biologia, a inteligência artificial, a linguística, a epistemologia, as neurociências não são esferas separadas, mas sim elementos cruciais da cognição humana e, de modo mais geral, da organização biológica. Mesmo a entidade biológica menos evoluída tem cognição própria: uma forma certamente distante das dinâmicas da mente humana, mas capaz de elaborar sua realidade interna e externa[57]. O conhecimento da natureza humana implica uma pluralidade de níveis: biológicos, físicos, químicos, cognitivos, linguísticos e assim por diante. Esta dimensão bioantropológica é de importância fundamental: seja porque uma antropologia do conhecimento tem suas regras cognitivas; seja porque a epistemologia depende da antropologia, que a orienta sobre os processos fundamentais do conhecimento. A epistemologia, ademais, é ela mesma uma parte integrante de um circuito cognitivo, não um tribunal supremo fora do tempo.

Seria necessária uma nova ciência, diz Morin. Uma ciência que abrace o mundo da vida e as ideias filosóficas, religiosas e políticas. Não no sentido de uma biologia do conhecimento, que não seria uma novidade. Mas no sentido da vida biológica que se alimenta do espírito. De fato, se é verdade que utilizamos nossas ideias como instrumentos para compreender o mundo natural e social, é igualmente verdade que essas mesmas ideias nos dominam e, não raro, nos controlam. Como ocorre com aquelas divindades — diz ironicamente Morin — que se encarnam nos ritos e nas cerimônias do vodu, da macumba e assim por diante: entidades "reais" que possuem a alma dos fiéis, mas que

---

[57] Humberto R Maturana; Francisco J Varela, *Autopoiesi e cognizione. La realizzazione del vivente*, Veneza: Marsilio, 1985.

existem somente porque existem os fiéis. Isso vale tanto para as divindades quanto para as ideias. Somos possuídos pelas ideias. Não por acaso somos capazes de morrer ou de matar por elas[58].

### Felizes obsessões

Existem conceitos e paradigmas, em torno dos quais oscila o pensamento ao longo dos séculos, que são irredutíveis à linguagem e à lógica. Considere-se o influxo do principal paradigma do Ocidente — formulado por René Descartes no século XVII e reforçado nos séculos XVIII e XIX — que estabeleceu uma distinção entre a esfera dos objetos e das coisas (reservada à ciência) e a esfera da subjetividade (reservada à filosofia). Dessa separação derivam, e por vários lados, muitos conflitos do conhecer contemporâneo: em especial, a hostilidade dos cientistas pelos filósofos e a dos filósofos pelos cientistas (que com demasiada frequência parecem dar a crer que possuem a chave da objetividade absoluta).

Tudo isso exerce grande influência sobre o debate cultural e, por muitos lados, sobre a própria organização da sociedade. É impensável que o caminho do conhecimento não passe pelo confronto, pelo diálogo, pela reorganização dos diversos pontos de vista bioantropológicos, sociais, históricos e culturais. Não é necessário um conhecimento totalmente abrangente: o conhecimento não é dado pela soma dos saberes. E, por outro lado, todo ato cognitivo implica coordenadas biossocioculturais. Mas é preciso prestar atenção: tudo o que nosso conhecimento produz, ameaça-o e o corrompe. Com efeito, se só podemos conhecer no interior de uma cultura que nos fornece uma língua (um saber, obras filosóficas e científicas), é exatamente aí que podem surgir formas de ocultamento, de manipulação, de ilusão. O conhecimento do conhecimento exige um controle atento e constante sobre si mesmo.

Despedir-se da pretensão de universalidade de seu próprio ponto de vista significa reconduzir ao horizonte do conhecimento aquele mesmo que foi excluído dali: o sujeito. Não para retornar à ideia de um observador como maravilhosa fonte de iluminação, mas pela urgência de problematizar, de proceder através de uma feliz autocrítica: ou, melhor dizendo, de uma racionalidade autocrítica que, afinal, é o melhor fruto

---

58 Edgar Morin, *op. cit.*, 1989.

da cultura ocidental. O próprio Heidegger, num comentário sobre Kant, retoma esse problema. Um saber correto, afirma ele, nasce do conhecimento dos pressupostos fundamentais do saber. Estamos sempre e inevitavelmente colocados nesse círculo sem fim, sem conseguir encontrar fundamentos absolutos. O cientista, o pesquisador, o estudioso, devem se tornar eles mesmos, continuamente, objeto deste conhecimento.

O desenvolvimento da física moderna mostra como o conhecimento científico do mundo é o produto de uma estrutura mental e como a consciência de si vai além da individualidade subjetiva, para nos repatriarmos, como dizia Montaigne, à nossa condição humana. Diminuir as pretensões, evitar os abusos da racionalidade, significa dar maior poder à própria capacidade (auto)reflexiva. É necessário rever a aspiração a um metaponto de vista. Não para procurar um ponto de vista ideal e absoluto, mas para ganhar um ponto de observação que nos permita considerar nossa posição e a posição exterior a nós, até o horizonte.

O conhecimento é um caminho ordinário e extraordinário, de confirmação e surpresa, de fascinação e inquietação, de esforço e alegria. Apreender não é apenas reconhecer o que é já conhecido. Tampouco transformar o desconhecido em conhecimento. É chegar à união do reconhecimento com a descoberta, do conhecido com o desconhecido[59]. No extraordinário problema da relação mente-cérebro há a trama, sob muitos aspectos inextricável, em torno da qual giram visões de mundo, problemas do homem e do conhecimento: um "nó górdio" que pode ser desfeito com um seco golpe de espada.

> Essa massa gelatinosa, o que tem ela a ver com a ideia, a religião, a filosofia, a bondade, a piedade, o amor, a poesia, a liberdade? Essa massa mole, de surpreendente semelhança com o abdômen da rainha das formigas, como pode soltar ininterruptos discursos, meditações, conhecimentos? Como essa substância indolor nos traz dor? O que sabe esse magma insensível sobre a felicidade e a infelicidade que nos dá a conhecer? Inversamente, o que sabe a mente sobre o cérebro? Espontaneamente, nada. A mente é de uma cegueira natural inaudita em relação a esse cérebro, sem o qual ela não existiria. Foi a medicina que, desde os tempos de Hipócrates, pôde reconhecer o papel espiritual do cérebro, e foi o conhecimento experimental que iniciou sua exploração. A mente não sabe nada, por si só, sobre

---

[59] *Ibidem.*

o cérebro que a produz, e o cérebro não sabe nada sobre a mente que o concebe. Há ao mesmo tempo um abismo ontológico e uma mútua opacidade entre um órgão cerebral, de um lado, constituído por dezenas de milhões de neurônios ligados em redes, animados por processos elétricos e químicos, e de outro lado a Imagem, a Ideia, o Pensamento. E, no entanto, é juntos que, mesmo sem se conhecerem, eles conhecem. A unidade deles é cognoscente sem que tenham conhecimento dela[60].

O caminho do conhecimento tem um fascínio e uma periculosidade por assim dizer existencial. Em toda doutrina e em toda teoria está presente um núcleo de ideias que geram sentimentos de plenitude, uma comunhão profunda com o real. Isso permite contemplar as verdades ocultas pelo ser no mundo, penetrar o sentido contemplativo original do termo teoria (cujo sentido em grego é "olhar, observar"), indicando seu caráter existencial. Em torno desse núcleo articulam-se justificações empíricas, lógicas e ideológicas, que estabelecem a adequação, em diversos níveis, entre os conceitos e a realidade dos fenômenos. Assim se podem captar solidariedades secretas entre teoria e realidade, quase analogias mágicas entre a esfera teórica e o mundo real. Em sua relação com o mundo, a contemplação teórica da verdade tem a ilusão de possuir o mundo, sem perceber que é possuída por ele[61].

Esse novelo muitas vezes gera, no conhecimento teórico e na adesão à sua verdade, uma qualidade extática, até mística. O êxtase se manifesta quando a intensidade da felicidade intelectual transforma a contemplação em arrebatamento sublime. Nesse instante, as obsessões, as dúvidas, as angústias existenciais e as profundas satisfações se conjugam com a verdade teórica. Num certo sentido, toda adesão a uma teoria permite conceber o mundo como um sistema ordenado, perfeito. A paixão radical pelo Uno coloca um freio no caos, no desenraizamento, nos despedaçamentos, mas transforma a sede lógica da unidade em sede mística. Uma descoberta sempre vem acompanhada pelo fascínio e, junto com ele, pelos perigos do gozo psíquico e do êxtase.

É a descarga quase elétrica do Ah! que se distende e procura satisfação. São as "alegrias" do conhecimento. São os inebriamentos e

---

60 *Ibidem*, p. 80.
61 *Ibidem*.

exaltações do conhecimento. São os "arroubos do conhecimento" (Nietzsche). É, enfim, o "coito psíquico" gerado pela Solução, pela Ideia, pela Palavra-chave, em que a feliz plenitude do conhecimento se exalta num gozo similar a um orgasmo. Um gozo psíquico que une em seu interior a perda e a realização de si e, em seu ponto máximo, se traduz naquela beatitude que Pascal expressou de maneira tão veraz: "Alegria, Alegria, Lágrimas de Alegria, Certeza". Aqui reencontramos, elevada ao paroxismo, a componente mística e pré-extática que a contemplação teórica comporta em sua comunicação/comunhão com a Essência do Real[62].

Toda aproximação da verdade, parece-nos dizer Morin, comporta um componente pré-extático, pararreligioso, submágico até. Quem pretende possuir a Verdade acabará por ser um possuído, que encontra e reencontra a Verdade por todas as partes, isto é, uma verdade perdida. A Verdade, entretanto, é também fonte de nossos erros, de nossas ilusões. O conhecimento é feito de aspectos individuais, subjetivos, existenciais. Sem dúvida, a paixão pelo conhecimento pode trazer prazeres exaltantes. Mas o conhecimento não pode se separar da existência. É por isso que é necessário estabelecer uma distância de nossas paixões, sem deixar que se atenuem ou se extingam. É preciso viver comedidamente a paixão do conhecimento. Aquele que ama a verdade deve desconfiar de seu narcisismo e procurar a verdade para além do princípio de prazer.

> Ele deve analisar sua idiossincrasia intelectual e o significado de suas obsessões cognitivas, deve tentar iluminar os problemas que lhe provocam ansiedade e as respostas que a aplacam. A necessidade de uma autoanálise, que compreenda, mas supere a investigação psicanalítica, impõe-se a cada um e a todos, mesmo às mais altas autoridades, intelectuais e universitárias, que deveriam ser as primeiras a proceder a tal autoexame[63].

O enorme anseio pelo conhecimento, o imperioso desejo de verdade, o impulso que convida a conhecer por conhecer, sem se preocupar com as consequências éticas, políticas ou religiosas, é o motor mais forte da

---

62 *Ibidem*, pp. 151-2.
63 *Ibidem*, p. 155.

aventura do conhecimento. Esse poderoso e imperioso desejo — que nos leva a superar os obstáculos e a nos libertar dos *imprintings* socioculturais — também pode enganar o conhecimento, guiá-lo para aspirações metafísicas presentes de maneira secreta e inconsciente antes da busca. Muitas viagens em busca da verdade se encerram com a resposta a que de início já se queria chegar: "Não me procurarias se já não me tivesses encontrado"[64]. Mas a verdadeira busca não consiste numa meta que põe fim ao procurar. A meta está na própria busca. É nela que cresce o amor por aquilo que é procurado.

Quando se pensa mais a fundo, é a própria evidência das coisas que se torna um problema. Há sempre um além, um fundo do fundamento a ser penetrado. Conhecer é elaborar conceitos, dar forma a ideias. Mas é principalmente intuir uma presença por trás da própria presença. Não como um simples impulso vital, mas como uma premência que nasce da ousadia, do risco, da liberdade. O pensamento não pode abraçar o ser. Seu movimento é apenas, e no máximo, uma aproximação, um périplo ao redor do ser, que abre alguma porta, alguma janela para olhar em seu interior por intermédio da ciência, da filosofia, da religião, da experiência comum.

Perguntas legítimas e ilegítimas

Se o que foi apresentado até agora é válido na esfera da pesquisa científica (terreno eletivo das personalidades autônomas motivadas de maneira livre e intensa, felizmente obcecadas pelo desejo de conhecimento e pelo prazer da descoberta), nas instituições de ensino surgem problemas de natureza diversa e oposta. Quando a tarefa escolar se torna coação e banalização, quando as instituições e as figuras profissionais parecem fossilizadas e as tarefas diárias normais se tornam funções de entretenimento e vigilância, o prazer da descoberta e o gosto do conhecimento, nessas situações, tendem a se aplainar e até a desaparecer.

É necessário ter a coragem intelectual de afirmar que o risco mais grave do ensino de massa está em sua própria missão institucional, na simplificação dos conhecimentos de base, embora, sob outros aspectos, seja necessária para que o ensino seja de todos e para todos. No

---

64 Agostinho, *Commento al Vangelo di Giovanni*, 63,1, Roma: Città Nuova, 1968, p. 1129.

cerne das instituições infiltra-se uma insídia, que permeia os mecanismos habituais e aplaina o saber, ao invés de elevar os níveis de instrução dos escolarizados: é a banalização.

A tentativa de evitar o inevitável esforço de todo conhecimento dotado de sentido cria um problema, totalmente antinatural: a inutilidade, a autorreferencialidade institucional, a extirpação de qualquer sentido dos saberes e das existências. Mas, se é impossível (e talvez impensável) inverter tais mecanismos, por outro lado é possível e necessário colocar algumas interrogações de fundo, relacionadas com os circuitos da autoconhecimento. O risco de banalização que se aninha nas tentativas de simplificação cognitiva nega todos os pressupostos de sentido do conhecimento. O terreno eletivo da ciência e das linguagens complexas é justamente a desbanalização. Mas, então, perguntemo-nos: para que serve uma escola que banaliza programaticamente quase todo aquele (escasso) conteúdo motivador e absorvente? Em termos mais radicais, para que serve a escola? Aqui surge toda a ambiguidade do termo "servir": de um lado, tem o sentido de conhecimento elementar, instrumental, utilitário; de outro lado, tem o sentido de uma função a serviço de algo. Em ambos os casos, o termo "servo" se mantém em sua inteireza.

Nosso sistema educacional tem como objetivo formar cidadãos previsíveis, neutralizar as novidades e a imprevisibilidade. Isso é demonstrado de maneira incontestável pelo próprio método de verificação, o exame, durante o qual se pergunta ao estudante aquilo cuja resposta ele já conhece e deve ter de memória. Heinz von Foerster, que qualifica tais perguntas como "ilegítimas", indaga: "Não seria fascinante pensar num sistema de ensino com o objetivo de desbanalizar os estudantes, ensinando-lhes a fazer 'perguntas legítimas', perguntas cujas respostas não se conhecem?"[65]. Quem utiliza plenamente suas capacidades tende sempre a alterar seus estados de equilíbrio e a seguir dinâmicas de desequilíbrio. Von Bertalanffy comenta apaixonadamente:

> [...] se se adota como regra de ouro do comportamento o princípio da manutenção homeostática, o objetivo último será aquele que é denominado como o indivíduo perfeito, isto é, um robô bem lubrificado, que se mantém em homeostase biológica, psicológica e social ótima. É o melhor dos mundos, que não é a condição ideal da humanidade para todos. Além disso, esse equilíbrio mental precário não deve ser

---

65 Heinz von Foerster, *Sistemi che osservano*, Roma: Astrolabio, 1987, p. 213.

perturbado: daí, naquela que é chamada, de maneira bastante cômica, de "educação progressista", o medo de cansar a criança, de lhe impor vínculos e minimizar os influxos, o que traz como resultado uma multidão inédita de ignorantes e de delinquentes juvenis[66].

Uma instrução funcional numa sociedade anônima exclui os indivíduos dos circuitos da comunicação, da participação, da decisão. Induz neles apatia, separação, violência, impotência, alienação, ou seja, gera indivíduos propensos à servidão política, à ditadura midiática. As mídias (ainda que sociais) se mantêm, com efeito, como canais de comunicação em que as possibilidades de retroalimentação e, de modo mais geral, de autorregulação e controle, de *inputs* de acesso ficam bloqueadas pelo sistema atual. Estamos diante de uma série de equívocos culturais, a partir da noção muito difundida de que o primado tecnológico é inelutável, quase uma espécie de ideologia oficial. É preciso prestar atenção! Tal como é concebida atualmente, a escola — sempre um momento essencial na vida de cada um — traz em si, com seus lugares-comuns e seu conformismo, o temível risco de se tornar uma *doxa* acrítica, subordinada à ideologia hegemônica e ao poder político.

A idade clássica da escola apresenta algo absolutamente diferente. A partir dos exemplos do Liceu de Platão e da Academia de Aristóteles, a *scholé* grega clássica constituía um tempo da vida consagrado ao conhecimento inicial, um tempo naturalmente separado da vida corriqueira, citadina, do trabalho, um tempo de preparação para a vida. Pode-se objetar: um modelo aristocrático irreproduzível! Verdade. Hoje, esse modelo é totalmente irreproduzível. Mas como não ver, numa época de revoluções científicas, culturais, tecnológicas, que as difíceis questões da contemporaneidade demandam precisamente essas funções necessárias e insubstituíveis? Como não ver que um ensino de massa, estruturado exclusivamente sobre saberes técnicos e utilitários, é uma débil resposta aos problemas gigantescos que temos pela frente? Como não ver, enfim, que um saber de base mínimo e uniforme é totalmente inútil, numa época em que tudo muda a uma velocidade sem precedentes? Para resistir aos efeitos de desadaptação e desenraizamento de um mundo em permanente mutação, os saberes de base deveriam trazer em seu interior perguntas de sentido, uma capacidade de aprendizagem autônoma, uma possibilidade de autoco-

---

66  Ludwig von Bertalanffy, *Teoria generale dei sistemi*, Milano: Mondadori, 1983, p. 196.

nhecimento. Mais: deveriam se expor ao risco da ilusão e do erro. A educação deve se encarregar desse problema e enfrentá-lo. Evidentemente, é difícil reconhecer erros e ilusões. Não é simples identificá-los como tais. Mas a tarefa de quem educa é mostrar abertamente que não existe conhecimento que não esteja exposto ao erro e à ilusão.

O conhecimento nunca é um espelho das coisas. Toda percepção é, ao mesmo tempo, uma tradução e uma reconstrução de *inputs* físico-químicos capturados e transformados pelos sentidos. Disso podem derivar muitos erros de juízo, que se somam inevitavelmente aos erros intelectuais. Também a linguagem, as ideias, as teorias — inevitavelmente expressões de uma tradução/reconstrução através das palavras e do pensamento — estão continuamente expostas ao risco de erros derivados da interpretação subjetiva, da visão do mundo, dos critérios e métodos de conhecimento. À diferença dos que acreditam ser possível um conhecimento sem sujeito, as projeções de nossas expectativas, temores e emoções interferem muito em nosso conhecer.

O desenvolvimento da ciência é um poderoso instrumento de identificação dos erros e de controle racional das ilusões. Os paradigmas que indicam os procedimentos corretos para a ciência também podem, por sua vez, produzir ilusões. Nenhuma teoria científica, por mais rigorosa que seja, consegue evitar o erro em seu interior. O conhecimento científico não pode enfrentar sozinho as questões epistemológicas e éticas que o afligem.

A importância da ilusão e do imaginário é enorme. Nosso imaginário, onde fermentam necessidades, sonhos, desejos, ideias, imagens, fantasmas, impregna nossa visão do mundo exterior. Além disso, por egocentrismo, autojustificação e álibi, os homens podem mentir para si mesmos. Na origem de muitos erros, ademais, está a infidelidade de nossa memória, que tende com frequência a privilegiar as lembranças vantajosas e agradáveis e a remover as desvantajosas e desagradáveis. Tratam-se de mecanismos inconscientes que deformam intensamente as lembranças, a ponto de nos fazer crer que vivemos (ou, se removidas, que não vivemos) fatos importantes em nossa vida. Nossas ideias não só podem estar erradas, como também, muitas vezes, nos protegem e servem de escudo para os erros e as ilusões.

> Faz parte da lógica organizadora de todo sistema de ideias resistir à informação que não lhe convém ou que não consegue integrar. As teorias resistem à agressão das teorias inimigas ou das argumentações contrárias. Embora as teorias científicas sejam as únicas

capazes de aceitar a possibilidade de ser refutadas, muitas vezes resistem a isso. De sua parte, as doutrinas — teorias fechadas sobre si mesmas e absolutamente convencidas de sua verdade — são refratárias a qualquer crítica[67].

A educação deve partir das incertezas ligadas ao conhecimento. O conhecimento é uma aventura incerta. As ilusões mais dramáticas são intrínsecas às certezas doutrinárias, dogmáticas e intolerantes. Inversamente, a consciência do caráter incerto do ato cognoscitivo é uma oportunidade para alcançar um conhecimento racional. Montaigne apontou a finalidade essencial do ensino afirmando que é melhor "uma cabeça benfeita do que uma cabeça bem cheia": a primeira indica o desenvolvimento de capacidades autônomas de aprendizagem, de criatividade, de invenção; a segunda indica um saber acumulado sem princípio de seleção, sem auto-organização, talvez sem sentido. O desenvolvimento da inteligência implica o exercício da dúvida, fundamento e seiva de toda atividade crítica, que permite repensar o pensado, despertando também "a dúvida sobre a própria dúvida". Não por acaso Montaigne cita Dante: "Pois, tanto quanto saber, agrada-me duvidar".

A dúvida guarda íntima relação com a educação, palavra talvez forte demais. Aliás, mesmo o termo "formação" (que exprime uma conformação) parece insuficiente, pois nega aquelas práticas autodidatas que suscitam e favorecem a autonomia espiritual do indivíduo. O próprio termo "ensinamento" é transmissivo demais, por seus aspectos restritivos, quase exclusivamente cognitivos. Assim, se a palavra "ensinamento" é insuficiente, o termo "educação" comporta um excesso e uma falta. Não é simples resolver essas dificuldades semântico-conceituais. Seja como for, é evidente que a didática não pode se esquivar ao pensamento. Deve medir-se com ele. A qualquer custo. Sem um "pensamento pensante" não pode haver nenhuma transmissão eficaz.

> O vórtice do pensamento é animado por um movimento em espiral e se move como o ciclone. Nunca é exclusivamente repetitivo e o pensamento se esgota remoendo eternamente a mesma verdade adquirida. Esse processo vertiginoso produz pensamento; em outras palavras, a transformação do conhecido em concebido. Como todo vórtice, o vór-

---

[67] Edgar Morin, *I sette saperi necessari all'educazione del futuro*, Milano: Raffaello Cortina Editore, 2001, p. 21. Ed. bras.: *Os sete saberes necessários à educação do futuro*, São Paulo; Brasília: Cortez; Unesco, 2001.

tice do pensamento oscila entre duas desintegrações, de um lado por insuficiência, de outro lado por excesso ou turbulência. O vórtice se converte em turbulência quando os termos da dialógica deixam de se regular reciprocamente ou quando as contradições se entrechocam com violência, o que acontece sobretudo ao se aproximar dos grandes problemas: estes últimos fazem o pensamento seguir à deriva, rumo às fronteiras do dizível, do lógico, do explicável, e trazem à tona contradições radicais que, colidindo entre si, provocam a turbulência em que o pensamento corre o risco de soçobrar[68].

O pensamento não pode se esquivar aos riscos do viés e às escolhas erradas. Arriscaria deflagrar processos de autodestruição, através dos mecanismos do ceticismo, do relativismo e da autocrítica. Tampouco é capaz de eliminar o risco de autodestruição no mesmo momento em que tenta autoconstruir. Isso fica especialmente evidente no nível mais elevado do pensamento criador. Descobrir significa ver o que todos viram, mas pensar o que ninguém pensou, captar o que, numa percepção normal, se mantém invisível, trazer à luz um fenômeno surpreendente: tal como Newton, quando deduziu da queda de uma maçã o movimento que atrai os corpos à Terra. Somente um novo ponto de vista torna a percepção menos simplista e leva a pensar coisas nas quais ninguém havia pensado antes. Portanto, para ver além do que todos viram, é necessária uma percepção nova. Pensar o que ninguém pensou antes significa captar as inevidentes evidências por meio de olhares que tornam possível a realidade. Dessa forma, toda descoberta, a começar pela descoberta de algo visível a todos, é uma aquisição que comporta invenção e criação.

Muito raramente um pensamento serial consegue desdobrar sua capacidade criadora em toda a plenitude. Já pelo contrário, um pensamento vivo se mantém livre, solto, não especializado, nas ciências, nas técnicas, na ação humana. O desenvolvimento da mente implica uma consciência reflexiva que afaste o risco do pensador onisciente e, ao mesmo tempo, inconsciente da própria subjetividade. Evidentemente, podemos favorecer um determinado *insight* específico sobre algo numa outra pessoa. Porém estaríamos ainda longe de um conhecimento efetivo, que transforma a consciência de si e convida a um repensar crítico do próprio conhecimento, levando ao questionamento de seus

---

68   *Idem, op. cit.*, 1989, pp. 207-8.

fundamentos. Esse *insight* surge de um fundo obscuro, insondado e talvez insondável. Ele precede o inconsciente, como uma espécie de vanguarda da mente. Ao mesmo tempo, corre atrás dele, tentando recuperar o ilimitado saber que a evolução biológica acumulou até o *Homo sapiens*. A noção de consciência corresponde apenas em parte à noção de conhecimento. Não é um paradoxo afirmar que as coisas que conhecemos melhor são as coisas das quais temos menos consciência. O próprio conhecimento é um processo principalmente inconsciente. A consciência o assume mais tarde, e apenas parcialmente. Invenções e criações são as expressões mais elevadas da consciência, mas são totalmente inseparáveis por um trabalho inconsciente que aspira à luz ou, se se preferir, vivem do diálogo entre consciência e inconsciente.

> A criação surge, talvez, nas fímbrias de interferência entre o consciente e o inconsciente, pelo encontro turbulento entre a busca consciente, de um lado, e a ativação das fontes imaginárias/oníricas, de outro lado, unida ao despertar dos recursos arcaicos da mente causado por aquela busca. O chamado "gênio" vem de um aquém da consciência, ilumina a consciência, ilumina a si mesmo por meio da consciência e escapa à consciência[69].

Por autônoma que seja, a consciência não deixa de depender dos processos dos quais se origina. Em relação ao "pluriverso" psíquico em que estamos imersos, nossos sentidos e nossa memória são drasticamente limitados. E, ademais, nem nossas próprias explicações conseguem explicar nossos princípios de explicação. No máximo, adquirimos consciência da incompletude da explicação, da presença inextirpável do inexplicável, mesmo quando estamos no próprio cerne da explicação. A consciência dos limites de nossa inteligência é inteligência de nossos limites. Devido a suas ligações com o ignoto (e o incognoscível), o conhecimento permanece sempre e inevitavelmente incompleto. Para conhecer melhor e reduzir sua própria ignorância, o conhecimento precisa se conhecer. O mesmo vale para nosso Eu: um universo abarrotado de personalidades virtuais, fantasmas, sonhos, ideias, que oscila, do nascimento à morte, entre dor e prazer, amor e ódio, bondade e ressentimento, riso e lágrimas, grandeza e miséria, vingança e perdão. Reconhecer tudo isso significa reconhecer o princípio que faz

---

[69] Gregory Bateson, *Verso un'ecologia della mente*, Milano: Adelphi, 1976, p. 217.

de nossa identidade um horizonte finito com aberturas infinitas, um prisma de ilimitadas perspectivas.

Como é possível traduzir tudo isso num processo de ensino? Como produzir um ensino que seja, ao mesmo tempo, objeto e sujeito, processo crítico e autocrítico contínuo do processo educacional? Um ensino não pode ser um "despejo num funil" de um emissor (que sabe) para um receptor (que não sabe), uma troca comunicativa. O ensino é a junção estrutural entre dois sistemas cognitivos (o professor e o aluno), uma busca existencial comum alimentada por aspirações dissonantes e contrastantes, pela dúvida e pelo sentido da verdade, por despedidas e novos encontros, pela surpresa do desconhecido. Anota poeticamente Morin: "estou cercado pelo mistério: sinto que caminho nas trevas, rodeado por galáxias de vaga-lumes que me ocultam e ao mesmo tempo me revelam na escuridão da noite"[70].

## Conclusões

Essa breve viagem pelo universo da educação mostrou como uma educação a serviço de um programa de transformação social, com uma escolarização que deforma os critérios de instrução e de educação, sem locais de formação "permanente e recorrente", prepara uma longa era de ignorância, sem ocasiões, sem estímulos. À profusão das intenções programáticas e legislativas corresponde uma escassez de conteúdos e resultados. Uma sociedade massificada, constituída por indivíduos atomizados, torna precária e regressiva a vida cultural livre e espontânea de uma sociedade. A comparação com as grandes épocas cruciais da história e da formação ocidentais — a *paideia*, as *Toledot*, a *Bildung* — mostra o estado mínimo, aviltado e degradado, de grande parte do ensino público de massa de nossos tempos. O desaparecimento de uma educação predominantemente não escolar, que caracterizou diversas sociedades anteriores, decerto não contribuiu para melhorar as condições de uma formação predominante ou unicamente escolar. A escolarização prolongada e obrigatória, a corrida aos diplomas, a universidade de massa: são faces do mesmo falso progres-

---

70 Edgar Morin, *I miei demoni*, Roma: Meltemi, 1999, p. 249. Ed. bras.: *Meus demônios*, Rio de Janeiro: Bertrand Brasil, 1997.

so que prepara estudantes orientados para o consumo de programas escolares e mercadorias culturais que levam ao conformismo social e à obediência a seus governos. A própria definição do perfil dos professores, com o fito de promover uma didática fundada no modelo da transmissão do conhecimento, deixa o homem da sociedade da informação desprovido de instrumentos e exposto ao risco de uma mistificação instrumental de suas melhores qualidades. Tudo isso levou, uns quarenta anos atrás, um pensador a propor uma verdadeira desescolarização da sociedade[71], isto é, uma ruptura radical com um sistema de poderes e saberes, preparando a passagem dos batidos rituais da educação de massa para a abertura de espaços de autoaprendizagem na própria vida e no encontro com o outro. Em outras palavras, restituindo ao homem o gosto de inventar, criar e experimentar a vida, participando no desafio da vivência do planeta em nossa época.

Os modelos educacionais que foram expressões de civilização fundamentais da evolução humana deixaram rastros e ainda hoje persistem na memória de exemplos fecundos de personalidades geniais, formadas em tais sistemas. Por exemplo, a *paideia* grega clássica, projeto irredutível à pura *technè*, visa à formação geral da humanidade do homem. Os jovens gregos se formam numa civilização da educação que tende a alcançar os valores mais altos da humanidade. Trata-se de um sistema formador seletivo, agonístico, voltado para a formação de níveis superiores de humanidade, de conquista de ações de honra, com o desejo de glória como ápice do percurso. Para o desejo de glória, para a honra, é preciso conquistar a excelência física e vital, para a qual é necessário se empenhar ao extremo, não poupar esforços, correr riscos. O ápice do sistema é a *aretè*: a virtude, o valor, a capacidade de excelência. O modelo da *paideia* é um modelo moral, tendo em seu centro o cuidado com a alma. Tudo é movido por *eros*, o amor à alma e à beleza. Um sistema pedagógico ético, estético, problemático e hermenêutico. Uma instituição de uma grande civilização, que gera e eleva a civilização.

No universo judaico, por sua vez, a educação está voltada para a verdade infinita e plural, alicerçada em inesgotáveis interpretações, dirigidas não ao discurso ou à técnica, mas à formação moral na transmissão de geração em geração. Toda geração tem o dever de acrescentar algo, de descobrir alguma novidade. Pode fazê-lo porque a ignorância é um pecado condenado por Deus e a conquista de um nível mais alto e evo-

---

[71] Ivan Illich, *Descolarizzare la società*, Milano: Mondadori, 1975.

luído é possível graças à solidez e à amplitude das bases, da sabedoria recebida, graças ao caráter inquisitivo e indagador de um conhecimento aberto a novas perguntas, a novos caminhos de pesquisa, onde a verdade nunca é posse e a verdade de Deus é mais do que a verdade. Nesse horizonte dialético que não conhece sínteses conclusivas, fechamentos, pretensões de sistematicidade, a ética predomina sobre a ontologia.

O poderoso e sugestivo relato de Elie Wiesel sobre seu amado e admirado mestre, o rabino carismático e itinerante, e todas as considerações dos mestres da Torá e do Talmude sobre o papel dos *talmid chacham* mostram como a educação judaica é ao mesmo tempo popular e aristocrática. Naturalmente, a aristocracia educacional judaica é muito diferente da grega e de todas as outras. O mestre-sábio não é julgado somente pelo nível de seu saber, mas também pela coerência de sua conduta. Isso eleva o papel dos mestres, que não se resume à excelência nos estudos e no ensino do saber bíblico talmúdico. Trata-se de uma honra que alcança o céu e representa o Céu na terra. Nesse sentido, pede-se aos alunos que se honre ao mestre como se honra ao Senhor do Universo, como se honra ao pai e à mãe.

Na identidade judaica, há a recusa de rebaixar os elevados níveis de formação, e o analfabetismo religioso e cultural é veementemente condenado e censurado em todos os níveis, não só pelos mestres, mas também no nível popular e familiar. O sistema educacional judaico tem como meta uma constante elevação ética, cultural e religiosa. Ele vive numa interpretação infinita, com um constante dever criativo, que exclui e impede a banalização e a superficialidade. Se o povo judaico existe com honra, depois de milênios de perseguições e extermínios, e alcança novos patamares de pensamento e de ação na civilização contemporânea, é também graças a um sistema educacional tão rigoroso e seletivo e, ao mesmo tempo, tão vivaz e criativo. É um sistema muito particular e muito específico do judaísmo, mas que contém evidentes e incontestáveis ensinamentos universais. Elevar o nível, jamais rebaixá-lo, elevá-lo por toda a vida, como sistema de vida. O mestre Abraham J. Heschel nos recorda: "a profundidade atrai a profundidade".

Em comparação a essa tradição, parece evidente que todos os sistemas de mera instrução instrumental, niveladora, minimalista, não passam de simples vacuidade educacional e de uma instrução falimentar, com efeitos regressivos para toda a sociedade, que prejulga o próprio futuro. O destino da *Bildung* alemã — um sistema educacional de humanismo polivalente, de origem renascentista, com algumas características de aristocracia humanista — mostra plenamente como a passagem de uma postura humanista elevada a saber instrumental tecnificado não só aniquilou toda uma luminosa tradição, mas levou a escola alemã a ficar indefesa e, depois, a se tornar cúmplice diante do advento do nazismo. A escola alemã nazificada destrói a *Bildung* clássica em nome de uma *Bildung* exacerbada em sentido nacionalista, racial e político-militarista. Trata-se de uma história extremamente significativa e rica de ensinamentos. Ela nos mostra, com efeito, que o saber instrumental é uma ilusão do ponto de vista da posição democrática; que uma escola sem valores se vê indefesa perante o mal da tirania, da uniformização, do conformismo; enfim, que uma escola incapaz de se defender do mal se torna inevitavelmente cúmplice do mal.

# Descoberta e criação

Não há necessidade da ciência ou da filosofia para saber que a razão, assim como a imaginação e o sentimento, são partes essenciais da natureza humana. Estes últimos não só não se opõem à razão, mas constituem antídotos à tendência da razão para a abstração e a aridez conceitual. Poderiam até ser considerados declinações diferentes, encarnadas da racionalidade, de forma alguma contrapostas a ela.

> A razão desdenha tudo o que é inventado pela fantasia e pelo sentimento, e nisso a razão faz bem; mas o sentimento e a fantasia retribuem com o mesmo direito. Ou, tal como a razão, não fazem parte, eles também, da essência do homem? Ou deseja talvez a razão incumbir-se primeiramente de demonstrar que ela é a coisa mais alta, e a quem quer convencer disso? A si mesma? Mas isso é inútil? E então a fantasia, o sentimento? Isso não é possível. Mas é do mesmo modo arbitrário glorificar exclusivamente a razão, assim como glorificar exclusivamente o sentimento e a fantasia. É esta a verdade da expressão: "aprisionar a razão, renunciar à razão... para chegar à verdade", visto que a razão é tão enlevada de si mesma e enganosa quanto o sentimento e a imaginação[1].

Nas culturas arcaicas e na oralidade mimético-poética, Giambattista Vico capta os sinais de uma fantasia exuberante, de uma memória extremamente vivaz. O mito tem uma marca própria pré-filosófica, senão até afilosófica: uma espécie de mensagem imaginativa, uma sacralização das origens e do modo como os seres humanos se exprimem num determinado contexto cultural. Com frequência os fatos descritos pelo mito antecedem a história escrita. É na Idade Moderna

---

1 Soren Kierkegaard, *Diario*, v. 3, Brescia: Morcelliana, 1948, p. 122.

que o pensamento, sobretudo pela influência da revolução científica, transita do *mythos* ao *logos* (o qual sempre foi a antítese do *mythos*). Hegel apontava que as imagens do mito são representações, mais do que expressões do pensamento especulativo, o qual, por sua vez, não é influenciado pelo imaginário. Em outras palavras, os mitos não são pensamento maduro e é dever da filosofia livrar-se definitivamente deles.

Na segunda metade do século XX, Walter Hirsch afirmou, entretanto, que o mito é uma via necessária para exprimir aquilo que o *logos* não pode dizer, e também uma interpretação (e uma expressão) das complexas dinâmicas e das vicissitudes da vida. É por essa via que o pensamento descobre sua diferença e se revela como "vida": acima de tudo, dá-se conta de não poder conceber uma alma puramente conceitual. A ideia é um ser "imóvel", enquanto a alma é movimento, vida.

O mito é uma história da alma, bem além do tempo. Não por acaso, quase todos os mitos platônicos mais importantes dizem respeito à alma. O *logos* que se exprime por meio do mito, fazendo-se a mitologia, é expressão mais elevada da metafísica platônica. Platão, de fato, atribui ao termo "mito" um horizonte semântico muito amplo. Não é infundado dizer que seus próprios escritos são formas do mito. Na verdade, seus diálogos são poesia filosófica, uma singular versão da comédia e da tragédia e, em termos mais gerais, do teatro ateniense. Segundo Platão, a realidade pode assumir as formas do mito porque a *noesis* e o saber dialético são possíveis somente no mundo das Ideias. O *mythos* com seu discurso mágico (o discurso que encanta) se dirige não só à alma racional, mas também às forças extrarracionais da alma.

Como se sabe, a civilização grega antiga atribui importância à *kalokagathia* (termo intraduzível nas línguas modernas, mas emblemático do universo grego clássico, seu verdadeiro valor espiritual) em que coincidem o "belo" e o "bem". Platão escreve que o bem, na intenção de escapar ao homem que estava em sua busca, ocultou-se no belo, isto é, na medida, na proporção. Mas o belo, ao invés de esconder o bem, revela-o (Filebo). Mais tarde, Platão escreverá que tudo o que é bom é belo, e o belo não é desprovido de medida (Timeu). E acrescentará que a beleza recebe em dádiva também o privilégio da visibilidade, isto é, o modo de ser da luz[2].

Na origem da beleza e da criação artística está o amor. O *Banquete* narra um diálogo entre os convivas de um banquete (local eminente da

---

[2] Hans Georg Gadamer, *Verità e metodo*, Milano: Bompiani, 2000, p. 549. Ed. bras.: *Verdade e método*, Petrópolis: Vozes, 2008.

beleza, da inteligência e do amor pela medida) que discutem sobre o deus Eros. Perguntam-se, o que é Eros? Eros deseja o belo e o bem, embora ele mesmo não seja belo nem bom. Não é sequer um deus. É um *dáimon*, um ser entre homens e deuses, que reside no meio, entre sabedoria e insipiência, saciedade e necessidade. Não é o belo, mas amor ao belo, ao bem, como tensão voltada para a *eudàimonia*. Nisso consiste Eros que, em seus atos próximos ao divino, é geração e regeneração do corpo e da alma. O belo, embora imortal, pode revelar-se em vestes mortais. Como contemplação do belo, ápice de uma escala ascendente, Eros nasce como um pressentimento, mas se manifesta com uma simples percepção sensível. O *Banquete* conclui com a aparição repentina de Alcibíades embriagado, que exalta Sócrates e, por sua fealdade exterior e sua beleza interior, compara-o ao sátiro Mársias.

Se Platão, nos *Diálogos*, apresentara o amor como desejo daquilo que não temos e a que deveríamos tender, recolocando a ideia do Belo na percepção por meio da visão (para os gregos, o mais elevado dos sentidos), 2 mil anos depois Hans Georg Gadamer concebe o belo como manifestação do bem: o resplandecer do ultraterreno no visível[3]. Portanto, não como simples simetria, ordem, precisão, mas como próprio valor do número e da medida (*arithmos-logos*).

Platão faz uma feliz fusão entre filosofia e poesia, pensamento e beleza. Apesar do poderoso apelo, ele resistiu ao chamado da poesia. Preferiu o caminho da filosofia. Nietzsche disse que o deus Hefesto fez Platão extrair do fogo da tragédia o ouro fundido da poesia filosófica. Eros anima não só algumas ações do homem, mas toda a busca do bem e da felicidade. A tensão eterna de Eros em direção ao Bem é puro desejo, busca permanente de imortalidade. Com a união de Eros e Bem, a condição mortal prevalece sobre a morte.

Por meio da arte e da ciência, os gregos superam a finitude e a decrepitude humanas. A ciência nasce, em particular, da mente especulativa dos gregos. Aristóteles cunha o conceito de ciência como conhecimento do detalhe. A astronomia, a cosmologia e a própria medicina se inspiraram e se desenvolveram na relação com a metafísica. À diferença dos modernos, contemplar significa, para os gregos, assumir uma atitude prática em relação à vida fundada sobre o conhecimento. O próprio termo teoria, para além de suas valências morais e cognoscitivas, tem um caráter nada abstrato: é, de fato, coparticipa-

---

3  *Ibidem*, p. 979.

ção, envolvimento existencial com a coisa pensada e, portanto, comportamento moral e estilo de vida. *Theoria* é participação real. Não um fazer, mas um sofrer, ser preso, arrebatado pela contemplação. É-se homem somente pela Verdade, diz Platão em *Fedro*. Sem se contemplar a Verdade, jamais se chegará à forma de homem.

Maior do que o céu

Não é raro que a força da criação se manifeste no mais agudo desencanto e na mais dilacerante desilusão, quando um novo encanto revela inéditos universos de cores, sons e palavras, aos quais novos sentidos conferem magia. Em *Una musica costante* [Uma música constante], Vikram Seth narra uma intensa, atormentada história de amor, que tem como protagonista uma pianista surda: uma brecha que se abre sobre a felicidade absoluta da criação e da interpretação musical.

> Os espectadores que nos ouvem não podem imaginar como é honesta, petulante, acomodatícia, obstinada nossa busca de algo além de nós mesmos, que imaginamos com nosso espírito dividido, mas somos obrigados a encarnar unidos. Onde está a harmonia do espírito em tudo isso, para não falar da sublimidade? Como operam esses mecanismos, essas paradas e retomadas, essa fácil irreverência em nos transmutarmos, a despeito de nossas individualidades conflitantes, em ouro musical? E, no entanto, muitas vezes é desses inícios insignificantes que chegamos a uma compreensão da obra que nos parece verdadeira e original, e tem uma expressão própria que afasta de nossa mente — e talvez, pelo menos por breve tempo, da mente de quem nos escuta — qualquer versão, por verdadeira e original que seja, executada por outras mãos[4].

Para Vikram, a música é mais preciosa até do que as palavras. O livro, que retoma desde o título alguns versos de John Donne, revela o fervor de uma comunhão musical, pacificadora, beatífica:

> E por aquele portão entrarão, e

---

4   Vikram Seth, *Una musica costante*, Milano: Longanesi, 1999, p. 26.

## DESCOBERTA E CRIAÇÃO

> Naquela casa habitarão, onde não haverá
> Nuvem ou sol, treva ou clarão,
> Mas uma luz constante, nem som ou silêncio,
> Mas uma música constante, nem medo ou esperança,
> Mas uma posse constante, nem amigo ou inimigo,
> Mas uma comunhão e identidade constante,
> Nem fim ou início, mas uma eternidade constante[5].

Antes de escrever o romance, Seth ouviu por muito tempo violinistas e pianistas, compositores, fabricantes e reformadores de instrumentos, maestros e críticos, agentes e gerentes musicais, funcionários discográficos e diretores de salas de concerto. Até otorrinolaringologistas. A narrativa, a própria psicologia dos personagens (todos eles instrumentistas), gira em torno do fascínio e perturbação provocados pela música. Qualquer outra coisa se torna irrelevante em comparação à música. Como quando a rádio transmite a música suave e vigorosa de um quinteto de Beethoven. Ou, numa noite de inverno, no Wigmore Hall de Londres:

> O programa é simples: três quartetos clássicos. Um de Haydn, opus 20 número 6 em lá maior, o quarteto que mais amo no mundo; depois o primeiro dos seis quartetos que Mozart dedicou a Haydn, em sol maior, e por fim, depois do intervalo, a maratona de obstáculos de Beethoven, o etéreo, alegre, ininterrupto, milagroso, massacrante quarteto em dó sustenido menor, que Beethoven compôs um ano antes de morrer e que, assim como a partitura do Messias o consolara e alegrara no leito de morte, iria alegrar e consolar Schubert, o qual, um ano depois, estava morrendo na mesma cidade.
>   Morrer, não morrer, um mergulho na morte, uma ressurreição: as ondas sonoras transbordam em nosso redor tão logo as geramos, eu e Helen no centro e, nos dois lados, Pierce e Billy. Nossos olhos estão imóveis na partitura; quase não nos olhamos, mas guiamos e somos guiados um pelo outro, como se Haydn em pessoa fosse o maestro. Somos um estranho ser compósito, não mais nós mesmos, mas o Maior, composto de muitas partes soltas: cadeiras, suportes, partituras, arcos, instrumentos, músicos — que se sentam, se levantam, se movem, tocam — tudo para produzir essas vibrações

---

5   John Donne, *apud* Vikram Seth, *Una musica costante*, Milano: Longanesi, 1999, p. 9.

complexas que atingem o ouvido interno e, por meio dele, a massa cinzenta que diz: alegria; amor; dor; beleza. E sobre nós, na abside, a estranha figura de um homem nu, cercado de ramos de amoras que aspira a um Graal de luz, e diante de nós 540 seres quase invisíveis absortos em 540 redes diferentes de sensações, meditações e emoções, e através de nós o espírito de alguém que, em 1772, escrevia com a pena de um pássaro com a ponta afilada[6].

Cada tempo do quarteto é um microcosmo. De olhos fechados, pergunta-se o narrador: "Um voo até o final da galáxia e talvez alguns milhões de anos-luz mais além?"[7]. O tempo e o espaço se dilatam até os limites do mundo. Uma outra vida. Talvez algo mais do que a vida. Na fina linha entre música e surdez, Julia aguçou sua memória musical, levando a sensibilidade interpretativa para além de qualquer rotina.

"Pelo menos", diz um pouco depois, "não nasci surda. Ao menos a memória me pode dizer como é o quinteto de cordas de Schubert. Nisso sou mais afortunada do que Mozart — que nunca ouviu uma nota dele — ou Bach, que nunca ouviu uma nota de Mozart..." Às vezes a máscara escorrega por um instante e percebo seu desespero. Pergunto-lhe como ainda consegue produzir música com os dedos, como consegue tocar com a delicadeza, com a sensibilidade que ainda se sente em sua música. É uma coisa que ultrapassa minha compreensão. Ela, sempre ansiosa em falar de música em geral, retrai-se no laconismo. Diz-me apenas que encontra um análogo mental ao modo como ouve uma frase e depois deixa que seu corpo a represente. Para mim, sua surdez rompeu um sonho ideal, mas como posso interrogá-la com mais agressividade? O que entende por "representar"? Que sinal de retorno os ouvidos lhe enviam? Como consegue perceber exatamente o quanto sustenta o pedal?[8].

O diálogo dos protagonistas sobre a audição e a execução musical mostra paixão e exatidão, modéstia e ambição, rigorosa aceitação da fidelidade sem a visão romântica da inspiração. E fidelidade não é pouco.

---

6 Vikram Seth, *op. cit*, pp. 111-2.
7 *Ibidem*, p. 112.
8 *Ibidem*, pp. 207-8.

Mas agora deixei de crer que tudo o que não seja a criação de uma obra-prima é inútil. Coloco-me simplesmente duas perguntas sobre o que estou fazendo em meu lugar na galáxia. É melhor fazer ou não? E é melhor que faça isso ou alguma outra coisa?[9].

Como é possível uma execução dessas sem audição? Qual é a vantagem de não ouvir?

"Bem, é isso", diz Julia. "Quando vou a um concerto ou escuto um disco, extraio apenas uma sensação geral do que se passa. Todas as sutilezas da música tocada pelos outros agora estão perdidas para mim. Assim, quando toco alguma coisa, sobretudo algo que nunca ouvi antes, sou absolutamente obrigada a ser original [...]. Não que a originalidade em si seja suficiente. Não estou dizendo isso. Mas pelo menos é um ponto de partida. No caso d'*A Truta*, naturalmente eu a ouvira com bastante frequência, antes que as coisas começassem a ir mal, e a tocara. Mas tudo desaparece se não é reforçado. Muitos músicos, quando precisam tocar alguma coisa, compram o CD antes mesmo de dar uma olhada na partitura. Eu não tenho essa possibilidade. Ou melhor, não me serve de grande coisa." Concordo. Retornamos absortos a nossos pensamentos, e o panorama de certa forma entra em nossas meditações. Julguei que ela dizia algo sobre o sofrimento que obriga a entender o mundo. Mas, de uma estranha maneira, estou feliz que ela tenha dito o que disse[10].

A surdez é a porta estreita para a originalidade, por violar o limite com possibilidades expressivas até então impensadas. Tal como Chopin, que transformou o limite de uma medíocre educação musical numa audácia compositiva, avançando ainda mais livremente nos territórios da criação. A magia, a felicidade, a embriaguez da música se multiplicam quando as pessoas tocam juntas, unidas pela cumplicidade e pela paixão.

Billy nos guia pela mão. Na vez seguinte, tocamo-lo com o tipo de *vibrato* que costumamos usar. A terceira vez e as subsequentes são quase sem *vibrato*: o estilo em que Billy pretende que gravemos ou executemos a obra. É um caminho lento, mas revelador. Depois de

---

9  *Ibidem*, p. 248.
10  *Ibidem*, p. 309.

uma hora, passamos ao outro trecho que está a nosso alcance e o abordamos da mesma maneira. Depois, a um toque mágico da baqueta, o quarteto se transfigura: o som, a estrutura, o aspecto. Passamos diretamente para um trecho em que Helen ou eu temos de usar instrumentos mais grossos e graves do que o habitual. Sentimo-nos e parecemos desproporcionais: em relação a nós e aos outros. Toco a viola que peguei emprestada e que poderia ser chamada de viola tenor. Tem um som assombroso, indolente e rangente, muito rico e estranho, e de repente nós quatro começamos a rir de prazer — sim, prazer, porque o mundo exterior perdeu peso, espessura, existência — sem parar de tocar[11].

O que nos leva a ouvir e tocar música? Por que não podemos viver sem ela? Por que sua linguagem (assemântica) nos captura muito mais intensamente do que todas as outras expressões (semânticas)? Por que a música nos chama, nos captura, nos arrebata e abala tão profundamente nossa existência? Por sua surpreendente ligação com a razão e o sentimento, o dia e a noite, o rigor e o sonho, a moralidade e a magia, a música é a manifestação mais profunda e filosoficamente inquietante.

> Estou na primeira fila na galeria. Um murmúrio enche a sala. Olho as cabeças da multidão na plateia. Na quinta fila, vejo um menino, creio que o único aqui, e o pai a seu lado. Ela entra, olha-os e sorri. Por um instante, por mais de um instante, seu olhar se move, preocupada, escrutando, depois senta-se ao piano. Toca sem transcrição, com os olhos por vezes nas mãos, por vezes fechados. O que sente, o que imagina, não sei. Não há uma gravidade forçada em sua maneira de tocar. É uma beleza além da imaginação, límpida, meiga, inexorável, uma frase entrelaçada à outra, uma frase que faz eco a outra, a incompleta, a infinita Arte da fuga. É uma música constante. Começa a chover. Bate na claraboia num leve tamborilar. Após o undécimo contraponto vem o intervalo. Agora virá o caos: a ordem incerta dos trechos quando retornar, e aqui no *foyer* as conversas com elogios e alfinetadas. Não consigo ouvir mais nada. Passo ao largo no átrio lotado e saio sob a chuva. Caminho ao longo da escuridão do parque, atravessando as ruas. Mais uma vez, paro ao lado da Serpentine. A chuva lavou minhas lágrimas de antes. A música,

---

11  *Ibidem*, p. 374.

esta música, é uma dádiva suficiente. Por que pedir a felicidade, por que esperar não sofrer? É bastante, é bênção suficiente viver um dia após o outro e ouvir essa música — não em demasia, do contrário o ânimo talvez não resistisse — de vez em quando[12].

Os ruídos do mundo, o silêncio, as vicissitudes da existência exaltam o desejo de música. E ela nos aguarda, sedutora e precisa, como para um encontro amoroso. Chamando-nos para a viagem a uma outra vida.

O infinito na palma vazia da mão

Mesmo em sua aparente imobilidade expressiva, as artes figurativas nos desvelam universos não menos intensos dos que os outros. Aqui, todo pormenor é muito mais do que um simples detalhe. As imagens adquirem novo sentido e novos olhos nascem em nós.

Michelangelo foi o artista do Renascimento mais atormentado por experiências religiosas e filosóficas diversas e profundas; a origem de algumas delas deve ser buscada em tudo o que o século XVI encontrou em seu retorno às fontes judaicas. Ele viveu em Florença de 1475 a 1564, sob Savonarola, a quem admirava, mas que também Dom Isaac Abravanel admirava à distância. Sentiu a palpitação daquilo que convém chamar pudicamente de "neoplatonismo", corrente filosófica cujo sucesso no século XVI se deveu inteiramente, na verdade, à profunda penetração da Cabala judaica nas almas cristãs. O fato de Michelangelo ter frequentado Pico della Mirandola em Florença, desde 1481, deveria bastar para se proceder a um estudo sobre Michelangelo e a Cabala. E, por fim, o interesse de Michelangelo pelo Antigo Testamento, que lhe inspirou muitas obras-primas do Novo Testamento, poderia acrescentar mais um matiz complementar a esse pano de fundo, do qual emergem as relações de causa e efeito entre Michelangelo e o judaísmo e, mais precisamente, entre Michelangelo e o Maharal[13].

---

12 *Ibidem* pp. 458-9.
13 André Neher, *Faust e il Golem. Realtà e mito del Doktor Johannes Faustus e del Maharal di Praga*, Firenze: Giuntina, 2005, p. 102.

Michelangelo e o Maharal de Praga estão entre as testemunhas mais agudas do humanismo europeu. O encontro entre ambos, árduo e paradoxal, roça o horizonte da fé e da razão. Inaugura uma nova visão do homem. No coração desse diálogo não está o humanismo do pesquisador ou o Renascimento das artes e das ideias da Antiguidade: diante do Criador está a criatura autônoma que, depois de um longo eclipse medieval, dá vida a uma nova época. O homem que renasce é o fogo que arde sob o frio mármore do *Moisés* de Michelangelo e das páginas do Maharal. Mas quais segredos oculta este fogo, que intrigou personalidades como Romain Rolland, Sigmund Freud e tantos outros mais?

Em Roma, na basílica de San Pietro in Vincoli, encontra-se a mais intensa e espiritual representação do profeta Moisés. Seus quarenta dias no deserto — sem alimento nem água — exprimem o soberano domínio de si, da matéria sobre o espírito. A espessa barba dissolve a cólera fremente. Tem-se a impressão de que, dali a um segundo, as Tábuas da Lei poderiam se despedaçar. Mas, no limite desse instante, está o poder do corpo de um homem que domina a própria luta interior, esconjurando o perigo. Seus olhos não imploram ao céu. Não o interrogam. Nem lhe fazem invectivas. Aqueles olhos estão dirigidos ao homem, ao povo, Àquele que olha. Contudo, sua serena contemplação do mundo físico não tem nada de místico. É o homem da humanidade, não o homem de Deus: a encarnação do humanismo numa estátua de homem.

Num comentário aos *Pirkei Avot*, o Maharal de Praga tenta uma grande reabilitação do corpo, a mesma que Michelangelo projeta sobre Moisés. Tudo depende do corpo, diz o Maharal. Se Noé, com sua extrema espiritualidade, havia enfrentado o dilúvio, a decadência e o caos de Babel, e Adão se dispusera, com seu corpo, a receber a forma e a imagem divina como vocação humana, Michelangelo, no auge da civilização renascentista, anuncia que não existe beleza fora da forma humana. É esta convicção que está na origem do *scandalon* de sua nudez sem pudor e à luz do sol de Davi. Enquanto a visão cristã ressalta a escravidão do corpo, Michelangelo multiplica os nus. Tanto o Maharal quanto Michelangelo transfiguram o espírito do homem, encarnam-no na matéria. O corpo se torna veículo do espírito. Os afrescos da Capela Sistina narram a Bíblia das origens. Revelam seus motivos profundos: os neoplatônicos e cabalísticos de Michelangelo, os da teologia dialética do Maharal. É o tema da autenticidade de um mundo que só é ele mesmo quando considerado ao contrário.

> Um dos lampejos de gênio mais apaixonantes de Maharal é aquele em que convida à contemplação do mundo invertido [...]. Às vezes é preciso respeitar a inversão óptica, aceitar que a imagem em pé seja falsa e descobrir a verdade na perspectiva da cabeça virada para baixo. É isso o que o Maharal repete várias vezes sobre o homem, que sem cessar compara à árvore. Metáfora luminosa, que ilumina a condição do homem, sua vocação, sua finalidade; mas também metáfora incompleta, pelo menos num ponto: o homem certamente é uma árvore (Deuteronômio, 20, 19), mas uma árvore de ponta-cabeça porque tem suas raízes no céu. E essa alternativa de uma imagem que é verdadeira, tanto quando está de pé, como quando está de ponta-cabeça, torna ainda mais complexa a poliopia enaltecida pelo Maharal[14].

A cena do Gênesis na Capela Sistina é pura beleza, carregada de sentido: o fascínio de um projeto sobre-humano. Contudo, o

> [...] contato primitivo — e tipologicamente definitivo — entre a criatura e o Criador, Michelangelo o evocou em seu afresco da Capela Sistina numa cena tão célebre, mas também tão perturbadora e paradoxal quanto seu Moisés. Segundo Michelangelo, Deus, no ato criador, é animado por uma potência soberana, uma potência feita, como para Moisés, de matéria e de espírito, de vigor carnal e de emanação espiritual; e, perante Deus, Adão não é um átomo, um feto, um escravo, mas um companheiro, "o homem igual ao Deus", escreve Romain Rolland, "que se desperta do sono da terra e olha de frente o Deus que o desperta, em silêncio, os dois prontos para lutar". Mas, acima de tudo, aquele detalhe que Romain Rolland negligencia em sua análise, mas outros intérpretes ressaltam vigorosamente: o despertar de Adão se realiza por meio das mãos do Criador estendidas para a criatura, porém sem a tocar. Entre a mão de Deus e a de Adão há um minúsculo, porém irredutível intervalo, um vazio[15].

Neher rejeita a interpretação desse espaço como símbolo da vida. Inclina-se para a interpretação que Émile Zola deu sobre o segredo de Michelangelo:

---

14 *Ibidem*, p. 109.
15 *Ibidem*.

[...] aquela exaltação do corpo humano, de sua beleza, de sua potência, de sua graça! Ah! Aquele Jeová segundo uma transcrição do tetragrama, aquele régio ancião, terrível e paterno, arrastado pelo furacão de sua criação, os braços abertos que dão à luz os mundos! E aquele Adão soberbo, com um traço tão nobre, a mão estendida, e que Jeová anima com o dedo, sem o tocar, gesto admirável, espaço sagrado entre esse dedo do Criador e o da Criatura, pequeno espaço em que reside o infinito do invisível e do mistério![16].

Em Zola ressoa a interpretação do Maharal. "As Tábuas da Lei tinham seis palmos de altura e seis palmos de largura. Dois palmos estavam nas mãos de Deus, dois palmos nas mãos de Moisés. No meio, dois palmos estavam vazios"[17]. Na verdade, muitos exegetas ressaltaram a proximidade entre Deus e o homem. Na aliança (*Berìth*) — dois palmos nas mãos de Deus e dois nas mãos dos homens —, a Revelação da Lei a Moisés é o sinal da Criação do homem por obra do Criador e de seu caminho conjunto. Nos dois palmos intermediários vazios reside o infinito do mistério. Aliás, se as mãos de Deus e do homem estivessem unidas, não estariam em comunicação. Permaneceriam separadas para sempre, como suas irremediáveis solidões. Deus não é tudo, porque se fosse tudo o homem não seria nada. Nem o homem pode ser tudo, porque se fosse tudo Deus não seria nada. Entre Deus e o homem é necessária uma "separação", um "vazio" intermediário, uma *no man's land* e uma *no God's land* simultâneas, que mantenham distância entre as partes antagonistas. É quando a mão de Deus se aproxima da mão do homem, nessa distância, nesse "vazio", nesse pequeno espaço sagrado, que se realiza a vida. Nessa distância, Deus e o homem se estendem as mãos por sobre o abismo que os separa.

Tal é a mensagem que Michelangelo e o Maharal entregam ao homem quinhentista. O primeiro, traçando na abóbada da Capela Sistina uma minúscula separação entre dois dedos estendidos um ao outro, na própria origem do drama cósmico e da redenção. O segundo, ressaltando um detalhe quase irrelevante de um texto talmúdico elevado a ponto crucial de sua reflexão.

A civilização renascentista unifica as correntes profundas do judaísmo, do cristianismo e da laicidade. O divino está na origem não

---

16  *Ibidem*, p. 110.
17  *Ibidem*.

só da Criação do mundo e do homem, mas também na do Artista que, com seu pincel, se aproxima de Deus, assim como Dante que, como poeta sacro, viaja em direção a Deus, devolvendo-nos Sua visão.

## Inspiração

O termo latino *inspiratio* remete à experiência religiosa do sopro de Deus que perpassa o homem, tomando posse de sua respiração vital. Nesta representação, posterior à experiência original do sagrado (isto é, da superação do totalmente outro pela relação com o divino), é o próprio Deus que institui essa relação, tornando o homem partícipe de seu próprio sopro com "palavras" sobre-humanas. Através da *inspiratio*, o homem pode dirigir-se a Deus e reverberar seu eco no mundo. Trata-se de uma prerrogativa daquele que faz a mediação entre humano e divino (o profeta, o vidente, o louco), instituindo um duplo nível de ressonância e comunicação: da divindade para o homem e do homem para o divino. Contudo, embora complementares, as duas experiências não se superpõem: de fato, de um lado há o sentimento do sagrado; do outro, o *karisma* do qual emana o sentimento artístico.

No mundo antigo, essa complementaridade era visível no arrebatamento do canto ritual. O primeiro artista é o aedo que, na *Odisseia*, canta para os deuses e para os homens. Aqui, se a palavra profética aspira naturalmente à forma poética, a arte trágica está totalmente projetada na esfera religiosa. Assim, se Homero (poeta cego) e Tirésias (vidente cego) representam os ícones clássicos da inspiração, Hesíodo atribui diretamente sua obra às Musas; Píndaro, entretanto, suplica-lhes para que façam sua criatividade alçar voo em cavalos alados. Sem sua intervenção, a mente dos homens seria cega. Há homens, diz Platão, cuja voz é inspiração divina. Mas se é verdade que são as Musas a influenciar o poeta, é por meio da loucura divina que os bens maiores chegam ao homem. A filosofia encarna a forma mais completa de conhecimento. O pensamento filosófico se distancia criticamente da compreensão de si, concedida ao poeta pela inspiração, embora apenas o *kalós* possa transcender o sensível.

Junto aos pósteros, a inspiração teve maior fortuna do que conhecera com Platão. No Renascimento, a "teoria do entusiasmo" conhece um grande desenvolvimento. Na *Epístola sexta*, Marsilio Ficino comenta que Demócrito e Platão jamais teriam se tornado grandes homens sem o furor divino: é a inspiração que permite ao homem o acesso às coisas divinas, a ponto de fazer-lhes reproduzir a imagem da beleza e da harmonia do cosmo.

A ideia do poeta inspirado por um sopro divino atravessa tanto a cultura renascentista quanto a poesia francesa da *Pléiade*. Sua difusão, porém, não é geral. Ela é sofreada por uma concepção da poesia por assim dizer "técnica", que equipara as qualidades de um poeta ao talento, à cultura, à coerência com a tradição, à capacidade sistemática de trabalho. Se Winckelmann e os neoclássicos fortalecem a ideia de que a poesia deve corresponder à tradição clássica e à reflexão platônica, Goethe considera as grandes obras clássicas como fonte primeira da inspiração artística. Não sou eu que crio meus poemas, afirma o poeta, são eles que me criam. O que inspira a poesia é um princípio de ordem, uma força contrária a qualquer arbítrio. Além do mais, o gênio não está imune aos riscos. O artista deve ser inspirado, sim, afirma Hegel, mas essa inspiração deve estar plenamente presente na "coisa", em especial se não conceder paz enquanto a forma artística não estiver concluída. Mesmo quando está permeada de talento e genialidade naturais, a criação artística requer reflexão e racionalidade. O artista deve recorrer ao senso de medida e à mais plena concentração da mente. Por isso, seria absurdo acreditar que ele opera como numa condição onírica.

O tema da inspiração artística encontra seu máximo desenvolvimento na cultura e na espiritualidade românticas. O gênio, homem arrebatado por forças sobre-humanas, é aquele que consegue quebrar as regras ordinárias e gerar um extraordinário entusiasmo. No romantismo, a inspiração é energia interior que se abebera nas forças da natureza e leva o artista às culminâncias da grandeza humana. Assim, enquanto no Renascimento ela conserva ainda um núcleo religioso (a centelha divina), para os românticos são as potências misteriosas e inefáveis, geradas pelo próprio ventre da natureza, que estão em sua origem. É essa luz que ilumina o artista, o gênio de traços anárquicos, que se torna centro do debate estético da época romântica. Segundo Schelling, a arte é continuação da criação da natureza: melhor dizendo, uma segunda natureza que se realiza como superação da forma, libertação da forma através da própria forma. A inspiração é inconsciente unido à técnica artística em forma de uma intuição, ponte entre finito e infinito, entre utilização e superação da forma.

Como se sabe, essa concepção encontra objeções em Schopenhauer, para quem razão e reflexão são a sístole e a diástole da filosofia. A arte é a prática da intuição, independente do princípio de razão. Há no homem uma força criativa natural e poderosa, que aspira continuamente à luz, anima a imaginação, funde sentimentos e paixões, acende pensamentos arrebatadores. Contudo, diz Nietzsche, é pura superstição que isso se trate de possessão divina. Não é uma graça do céu, mas o súbito transbordamento de uma energia represada. Os grandes artistas são incansáveis no inventar, mas também no rejeitar, joeirar, transformar, ordenar. A imaginação que produz continuamente tem seu contraponto no juízo que decide e faz as ligações.

A recusa da ideia clássica de inspiração estética encontrou amplo consenso na França e se tornou uma característica da teoria poética moderna. Baudelaire sintetizou suas características nas considerações que teceu sobre Edgar Allan Poe, a quem reconhece não só um excepcional talento natural e uma atitude quase divina de perceber instintivamente as relações íntimas e secretas das coisas, mas também uma extraordinária capacidade de submeter à vontade o espírito fugaz dos momentos felizes, de se ater ao método e à mais rigorosa análise. Na mesma direção, seguem as considerações de Mallarmé, Flaubert e Valéry. Este último, ressaltando a estrutura matemática dos quadros de Degas, afirmava que o artista é um puro "animal racional", um matemático coordenador da própria atividade construtiva. Tal como Taine que, no final do século anterior, afirmara que a ciência com seu método rigoroso representava um exemplo para a arte; ou como Adorno, que afirmava que a obra do artista é um acurado trabalho teórico comandado por uma lógica e uma concentração extremas, igualmente demandadas ao fruidor; ou, enfim, como Stravinsky[18], que desvincula totalmente ato criativo e inspiração, considerando que a verdadeira forma de inspiração é o progresso do trabalho artístico.

Embora seja por essa via que se vem a relativizar cada vez mais a inspiração, até desaparecer em favor do trabalho artístico, personalidades como Luigi Pareyson valorizaram muito a inspiração considerando-a a verdadeira nascente do trabalho artístico. Embora evoque deuses e demônios, a inspiração não se resolve na embriaguez de um possuído miraculoso, nem na exaltação de uma especial eleição. Ao contrário, ela gera o temor de "não saber cultivar um germe fecundo, e daí o senso de responsabilidade, o dever de fidelidade, o empenho de dedicação"[19].

---

18 Igor Stravinsky, *Poétique musical*, Paris: Plon, 1945.
19 Luigi Pareyson, *Estetica. Teoria della formatività*, Milano: Bompiani, 1991, p. 87.

## As máscaras esfoladas da consciência

Não existem muitos exemplos literários na cultura ocidental que sejam comparáveis à profunda sabedoria e conhecimento da natureza humana que se encontram na obra teatral de Shakespeare. Seu teatro vive na atmosfera visionária de sua representação, na palavra e no gesto cênico, na declamação encarnada no corpo do ator. Sua premência expressiva nasce, sem dúvida, de exigências dramatúrgicas, mas também do desejo de fascinar, maravilhar, concorrer com outros, sejam eles teatros ou autores. A verdade da recitação, da representação cênica, exalta a poesia, transfigurando-a em graça e sedução. Em Shakespeare, a teatralidade é absoluta. Ele declarava escrever e viver para a breve existência da representação, mas soube desafiar os séculos.

O teatro é a menos solitária das artes tradicionais. Participa plenamente das vicissitudes, dos sentimentos, dos humores de todos os homens. Nasce da relação com o mundo em que opera. No teatro shakespeariano, todos os elementos da obra estão completamente subordinados à representação. Mesmo quando intensamente poética, a palavra escava o significado vivo da ação, projeta o detalhe numa dimensão simbólica universal, une todas as partes do drama. Jamais é pura palavra literária. Mesmo os trechos mais famosos — os monólogos de *Hamlet*, a paixão de *Romeu e Julieta*, as sábias reflexões de Próspero em *A tempestade* — são indissociáveis do contexto dramatúrgico. Eles vivem o drama no próprio corpo dos atores, expostos ao público num momento preciso e numa determinada situação.

Não por acaso, foi o século xx que compreendeu sua grandeza teatral, captou suas profundas implicações na única perspectiva possível: o palco. O século xx espelha a si mesmo em Shakespeare, reconhece os sinais visionários de sua autobiografia: a indecisão, a ambiguidade, a dúvida interna, a conflitualidade não resolvida, a finitude humana. O grande dramaturgo os coloca em cena subvertendo e recompondo todos os gêneros teatrais; recusa ser o artífice único da ação, convertendo todos os personagens em seres autônomos, problemáticos, hesitantes; mescla cômico e trágico; dá voz à inquietação moderna com os dilemas de Hamlet, os amantes de famílias inimigas de Julieta e de Romeu, a tragédia do poder de Macbeth e de Lear, de Antônio e Cleópatra, a radiosa comicidade e sábia senilidade de Falstaff. Tudo na iridescente festa de uma linguagem em constante devir, galhofeira, dramática, desmistificadora, irônica, passional, calculadora. Na totalidade da vida, na vida autônoma do teatro.

A ação teatral de Shakespeare é sempre surpreendente e inesperada. A meio caminho entre a tragédia grega, Édipo e Orestes, e as antecipações de Leopardi, Freud e Kafka, as criações de Shakespeare tornam o personagem mais humano do que o homem, devolvendo corporeidade às cisões mais difíceis e dilacerantes do espírito humano (por exemplo, "ser ou não ser"), ou seja, a polaridade extrema entre a plenitude vital, a coragem da decisão entre viver e morrer e a aniquilação no nunca ter nascido. "Sou honesto, honesto sou/ porém posso me acusar de tais golpes que melhor seria que minha mãe não me tivesse trazido ao mundo", diz Hamlet.

Shakespeare não inventa histórias. Toma-as de empréstimo a Plutarco, a Ovídio, a outros mais. Todavia, cada trama, cada palavra, cada imagem ou ideia de seu universo, muda todas as coisas, intensifica a invenção fantástica, com a morte e o renascimento, abrindo as cortinas a infinitas constelações de significados. A essência dionisíaca de suas representações torna Shakespeare um autor contemporâneo e seu teatro, o teatro do porvir. Lê-se Shakespeare com Shakespeare. Ele não tem outros recursos ou efeitos especiais com que possa contar. Seus únicos recursos são poéticos. Com palavras, cria a tempestade. Sempre com palavras, põe em cena fileiras de cavalos a galope.

> Sua língua é a mais alta invenção daquele momento histórico que, com razão, podemos definir como shakespeariano, aquela época entre 1564 e 1616, na qual viveu; é uma língua generosa e magnífica, rica de raízes saxônicas e latinas, flexível, inventiva, material, onomatopeica e metafísica no impulso que a leva a captar previamente, na invenção da palavra, uma emoção, um sentimento, um pensamento. Uma língua de totem, de boas palavras a pensar, diria Lévi-Strauss[20].

Na época elisabetana, a vida é pensada como um teatro. Os homens pensam teatralmente. Shakespeare ressalta a intensíssima relação teatro-vida. O teatro — voz viva, diálogo, monólogo — torna-se festa da linguagem, labareda de cores e humores que põem em movimento o pensamento. Uma língua de pura invenção. Contudo, Shakespeare não usa a língua para dizer o que sente. Suas palavras não são reflexos da memória. Sem dúvida, conhece totalmente a língua materna, em todas as suas refrações de sentido. Mas sente a necessidade de palavras

---

20 Nadia Fusini, *Di vita si muore*, Milano: Mondadori, 2010, p. 14.

inéditas. Sua memória involuntária toma ao inconsciente palavras desconhecidas, assentadas num gigantesco oceano silencioso. Cada uma delas é uma chave que abre a porta para o mundo da vida.

Se, na vida, as experiências extremas são desagradáveis e traumáticas, no teatro trágico elas se tornam veículos de catarse. Pelo grau desmedido das paixões, o sofrimento dos heróis shakespearianos é desprovido de consolo, de conforto moral. A dramaturgia shakespeariana vive na (e da) contradição entre essa grandeza e os contrastes com tal humanidade passional.

> Nas diversas faces de Hamlet, Otelo, Iago, Macbeth e Lear, Shakespeare teatraliza algumas das ideias mais fulminantes que, no próprio coração de seu século, procederão à lenta gestação de nossa modernidade: ideias como liberdade, vontade, responsabilidade. São elas as unidades fundamentais de seu discurso dramatúrgico; não são ideias abstratas, são questões que todos enfrentam na vida cotidiana. De alguma maneira, mesmo que simples, mesmo que involuntária, quem vive terá de pensar nelas; e aqui não se entende o "pensar" como um ato dissociado dos demais — pois os pensamentos se formam de maneira imperceptível, ligando-os a atos cotidianos no quadro extremamente real da existência concreta de homens e mulheres; pois os pensamentos são como ondas que nos tomam e nos transportam, e uma cultura também é isso: um mar de pensamentos que desembocam nos nossos[21].

O poder do teatro shakespeariano, ao longo dos séculos, atraiu personalidades extraordinárias. Em *O nascimento da tragédia*[22], Nietzsche descreve a natureza de Hamlet não como homem que pensa demais, mas como o homem que pensa bem demais.

> [...] O homem dionisíaco se assemelha a Hamlet. Ambos certa vez lançaram um olhar verdadeiro à essência das coisas, conheceram e sentem náusea perante o agir, visto que suas ações não podem mudar nada na essência eterna das coisas, e sentem que é ridículo e infame que se pretenda que recoloquem em equilíbrio o mundo

---

21  *Ibidem*, pp. 451-2.
22  Friedrich Nietzsche, *O nascimento da tragédia*, São Paulo: Companhia das Letras, 2007.

> que está fora dos eixos; o conhecimento mata a ação: para agir é preciso estar envolto na ilusão — esta é a doutrina de Hamlet, não a sabedoria barata de Hans, o sonhador, que não se decide a agir por excesso de reflexão, quase por superabundância de possibilidades. Não é a reflexão, evidentemente — é o verdadeiro conhecimento, é a visão da terrível verdade que predomina sobre todos os motivos que impelem à ação, tanto para Hamlet quanto para o homem dionisíaco[23].

A interioridade de Hamlet se torna visão teatralizada, palavra e gesto do ator. Onde o príncipe da Dinamarca fracassa, o ator shakespeariano triunfa. Os pensamentos cindidos e dilacerantes do personagem entram, com a força cênica, em nossas vidas, tornam-se os nossos pensamentos. E se nos confundem, intimam-nos a prosseguir, pois a viagem apenas começou.

Intermitências do coração

Todos os motivos da imaginação, da potência figurativa sobre a Criação, das oscilações entre inspiração e rigor metodológico, confluem na originalíssima narrativa de Marcel Proust, *Em busca do tempo perdido*. O que é esta obra que, de 1909 a 1922 (o ano da morte de seu autor), ocupou todos os dias e as noites (principalmente as noites) de Proust? Na aparência, é uma autobiografia. Na verdade, é um livro que subverte o romance tradicional de uma tacada só. Viola suas leis e sua arquitetura, inventando algo novo, único e irrepetível. No fio da memória involuntária, nas zonas de interferência entre vigília e sono, o fluxo da narrativa se aprofunda e se dilata ao extremo. Quase sem nos darmos conta, podemos, a partir da história de um jovem burguês sensível e neurótico, contemplar não só o destino de uma sociedade na virada do século, mas de toda a humanidade.

A arquitetura narrativa da *Recherche* é construída como uma estrutura musical. Além disso, a música é protagonista central da narrativa. Pense-se na cena da audição do *septuor* de Vinteuil, a mais fascinante e misteriosa entre as obras de arte presentes na *Re-*

---

23 Friedrich Nietzsche, *apud* Nadia Fusini, *op. cit.*, p. 190.

*cherche*. Proust costumava convidar à sua casa os instrumentistas do quarteto Poulet, que lhe executavam músicas de Franck, Fauré, Mozart e Schumann e certamente contribuíram para a concepção do *septuor*. Em *A prisioneira* — a obra póstuma de Vinteuil em que o narrador ouve com intensa concentração durante uma recepção na casa dos Verdurin —, o *septuor* se torna viga mestra do romance e permite a Proust antecipar como hipótese alguns elementos da estética de *O tempo redescoberto*.

Na trama da *Recherche*, a noite da execução do septeto é decisiva para diversos personagens. Na recepção dos Verdurin, o protagonista sente o coração cheio de presságios sofredores pelo rompimento com a amada. Mas a eles contrapõe-se a arrebatadora música de Vinteuil, com suas promessas de uma felicidade sobrenatural entrevista pelo protagonista em algumas horas privilegiadas: impressões extremamente vivas perseguiam ressurreições da memória involuntária, num frágil e luminoso pressentimento de um tempo redescoberto.

> Triunfou, ao final, o motivo jubiloso, abandonando-se à felicidade. Não era mais um apelo quase inquieto lançado a um céu vazio; era uma alegria inefável que parecia vir do Paraíso, uma alegria tão diferente daquela da Sonata quanto um anjo doce e grave de Bellini, tocando o alaúde, se diferencia de um arcanjo qualquer de Mantegna, vestido de escarlate e tocando uma trompa. Sentia que jamais iria esquecer aquela coloração nova da alegria, aquele apelo a uma alegria ultraterrena. Mas aquela alegria poderia algum dia agir para mim? Este problema me parecia tanto mais importante na medida em que nada poderia caracterizar melhor do que aquela frase musical — diferenciando-as nitidamente de todo o resto de minha vida, do modo sensível — aquelas impressões que, a intervalos distantes, eu reencontrava em minha existência como pontos de referência ou esteios para a construção de uma vida verdadeira: as impressões experimentadas diante dos campanários de Martinville, diante de uma aleia de árvores perto de Balbec. De todo modo, para voltar ao acento absolutamente especial daquela frase, era bastante singular que o pressentimento mais diverso daquele que a vida comum impõe, a aproximação mais ousada das alegrias do além se materializasse precisamente naquele triste pequeno-burguês todo formal que encontrávamos em Combray; mas sobretudo que aquela revelação de um tipo desconhecido de alegria, a mais estranha que jamais recebera, que jamais poderia ter recebido dele, da qual, pelo que se

dizia, ele não deixara, ao morrer, senão a sonata para piano e violino, o resto consistindo apenas em anotações indecifráveis[24].

O *septuor* carrega-se de premonições metafísicas que resgatam a escuridão do sofrimento e da culpa, desvendando, além do desejo e da crueldade, uma realidade de paz e redenção. Proust considera o estilo uma estrutura imposta por uma "sociedade secreta", independente da vontade e da inteligência, onde toda escolha pode ser reconduzida à visão que o artista tem da realidade.

> O pintor original, o escritor original procedem como os oculistas. O tratamento por meio da pintura ou obra literária nem sempre é agradável. Quando termina, eles dizem: "E agora olhe!". E então o mundo, o qual não foi criado de uma vez por todas, mas o é a cada vez que surge um novo artista, aparece-nos, mesmo em sua diferença em relação ao antigo, como perfeitamente claro[25].

Extraordinária descrição da criação artística! O artista se despede de sua subjetividade com a singularidade de sua visão. Sem decidir nada. Atendendo apenas à verdade interior que se impõe sobre as pretensões do "Eu". O narrador chega à "sua" verdade quando todas as tentativas de escolher o tema do livro que gostaria de escrever já lhe pareciam fadadas ao fracasso. As súbitas ressurreições da memória involuntária, as impressões excepcionalmente vivas, as fulgurantes epifanias são os sinais de uma verdade escondida pelo hábito, enredada pelos esquemas batidos da existência cotidiana. Mas a criação, como uma nascente, aflora inexoravelmente. Revela-se como a única reconquista possível do "tempo perdido". Se para Saint-Beuve é a vida que ilumina a literatura, para Proust é a literatura que ilumina a vida, manifestando-se na singularidade do estilo.

> A grandeza da verdadeira arte, aquela que o senhor Norpois definiria como "um passatempo de diletantes", consiste em reencontrar, em recapturar, em dar-nos a conhecer aquela realidade da qual vivemos distantes, da qual nos afastamos sempre mais e mais, à

---

24 Marcel Proust, *Alla ricerca del tempo perduto*, Milano: Mondadori, 2005, p. 207. Ed. bras.: *Em busca do tempo perdido*, São Paulo: Globo, 2011.
25 *Idem, Giornate di lettura*, Torino: Einaudi, 1958, p. 308.

medida que adquire maior densidade e impermeabilidade o conhecimento convencional pelo qual a substituímos: a ela, essa realidade que corremos o risco de morrer sem conhecer e que é simplesmente nossa vida. A vida verdadeira, a vida finalmente descoberta e trazida à luz, a única vida, portanto, realmente vivida é a literatura; vida que, em certo sentido, reside em cada momento em todos os homens, tal como no artista. Mas eles não a veem, porque não procuram iluminá-la. E assim o passado deles é forrado de inúmeros rolos fotográficos, que permanecem inúteis porque a inteligência não os revelou. Recapturar nossa vida e também a vida alheia: já que o estilo para o escritor, tal como a cor para o pintor, é um problema não de técnica, mas sim de visão. Esta é a revelação, impossível com meios diretos e conscientes da diferença qualitativa que existe na forma como nos aparece o mundo: diferença que, se não fosse a arte, permaneceria como o eterno segredo de cada um de nós[26].

Para ser um leitor sensível, diz Proust com emoção contida, é preciso atravessar as distâncias, despedir-se do jogo da linguagem referencial, emancipar-se da preguiça da mente e do coração. É preciso deixar-se iluminar por palavras renovadas, encaminhar-se para o território sutil e implacável da verdade, arriscar a superfície da vida: a mesma vida que, sem a arte, permaneceria desconhecida e obscura para nós. Assim, onde nossa lógica naufraga, revelam-se os segredos inconfessos, que jamais dissemos a nós mesmos. Aliás, não há nenhum acesso direto ao coração. Somente ao longo de intermitências e epifanias, consonâncias e dissonâncias, identificações e distâncias. Na intensidade policromática da palavra, no sentido múltiplo e suprassensível da verdade e de sua beleza. Aí reside o sentido de nossas vidas.

As palavras criadas lançam uma luz iridescente sobre nossas velhas palavras batidas, desiludidas, extenuadas. Revelam seus segredos esquecidos, fazendo-nos querer transmitir aos outros os sentimentos e emoções que jamais revelaríamos a nós mesmos. Ao trêmulo segredo encerrado dentro das fronteiras de nosso evanescente Eu, sobrevém a felicidade secreta da descoberta, a alegria intensa e serena de uma epifania, de uma inesperada revelação. Aquela radical vitalidade, aquele *plus* da vida que é a arte, nos conduz a territórios incógnitos e surpreen-

---

26  Marcel Proust, *La prigioniera*, Milano: Mondadori, 2005, p. 227. Ed. bras.: *Em busca do tempo perdido. A prisioneira*, São Paulo: Editora Globo, 2011.

dentes, numa viagem aventurosa que subverte os hábitos, conferindo um novo sentido às coisas. Como se o autor, por meio de seu poder criador, tornasse-nos claras as emoções que havíamos sentido, as palavras que balbuciáramos sem saber pronunciá-las. O criador da palavra nos introduz a uma nova vida, revela-nos ecos e realidades inesperadas e insuspeitadas, antes irreais ou mesmo inexistentes. Quase como se deixássemos de ser simples leitores e, arrebatados pela sensualidade de uma descoberta, de palavras não ditas, nos tornássemos nós mesmos criadores e, inevitavelmente, algo diferente daquilo que éramos. E, com isso, nossas palavras, míseras, indigentes, travadas, passam por uma metamorfose e nos transportam para a terra da linguagem, para a nascente da criação. Com sua mera presença, o autor reata os fios de nosso dizer interrompido, inflama nossa vontade de diálogo entre nós e dentro de nós. Agora, sobre a superfície de cada palavra, reluz uma profundidade obscura, intricada, secreta, um suprassentido que se cumpre na perfeição formal de seu signo. Todo autor digno desse nome cria seu universo semântico, peculiar, indefinido, tão peculiar quanto infinitamente aberto, a caminho de novas realidades.

Mas voltemos ao local privilegiado, ao absoluto extasiado do septeto de Vinteuil, narração assombrosa da criação e da experiência artística.

> A dons mais profundos Vinteuil unia, de fato, um outro que poucos músicos e também poucos pintores possuiriam: o de usar cores não só tão estáveis, mas também tão pessoais que nem o tempo lhes retirou frescor nem os estudantes que imitaram seu descobridor nem os próprios grandes mestres que o ultrapassaram tampouco diminuíram sua originalidade. A revolução causada por tal aparição delas não viu seus resultados absorvidos de modo anônimo pelas épocas subsequentes: ela volta a se desencadear, estoura novamente (e agora apenas) quando são executadas as obras do perpétuo inovador. Cada timbre era sublinhado por uma cor que todas as regras aprendidas pelos mais doutos músicos do mundo jamais conseguiriam imitar: de tal forma que Vinteuil, mesmo ele também tendo comparecido em sua hora e agora ocupando um lugar bem definido na evolução da música, dali se evade para saltar novamente à vanguarda a cada vez que se executa uma de suas composições, as quais — graças a este seu caráter, na aparência contraditório e, de fato, enganador, de permanente novidade — parecem posteriores às de músicos mais recentes. Quando uma página sinfônica de Vinteuil, já conhecida ao piano, é executada pela orquestra, revela — como o raio de um dia de verão que,

antes de entrar numa sala obscura, é decomposto pelo prisma da janela — semelhante a um tesouro insuspeitado e multicolorido, todas as pedras preciosas das *Mil e uma noites*. Mas será possível comparar à ofuscante imobilidade da luz aquilo que, pelo contrário, é vida, perene e sublime movimento? Quando se tratava de escolher um timbre, de mesclá-lo a outro, aquele Vinteuil que eu conhecera, tão tímido e triste, mostrava uma ousadia e, no sentido pleno da palavra, uma felicidade sobre as quais a audição de suas obras não deixava nenhuma espécie de dúvida. A alegria que lhe davam certos empastes sonoros, as novas forças em que hauria para descobrir outras, levavam o ouvinte de descoberta em descoberta. Ou melhor, era o próprio criador que o conduzia: extraindo das cores por ele descobertas uma alegria sem fim que lhe dava a potência de descobrir, de lançar-se sobre as outras cores que estas pareciam invocar, saltando rápido como ao toque de uma fagulha, quando o sublime nascia espontâneo da "entrada" dos metais, semelhante, enquanto — arfante, ébrio, perdido numa vertigem — pintava seu grande afresco musical, a Michelangelo, quando, amarrado a uma escada, dependurado com a cabeça para baixo, aplicava tempestuosas pinceladas contra a abóbada da Capela Sistina.

[...] Asas e outro aparelho respiratório que nos permitissem atravessar a imensidão dos espaços seriam inúteis porque, se pisássemos em Marte ou Vênus conservando os mesmos sentidos, estes revestiriam com o mesmo aspecto das coisas da Terra tudo aquilo que pudéssemos ver. A única verdadeira viagem, a única fonte da juventude seria não ir para novas paisagens, mas ter outros olhos, ver o universo com os olhos de outro, de cem outros, ver os cem universos que cada um vê, que cada um é. Podemos fazê-lo com um Elstir, com um Vinteuil: com seus semelhantes, voamos verdadeiramente de astro em astro[27].

Poderíamos falar longamente sobre a influência da música na obra de Proust, em especial a de Vinteuil. Na célebre noite da audição do septeto, o próprio Proust admite, a propósito da pequena frase musical, que pensara na Sexta-Feira Santa do *Parsifal* de Wagner. As obras de Vinteuil acompanham a complexa evolução psicológica dos personagens, em especial a relação amorosa entre Swann e Odette e entre Albertine e o narrador. Graças a essas obras, o narrador descobre sua

27 *Ibidem*, pp. 260-1.

vocação para a escrita, recuperando o tempo perdido para a própria vida, por meio da obra literária. Segundo alguns, teria sido precisamente a reflexão sobre a natureza da música que revelou ao narrador o modelo ideal da literatura, levando-o a consagrar sua vida à literatura e a explorar a realidade além da fronteira das aparências. Wagner, Debussy, Beethoven e Schopenhauer tiveram grande importância em sua obra[28]. O caminho que o leva de Beethoven a Debussy revela-lhe a encarnação da arte que, como dizia Schopenhauer, tem o poder de deter o tempo e levar à vocação literária, à verdadeira vida. Em *A prisioneira*, o narrador, aguardando a volta de Albertine, reflete sobre a unidade "retrospectiva" da obra de Balzac e de Wagner, chegando a conclusões que se podem aplicar também à *Recherche*.

> A música, à grande diferença da companhia de Albertina, me ajudava a descer em mim mesmo, a descobrir ali algo de novo: a diversidade em vão procurada na vida, nas viagens, da qual, porém, aquele fruto sonoro que deixava soprar a meu lado suas ondas ensolaradas redespertava em mim a nostalgia. Dupla diversidade. Tal como o espectro exterioriza para nós a composição da luz, assim também a harmonia de um Wagner, a cor de um Elstir nos permitirem conhecer aquela essência qualitativa das sensações de uma outra pessoa, que o amor por um outro ser não nos revela. Depois, diversidade no interior da própria obra, graças ao único meio de ser efetivamente diferente: o de reunir em si diversas individualidades[29].

A arte, e a música em especial, nos aproximam de nosso ser, talvez mais até do que o próprio amor. Nada nos permite captar tão bem as nuances e o conjunto, o suprassentido espiritual e a perfeição formal de uma obra, quanto a *Recherche*. Se a compreensão racional das coisas nos eleva espiritualmente, a obra-prima segue o caminho contrário: desce em nossos sentidos, enriquece nossa alma, convida à mudança: não só em sentido estético, tornando-nos melhores, mas à viagem por caminhos que, apenas por nós mesmos, não saberíamos empreender. A arte autêntica nos permite recuperar a vida que, muitas vezes, olhamos ao longe e que poderíamos jamais conhecer. Mas, se a arte nos reaproxima da nossa vida e da dos outros, permite-nos também despedirmo-nos

---

28  Jean-Jacques Nattiez, *Proust musicista*, Palermo: Sellerio, 1992, p. 26.
29  Marcel Proust, *op. cit.*, 2005, p. 160.

de nós mesmos. Ela nos faz ver com os olhos de outro, que do contrário continuaria desconhecido para nós, como aqueles planetas cuja luz nos chega depois de terem se consumido nos espaços siderais. Deixamos de ver apenas um mundo só, o nosso. Agora, esse mundo se multiplica, se dilata sensorialmente, na própria desmedida da vida. É como se essa obra tivesse sido escrita expressamente para nós, a tal ponto responde a nossas expectativas e nossas perguntas mais secretas, que não tínhamos esperança de dirigir a ninguém.

> Agora eu chegara a esta conclusão: que não somos livres diante da obra de arte, não a compomos a nosso bel-prazer, mas que, ela resistindo a nós, devemos, já que é ao mesmo tempo necessária e oculta, e como faremos por uma lei da natureza, descobri-la [...]. Uma obra que contenha teoria é como um objeto sobre o qual se deixou a etiqueta com o preço. De fato, todos os que carecem de senso artístico, isto é, de submissão à realidade interior, são mesmo assim dotados da faculdade de raciocinar infinitamente sobre a arte[30].

Esta é a célebre "tirada" proustiana contra a introdução de qualquer ideologia no mundo da arte. Toda propaganda é por sua própria natureza antiartística. E é acima de tudo inimiga do Eu, este pequeno universo que sabe se abrir à polissemia de uma obra de arte. Sim, porque o universo é verdadeiro para todos e diferente para cada um. Não um universo só, portanto, mas milhões de universos, tantas quantas são as pupilas e as inteligências humanas, que despertam a cada manhã.

Os personagens da *Recherche* são seres em fuga: indecisos, flutuantes, contraditórios. No transcorrer inexorável do tempo, mudam, transformam-se, ficam quase irreconhecíveis. O leitor reconhece sua identidade somente após a ausência, as aventuras, os imprevistos. E mesmo somente após os erros da própria narrativa, pois, afinal, é a vida que revela os lados mais insuspeitos de um homem. E se o narrador, em terceira pessoa, permanece sempre o mesmo, estático, longe das atribulações de uma realidade em contínua mutação, o eu narrativo se move, vive uma espécie de "reconstrução" permanente. É graças a esse Eu móvel e incerto que a narrativa pode atravessar a fronteira invisível do tempo, viajar sobre as claras superfícies da mente ou mergulhar nas opacidades do inconsciente. Proust põe frente a frente uma realidade

---

30   *Ibidem*, pp. 212-3.

e um Eu que mudam continuamente e que, justo na confusão das formas de um passado que aflora, só em parte alcança uma consciência sua, uma verdade sua. A descoberta de sua vocação de escritor se desenvolve através de uma viagem que se realiza passo a passo, na convenção inicial de ser incapaz, de não conseguir, quase ao ponto de alimentar uma rejeição pela literatura. E, no entanto, é o próprio senso de fracasso que o mantém escrevendo, entre o tormento e o êxtase, o originalíssimo romance de uma consciência cindida, aberta, dolorida.

> Paulet definiu a *Recherche* como o romance de uma existência em busca de sua essência. Mas também poderíamos dizer que a *Recherche*, em seu ritmo, em sua estrutura circular, é o romance de uma existência, a busca do romance. Segundo Valéry, a essência da poesia é a busca da própria poesia. Para Proust, a essência do romance é a busca do romance. Ou seja, o desejo de escrever um romance coincide com a substância do próprio romance. E quando o narrador em *O tempo redescoberto*, graças à memória involuntária, e após tantas fases, quedas e ilusões, finalmente alcança a certeza de poder escrever seu livro, aquele romance já está escrito e volta-se ao ponto inicial como para fechar um círculo que parece não ter fim. Não se pode crer, embora exista quem assim sustente, que a obra a que o narrador está para se dedicar, em *O tempo redescoberto*, tendo alguma semelhança com o próprio romance, será totalmente diferente: a história de um espírito e sua salvação por meio da criação. Essa história, Proust já a escrevera precisamente ao escrever a *Recherche*. Não se pode escrever um romance que recupere suas certezas no "tempo redescoberto". *O tempo redescoberto* é o último elo de uma cadeia. Um romance sobre o tempo redescoberto seria um livro sobre a morte: um livro que conteria a insígnia longa e irredutível da morte como um naufrágio no mar[31].

É como se a deslumbrante construção proustiana trouxesse em si a arte do fragmento e a arte da arquitetura das catedrais. Algo, em suma, que a aproxima aos maiores criadores de todos os tempos pelo arrojo da concepção, pela humildade a serviço do rigor artístico e das leis da beleza. Como Dante, Shakespeare, Wagner, em sua criação Proust une

---

31  Giovanni Macchia, *L'angelo della notte*, Milano: Rizzoli, 1980, p. 104. Cf.: Marcel Proust, *Em busca do tempo perdido. O tempo redescoberto*, São Paulo: Editora Globo, 2012.

tormento e êxtase, inaudito sofrimento pela dor do mundo e a cansada consciência da própria grandeza, o êxtase de uma verdade sublime procurada (e encontrada) com a alegria de transmiti-la às gerações futuras.

"Não se pensa em quanto sangue custa", diz Dante, o qual não faz mistério da visionária imensidão de sua obra; que declara, extenuado, que céu e terra obraram em seus versos; que realiza, como viagem de uma alma até o Criador, a *unitas* multíplice do Poema por entre atmosferas, personagens, linguagens, correspondências simétricas entre terças e rimas alternadas, cantos e cantigas; que alcança o êxtase de uma perfeição formal depois da dor do exílio e da condenação à morte, mas que nos revela o quanto custa a beleza da palavra criada. Sua invenção poética cresce no percurso até a nascente da criação, no dramático e atormentado sentido do pecado, o mais terrível: crer-se Deus ao atingir o ápice da consciência da própria obra. Justamente aqui, no ápice da consciência do criador é necessário exercer a mais profunda humildade, o mais profundo ato de fé, a mais rigorosa tomada de conhecimento: a consciência da indizível diferença entre criação humana, fundada em materiais preexistentes (a Bíblia, Virgílio e toda a sabedoria de seu tempo) e a criação divina que, em princípio e por princípio, é criação *ex nihilo*, pura vontade divina.

Sem dúvida, o moderníssimo tormento, o êxtase proustiano são radicalmente diferentes da experiência dantiana. Porém, como não ver sua proximidade com Dante em sua oscilação entre humildade e o medo de não conseguir, entre o senso de indignidade diante de uma missão profética dada por Deus e a árdua conquista no decorrer da criação? Duas cisões abissalmente diferentes entre si, mas sobre as quais se realçam as grandezas alcançadas através de paraísos e abismos infernais. Como não pensar em *O anel dos nibelungos* (o poema musical wagneriano), que pretende realizar o ousado e louco projeto de dar som ao mundo? Wagner cria uma música nova, um teatro musical totalmente diferente de toda a tradição do teatro de ópera, sobretudo italiano: um teatro musical de outra ordem; um teatro sinfônico e metafísico; uma fusão inigualada entre palavra poética e música orquestral de inaudito poder; uma obra, em suma, que une um novo universo semântico ao poder assemântico da música instrumental. O infinito de sentido expresso nas notas, na música e no canto declamado, que outorga vida às psicologias das profundezas de personagens simples (o jovem Siegfried, Parsifal, Kundry) e complexos (Wotan, Brunhilde, Lohengrin).

Não acreditar na unidade do homem

Todas as grandes criações artísticas têm leis próprias: busca e realização, paixão e medida, arquitetura e beleza. O narrador proustiano, por exemplo, é perseguido no longo e tortuoso caminho da *Recherche* por diversas visões inefáveis e indistintas de alegria que anseiam por uma revelação. Viu coisas que os olhos de um mortal não poderiam ver. O mundo se revela para ele através de signos imortais da sublime arquitetura de sua obra. Há cenas do romance — a reevocação da *madeleine*, os campanários de Martinville, as sonatas de Vinteuil, o piso do batistério de São Marcos — que redimem o narrador de sua prostração e lhe devolvem confiança na possibilidade da criação.

Como não pensar na espantosa revelação trazida pela reevocação das *madeleines* que desperta em Marcel o eco de sensações distantes? Fragmentos de experiência, depositadas nos arquivos empoeirados de sua memória, ganham nova vida. Mas a memória não apenas redime Marcel da culpa, das inquietações e da contingência do presente. Sua rememoração extasiada subverte a luta extrema entre a vida e a morte. Rompe a película entre passado e presente. Quebra a flecha do tempo. Doa-lhe imortalidade. Os homens morrem quando não são mais capazes de reatar o início ao fim. Sua velada melancolia inicial é redimida por sua assombrosa viagem pelo mistério da lembrança. Aquele bolinho em forma de concha com aroma de limão, mesmo continuando a ser um pequeno pedaço de matéria, nos introduz no espírito do escritor.

A que se deve essa variação de níveis de realidade? Marcel foi conduzido a um arquipélago de memórias que fizeram de seu espírito um extraordinário teatro de experimentação? Como explicar aquele exemplo de pura liberdade quando, em *O tempo redescoberto*, o narrador encontra seu destino no caminho que empreendera para evitá-lo? Tropeçando na cerca desconjuntada do pátio do palácio dos Príncipes de Guermantes, Marcel é tomado por uma arrebatadora epifania extratemporal. Quando todas as coisas pareciam perdidas, apareceu-lhe de repente um novo caminho. Sem ter sequer decidido, sente-se pronto para empreender a obra de arte para a qual acreditava não ter nenhum talento. O que é aquela irracional e surpreendente felicidade? De onde se originam aquela alegria e aquela força tão intensas a ponto de torná-lo indiferente à ideia da morte? Que sutil enigma se oculta por trás disso tudo? Essa felicidade o liberta instantaneamente da necessidade do tempo. E a extrema habilidade de Marcel em construir e plasmar não tem nenhuma importância. O que conta é como sua memória desenhou arquiteturas sutis e inexplicáveis que inauguraram uma nova forma de vida. Esse reconhecimento da lembrança buscada e encontrada, essa paradoxal presentificação do ausente, mostra toda a profundidade do tempo. Como a idade da árvore impressa nos círculos concêntricos do tronco, a memória conserva as marcas de um evento não apenas material.

> Porque apenas numa forma de alegria interior, uma alegria da inteligência e dos sentidos, que chega a uma espécie de aturdimento, de visão indistinta e luminosa, a ponto de nos tornar indiferentes até à ideia da morte, é possível alcançar a essência da criação. Criação e alegria, e nem a doença, nem a dor podem colocar qualquer obstáculo. E assim a *Recherche*, essa obra trágica, demoníaca, infernal, inteiramente percorrida pelo sentido da morte, uma imensa alegoria, uma alegoria do dilúvio, uma tragédia de final feliz, sem assassinos, e onde apenas o tempo destrói e mata, é também uma grande homenagem à liberdade do espírito e à alegria que a vida, em suas visões puras e como que desencarnadas, oferece a quem sabe olhá-la, sem recuar diante dos tormentos e das doçuras que somente a literatura, a dignidade da literatura, consegue nos oferecer[32].

Isso vale para a literatura, como para todas as artes. O gênio é beleza doada ao mundo. Mesmo na autonomia de sua obra, os gênios se comunicam entre si além do espaço e do tempo. Proust lia Dostoiévski com admiração e íntima comoção. Conhecia de cor páginas inteiras de *O idiota*[33]. Mesmo a uma distância sideral, pretendia capturar sua alma. Proust compreende plenamente a concepção dostoievskiana moderna do trágico, bem como o valor dos elementos cômicos, grotescos, carnavalescos presentes em sua obra. Numa de suas últimas anotações, ele registra que os livros são obra da solidão e filhos do silêncio. Talvez pensasse na solidão do grande russo encarcerado na Sibéria, a quem o poder da imaginação salvara de um destino terrível. Chegou até a dizer que, para Dostoiévski, os trabalhos forçados foram um lance do destino, uma ocasião extraordinária para se aprofundar mais

---

32   *Ibidem*, pp. 155-6.
33   Fiódor Dostoiévski, *O idiota*, São Paulo: Editora 34, 2010.

em sua vida interior. Não é fantasioso perceber simetrias entre a alma serena de Dostoiévski prisioneiro e a voluntária segregação de Proust, que o obriga a uma dedicação completa à criação literária. Unia-os também a condição de doentes: um epiléptico, o outro asmático. Essa sofredora fraternidade se torna signo de afinidade. O próprio Proust, assediado pelos sintomas dispneicos da asma, compara-se a um epiléptico dostoievskiano que sente aproximar-se a crise.

> Não é um acaso que, diante das imagens luminosas e socráticas de Paul Valéry, diante do saudável e industrioso Voltaire, ele pensasse com extremo conforto em Baudelaire e Dostoiévski, em Dostoiévski que, em trinta anos, entre suas crises de epilepsia, criara aquilo que uma sucessão inteira de mil artistas em boa saúde não soubera escrever, nem sequer numa única linha. Não é um acaso que o doutor De Boulbon, na *Recherche*, saudasse na grandiosa família dos doentes mentais o sal da terra. Eles haviam fundado as religiões e criado as obras-primas. Mas o mundo saberia o que devemos a eles, tudo o que sofreram para no-las dar[34].

No momento da criação, no incerto porvir da obra, a doença não é uma graça. Todavia, Dostoiévski indica a Proust a possibilidade de um bom uso da doença: a partir dela, gera criações surpreendentes ao se apagarem, como diria Virginia Woolf, as luzes da saúde. Em seu retrato do grande russo, Stefan Zweig mostra como o escritor russo conseguia viver a fundo os sofrimentos mais atrozes, aqueles dos quais um homem sai devastado, porém deles extraindo razões de vida e de criação. A pobreza, a epilepsia, o trauma da salvação um instante antes do fuzilamento, a deportação para a Sibéria, dão a Dostoiévski um empurrão para os abismos da alma e, ao mesmo tempo, o impulso para o absoluto. É por isso que ele apresenta o crime e o vício como queda e como missão. O martírio e o pecado se tornam a seiva de uma arte que excede qualquer limite, dilacerada por ambiguidades atrozes e insanáveis: anseios de irmandade e niilismo, materialismo sarcástico e necessidade absoluta de Deus.

> O destino de Dostoiévski lembra o Antigo Testamento: é heroico, não é de nosso tempo, não é burguês. Precisa sempre lutar contra o

---

[34] Giovanni Macchia, *op. cit.*, p. 184.

anjo, como Jacó, sempre rebelar-se contra Deus e sempre curvar-se, como Jó. Jamais lhe é concedido ter repouso e se tranquilizar, precisa ouvir sempre o Deus que o castiga, justamente porque o ama. Não pode se deter num momento feliz, pois sua vida deve levar à eternidade. Considerada do ponto de vista artístico, a vida de Dostoiévski é uma tragédia, considerada do lado moral, é uma vitória sem igual, pois é um triunfo do homem sobre seu destino, uma transformação da existência externa por meio da magia interna[35].

Dostoiévski foi um pensador problemático e fecundo, antidogmático, sensível aos movimentos subterrâneos do tempo, visionário ao captar as mudanças do mundo por vir. Também a religiosidade de seu pensamento é profundamente moderna, ou seja, radicalmente problemática.

Sou um filho da descrença e da dúvida — escrevia a respeito de si em 1854 — até agora e (sei disso) até o túmulo. Que terríveis tormentos me custou e ainda me custa esse desejo de crer, que é tanto mais intenso em minha alma quanto mais numerosas são em mim as razões contrárias![36].

Dostoiévski tem dentro de si contrastes vulcânicos que alimentarão nele o tormento da criação até os limites extremos. Em seus romances, todos os personagens agem com plena autonomia e todos os múltiplos pontos de vista dos (e nos) personagens mudam caráter e posição. O ângulo visual do autor está ausente. Com efeito, ele olha de nenhum lugar e de todos os lugares, e a verdade transcende toda consciência individual: não pode (e não quer) se fechar apenas numa enunciação. Também por isso, talvez, a obra de Dostoiévski encontrou interpretações fecundas tanto entre os críticos literários quanto na leitura livre e intensa de outros escritores, que perceberam a radical alteridade de sua busca. Todo o pensamento de nosso tempo — de Nietzsche a Mann, de Gide a Camus, de Lawrence a Faulkner, de Proust a Lévinas — é atravessado pela presença magnética de Dostoiévski.

Forjado pelo espírito europeu mais autêntico, o universo ideal e imaginário de Dostoiévski lança uma luz penetrante sobre a cultura ocidental de uma outra perspectiva, a russa, repleta de conturbações

---

35   Stefan Zweig, *Dostoevskij*, Roma: Castelvecchi, 2013, p. 24.
36   *Ibidem*, p. 35.

momentosas. Ele intui as fraturas ocultas e as ruínas latentes dessa ordem: o declínio do cristianismo, o desencadeamento de forças do mal que são portadoras intrínsecas do nada e com enorme potencial destrutivo. Não que outros grandes espíritos europeus não tenham tido plena consciência do niilismo incipiente. Nenhum deles, porém, teve a capacidade analítica de Dostoiévski no iluminar o desdobramento do ser e dos valores, a instabilidade permanente da razão, as alucinações da moral, a obnubilação e o vazio gerado por uma passagem traumática do velho ao novo mundo. Nenhum captou como Dostoiévski a amplitude da ação destruidora dos revolucionários niilistas, intelectualistas abstratos, inimigos de uma nova hierarquia de valores.

Sem planejar nem programar nada, Dostoiévski escreve febrilmente. Na febre pensa e na febre vive. Êxtase e aniquilação, tortura e prazer aguçado até a dor, dor aguçada até a voluptuosidade, espasmo eterno: eis o que, para ele, é criar. Escreve sua primeira obra, *Gente pobre*, chorando. Desde então, toda obra é uma doença. A escrita convulsa, magmática, excepcionalmente rápida. Diários e outros testemunhos revelam que ele ditava suas obras-primas a Anna Grigorievna Snitkina (colaboradora devota e depois futura mulher), numa velocidade vertiginosa. Enquanto ditava uma frase, já estava na seguinte, com os previsíveis encavalamentos na transcrição. Nasceram assim aquelas grandes obras-primas da literatura russa e mundial, que vieram a receber apenas raríssimas correções. Apesar de tudo, esse singular procedimento em nada contribui para compreendermos a misteriosa relação entre inspiração e rigor metódico.

O caso de Dostoiévski pode parecer um caso paradigmático do poder da inspiração. Mas não podemos deixar de considerar a intensidade da meditação que antecede o trabalho criativo e o grande amadurecimento estilístico progressivo. Se é verdade que atribui a Nastássia Filíppovna, em *O idiota*, a afirmação "em cada coisa chegas até à paixão", isso poderia se aplicar a todos os personagens de seu universo e, em primeiro lugar, a ele mesmo. Cada livro seu nasce de uma deflagração, efeito de furiosas agitações interiores. Dostoiévski não sabe criar sem participar ou mesmo se identificar com sua criação. À genialidade criativa, à potência idealizadora, ele acrescenta o amor pela arquitetura do projeto. Não consegue viver numa condição de serenidade criativa. Tem em si um conflito permanente entre coração e espírito, entre precisão e paixão. Tenta manter-se fora de cena, narrar os acontecimentos, dissecar os sentimentos. Mas não consegue. Paixões primordiais o arrastam irresistivelmente ao sofrimento e à compaixão. Sempre, toda vez, novamente a seu mundo. Jamais há harmonia. "Odeio a harmonia", diz Ivan Karamazov, o personagem que melhor revela seus pensamentos mais íntimos. Não há paz. Não há acordo entre forma e vontade. Somente o eterno dualismo:

> [...] de sua natureza que penetra todas as formas desde a casca fria até o núcleo ardente, há uma luta perpétua entre exterior e interior. O eterno dualismo de sua natureza chama a si, na obra, uma luta épica entre arquitetura e paixão[37].

É o limite, a fronteira, o eixo deslizante do humano entre o valor supremo e o nada total que acende a paixão criadora de Dostoiévski. "Oh, não acrediteis na unidade do homem!", escreve antecipando Pirandello e Pessoa, enquanto o bisturi de sua inteligência põe a nu o drama conceitual do Ocidente. Em todos os seus grandes momentos, nos nós narrativos de suas obras, Dostoiévski produz o efeito do "trágico". Seus romances parecem dramas velados e transformados. Sob muitos aspectos, *Os irmãos Karamazov*[38] remetem à tragédia grega, ao teatro shakespeariano.

> Naqueles momentos de frenesi "do precipitar", o romance de Dostoiévski perde subitamente até mesmo o caráter narrativo. O fino invólucro épico se desfaz no calor dos sentimentos e se evapora, e não resta senão o leve, porém ardente diálogo. As grandes cenas dos romances dostoievskianos são diálogos dramáticos nus. Poderiam ser levados ao palco sem acrescentar nem retirar nenhuma palavra, com tanta solidez é construído cada personagem, a tal ponto o vasto conteúdo dos grandes romances se aprofunda e se torna momento dramático. Em Dostoiévski, o sentimento trágico que chega sempre à coisa definitiva, à tensão violenta, à descarga fulminante, faz com que, nesses momentos, sua épica se transforme claramente em veia dramática[39].

Toda a sua obra é um movimento telúrico. O universo narrativo de seus personagens exprime uma polifonia radical de vozes e ações contras-

---

37 *Ibidem*, p. 76.
38 Fiódor Dostoiévski, *Os irmãos Karamazov*, São Paulo: Editora 34, 2008.
39 Stefan Zweig, *op. cit.*, pp. 82-3.

tantes. Se, entre os cânones do romance anterior, a viagem aparecia como deslocamento aventuroso do protagonista no espaço, em Dostoiévski a viagem assume os contornos de um movimento psicológico temporal. O horizonte dentro do qual ele se desdobra é o tempo breve de uma experiência de vida, como também o tempo longo da história, ambos travejados por uma necessidade metafísica de Deus, por desafios éticos radicais, por frentes de energia que se encontram, se confrontam, se chocam continuamente, interpenetrando-se de tal maneira que não se sabe mais onde termina a personalidade de um personagem e onde inicia a de outro. Ele se torturou durante toda a vida, agudizando seus conflitos até o mais doloroso excesso. Dilacerou-se pondo à prova as profundezas mais obscuras da natureza, para encontrar Deus e o sentido da vida. Então jogou fora toda a sabedoria acumulada em prol de uma nova humanidade, intimando-nos a amar mais a vida do que o sentido da vida. Mas, sobretudo, a superarmos o niilismo e encontrarmos na esperança uma via para vencê-lo.

Chegando a noite

A inexorável escavação da verdade, a inquietante essencialidade, a alusão aforismática, a misteriosa clareza da escrita fazem de Franz Kafka o mais contemporâneo entre todos esses autores. Gênio terno, indefeso, de extraordinária liberdade literária, extraída dos tormentos do espírito, da recusa da função tradicional da literatura. Os ecos da sabedoria hassídica e talmúdica ressoam em cada palavra sua, como destilados de sentido, busca da verdade, convite à viagem por caminhos enigmáticos, lá onde se responde a uma pergunta com outra pergunta.

Kafka surpreende, inquieta, perturba. Não se lê com prazer imediato. Mas o que se perde em imediatez se adquire em profundidade. Como todo grande escritor, ele tem um universo próprio, uma semântica que desvenda aspectos inéditos e ocultos do mundo em que estamos mergulhados ou torna problemático o que nos parecia usual. Depois dele, nada mais é como antes. Com seu radical caráter enigmático, Kafka entrou na circulação cultural e ideal de nosso tempo tornando ainda mais ilegíveis os labirintos, os formalismos, as inversões de sentido, as angústias do mundo moderno, nossas próprias biografias. Este humaníssimo e recluso mártir da escrita já os previra, analisara, narrara, com sua extraordinária capacidade de dar nome à angústia de tantas vidas mortificadas por leis forjadas no Olimpo da abstração impessoal.

O sentido crítico da verdade, o amor pela liberdade que nós contemporâneos alimentamos não podem prescindir de Franz Kafka.

> Todos os que conheceram Franz Kafka na juventude ou na maturidade tiveram a impressão de que era cercado por uma "parede de vidro". Ali parava, por trás do vidro transparente, caminhava com graça, gesticulava, falava, sorria como um anjo leve e cuidadoso; e seu sorriso era a última flor nascida de uma gentileza que se doava e logo se retirava, se oferecia e se fechava ciosamente em si mesma. Parecia dizer: "Sou como vocês. Sou um de vocês, sofro e me alegro como vocês". Mas, quanto mais participava do destino e dos sofrimentos alheios, mais se excluía do jogo, e aquela leve sombra de convite e exclusão na borda dos lábios mostrava que ele jamais poderia estar presente, que morava longe, muito longe, num mundo que nem sequer lhe pertencia. O que viam os outros, por trás da delicada parede de vidro? Era um homem alto, magro, esguio, que portava seu físico longilíneo como se lhe tivessem dado de presente. Dava a impressão de que nunca cresceria, e nunca conheceria o peso, a estabilidade, o horror daquilo que os outros chamam, com uma alegria incompreensível, de "idade madura"[40].

Era gentil com os amigos, refinado, cheio de graça e ironia. Assemelhava-se a *Alice no país das maravilhas*, a um santo judeu hassídico, a um duende romântico. Com imaginação caprichosa e vagueante, exibia-se como mímico. Lia páginas de literatura com emoção e arrebatamento. Depois, pontual, todas as manhãs às oito em ponto, chegava a seu escritório da empresa de seguros, onde executava suas tarefas de funcionário com irrepreensível meticulosidade. Por quê? Temia se extraviar, perder-se nos ilimitados territórios da literatura. Precisava de uma contenção, de algo que restringisse sua liberdade. Ocupando seus dias com um trabalho alheio a si, poderia dedicar suas preciosas horas noturnas para trazer à luz o mundo desconhecido cujos contornos intuía. A medíocre obrigação diurna, como para Fernando Pessoa, restituía-lhe um sutil gosto de liberdade e, ao mesmo tempo, de irresponsabilidade. Nenhuma decisão a ser tomada. Mas quanta energia demandava essa contabilida-

---

40  Pietro Citati, *Kafka, viaggio nelle profondità di un'anima*, Milano: Rizzoli, 1992, p. 7.

de paralela! Assim, de um lado, a monótona e cansativa atividade diurna; de outro lado, as sombras sinistras da noite. Somente poucas horas para descansar. Nenhuma comodidade. Várias vezes receou se esfacelar em pedaços e que talvez seu último abrigo viesse a ser a loucura.

Na noite de um domingo de 1912, depois do tédio exasperante de uma visita da família, Kafka se senta à escrivaninha e começa a escrever *O veredicto*: uma história de pais e filhos, de crueldade e sacrifício. Pela primeira vez, tem a sensação de que a escrita lhe esgotou todas as energias. Como em meio a um parto, "coberto de sujidade e muco", as forças de seu inconsciente emergem à luz, rompendo barreiras e obstáculos. Escreve de um ímpeto só, durante a noite inteira. Sem dormir. A pena desliza, trazendo à luz a imensa riqueza do que fora removido. Se tivesse parado, mesmo por um só instante; se tivesse se distraído ou dirigido a atenção a qualquer outra coisa, teria sepultado aquelas verdades caladas. Esse fluxo de consciência "tinha a qualidade ilimitada, indefinida e ininterrupta da água e ao mesmo tempo parecia uma navegação por sobre a água, como se massas sucessivas se sobrepusessem na unidade do oceano"[41]. Agarrado à escrivaninha como ao mastro principal de um navio no centro de uma tempestade, escrevia sem perder o impulso. Era preciso escrever tudo de uma vez só. Tudo. Não apenas os contos ou os grandes romances. "Só assim posso escrever", dizia a si mesmo. Só numa completa abertura do corpo e da alma.

> Naquelas poucas horas entre as dez da noite e as seis da manhã, Kafka estabeleceu para sempre sua concepção da literatura e sua ideia de inspiração poética — a mais grandiosa desde Platão e Goethe. Era incontestável que, em algum lugar, havia um "poder supremo", que se servia de sua mão. Não importava quem era. Se era um deus desconhecido, ou o diabo, ou os demônios, ou simplesmente o mar de trevas que trazia dentro de si que ele percebia como uma força absolutamente objetiva. Devia obedecer a ela, seguir seus acenos, abrir-se a sua palavra e transformar sua vida, sua mente e seu corpo num instrumento claramente elaborado para secretar literatura, como haviam feito os grandes escritores que admirava. Que trabalho imenso! Que cansaço constante, repleto de dúvidas e esperas! Não lhe bastava obedecer: precisava destruir muitas coisas dentro e fora de si, e com extremo ascetismo, com temerosa avareza, pre-

41 *Ibidem*, pp. 54-5.

cisava poupar e economizar em tudo o que dizia respeito à sua existência. Quantas coisas a esquecer: a família, os amigos, a natureza, as mulheres, as viagens, os filhos, a conversa, a música. Era uma espécie de alquimia: abolir a vida dentro de si e transformá-la naquela substância pura, translúcida, ausente, vazia, que se chama literatura. Se não o fizesse, se não se imolasse e ardesse aos pés de um altar de papel, o Deus da literatura o impediria de viver[42].

Kafka percebia a inspiração poética como uma vibração do corpo, um sopro tenso da mente que se levantava na insônia noturna. A inspiração era força libertadora, ímpeto dilacerante, agitação que sobe dos recessos mais obscuros da alma, dos cantos mais remotos do espírito. Tinha a sensação de que havia dentro de si um fragor, não uma harmonia. Percebia a hostilidade das palavras. Todo o corpo o colocava em guarda contra as palavras. Ademais, cada palavra, antes de se deixar pôr no papel, olha em torno de si, circunspecta, em todas as direções. Apesar de tudo, ele extraía as palavras do magma indistinto da vida e da linguagem. Recomeçando a cada vez, desde o início, compondo encaixes laboriosos, encontrando lugar para cada palavra já escrita em fuga para outros lados.

> Quase nenhuma das palavras que escrevo, dizia ele, está adaptada às demais, sinto como as consoantes destoam entre elas com uma estridência metálica e as vocais as acompanham como o canto dos negros em exposição. Minhas dúvidas fazem círculo em torno de cada palavra e vejo-as antes de ver a palavra[43].

Foi precisamente essa exigência absoluta de rigor estilístico e sentido que levou Kafka, desde aquela noite febril, a procurar seu caminho. Recusou toda narrativa dilatada, todo realismo naturalista. Com palavras essenciais conduziu as "grandes massas" de sua prodigiosa imaginação por "ruas estreitas" e "limites apertados". Aprendeu a essencialidade. Renunciou a toda vontade de expansão e de variação. Talvez ninguém tenha conhecido um desejo tão poderoso de medida e de controle. Como se temesse ultrapassar a fronteira que um Deus desconhecido lhe atribuíra. "O círculo limitado é puro", afirmou. Não

---

42   *Ibidem*, pp. 55-6.
43   *Ibidem*, p. 57.

poderia fazer mais. Talvez por isso também continuou a acreditar por toda a vida que era culpado. A naturalíssima propensão à escrita não o impedia de perceber toda a fragilidade desse dom. Mas desconfiava de sua inspiração. Sabia que separara sombra e terra, mas conhecia a vertigem que se sente ao olhar o mundo lá de cima. Reencontrou confiança apenas quando começou a escrever *O processo*[44]. Somente então começou a acreditar em sua capacidade de escrever. E principalmente que a escrita daria consistência, plenitude, liberdade a seu destino de homem. Por quase seis meses, tenso, numa lucidez febril, plenamente dono de si, não se deteve. Não podia se deter. Escrevia, totalmente arrebatado, inspirado e desesperado pelo poder da escrita.

> Havia encontrado seu tom: uma modulação longa e monótona, um lamento sufocado, uma lenta sangria, um minucioso lavor, sem que sua voz nunca vibrasse ou uma imagem perturbasse a maravilhosa uniformidade, enquanto escrevia, descia cada vez mais: escavava para a profundeza, que para ele era a única maneira de voar com asas firmes e seguras, em torno dos cumes inalcançáveis das montanhas[45].

Em *Aforismi di Zürau* [Os aforismos de Zürau], Kafka parte de uma hipótese indemonstrável: existe um ponto de chegada, qualquer que seja seu nome: Deus, o Uno, o Ser ou "o indestrutível", como o define na expressa vontade de não o nomear. E, admitindo que exista, qual é o caminho para chegar a ele? A resposta é perturbadora: não há nenhum caminho. Nem sequer uma trilha de montanha. A verdadeira via passa sobre uma corda. É preciso ter a destreza de um saltimbanco, de um equilibrista, para percorrê-la. A corda não vai para cima, está estendida sobre o solo. É preciso andar sobre ela sem apoiar o pé no chão. O velho equilibrista que caminhava sobre o fio, no vazio, com uma vara entre os braços esticados, parece assim uma figura grotesca, que se contorce no chão, sem que reste nada de seu velho prestígio, de sua glória niilista. A corda não começa mais entre dois pontos no vazio. "Parece feita mais para tropeçar do que para ser percorrida"[46].

Mas o que é o caminho? Para Kafka é nossa hesitação, nossa incerteza, nossa inquietação. Se existe, é um declive íngreme, escarpado.

---

44 Franz Kafka, *O processo*, São Paulo: L&PM, 2006.
45 Pietro Citati, *op. cit.*, p. 125.
46 *Ibidem*, p. 182.

Mas desce-se por ele, não se sobe. Ou a estrada se dissolve no deserto, como a que levou à Terra Prometida: um caminho labiríntico, que segue para a frente e para trás, de lado e de atravessado, que nos faz tocar com o pé cada grão de areia. Kafka percorre o caminho das perguntas e das respostas até o final. Mas, para ele, a pergunta tem uma face inacessível: a face enigmática da esfinge. A pergunta jamais é alcançada pela resposta. É a resposta que nos interroga, que nos introduz por sendas distantes e paradoxais. Desliza como uma serpente ao redor da pergunta. É preciso nos proteger de nossas ilusões. Acreditamos que a pergunta está em movimento e a resposta é imóvel. Entretanto, a pergunta é imóvel e a resposta é que está em movimento. Entre elas, há um abismo sem ponte. Significaria isso que o caminho não existe? Não, ele existe. Existe apesar das incertezas, dos labirintos, dos abismos. Em algum lugar, ele nos espera. E para lá seremos conduzidos. Não será verdade que quem procura não encontra e quem não procura é encontrado? Com a marca inconfundível e indecifrável da dialética talmúdica, Kafka parece dizer-nos que a via passa por cima da corda estendida no chão, um caminho labiríntico através do deserto que nos conduz a nosso ponto de chegada. Mas o que encontraremos no ponto de chegada? A própria busca. A busca de um Tudo feito de fragmentos: libertação e esperança, ousadia e doçura, risco e especulação, palavra por palavra, pensando tudo e o contrário de tudo.

## No limiar entre dizível e indizível

No castelo de Duíno, sobre o fundo de ásperas rochas calcárias, tingidas por um verde raro, Rainer Maria Rilke se despede definitivamente dos lirismos satisfeitos de sua obra. Uma nova e rarefeita essencialidade irrompe em seu espírito e em seu estilo. Na aceitação do desafio de um anjo, nasce o apelo à criatividade inexaurível. Rilke, poeta das flores e dos animais, dos jardins e dos quadros, das estátuas e das catedrais, enfrenta a experiência daquele espaço sem coisas, sem corpos, sem natureza, intuído no "Lied vom Meer". O "vento do mar à noite", que "não vem para ninguém", expira como se não existisse natureza, homem ou história. Esse vento arrasta consigo, por infinitas distâncias e por rochas primordiais, o espaço. Nada mais do que espaço. É esta a energia do início, a energia do anjo ou, se se quiser, o poder desumano do sublime. O homem pode somente aceitar seu desafio. Essa energia, que nega o humano, a terra e as coisas próximas, inaugura um doloroso processo de abstração que rompe toda demora sobre os corpos e sobre as cores, para lançar-se em direção ao alto, para além do humano e de toda forma visível. Rilke quer saltar os homens, quer passar diretamente para o lado dos anjos.

Em suas cartas da Espanha, ele esclarece o sentido de uma linguagem dos anjos, projetada fora de si, em direção a um espaço astral, que é ao mesmo tempo ordem, lei, necessidade. Em Toledo, despede-se também da música, como fascínio do indistinto, tempo não essencial, pura perda. A música se torna sedução, convite à ordem e à lei. Somente a música responde ao inaudito de uma lei que nos interroga e nos implora. Atrás dessa cortina de som aproxima-se o todo. De um lado, nós e, do outro, separada de nós por um pouco de ar, estremece a decadência das estrelas. A música que vibra das estrelas é distância angular que separa os astros do equador celeste: lei e ordem geométrica. Numa carta de 17 de novembro de 1912 a Marie von Thurn und Taxis, Rilke escreve que a música vive no silêncio: "o ser sepulto", "a outra face matemática da música", mistério e iniciação "na beatitude do número" que se divide e de novo se recompõe, e de múltiplos, infinitos números recai novamente na unidade. Nesse espaço da pura relação, da pura figura, que Rilke chamará de *Weltinnenraum*, toda forma visível possui a abstração sublime e geométrica das estrelas, o silêncio é somente a outra face da música, assim como a morte o é da vida. Sua poesia se tornará o voo da coruja, pura linha geométrica e, ao mesmo tempo, arco e parábola musical, abstração da pura linha do canto, justamente como o canto de Orfeu será "puro transcender", ou silêncio que se torna música na linha vertical da árvore que se ergue dentro do ouvido. No momento exato em que compreende que a música é a lei geométrico-matemática do *Weltinnenraum*, Rilke vence a "violência imediata" da música. Até então, a música era puro perder-se, sentir-se morrer: como quando, pela rua, ouvia por acaso o som de um violino. Agora a música é "o elemento dos leões e dos anjos", "a ressurreição dos mortos", a prova extrema a ser superada para manifestar a força que se conquista "por morrer totalmente na música para renascer totalmente na música". De poeta impressionista e sensitivo que era, Rilke se torna poeta órfico ao descobrir o elemento matemático da música e, por fim, poeta sublime ao reconhecer em Beethoven, como escreve à pianista Magda von Hattingberg, aquele "que abre os abismos do perigo para lançar sobre eles pontes de radiosas salvações".

Em *Elegie Duinesi* e *Sonetti a Orfeo* [Elegias de Duíno e Sonetos a Orfeu], a certeza de que a poesia é apenas pouco mais do que um ornamento do ultra-humano se torna núcleo gerador da poética rilkiana. Assombrado pela vista do céu estrelado, o homem deve se libertar de toda dor, viver "na perplexidade de suas estrelas", participar da beleza e da ordem dos céus que, "pródigos de astros, resplandecem acima de sua aflição". Em "Narziss" (Narciso), poema entre os mais significativos, apreendem-se em transparência afinidades spinozianas. Rilke é explícito: pretender que Deus volte a nos amar significa reduzir Deus a uma função de nossos desejos. E quando ele diz que os lugares, as paisagens, os animais e as coisas não sabem nada de nós, parece ressoar Goethe quando escrevia que "a natureza é insensível". Passamos através dela, como uma imagem através de um espelho. E, contudo — justamente porque o acesso nos é impedido como um quadro impenetrável —, o mundo é "nossa salvação".

> A paisagem, essa árvore desfolhada pelo vento, essa coisa que é cercada pelo dia e se ocupa apenas de si, como todas as coisas: precisamente porque não podemos arrastar nada disso em nossa existência incerta, em nosso perigo, em nosso coração obscuro e inexplicado, precisamente por tal razão é que tudo isso nos é de grande ajuda. Nunca notaste que o fascínio da arte, sua força imensa e heroica, é que ela nos intercambia com tudo o que nos é mais estranho, põe nossa dor nas coisas e projeta dentro de nós, como espelhos rapidamente invertidos, a inconsciência e a impassibilidade das coisas?[47].

Embora a autonomia do verso e o sentido da criação poética nunca se façam ausentes, toda a obra rilkiana é densamente filosófica. De início, fora um grande lírico estetizante, dono de uma técnica sofisticada, no limite do artifício. Os refletores sobre o valor filosófico de sua poesia foram acesos principalmente por Heidegger, que viu em Rilke um equivalente poético de Nietzsche, afirmando que em *Elegias de Duíno* estava presente o germe de toda a sua filosofia. É incontestável: em Rilke, o sentido metafísico do ser para a morte é vivíssimo, mas essa dimensão tem um significado muito diferente do de Heidegger. Em Rilke, tal sentimento é uma "contemplação filosófica" da decadência. Sim, porque a morte como simples passagem fisiológica é apenas uma pe-

---

47   Rainer Maria Rilke, *Lettere a un giovane poeta. Lettere a una giovane signora. Su Dio*, Milano: Adelphi, 1980, p. 72.

quena morte, que não abarca nossa personalidade. Entretanto, a grande morte, que cresce com nossa disposição em deixar que se anulem nossos limites individuais, para unirmo-nos novamente em Deus, é a herança mais autêntica da vida, de que somos somente "o bagaço". Com a "grande morte", Deus, "nosso filho", herda toda a nossa verdadeira substância, numa forma que supera a finitude e a temporalidade. Por isso, não devemos tentar nos elevar até a luz, mas aceitar e prosseguir na mesma queda que vem de Deus a nós e que, continuando, leva-nos em direção à noite e ao nada: o crepúsculo do tempo que corresponde à aurora de Deus. Também por isso, intima Rilke, "não retornes". Não retornes em círculo. Não te feches no finito. Olha a linha infinita que nos une e nos distingue, como a vida e a morte. Os próprios anjos às vezes não sabem se estão entre os vivos ou entre os mortos.

Se em *Il libro d'ore* [O livro das horas] a poesia de Rilke é musicalidade impalpável, na maturidade ela se reaproxima do corpo das coisas em sua quietude: é necessário "dizer as coisas de modo simples e humilde", diz o poeta, "tal como nem mesmo as coisas sabiam que eram" (ix Elegia), revelando-as a si mesmas. Em *Elegias de Duíno*, os dois momentos anteriores — o "divino" e o "coisal" — fundem-se numa linguagem conceitualmente angustiada e de intensa emotividade. Terrível é a figura do anjo, porque terrível é o belo. Sua "existência mais forte" é estranha ao destino do poeta e do homem mortal. O anjo sabe que vive num reino terceiro, entre a vida angelical (de que nada sabemos) e a morte absoluta (a nós igualmente desconhecida). Por isso gravar o sentido inapreensível do tempo na palavra para entregá-la a uma fugaz eternidade será uma luta extrema.

O sentido da unicidade da existência humana, nos limites de sua transitoriedade, chega, na sétima e na nona elegias, ao inaudito "dizer as coisas" ao Anjo que, de sua morada eterna, não pode conhecer sua habilidade. O poeta canta o universo ao Anjo, espantado com o fato de que "nós assim somos", que vivemos sempre nos despedindo, que habitamos o tempo do "dizível", a glória da fugacidade. Consciente dessa fugacidade, Rilke tenta escapar a ela e alcançar uma imanência radical, para além da separação entre interior e exterior, sujeito e objeto.

É tarefa da arte salvar as coisas. Mas salvá-las significa substituir a soberba "obra do olhar" por "uma obra do coração", realizar a metamorfose que faz renascer em nós as coisas e faz com que deixemos de ser sujeitos diante do objeto; em suma, fundir o espaço do mundo e o espaço interior num espaço terceiro, onde cada coisa está perpassada por uma "luz noturna" que abraça e é abraçada ao mesmo tempo, que transforma o amante em amado. A separação e a contraposição são substituídas por uma metamorfose incessante. Orfeu, mesmo entre as sombras, pode oferecer um canto que não é mais o desejo subjetivo e voluntarista de uma meta, mas respiração que toca o nada e a divindade, cujo nome é existência. Assim, "no híspido fogo do sofrer" realçam-se as últimas líricas herméticas, na fronteira entre o dizível e o indizível, em direção ao espaço do silêncio. É um Rilke finalmente derrotado, mas talvez também o Rilke que venceu seu próprio talento, porque o levou a um espaço textual "sem desinências"; um Rilke que sonha o silêncio, a essência, a semente, a outra face da música, a outra face da vida.

A casa do tempo suspenso

Quando, esgotados pela idolatria da verdade e da visão, os conceitos se calam, é chegado o tempo da palavra poética. Tão supérflua no mundo das coisas próximas, porém tão necessária, ela nos acompanha até o limite do mundo. Não é uma outra forma diferente de comunicação, mas a expressão (ana)lógica do inexprimível, uma ordem que restitui duração ao intervalo, como uma pausa da palavra, uma interrupção inesperada, a escrita de um adeus. Nenhuma neutralidade fonológica pode se medir com a caótica completude de sua ordem formal. No não dito, a poesia reconhece o limite intransponível, mas também o espelho que se reflete na própria imagem, enquanto sequências verbais geradoras de um sentido imprevisível movem ao diálogo e o não reconhecido pode encontrar sua forma. A existência poética tem relação não com a emotividade do aludir, mas com uma nova ordem de sentido: uma obnubilação que é perda e redescoberta de sentido, palavra que diz sem querer dizer. Unindo palavra a palavra, o poeta as observa ao ganharem vida, atravessando-as, suspendendo-as numa declinação de vão e completudes, que é subversão do sentido e da ordem da língua, libertação de suas ligações.

Capturado pelo assombro e pelo poder da palavra, o leitor segue com passos devotos o caminho do poeta. Segue-o na travessia onde o silêncio desvela novos silêncios, entre escansões e batidas, pausas da linguagem, interrupções e pausas, até a soleira última das palavras. Na poesia, como na música, é a sombra que dá luz à luz. Na poesia, como na música, o tangível se torna extraordinário, surpreendente, pois situado no intangível. Sim, pode-se compreender a poesia. Pode-se até tentar explicá-la. Mas resta uma miraculosa nascente de assombro, de arrebatamento, de maravilha. Pensar poeticamente é repatriar num "aberto" sem mais memória, reforçar uma difícil fidelidade à própria pátria, reencontrar os instantes da infância em que o céu era ainda uma superfície sem distâncias. A poesia dá nome aos mundos sem nome, cria nomes sem coisas, devolve vida a palavras exauridas. Uma palavra criadora restitui sentido às palavras usuais. A ela, opõe-se a palavra oportuna, a palavra submissa, a palavra-mensagem. Nesse tempo que resta, o único sentido possível é a responsabilidade em relação à palavra pronunciada: a palavra que nos convida ao espetáculo clamoroso do mundo, que nos exorta silenciosamente a procurar mais, na desolada beleza dessa língua de terra, o homem e o infinito de sua alma.

O pensamento e a poesia de Giacomo Leopardi antecipam visionariamente a condição existencial de nosso tempo. O estilo e a altura do olhar fundem, como vias de conhecimento, a vagueza e a exatidão, dilacerações insanáveis e o ressentimento implacável. Contudo, sua paixão pela vagueza e inefabilidade dos sentimentos, pela aura esmaecida da poesia, não pode senão admitir conhecimentos precisos, objetivos. Inscrever o indeterminado nas esferas da poesia e da ilusão serve a Leopardi para circunscrevê-lo e se libertar dele. Revelador disso é o amor pelo dado exato, pela descoberta irrefutável de seus estudos filológicos. Seu materialismo metafísico, desprovido do otimismo iluminista emancipador, dedicado a revogar a centralidade do homem e de sua história no universo — homem nu e perdido na infinidade indiferente da Natureza — relata a finitude das coisas criadas, seu destino mortal.

Suas reflexões sobre o homem e a sociedade fazem de Leopardi o herdeiro dos moralistas clássicos. Seu olhar nítido e frio disseca as paixões humanas como entes objetiváveis: como quando reflete sobre o amor próprio e o egoísmo, a razão e a natureza; ou como quando medita sobre o tédio. Ele nega ou classifica como ilusões a felicidade e o prazer como estados objetivos e suficientes em si. A dor permeia todos os recessos da realidade. Por isso, abomina toda mediação dialética. Em seu mundo, de fato, mediar equivaleria a justificar, e isso seria nada mais do que um dos compromissos típicos da filosofia de seus contemporâneos. E tampouco poderia se recusar a ir a fundo na experiência que a sorte lhe reservou. Daí seu pensamento agudo e impiedoso ao indagar os abismos da alma e do corpo do homem; daí a contradição insolúvel que deveria ser enfrentada no plano existencial: de um lado, a clarificação irrefreável do "trágico" de uma realidade fixada na luz do intelecto; de outro lado, a revolta do coração, a irredutibilidade da vida como palpitação e ímpeto justamente na constatação mais amarga e desiludida do destino humano.

Eis a vitalidade do contraste entre um sentimento que desdobra suas asas e a peremptória aridez de seus fechamentos irônicos e polêmicos. Eis o contraste entre a literariedade carregada de ecos clássicos e intimidade nova, quase selvagem, que se impõe imediata e inaudita, que lhe confere, a cada vez que nos aproximamos, aquele caráter de surpreendente atualidade, de eterna fecundidade, de extratemporalidade que faz de Leopardi o mais moderno de nossos clássicos, o mais clássico de nossos contemporâneos. Em Leopardi, toda palavra encontra sua expressão despida de indulgências num contínuo e atormentado refinamento do pensamento, cujo limite extremo é a palavra escrita: a palavra que adquire novo sentido e agudiza todo e qualquer detalhe de significado e significante. Seu dizer entretece e por vezes funde dois movimentos: uma ideia da poesia lírica como "respiração da alma", libertação do coração oprimido; e uma fugaz efervescência sentimental, "um crepúsculo, um raio, um brilho de alegria", como escreve numa reflexão de junho de 1820.

Fundamental em sua poesia é a tendência de isolar a realidade sentimental em sua essência, de reduzi-la ao puro diagrama do movimento da alma em sua prístina autenticidade, por meio da qual as meditações, as paisagens da alma, as interrogações se apresentam como são na ponta pungente da emoção. Aquela que foi chamada a música de Leopardi consiste num ritmo entregue às suspensões e à pausa, à evocação fluida, em que as próprias palavras são purificadas de todo excedente retórico e sensual, de toda marca histórica, até se tornar existência pura, que se exprime além do tempo e do espaço, como a música constante de nossa natureza, de nossa corporeidade. Cada movimento centrípeto na pura linha da emoção tem como contraponto um movimento centrífugo: um impulso da inspiração que se dilata e assume, sob o mesmo signo de autenticidade sentimental, todos os elementos de um mundo que se apresentam como investigação do homem e da natureza, fragmentos de considerações sobre a sociedade e sobre a história, dimensões míticas, ímpetos satíricos e polêmicos.

Se o valor da lírica leopardiana é essencialmente a sua linha musical, o segredo dos *Opúsculos morais* é a musicalidade sintática e estilística, o movimento alternado das fantasias entre diversão e maravilhamento, seu sucessivo afastamento e a lúcida amargura da reflexão. A negatividade da história atravessa internamente essa obra. A dilaceração que a vida infligira à alma do poeta não podia se concluir com a substituição de uma religião mundana por outra transcendente, nem com alguma esperança específica ou pelo agir histórico. Ela deve permanecer aberta. O ressentimento em relação à natureza maligna, a ilusão desvendada como movimento do coração, ímpeto de vitalidade inconsciente. A salvação é individual, embora universal, como na forma poética.

Quando, na *Giesta*, ele transfere o olhar da desolada natureza vulcânica para a serena imensidade vazia, para aqueles "nós como de estrelas/ que a nós se afiguram qual neblina, e a eles se compara a nulidade da espécie humana", o apelo anterior a uma fraternidade de todos os homens, abraçados "com verdadeiro amor", para que se unam "numa corrente social" contra a natureza inimiga, adquire um novo sentido vibrante e generoso. A radical lucidez crítica e a impiedosa análise penetrante dos males sociais, da ilusão historicista e da irredimível mediocridade mental e moral de grande parte dos homens encontram uma reflexão serena, uma observação apaixonada e uma intensidade ética nas páginas clássicas, atualíssimas e proféticas do Discurso sobre o estado atual dos costumes dos italianos. Uma análise implacável dos vícios dos italianos, talvez de todas as nações. Escreve ele:

> Não se deve ocultar que, considerando as opiniões e o estado presente dos povos, a extinção ou enfraquecimento quase universal das crenças em que se podem fundar os princípios morais e de todas aquelas opiniões sem as quais é impossível que o justo e o honesto pareçam razoáveis e o exercício da virtude pareça digno de um sábio, e de outro lado a inutilidade da virtude e a decidida utilidade do vício derivados da constituição política das atuais repúblicas, a conservação da sociedade parece mais obra do acaso do que de qualquer outra razão, e é verdadeiramente admirável que ela possa ter lugar entre indivíduos que constantemente se odeiam, se perseguem e procuram de todas as maneiras prejudicar uns aos outros. A obrigatoriedade e freio das leis e da força pública, que agora parece ser a única coisa que resta à sociedade, é algo há muito tempo reconhecido como extremamente insuficiente para conter o mal e muito menos para estimular o bem. Todos sabem com Horácio que as leis sem os costumes não bastam, e de outro lado que os costumes dependem e são determinados e principalmente fundados e garan-

tidos pelas opiniões. Nessa dissolução universal dos princípios sociais, nesse caos que realmente atemoriza o coração de um filósofo e o coloca em grande dúvida quanto ao futuro destino das sociedades civis e em grande incerteza sobre como elas poderão subsistir no futuro, as outras nações civis, em especial a França, a Inglaterra e a Alemanha, têm um princípio conservador da moral e, portanto, da sociedade que, embora pareça mínimo e quase vil em comparação aos grandes princípios morais e de ilusão que se perderam, mesmo assim é de enorme efeito[48].

A fragmentação das sociedades contemporâneas e a atomização dos indivíduos encontram nestas páginas de Leopardi um sentido de lúcida clarividência, de *páthos* crítico.

> Mas esta [a ambição, o desejo de glória] é coisa demasiado grande, demasiado nobre, demasiado forte e viva para que possa ter lugar na pequenez das ideias e das paixões modernas, restritas e reduzidas a estreitíssimos termos e em baixíssimo grau pela razão geométrica e pelo estado político das sociedades, para que possa se compadecer pelo estado de frialdade e mortificação que deriva universalmente das ditas causas na vida civil; e a glória é uma ilusão demasiado esplêndida e um nome demasiado sonoro para que possa perdurar após a destruição das ilusões e o conhecimento da verdade e realidade das coisas e de seu respectivo peso e valor. O amor à glória é incompatível com a natureza dos tempos atuais, é coisa obsoleta como os usos e os termos antigos, não subsiste mais ou é tão raro e, onde ainda subsiste, é tão débil e ineficaz que não pode ser princípio de grandes bens para a sociedade e muito menos servir-lhe de obrigação, como em grande parte foi outrora[49].

A frieza cristalina do signo traduz o calor infinito de uma vitalidade ardente, de uma paixão civil, de um desencanto radical. Leopardi diz que nós, incapazes de glória, reduzimo-nos à honra; e, como tampouco disso somos capazes, reduzimo-nos às boas maneiras, ao *bon ton*; mas talvez nem disso sejamos capazes, como demonstra a presente socie-

---

48 Giacomo Leopardi, "Discorso sopra lo stato presente dei costumi degl'Italiani", in: *I classici del pensiero italiano, Giacomo Leopardi*, Roma: Biblioteca Treccani, 2006, pp. 620-1.

49 *Ibidem*, p. 622.

dade, tão evoluída em tecnologia e comunidade e tão tortuosa a níveis até semibárbaros na vida civil, que perdeu (ou praticamente desprezou) qualquer código ético, qualquer fé, sacralidade, senso de honra, valor da liberdade.

> [...] nasce para os costumes o maior dano que jamais se poderia imaginar. Como o desespero, da mesma forma, nem mais nem menos, o desprezo e o sentimento íntimo da vacuidade da vida são os maiores inimigos do bem agir e autores do mal e da imoralidade. Dessas disposições nasce a indiferença profunda, enraizada e extremamente eficaz em relação a si mesmo e aos outros, que é a maior peste dos costumes, dos caracteres e da moral [...] a disposição, a mais razoável é a de um pleno e contínuo cinismo do ânimo, do pensamento, do caráter, dos costumes, da opinião, das palavras e das ações. Conhecida a fundo e sentindo continuamente a vacuidade e a miséria da vida e a amarga natureza dos homens, não querendo ou não sabendo ou não tendo coragem ou, mesmo com coragem, não tendo força de desesperar dela e de ir aos extremos contra a necessidade e contra si mesmo, e contra os outros que seriam sempre igualmente incorrigíveis, mas querendo ou tendo de viver e se resignar e ceder à natureza das coisas; continuar com uma vida que se despreza, conviver e conversar com homens que se sabe serem tristes e de nenhum valor — o mais sábio partido é o de rir indistintamente, habitualmente, de tudo e de todos, a começar por si mesmo, Isto é, sem dúvida, o mais natural e o mais razoável. Ora, os italianos, falando em termos gerais, e com aquelas diferenças de proporções que é necessário pressupor nas diferentes classes e indivíduos, tratando-se de uma nação inteira, reuniram-se unanimemente a esse partido. Os italianos riem da vida: riem muito mais, e com mais sinceridade e íntima persuasão de desprezo e frialdade, do que qualquer outra nação [...]. As classes superiores da Itália são as mais cínicas entre todas as suas correspondentes nas outras nações. O populacho italiano é o mais cínico dos populachos[50].

Sua oposição à ideologia da burguesia moderada não podia ser mais dura e radical.

---

50  *Ibidem*, pp. 632-633.

> Ver-se sempre em derrisão produz necessariamente um desapreço por si mesmo, e por outro lado uma indiferença a longo termo sobre sua reputação. Indiferença esta que quem não sabe o quanto é prejudicial aos costumes? É certo que o principal fundamento da moralidade de um indivíduo e de um povo é o apreço constante e profundo que se tem por si, o cuidado que se tem em preservá-lo, o zelo, a delicadeza e a sensibilidade em relação à honra própria. Um homem sem amor-próprio, ao contrário daquilo que se diz normalmente, é impossível que seja justo, honesto e virtuoso de caráter, de inclinação, de costumes e pensamentos, senão de ações[51].

O caminho que ele vê é o do individualismo, sem o qual uma sociedade jamais se tornará civil: pelo contrário, se tornará irremediavelmente bárbara.

> Os italianos têm mais propriamente usos e hábitos do que costumes [...]. Os usos e costumes na Itália geralmente se reduzem a que cada um siga o uso e costume próprio, qualquer que seja ele. E os usos e costumes gerais e públicos são, como disse eu, apenas hábitos, e não são seguidos por libérrima vontade, determinada quase exclusivamente pela satisfação material, porque tal coisa sempre foi feita de tal maneira, em tal momento, porque se a viu feita pelos mais velhos, porque sempre foi feita, porque se a viu feita pelos outros, porque não há razão para se preocupar ou nem sequer pensar em fazê-la de outra maneira ou não a fazer; e ademais fazendo-a com completa indiferença, sem lhe atribuir importância alguma, sem que o ânimo e nem o espírito nacional, ou seja o que for, tenha qualquer parte nisso, considerando igualmente importante fazê-la ou deixar de fazê-la ou contrafazê-la, não deixando de a fazer e não a contrafazendo justamente porque nada importa, e em geral com desprezo, e muitas vezes ocorrendo com o riso e o desprezo por tal uso ou costume[52].

A raiz dessa barbárie, diz Leopardi, consiste na hegemonia moderada da burguesia católica: um movimento que desconhece a visão racional da ciência para englobar, num pseudoprogressismo burguês, massas infelizes e cegadas pelo obscurantismo. Os temas iluministas e mate-

---

51   *Ibidem*, p. 636.
52   *Ibidem*, p. 642.

rialistas são utilizados numa dura polêmica antidogmática, antirreligiosa. Na organização burguesa moderada e liberal (negocista, egoísta, mercantilizadora dos valores, falsamente humanitária, pronta para guerras de rapina), Leopardi vê o obstáculo para um Iluminismo para todos (mas sem revolução social, divisões da sociedade em classes, sem conflitos burguesia-proletariado).

O teatro filosófico e a narrativa fantástica de Leopardi compõem um tratado sobre a infelicidade dos vivos, mas também são a representação daquela leveza e ironia que a história da civilização, entre violência e abstração, dissolveu ou negou. Os *Opúsculos morais*[53] representam um texto-limite da literatura do século XIX, um local de feliz convergência entre poesia e prosa, raciocínio e imaginação, invenção e análise da realidade.

---

53  Giacomo Leopardi, *Opúsculos morais*, São Paulo: Hucitec, 1992.

# Despedida

> *O que não é complicado é falso*
> *A explicação incapaz de tornar*
> *mais misterioso o que explica*
> *é uma explicação falha.*
> NICOLÁS GÓMEZ DÁVILA

> *Os raciocínios filosóficos só têm*
> *importância se estiverem a serviço*
> *de uma inteligência insolente.*
> NICOLÁS GÓMEZ DÁVILA

A tentativa de imprimir um curso à história e ao irrefreável progresso técnico contribuiu significativamente para as imensas tragédias do século XX. Diante do poder destruidor de uma tecnociência que não se detém diante de nada, que entrega o homem à coisa e o torna impotente diante de seu próprio saber, ainda podemos nutrir esperança? É preciso buscar sentido e esperança, cremos nós, nas grandes questões, nas perguntas que olham a história do lado de fora, em sentido meta-histórico, transcendente, ético.

Numa época de desorientação radical como a nossa, é preciso recorrer à sabedoria crítica daqueles que indagaram as margens das existências concretas. De uma perspectiva oposta à da tradição ocidental, fundada no poder da razão, na visibilidade e na cognoscibilidade da essência das coisas, Vladimir Jankélévitch interrogou os aspectos mais impalpáveis, marginais e paradoxais da realidade, lançou luz sobre as contradições do humano para identificar uma ética que habite o mundo. Sua investigação se entretece a algumas correntes ocultas ou marginais daquela mesma tradição (a mística plotiniana e a teologia negativa), como também a aspectos fundamentais da cultura judaica (a indivisibilidade radical de Deus e a condição de êxodo do homem).

O ser, segundo Jankélévitch, é sempre e tão somente um "não sei quê" para o homem. Nesse deslizamento de perspectiva, os entes aparecem não mais como identidades distintas, certas do seu ser, mas como um "quase nada" em *chiaroscuro*, arrastados pelo fluxo do tempo, cujos contornos se esmaecem continuamente no não ser. Essa errância ontológica, essa permanente incompletude, transfigura-se no errante Eros platônico, felizmente retomado por Jankélévitch. O caráter diaspórico, a polissemia verbal do judaísmo são valores inconfundíveis de seu pensamento e de sua imensa cultura. Com o termo charme, o filósofo faz alusão ao que não pode ser objeto de conhecimento, mas é motivo de encanto e atração (tipicamente erótica) de uma diferente e renovada "filosofia primeira".

O tempo, o amor e a morte são os "locais" onde o homem experimenta a radical impotência de sua razão e, ao mesmo tempo, as contradições e as aporias de sua condição. Aqui o discurso de Jankélévitch, que de metafísico se torna ético, expande-se numa intensíssima rede temática, o *Tratado de virtudes*. A valência temporal do existir concreto assinala não só sua inapreensibilidade em relação a qualquer enquadramento lógico, mas também a constante mudança que afeta o agir humano, que muda continuamente seu sentido, invertendo ou mesclando frequentemente boas e más intenções. Há mais. Revelando suas antinomias constitutivas, o gesto humano aparece como um *órgão-obstáculo* que é instante privilegiado e impulso adiante, mas ao mesmo tempo recaída inevitável no gelo da convenção e do egoísmo. Essa ambivalência evidencia os paradoxos mais agudos da condição humana: desde a indefinida sequência de desdobramentos e fragmentações do eu ao equívoco, à mentira, ao mal.

À moral consoladora da compreensão e do perdão que redime toda culpa, em nome da justiça "compensadora" fundada no pressuposto de uma harmonia eterna e de um bem e de um mal unívocos, Jankélévitch contrapõe uma moral que assume em si não só a irreversibilidade do tempo ("aquilo que foi feito não pode ser desfeito"), mas também a trama entre bem e mal, puro e impuro, do agir concreto dos homens. A seriedade não reside na pretensão de uma verdade certa, mas no pudor e na ironia em relação a toda atitude de arrogância, na observação distanciada de toda convicção alcançada. Mas, se nenhuma decisão é garantida por uma verdade *ex ante*, então é necessário uma vigilância e uma atenção mais agudas. Ficar ambiguamente no engano é sinal de maldade e mentira. Entretanto, reencontrar a simplicidade, habitar os contrários, manter-se de modo unívoco na equivocidade da realidade é sinal de sinceridade do coração. A moral é a inocência do compreender que a pureza não é purismo, e sim a capacidade de reconhecer o puro no impuro. Esta difícil moral não se entrega ao relativismo ético; pelo contrário, reconduz toda a sua problemática profundidade à responsabilidade radical do homem.

Se o movimento do tempo — a própria trama da realidade e do agir humano — se desenvolve entre fluxos de instantes privilegiados, a música é, então, o paradigma original em que ressoam os próprios ecos da consciência. Não será a consciência uma partitura que se torna melodia? Uma melodia é muito mais do que as notas que a compõem. Ela aflora do misterioso encontro de frequências, ritmos, acelerações: uma combinação de notas de cordas e piano, de ritmos de percussões e vibrações, que remetem intimamente a harmonias e desarmonias neuronais. Mas, se as notas e os sons se unem à atenção, a música nasce da consciência. Ambas têm origem num universo anterior, de nascentes profundas e remotas: como numa fuga de Bach, que começa com algumas notas e evolui lentamente em direção a maravilhosas espirais de sons combinados que devolvem a impressão da complexidade, enquanto na verdade seguem uma lógica rigorosa. O mesmo vale para as grandes liturgias russas ou as polifonias que dão a ilusão de uma grande simplicidade através de uma sábia distribuição de ritmos e espaços sonoros interconexos, entrelaçados num balé que parece um solo, pois segue uma via que, no nosso cérebro, harmoniza múltiplas atividades.

### A porta estreita da esperança

Entre fímbrias recortadas e em perpétua transformação de ilhas e arquipélagos de nexos nem fáceis nem evidentes, nossa viagem foi marcada por aporias, descontinuidades fecundas, nascentes inesperadas, memórias involuntárias, perguntas que levam a outras perguntas. Neste caminho encontramos o pensamento de Walter Benjamin, pensador pungente, aturdido, fecundo, suspenso entre o messianismo judaico e um materialismo histórico crítico. Em sua filosofia da história, o tempo traz em si uma espera de redenção, interpretada pela escolha revolucionária, que não é movida pela missão de um futuro a se realizar, mas por uma justiça reparadora em relação às injustiças passadas. Este tempo é o oposto do tempo do historicismo, que Benjamin vê como um vazio homogêneo onde os fatos se ordenam em série.

No cerne de sua busca está a modernidade ou, melhor dizendo, a condição do homem moderno através da arte, do costume, da história. Para Benjamin, o moderno aparece como um tempo marcado pela perda da continuidade da tradição, caracterizado por cisões profundas que se manifestam em todos os aspectos da vida cotidiana: da incapacidade de acumular experiências ao sentido permanente de angústia, à exposição repetida a choques repentinos. A modernidade é o inferno, afirma dramaticamente. Um inferno do qual não podemos escapar. Não basta o exercício crítico da razão. É necessária uma salvação mais alta, uma mudança drástica na concepção do tempo: não mais fundada, como para os historicistas, sobre a continuidade, mas sobre uma descontinuidade ao mesmo tempo revolucionária e salvadora, um tempo-agora, uma instantaneidade que redima da escravidão das correntes do *continuum*.

Se realmente se pretende salvar o passado, se realmente se pretende subtraí-lo à lembrança mumificada que o transforma em relíquia sacra, então é preciso manter com ele uma relação livre e momentânea, como a têm as crianças. Ele não deve ser acumulado como um patrimônio. Não se deve convertê-lo num peso esmagador. Ele deve ser recordado de modo criativo, porque necessário ao presente: "Fazer agir a experiência da história, que para cada presente é uma experiência original — é esta a tarefa do materialista histórico. Ele se dirige a uma consciência do presente que faz deflagrar a continuidade da história"[1]. O verdadeiro presente histórico é apenas o passado de imagens impressas que se revelam simultaneamente e se mantêm provisoriamente imóveis na soleira do tempo. A percepção instantânea desse revelar-se simultâneo do passado, de seu concentrar-se numa grandiosa abreviação (*Jetztzeit*), sintetiza toda a história da humanidade em seus mais altos momentos. É neles que, com involuntária potência alegórica, o tempo se detém e os rebeldes atiram nos relógios dos campanários.

O tempo adquire um sentido ainda ulterior com a ideia benjaminiana de complementaridade, em especial a de progresso e de eterno retorno: "A fé no progresso — numa infinita perfectibilidade, uma tarefa infinita da moral — e a ideia do eterno retorno são complementares. São as antinomias insolúveis, diante das quais o tempo histórico deve se de-

---

[1] Walter Benjamin, *L'opera d'arte nell'epoca della sua riproducibilità tecnica*, Torino: Einaudi, 1966, p. 83. Ed. bras.: *Magia e técnica, arte e política*, São Paulo: Brasiliense, 1987.

senrolar"[2]. Essa ideia da complementaridade vê a obra de arte avançar *por absentiam*, tomar longos desvios ao invés da curta trilha da experiência comum. Essa concepção se opõe implicitamente à ideia da obra de arte como reflexo da realidade, típica do materialismo sociológico de Lukács. Mesmo que lhe faça referência indireta, o mundo complementar é cindido do real.

A experiência do mundo complementar — presente também em Bergson, que rejeita qualquer determinação histórica da própria experiência concreta — mantém a marca em negativo da realidade de onde parte ou à qual se opõe, mas contém também os germes de uma libertação do jogo de espelhos entre realidade e complementaridade. Sem dúvida, um retorno do arcaico oposto ao "progresso", não resgatado do ímpeto em direção ao futuro, é perturbador. Mas é justamente no perturbador, na implicação e na troca entre imemorável e familiar, distante e desejado, passado esquecido e futuro esperado, que se revela o sentido da felicidade. A felicidade nasce da perda. Só o que se perdeu permanece eterno. A recuperação, o resgate, a redenção permitem a felicidade. É preciso, então, reencontrar o futuro no passado, transformar a distância em proximidade, reconhecer o novo no abismo daquilo que é desconhecido, o arcaico naquilo a que aspiramos. Por isso a felicidade não pode viver no progresso linear do tempo, que anula as etapas anteriores e despreza passado e memória; nem no eterno retorno, embora este seja uma tentativa de unir os dois princípios antinômicos da felicidade: a eternidade e o mais uma vez[3].

A ideia do eterno retorno não cria a felicidade, mas só sua ilusão. Uma fusão dos princípios antinômicos da felicidade ocorre somente quando se rompe o isolamento do progresso do eterno retorno, do esquecimento da memória como relicário. A felicidade se encontra na memória involuntária. Não se obtém sem tê-la entrevisto e perdido, mas não a encontramos sequer em traumas artificiais sem destruí-la. Deseja-se o que se perdeu ou o que não conhecemos, mas em relação ao qual não poderíamos nos dirigir se já não tivéssemos experimentado de alguma maneira seu fascínio cativante. Ao mesmo tempo, conhecemos e não conhecemos, sabemos e ignoramos, queremos e desejamos, temos a experiência de uma presença fugidia e de uma ausência que nos atrai. Di-

---

2    Walter Benjamin, "Passagen", in: Rolf Tiedemann, *Studien zur philosophie Walter Benjamins*, Frankfurt am Main: Suhrkamp, 1973, p. 138.

3    Walter Benjamin, "Tesi di filosofia della storia", in: *Angelus Novus*, Torino: Einaudi, 1962, pp. 73-4.

rigimo-nos àquele futuro que confluíra no passado e que nos aparecera no "mistério". As imagens, os fantasmas do desejo, têm o caráter bicéfalo de um passado indistinto, ligado a um futuro indistinto. Elas não são determináveis senão no momento em que passado e futuro entram em conjunção, no instante em que se desprende sua centelha.

O instante de Benjamin não é o instante de Aristóteles, que divide o antes e o depois. Não, seu instante reincorpora o tempo. Por isso a felicidade tem a cor do tempo vivido. A ideia de felicidade que podemos cultivar, anota ele,

> [...] é tingida pelo tempo a que nos foi designado, de uma vez por todas, o curso de nossa vida. Uma alegria que poderia despertar nossa inveja se encontra apenas no ar que respiramos, entre pessoas a que poderíamos ter-nos dirigido, com mulheres que poderiam se ter doado a nós. Na ideia de felicidade, em outras palavras, vibra indissoluvelmente a ideia de redenção. O mesmo se aplica à representação do passado, que é dever da história. O passado carrega em si um sinal secreto que o remete à redenção[4].

O passado pertence à humanidade redimida, porque o futuro contido no passado será redimido quando os tempos tiverem chegado ao fim. Individualmente, não podemos recuperar o que esquecemos — e talvez seja um bem. De outra forma não poderíamos compreender nossa nostalgia. Mas assim nós a compreendemos: tão mais profundamente quanto o esquecido jaz em nós[5]. A memória pressupõe a nostalgia, assim como a redenção, a perda, o redentor ou o Messias, a queda e a derrota.

A tradição é descontinuidade, diz Benjamin de modo contraintuitivo. Eis por que ocorrem revoluções. Há cerca de cem anos assiste-se a uma perda da consciência histórica e a uma queda da experiência. Quase num paradoxo, quanto mais se fala em história e na experiência vivida, menor a posse que se tem delas. As massas civilizadas são guiadas por mecanismos anônimos, obscuros. Nelas predominam instintos gregários que substituem e pervertem a continuidade da tradição. Estranho paradoxo! As pessoas tendem ao interesse privado mais tacanho e, ao mesmo tempo, são condicionadas ao instinto da massa. Esse instinto

---

4   *Ibidem*, pp. 72-3.
5   Walter Benjamin, *Infanzia berlinese*, Torino: Einaudi, 2007, p. 75. Ed. bras.: *Rua de mão única: Infância berlinense 1900*, São Paulo: Autêntica Editora, 2013.

provoca estranhamento, perversão dos instintos vitais, queda do intelecto em quem o segue acriticamente. Mas a questão é mais difícil. Os homens querem ser exonerados das experiências. Estão cansados das complicações. Por isso, expõem-se frequentemente à embriaguez e iluminações, que se insinuam no universo da pobreza, bem como no do desencanto. Na verdade, a embriaguez não está em oposição à razão. Aliás, certas formas suas podem sustentar a razão em sua luta pela liberdade. Portanto, é preciso robustecer, através da energia do mito e da embriaguez, aquelas formas de racionalidade sem raízes, sem tradição, utilizando-as para fazer irromper o futuro.

Por outro lado, embriaguez não significa arrebatamento báquico. Enquanto expressão do dionisíaco, ela é de algum modo uma destruição criadora. Destruição e redenção caminham juntas. Lá onde a tradição se interrompe, onde o caminho parece barrado, a embriaguez ajuda a identificar outros caminhos, a destruir: não por amor à destruição, mas para ajudar o novo a nascer.

A experiência se produz também em tempos em que a experiência individual desperta em iluminações intermitentes, mínimas, cotidianas; quando o impenetrável se apresenta como cotidiano e o cotidiano como impenetrável; quando a cotidianidade se liberta da miséria da conversa vazia; enfim, quando o passado individual e o passado coletivo se unem. No princípio esperança de Benjamin, qualquer átimo de segundo pode se tornar "a pequena porta" pela qual passa o Messias.

Palavras duras e frementes, próximas ao silêncio

Com um valor e uma linguagem muito diferentes de Benjamin, o sentido da tradição, a distância crítica do presente, o olhar voltado para o futuro estão vitalmente presentes também na experiência aforismática de Nicolás Gómez Dávila, "o Nietzsche de Bogotá". Depois de longas viagens pelas paisagens desoladas de engano e de dor, com palavras duras como pedras e frementes como folhas, Gómez Dávila restitui à arte e à filosofia seu valor original de vitalidade profunda, de amor pela sabedoria.

Mestre do fragmento anti-ideológico e anti-historicista, Gómez Dávila opõe sua liberdade e anticonformismo a uma modernidade totalitária, em nome de uma renovação de valores perenes. A escolha de uma escrita aforismática, de estilo cristalino, cortante e elíptico, remete a outra escolha: captar a ideia em estado nascente, em sua forma mais abstrata, ou quando, morrendo, deixa atrás de si uma esteira de fragmentos. A ideia é um centro ardente, um fogo de luz seca, de consequências infinitas. E, contudo, é ainda apenas um germe, uma promessa fechada em si mesma. O pensador sul-americano toca o cume das ideias, faz o ar circular, abre espaço entre elas. Porém, não se revela a sutil trama que as une. Suas relações se mantêm secretas, suas raízes, ocultas. Seus frutos, as ideias soltas e aparentemente solitárias, são arquipélagos que afloram num mar desconhecido. Sua lição não deriva apenas de razões estilísticas, a favor de uma expressão fulminante que elimina o tédio, o supérfluo, a vaidade das explicações, as pretensões dos tratados. Nasce das camadas profundas de um pensamento assistemático, constituído pelas verdades que ele considera eternas e por uma ética da humildade. A exposição didática, o tratado, o livro sistemático, destinam-se apenas a quem chegou a conclusões que o satisfizeram. Mas um pensamento incerto, contraditório, ontologicamente desorientado, tolera apenas a nota, pois ela lhe serve como apoio transitório[6].

Seus fragmentos, discretos e próximos ao silêncio, não são a expressão de uma dissolvência, de uma dissolução. Eles aludem, tendem, anseiam surpreendentemente a uma incerteza. Embora as ruínas dentro das quais ele se move sejam as da modernidade, seu olhar transcende o tempo. A antropologia de Gómez Dávila se apresenta como rigorosamente católica, centrada na pessoa e em Deus: para Deus, diz ele, existem apenas indivíduos. É um catolicismo tão ortodoxo na fé quanto heterodoxo na liberdade expressiva de uma crítica que tudo abarca, inclusive o catolicismo mundano.

Gómez Dávila toma posição contra a ideologia da modernidade, a tirania estatal, o igualitarismo e, principalmente, a soberania popular entendida como fulcro do absolutismo político contemporâneo. Seu pensamento, ao mesmo tempo tradicionalista e crítico-rebelde, está solidamente radicado na legitimidade original da liberdade do homem e dos corpos intermediários, que desprezam a polaridade entre atomismo e poder vertical, no dever de um código moral, no direito natural clássico, na religião revelada contraposta à secularização sacralizada. Gómez Dávila desagrega as díades tradicionais passado/presente, progressismo/conservadorismo, liberdade/escravidão. Sua crítica da soberania popular democrática remete à dos pensadores do realismo político, em especial

---

6   Nicolás Gómez Dávila, *In margine a un testo implicito*, Milano: Adelphi, 2001.

Joseph de Maistre, autor do célebre *Le serate di Pietroburgo*[7] [As noites de São Petersburgo], para o qual uma nação é o conjunto dos costumes e dos hábitos transmitidos pela memória e consagrados pela tradição. Uma nação, afirma Maistre, é obra do tempo, não do homem. São suas raízes, que existem antes de qualquer lei escrita, que garantem a certeza do direito. Sobre o princípio democrático da soberania popular, De Maistre se pergunta: "[...] o povo é soberano, diz-se; e de quem? De si mesmo, aparentemente. O povo é, portanto, súdito; aqui, sem dúvida, há algum equívoco, se não um erro, visto que o povo que manda não é o povo que obedece"[8].

A concepção de liberdade humana de Gómez Dávila brilha por contraste com a demagogia e a violência revolucionária, com a desertificação dos valores gerada pelo niilismo, em que uma abstrata soberania popular pisoteia a soberania individual e as comunidades naturais. Imprescindíveis os aforismos sobre o servilismo democrático, sobre a estultice irremediável da classe política, sobre a fábrica de ignorância do ensino público, sobre o conformismo que sufoca o talento, sobre o herói e o gênio, sobre as devastadoras consequências da banalização midiática, sobre a injustiça da justiça política, sobre a deriva totalitária da democracia de massa.

Gómez Dávila nos interroga sobre o sentido da arte e da invenção, da descoberta científica e da relação entre história e eternidade, do efêmero e das verdades perenes, mas também sobre as grandes raízes bíblicas e clássicas, sobre a eternidade, sobre o historicismo (que critica asperamente), com um senso de medida que é proporcional ao *páthos* que põe na busca constante da verdade e na fidelidade à dignidade, ao valor e à autonomia da pessoa humana. Seus aforismos apresentam singulares afinidades com os nietzschianos, em especial quando recorda que devemos nos libertar da presunção tipicamente modernista de nos considerarmos os primeiros, mesmo tendo chegado por último. Neste mundo, diz Gómez Dávila, não há metas que ponham fim à busca. Sua viagem é, num certo sentido, análoga à do viandante filósofo de Nietzsche:

> [...] quem também chegou apenas em certa medida à liberdade da razão não pode não se sentir na terra senão como um viandante — não um viajante a caminho de uma meta final: pois esta não existe. Bem

---

[7] Joseph de Maistre, *Le serate di Pietroburgo*, Milano: Rusconi, 1986.
[8] Idem, "Étude sur la souveraineté", in: *Œuvres complètes*, I-II, Genève: Slatkine Reprints, 1979, p. 311.

gostaria de olhar e manter os olhos abertos, para ver como se dão todas as coisas do mundo [...] deve existir dentro de si algo de errante, que encontra sua alegria na mudança e na transitoriedade. Sim, para tal homem virão noites terríveis, mas depois virão, como recompensa, as deliciosas manhãs de outras terras e de outras jornadas, quando, no equilíbrio do ânimo matutino ele recolher os dons de todos aqueles espíritos livres que moram na montanha, no bosque e na solidão e que, assim como ele, em sua maneira ora jubilosa, ora meditativa, são viandantes e filósofos[9].

Quer partilhemos ou não das ideias de Gómez Dávila, é difícil subtrairmo-nos ao fascínio de seu pensamento, de seu estilo epigramático. Poderíamos divergir dele com a razão, mas por vias misteriosas ele abala nossa mente, alcança nosso coração. A fragmentariedade e a antissistematicidade de sua escrita são ultramodernas, isentas da superficialidade e da vulgaridade de um certo modernismo. Em suas páginas fracionadas, sopra rijo o vento do pensamento: um pensamento nobre dedicado a perseguir os mitos falaciosos do igualitarismo democratizador, que nos entregou uma realidade de átomos humanos, todos alinhados e ressentidos à mercê de um tirano anônimo.

Um individualismo altruísta

A multidão amorfa não clama pela liberdade e leva inevitavelmente a desfechos catastróficos, diz Gómez Dávila. O século XX mostrou como as tendências totalitárias presentes nas democracias representativas se desenvolvem com a multidão, favorecem a multidão, são apoiadas pela multidão. Uma multidão orgânica, coletivista, é a base de toda tirania. Uma multidão real é, inversamente, heterogênea, feita de infinitas diversidades, de divergentes acordos e convergentes desacordos, que podem coexistir e mesmo conviver. A pluralidade real se funda, de fato, no homem individual, no homem pessoa, na individualidade complexa. Todo homem é um mundo e todos em conjunto formam o universo natural da pluralidade, da coexistência, da convivência. Precisamente por estarem separados, os indivíduos se reconhecem, se respeitam. Pode-se reconhe-

---

9 Friedrich Nietzsche, *Umano, troppo umano*, Milano: Adelphi, 1967, pp. 304-5. Ed. bras.: *Humano, demasiado humano*, São Paulo: Companhia das Letras, 2005.

cer e respeitar uma civilização diferente somente quando se permanece fiel a si mesmo, com sua própria identidade, mais civilizado e humano, mais aberto do que antes.

Numa democracia massificada e mecanizada — onde a opinião triunfa sobre o pensamento —, a pessoa (o homem como mundo à parte) não existe mais. Não pode mais estar no centro de uma comunidade associativa, em que apareça, exista, viva, conte com um rosto e um nome. Em nosso universo social, a pessoa é em geral um número, no máximo um sujeito exposto ao arbítrio e aos humores de uma maioria no poder. Uma civilização, porém, existe como unidade de medida de uma ordem humana, não como uma expressão estatística e anônima de uma multidão.

Em seus aspectos cruciais, o universo moderno aparece como um mundo artificial, edificado sobre a inversão do mundo natural. Ademais, um "universo natural" feito de bilhões de mundos, onde cada homem é um mundo, numa possibilidade de relação pacífica, pode parecer utópico. Contudo, há muitas razões que militam em favor dessa concretíssima utopia. Desse caminho autêntico do conhecimento, da busca e das escolhas éticas em nosso tempo. Legítimas são as instituições que reconhecem os homens individualmente, que vivem de relações bilaterais, contratuais e pactuais: isto é, instituições fundadas sobre a pessoa, à medida da pessoa como titular de direitos inalienáveis e capaz de deveres no altruísmo dos direitos.

O terrível paradoxo das instituições públicas modernas é que, no fundo, elas reconhecem os homens que guerreiam, roubam, matam, mas não os que são capazes de criar, coexistir, respeitar-se, conviver. Parecem instituições invertidas, divinamente idolatradas, eticamente desumanas. Por muitos lados, trata-se de um resultado inevitável. O longo processo da modernidade — com a reificação do abstrato: Estado, direito público absoluto — dissolveu o homem concreto na massa, na estatística. Marginalizou toda uma civilização espiritual que tinha como fundamento relações de proximidade, a horizontalidade do individualismo ético como critério de legitimação moral de toda instituição, de todo direito e relação, pública ou privada.

Søren Kierkegaard dedicou toda a sua força intelectual para afirmar a singularidade da existência, que nenhuma unidade supraindividual jamais poderá anular. No gênero animal, diz o filósofo dinamarquês, prevalece sempre o princípio segundo o qual o indivíduo é inferior ao gênero. No gênero humano, porém, cada indivíduo é mais do que o gênero e conta mais do que a espécie. A existência do indivíduo é a refutação, a contradição, a oposição ao sistema. Um homem individual, de resto, não existe no plano conceitual. Sua existência anula qualquer dimensão coletiva. Formado na dura escola da angústia, ele desnuda todas as ilusões da coletividade. Deus, que quer ser amado, desce com ajuda da inquietação à caça do homem, como diz Kierkegaard. A escolha é entre o desespero e a esperança. Mas onde colocar a esperança? Podemos esperar um sentido da vida e da história dos filósofos? Não, a filosofia não salva. A esperança irrompe no ânimo do indivíduo que tem fé. Angústia e desespero abrem à fé. Toda a doutrina da redenção (e, no fundo, todo o cristianismo) vive na relação com a consciência angustiada. Remetendo a Lutero, diz: "eliminai a consciência angustiada e podereis fechar todas as igrejas e transformá-las em salões de baile".

A fé exige determinação existencial. Constituindo-se contra a razão, é uma fé no absurdo. Não precisa de demonstrações filosóficas. A fé de quem procura demonstrações está apagada ou morta. Além disso, já nem é fé aquela que se envergonha de si mesma. O cavaleiro da fé está sozinho diante de Deus. O tempo, a história, a humanidade não podem contornar o individual. Com sua originalidade e irredutibilidade, o individual mantém em xeque toda forma de imanentismo e panteísmo, com os quais se tenta reduzir e reabsorver o individual no universal. O indivíduo é o baluarte da transcendência. Defender o indivíduo significa defendê-lo contra a massa que acredita ter algum valor: milhões de existência desperdiçadas, perdidas, que desejam ser como todos os outros e, no entanto, não valem nada.

A multidão é o mal do mundo, diz Kierkegaard, e é mais fácil combater um tirano do que combater a multidão. Historicamente, sempre que as paixões da praça decidiram o destino dos povos, elas abateram o homem natural. Por isso é necessário denunciar a exploração da boa-fé do homem comum, a que procedem aqueles que negam a pessoa humana e fazem da violação do direito humano e divino o método de sua nova justiça:

> [...] de todas as tiranias, a mais atormentadora é um governo do povo, a menos espiritual, o fim completo de qualquer coisa grandiosa e sublime. Um tirano, afinal, é um homem, um homem individual. Mas, num governo do povo, quem comanda? Tudo é sempre um x e eternas palavras vazias: é o que quer a maioria, a mais louca de todas as categorias: quando se sabe como vão as coisas para obter a maioria e como a situação pode flutuar — que esse absurdo esteja no governo! Um tirano não é senão um: portanto, é possível, se assim parecer, organizar-se para

se esquivar a ele, para viver longe dele. Mas como posso eu, num governo do povo, me esquivar ao tirano? Todo homem, em certo sentido, é um tirano: basta que convoque um comício, uma maioria. Um tirano, como homem individual, se encontra a tal distância e a tal altura que se pode viver privadamente como bem se quiser e parecer. Jamais ocorreria à mente de um imperador incomodar-se comigo, com a maneira como eu vivo, a que horas me levanto, o que leio etc. — geralmente nem saberá que existo. Mas, num governo do povo, quem governa é o igual. A ele, sim, o que interessa se minha barba é como a sua, se sou em tudo igual a ele e aos outros? Se não o for, será um crime — um crime político, um crime de Estado. [...] Um governo do povo é a verdadeira imagem do inferno. Pois, mesmo que alguém tivesse suas penas a suportar, ainda seria um alívio se pudesse conseguir estar só. Mas a pena é, precisamente, que são os outros a tiranizá-lo[10].

São surpreendentes as afinidades com o pensamento de Tocqueville. O próprio Gómez Dávila escrevera que a multidão política culmina sempre num apocalipse infernal. Para Kierkegaard, a multidão é a falsidade. As categorias da história parecem se inverter: a multidão se tornou o único tirano. A diferença entre ser sal da terra e ser massa não é uma diferença de grau, mas de qualidade. Em qualquer grupo, grande ou pequeno, o homem moral e intelectualmente superior é aquele que assume o pesado fardo da responsabilidade: de toda responsabilidade. Indivíduo é aquele que não se deixa dissolver na multidão, na massa, numa genérica e irresponsável entidade coletiva como o Estado ou a Nação, ou em qualquer outro ente que promova o anonimato.

Transcende a ti mesmo

Antes de Kierkegaard, fora Blaise Pascal, ele também com um genial pensamento fragmentário, que expusera a mais alta dignidade e a mais profunda miséria do homem. Pascal dedica seus *Pensamentos* aos homens de mundo, aos libertinos, aos indiferentes, aos incrédulos. Pretende sacudir sua indiferença, interpela-os sobre a verdade divina, convida-os a reconhecer a impotência e a miséria humana. Ele interroga o indivíduo para

---

10  Søren Kierkegaard, *Diario del seduttore*, Brescia: Morcelliana, 1951, pp. 423-4.

ajudá-lo a reconhecer seus dissídios e reconhecer a impossibilidade de resolvê-los na imanência. O "cognoscente de si" é apenas o ponto inicial de um processo que se consuma no transcender a si mesmo. Ele interroga a natureza humana guiando-se por um realismo psicológico, uma singular dialética, um severo e ponderado *páthos* humano. Não é o afastamento do moralista ou do psicólogo, mas a comovida participação no drama espiritual do homem, de quem se empenha nele com todo o seu ser, experimentando até o fim as razões e testando as possíveis soluções.

O homem não pode encontrar em si suas próprias razões: é um ser atormentado por uma antinomia ideal intrínseca, um sujeito ao mesmo tempo único e duplo, que acolhe em si, de forma irredutível e inseparável, as mais singulares contradições, a mais alta dignidade e a mais profunda miséria. Anseia pela verdade, mas todas as coisas o enganam: os sentidos e a razão, a vontade e a imaginação. Aspira à felicidade, mas em seu caminho encontra a desgraça e a morte. Sonha em fundar sua existência sobre normas sólidas e constantes de razão e justiça, mas está escravizado pela lei da força, pelo mutável arbítrio da opinião e do costume. Sente-se nascido para o infinito, mas está confinado num horizonte relativo e finito. Aspira ser igual a Deus, mas sua condição é quase semelhante à dos animais. Essa desproporção entre si e si mesmo o impede de se aceitar, de se tornar o que gostaria de ser.

Esse mistério, ressalta Pascal, é insolúvel num plano filosófico. É preciso procurar uma via diferente de toda a tradição filosófica: uma via que leve o homem a transcender a si mesmo para encontrar sua realização no infinito, em Deus. Certamente, ele caiu numa condição semelhante à dos brutos. Mas de sua natureza primitiva resta-lhe, como um instinto confuso, uma capacidade original de verdade e de bem que permanece, ainda que não seja mais capaz de satisfazer suas exigências, pois a concupiscência já se tornou sua segunda natureza. Somente a graça de Cristo, gratuita, eficaz, que nenhum esforço humano é capaz de merecer ou obrigar, pode redimi-lo dessa condição de impotência e miséria.

Pascal sustenta a verdade cristã com argumentos históricos e morais, mas subordina sua eficácia à inspiração do coração, à ação da graça. Sua apologia do cristianismo não parte de uma verdade cristã. Não pode procurar Deus, diz ele, quem ainda não o encontrou. Sem a loucura da cruz, de nada valem as razões do intelecto e da história, a sabedoria e os sinais, os milagres e as profecias. É por isso que Pascal contrapõe o "deus de Abraão, Isaac e Jacó, o Deus de Jesus Cristo" ao "Deus dos filósofos e dos sábios", de Aristóteles ou de Descartes, pensador das verdades geométricas. Em sua obra, não é o modelo teológico e apologético que conta: o que conta é a humanidade, que eleva seus pensamentos a um âmbito de espiritualidade superior. É por isso que o pensamento ético-religioso, existencialmente comovido, vale também para os não cristãos e os não crentes.

Problemas compreensíveis e insolúveis

Contrapostos às razões do coração e da fé, há os eternos contrastes do ódio e do sangue. Depois da lição do realismo político, despedaçaram-se muitas ilusões e máscaras ideológicas. Quanto mais se ingressa no corpo vivo do "político", no coração do poder, mais amplo se torna o deserto da desilusão. Um dia, Miglio disse que, devido às suas insuperáveis contradições, os problemas do "político" são compreensíveis, mas não solúveis[11]. O próprio Gómez Dávila, aliás, escrevera sobre a extrema importância do problema político e a ausência de soluções políticas. Levando ao extremo, afirmou que, quanto mais graves são os problemas, maior é o número de ineptos que a democracia chama para resolvê-los. Na verdade, toda ciência se choca contra limites naturais. O próprio Miglio, na introdução a *Categorias do "político"* de Carl Schmitt, escreve:

> É verdade que o mito da mudança, da inovação jamais assumira uma força de atração igual à moderna: a ânsia pelo futuro leva não só ao futuro de toda tradição, mas à contínua e imediata autodestruição de toda formulação ideológica sucessiva. No entanto, a revelação empírica da realidade efetiva demonstra que o "universal" é apenas a extensão dos conflitos, "mundial" é apenas uma *Weltbürgerkrieg*, isto é, aquela "guerra civil" que é a mais "política" de todas as guerras, a mais "verdadeira" e indestrutível das guerras[12].

As lições da escola realista representam um momento crucial e fecundo para uma compreensão da dura problematicidade do "político". Questões como o declínio da "civilização do direito" e do Estado de "direito";

---

[11] Gianfranco Miglio, "Introduzione", in: Gianfranco Miglio et al., *Amicus (inimicus) hostis: le radici concettuali della conflittualità "privata" e della conflittualità "politica"*, Milano: Giuffrè, 1992.

[12] *Idem*, "Il concetto del 'politico'", in: Carl Schmitt, *Le categorie del 'politico'*, Bologna: Il Mulino, 1972, p. 10.

a diferença entre obrigação política e obrigação jurídica; a decisiva e iluminadora distinção entre "legalidade" e "legitimidade"; a tese de que onde há "política" há a irredutível oposição "amigo-inimigo" e que toda agremiação política se forma sempre à custa de (e contra) outra parcela da humanidade, mostrando a natureza "profética" do realismo político. Nas últimas décadas, a gigantesca explosão da "conflitualidade" social e política, em todos os níveis e em todos os países, aumentou vertiginosamente o índice de veracidade desse paradigma de pesquisa.

Frequentemente, pensadores originais enxergaram com grande antecedência problemas que outros só vieram a enxergar muito tempo depois, a ponto de ser considerados, não sem ironia, como visionários. Pensar o próprio tempo, compreender a si mesmos significa olhar sem preconceitos, rejeitar aquelas visões que refletem acriticamente a opinião do próprio tempo, às vezes até se alinhar contra o próprio tempo. A finalidade da investigação histórica é compreender os problemas fundamentais, recobrar consciência do que é importante e do que é inútil e mau: tudo aquilo, precisamente, que a ciência social moderna ocultou no fetiche da valoratividade. Voltar aos antigos significa recolocar vigorosamente questões de importância crucial para os seres humanos. Embora não nos forneçam soluções, elas nos permitem reconquistar um nível de profundidade teórica que veio a se perder, ajudando-nos a reconhecer as questões fundamentais de nossa vida.

Os teóricos do realismo político distinguiram meritoriamente entre conhecimento e solução, mostrando que o conhecimento assim o é quando não pretende fornecer soluções. Segundo Strauss, o homem moderno, no plano científico e tecnológico, sem dúvida é um gigante em comparação ao antigo. Mas é um gigante cego, pois parece ignorar a distinção entre bem e mal. Para reconquistar a independência e a liberdade científica, é preciso retornar ao antigo. A filosofia política, diz Strauss inspirando-se em Platão, é uma tentativa de substituir a opinião pelo conhecimento, ao contrário dos hábitos dos cidadãos comuns da pólis, que vivem constantemente na opinião. Entre a *epistème* (o conhecimento que garante um saber universal) e a *doxa* (a opinião dos cidadãos da pólis) há um conflito inevitável e insanável. A filosofia é subversiva por sua própria natureza porque está além do bem e do mal, no sentido de que analisa e põe em discussão os próprios significados de bem e de mal.

Em nome da "velha" ciência política clássica, que tinha no mérito de observar a política sob a perspectiva do cidadão, Strauss toma posição contra a nova ciência política empirista e não valorativa. Ela não só fala uma linguagem técnica incompreensível para os cidadãos, mas também aumenta os riscos da democracia liberal, fazendo com que a vulgaridade triunfe, por ser impossível distinguir entre fins nobres e fins sórdidos. A filosofia política não pode ser neutra diante da cidade, diz Strauss, e o direito natural clássico faz parte da luta contra a ciência política moderna. O direito natural reconquista a consciência dos princípios porque julga entre as diversas formas de governo com base em critérios de valor, impõe a distinção entre bons fins e maus fins e, além disso, conjuga-se à visão segundo a qual o ser humano tem deveres e fins que pode e deve conhecer através da razão.

Strauss viu, muito antes da queda do muro de Berlim e do aparente triunfo da democracia liberal ocidental, os limites e a falácia da concepção contemporânea do Estado liberal. Com os argumentos do liberalismo antigo, criticou o liberalismo moderno devido a seu relativismo dos valores, que prepara o terreno para o niilismo. Seu ensinamento mais vivo continua a ser a ênfase sobre a importância de uma educação que forme cidadãos virtuosos, intelectualmente aristocráticos na sociedade democrática de massa, como proteção da liberdade de todos os indivíduos.

Para Strauss, a lei natural moderna difere substancialmente da lei natural pré-moderna que, de Hobbes em diante, tornou-se o direito natural público. Com a modernidade, a lei natural foi substituída pelos direitos do homem, isto é, a atenção se transferiu dos deveres para os direitos do homem. Os fundamentos da lei natural moderna foram estabelecidos por Maquiavel e Descartes. Se para o primeiro a filosofia política clássica define como os homens deveriam viver (ideia que desemboca inevitavelmente numa república imaginária, enquanto, na verdade, o ponto de partida deveria ser a vida real dos homens), para o segundo é a dúvida universal que leva à descoberta do eu e de suas ideias, como base absoluta do conhecimento, de onde deriva uma explicação matemático-mecânica do universo como mero objeto de conhecimento e de exploração pelo homem.

O direito moderno hobbesiano partia do fim natural primário do homem: a autopreservação. A lei natural tradicional, pelo contrário, estava ligada à ordem hierárquica dos fins naturais do homem. Hobbes nega a sociabilidade natural, porque o homem não é predisposto à vida social, e se submete a isso por mero cálculo.

> A lei natural que dita os deveres dos homens deriva do direito natural à autoconservação: o direito absoluto, ao passo que todo dever é condicional. Se os homens são iguais pelo aspecto do desejo de autoconservação, bem como pelo aspecto da capacidade de matar os outros, então

todos os homens são iguais por natureza: não existe uma hierarquia natural dos homens, de forma que o soberano ao qual todos devem se submeter pelo bem da paz, em última instância pelo bem da autoconservação de cada um, vem a ser concebido como uma "pessoa", como "a pessoa", ou seja, como o representante ou agente de cada um[13].

As etapas dessa viagem podem servir como novos pontos de partida para uma reflexão sobre o cerne da contemporaneidade. A primazia do direito público e do edifício do Estado moderno não só determinou o deslocamento do eixo antropológico jurídico, passando dos deveres para os direitos do homem; consumou também a subordinação completa dos homens aos soberanos de um Estado reificado. A proliferação dos direitos individuais, paralela à expansão dos poderes administrativos do Estado, conturbou os direitos e os deveres do homem. Em nome desses direitos, o Estado contribuiu para criar uma extrema polarização entre a atomização dos indivíduos e a concentração burocrática dos poderes. O Estado criou a máxima desigualdade entre o poder de poucos e a massa dos sem poder, numa dimensão vazia, anônima.

Seria necessário tomar outro caminho. Não o da expansão dos direitos comprimidos na jaula de aço da atomização e da ampliação do poder. Mas, sim, o do deslocamento dos direitos aos deveres do homem, do igualitarismo atomista e servil às hierarquias naturais de mérito, experimentando esferas de autorregulação das relações horizontais, existenciais, jurídicas, econômicas, culturais, subtraídas ao império da "estatalidade". Trata-se de colocar no centro de toda reflexão e ação a pessoa como mundo, e que as relações pessoas-mundo possam existir num universo de relações de proximidades, de direitos fundamentais e inalienáveis. Esses âmbitos poderão se subtrair à intromissão do poder, tornando-se corpos intermediários, contrapoderes reais, comunidades de pequenas dimensões ante os poderes nacionais e supranacionais enormes e sem vínculos. Trata-se de dar espaço a um individualismo ético e altruísta que consiga distinguir entre bem e mal, certo e errado, entre obrigação jurídica e moral e justiça penal, entre liberdade da ação humana e severidade do dever.

A revolução em ato, conjugada com relações éticas, sejam diretas e pessoais ou virtuais, pode oferecer novas possibilidades imensas ao que expusemos até aqui. Sem a redescoberta de uma ordem humana reno-

---

13  Leo Strauss, *Gerusalemme e Atene*, Torino: Einaudi, 1998, pp. 315-6.

vada, a deriva material e imaterial do mundo mais cedo ou mais tarde chegará a níveis explosivos. A civilização pertence à esperança, à fé, à confiança. Ele deve ser entregue a homens corajosos e empreendedores, capazes de ligar a crítica radical do presente aos tesouros de uma sabedoria bimilenar e às auroras do futuro.

Somente a prioridade dos deveres garante um autogoverno dos direitos. Um autogoverno nos deveres realizado por homens aptos a autogovernar: mil olhos, mil vozes, mil fantasias que encontram os caminhos da autorregulação com regras de justiça inflexível e por meio do governo dos melhores. Utopia? Sem dúvida, para a ideologia dominante. No entanto, são possibilidades que se abrem para o realismo científico, a ousadia moral, as necessidades profundas do homem, as razões da coragem e da esperança.

# Do outro ponto da costa
DANILO SANTOS DE MIRANDA

Observações preliminares

Os homens pensam a partir de pontos de vista específicos. Não é possível escapar dessa condição que nos relembra, permanentemente, que somos seres históricos, ligados a um determinado tempo e espaço. Entretanto, não há o que lamentar: esse perspectivismo intransponível dá uma coloração peculiar à aventura humana pelo campo das ideias. Pensa-se a partir de matérias-primas que são variadas, mas não infinitas ou arbitrárias.

As ideias se alimentam do que está ao redor — o que muda é a amplitude do que cada um define como *ao redor*. O desenvolvimento das tecnologias de informação alterou o senso comum sobre o que significaria estar próximo ou distante, mas não eliminou a importância dos contextos nos quais nasce cada reflexão.

Daí o interesse entre diálogos que se estabelecem a partir de vivências distintas. O manancial de referências que nutre o pensamento de Mauro Maldonato explicita uma circunstância cultural particular, que deve ser compreendida à luz da espessa tradição europeia. Daí a profusão e variedade de pensadores que ele mobiliza, em sua grande maioria originária dessa tradição, que acumula mais de 2.500 anos.

Dialogar publicamente com Maldonato é a intenção deste ensaio. Para tanto, vale considerar o ponto de vista do qual se fala: trata-se aqui de uma perspectiva informada por uma condição específica. As reflexões que se seguirão resultam de uma convivência íntima, ao longo de décadas, com o amplo tema da cultura. Tal convivência intensificou-se com a experiência da gestão cultural, domínio no qual as matrizes oriundas das artes e humanidades obrigatoriamente precisam se haver com dinâmicas sociais amplas, evidenciando consonâncias e contradições.

Tal experiência deu-se, sobretudo, no Brasil, embora tenha constantemente atravessado as fronteiras nacionais; assim, é natural que as referências brasileiras ganhem relevo no diálogo que será aqui proposto. Este ponto de partida implica enfrentar algumas questões: tais referências constituiriam uma entidade, algo abstrata, denominada *cultura brasileira* ou *pensamento brasileiro*? Procurar uniformidades no emaranhado de vertentes que marca as dinâmicas culturais traz riscos. Adentra-se, assim, o delicado território, pleno de contradições, de uma suposta identidade nacional — identidade de um povo, de uma cultura, de um pensamento.

O primeiro empenho é atentar aos estereótipos, tanto os já consolidados e universalizados — "país do Carnaval", "pátria de chuteiras", "gigante pela própria natureza", "nação multicultural" — como suas versões modernizadas, representadas pelo binômio "país emergente"/"país da corrupção".

Destacar que o Brasil comporta representações cultural e socialmente construídas é também uma maneira de perguntar: quantos e quais brasis existem dentro do Brasil? Em sentido oposto e tentando rastrear denominadores comuns, indaga-se: quais os aspectos históricos que concretizam um modo de ser brasileiro que é maior do que a percepção das diferenças existentes e — nem sempre devidamente — observáveis?

Os próprios brasileiros constroem ou ratificam, no cotidiano de suas ações, certas representações do que poderia significar *brasileiro*. Buscam dirimir uma feição tida como indesejável para erigir outra, mais favorável aos princípios e visão de mundo que se procura consolidar. A filósofa Marilena Chaui aponta que, nas instâncias de socialização, somos apresentados aos símbolos que delimitam a brasilidade e que adquiriram graus distintos de oficialidade. Tais representações, mais do que identificar princípios e valores comuns, sugerem uma homogeneidade irreal e vazia:

> A força persuasiva dessa representação transparece quando a vemos em ação, isto é, quando resolve imaginariamente uma tensão real e produz uma contradição que passa despercebida. [...] Alguém pode dizer-se indignado com a existência de crianças de rua, com as chacinas dessas crianças ou com o desperdício de terras não cultivadas e os massacres dos sem-terra, mas, ao mesmo tempo, afirmar que se orgulha de ser brasileiro porque somos um povo pacífico, ordeiro e inimigo da violência[1].

---

1   Marilena Chaui, *Brasil — Mito fundador e sociedade autoritária*, São Paulo: Perseu Abramo, 2000, p. 5.

Por meio de homogeneidades que dissimulam a pluralidade cultural, tais representações podem ocultar ideologicamente o real. O presente ensaio procura caminhar no sentido oposto: enfrentar a densa realidade brasileira, buscando nela algumas linhas de força que ganharam consistência ao longo do tempo.

Foi nessa densidade que determinadas linhagens conceituais se estabeleceram, sofisticando o campo local com debates sobre temas cujo alcance é universal — a liberdade, a relação com o diverso, a racionalidade, o desenvolvimento humano.

Por aqui, inúmeros pensadores se empenharam em refletir sobre tais questões a partir da realidade nacional, sem entretanto desconsiderar a condição global na qual o país se insere. Aqui, a importância de interrogar o passado do país a fim de ler adequadamente sua configuração contemporânea foi largamente reconhecida. Assim, é ponto pacífico que boa parte de nossas peculiaridades pode ser iluminada por um olhar retrospectivo — a História surge como conhecimento fundamental a ser manejado a fim de se alcançar interpretações válidas do presente.

*  *  *

Entender o que somos a partir do que fomos — isso nos obriga a investigar o período colonial, quando se estabelece a tríplice matriz étnica que deu origem ao povo brasileiro. A fim de compreender as peculiaridades do processo de miscigenação que se desenrolou, estudiosos dos variados campos de conhecimento sublinharam aspectos distintos, mas complementares. A contribuição do antropólogo e educador Darcy Ribeiro é, nesse ponto, valiosa. Ele procura desmistificar a ideia de que estiveram envolvidas nesse processo três raças valorosas: os corajosos índios, os estoicos negros e os bravos e sentimentais lusitanos — conforme elaboração irônica de Marilena Chaui[2]. A mescla teria se dado, isso sim, entre um colonizador europeu empenhado na conquista do território e no usufruto das riquezas ao seu alcance; entre povos indígenas originários, aos quais foram impingidas a escravidão (malograda), a aculturação forçada e o extermínio quase completo; e o africano desterritorializado e escravizado.

2   *Ibidem*, p. 3.

O empenho de Darcy Ribeiro em investigar a formação social do país resulta em formulações importantes:

> Uma copiosa documentação histórica mostra que, poucas décadas depois da invasão, já se havia formado no Brasil uma protocélula étnica neobrasileira diferenciada tanto da portuguesa como das indígenas. Essa etnia embrionária, multiplicada e difundida em vários núcleos [...] é que iria modelar a vida social e cultural das ilhas-Brasil. [...] Essas ilhas-Brasil operaram como núcleos aglutinadores e aculturadores dos novos contingentes apresados na terra, trazidos da África ou vindos de Portugal e de outras partes, dando uniformidade e continuidade ao processo de gestação étnica, cujo fruto é a unidade sociocultural básica de todos os brasileiros[3].

Os processos de formação do povo brasileiro devem, entretanto, ser lidos à luz de uma circunstância mais ampla, de escala internacional, que os determinou: o papel do Brasil Colônia na lógica econômica internacional, sempre sob o signo da dependência. Os variados modos pelos quais as matrizes étnicas aqui se relacionaram, sempre de maneira assimétrica, são mais bem compreendidos na medida em que se leva em conta esse escopo expandido.

Destarte, se para investigar a formação social do Brasil é apropriado enfatizar a posição de dependência do país num sistema de proporções supranacionais, é igualmente válido afirmar que tal dependência não se resume a fato histórico: ela se desdobra em condicionamento futuro. E, a partir daí, a noção de dependência perpassa a reflexão sobre o Brasil. Conforme Prado Júnior:

> Tanto não era apenas o regime de colônia que artificialmente mantinha tal situação [de dependência], que abolido ele com a Independência, vemo-la perpetuar-se. O Brasil não sairia tão cedo, embora nação soberana, de seu estatuto colonial a outros respeitos, e em que o "sete-de-setembro" não tocou[4].

Testemunha da relevância do tema da dependência, as reflexões pio-

---

[3] Darcy Ribeiro, *O povo brasileiro: a formação e o sentido do Brasil*, São Paulo: Companhia das Letras, 1995, pp. 269-70.

[4] Caio Prado Júnior, *Formação do Brasil contemporâneo*, São Paulo: Brasiliense, 2008, p. 125.

neiras de Caio Prado Júnior, produzidas nas décadas de 1930-1940 e ancoradas no campo da economia, ecoaram nas gerações posteriores. Intelectuais como Florestan Fernandes, Octavio Ianni, Celso Furtado e Fernando Henrique Cardoso buscaram compreender os desdobramentos do período pós-guerra, a partir do entendimento do mundo capitalista como um sistema. Como tal, ele não seria formado por países adiantados e atrasados em marchas independentes, mas, sim, por mecanismos globalizantes, nos quais o subdesenvolvimento de muitos é condição para o desenvolvimento de poucos — e não uma fase transitória a ser transposta.

Assim, foi em sintonia com a dependência externa que se consolidou nossa estrutura social, legando frutos persistentes. A polarização é a marca dessa estrutura: de um lado, uma elite composta por proprietários de terra brancos cristãos; de outro, um contingente crescente de escravos originários de certas regiões da África Negra, cujo trabalho sustentava a economia colonial. Entre os dois polos, a quase inexistência de classes médias.

Daí, pode-se indicar uma série de desdobramentos, como o estatuto do trabalho na sociedade brasileira. Como aponta Prado Júnior, "a utilização universal do escravo nos vários misteres da vida econômica e social acaba reagindo sobre o conceito de trabalho, que se torna ocupação pejorativa e desabonadora"[5].

Num quadro como este, a ociosidade das altas classes ganha um sentido ampliado e reverbera em outros domínios. A educação, privilégio das minorias dominantes, desenvolvendo-se alheia a qualquer intervenção efetiva na realidade, "tendeu a ser ornamental e livresca. Não era um ensino para o trabalho, mas um ensino para o lazer"[6].

Não causa espanto, portanto, a preferência da aristocracia pela esfera pouco produtiva da burocracia estatal, causando "a inquieta, ardente, apaixonada caça ao emprego público. Só ele nobilita, só ele oferece o poder e a glória, só ele eleva, branqueia e decora o nome"[7].

---

5    *Ibidem*, p. 276. Outros fatores contribuíram para o estatuto pejorativo do trabalho no Brasil, dentre os quais podemos citar um *éthos* ibérico ligado ao catolicismo, em oposição à valorização protestante do trabalho, importante para a construção da visão burguesa de mundo, conforme Max Weber. Cf. Max Weber, *Economia e sociedade*, Brasília: Universidade de Brasília, 2000, e também, do mesmo autor, *A ética protestante e o espírito do capitalismo*, São Paulo: Companhia das Letras, 2004.

6    Anísio Teixeira, *Educação no Brasil*, Rio de Janeiro: Editora UFRJ, 2011, p. 31.

7    Raymundo Faoro, *Os donos do poder: formação do patronato político brasileiro*, São Paulo: Globo, 2001, p. 448.

As consequências são notórias: inchaço das instâncias administrativas, descolamento da realidade e uma permanente impressão de incompetência.

Para além desses aspectos, a consequência especialmente perversa da experiência colonial é a discriminação racial. Diferentemente de outras experiências escravagistas (como ocorrera na Antiguidade), a escravidão no Brasil submeteu, basicamente, negros. O preconceito daí advindo, profundamente enraizado, adquiriu feições particulares em nosso país.

Primeiro, vale indicar que ele não impediu a miscigenação massiva com portugueses e seus descendentes. Estudiosos apontam, inclusive, tal processo como resultado de certa *plasticidade*[8] do português e da carência de mulheres brancas no Novo Mundo; lembram também que a magnitude da miscigenação viabilizou o povoamento de áreas tão extensas. Tais condições, entretanto, não atenuaram o preconceito racial, "paradoxalmente forte neste país de mestiçagem generalizada"[9].

Em segundo lugar, ao contrário do que ocorreu, por exemplo, nos Estados Unidos, observou-se por aqui o fenômeno do *branqueamento*, ou seja, uma espécie de flexibilidade que acompanhava o juízo sobre mulatos que ascendiam socialmente. Enquanto na América do Norte imperava a ideia de que uma gota de sangue negro identificava o indivíduo como tal, a lógica em terras portuguesas era inversa: havia uma perspectiva de "branquear" a população por meio de expedientes diversos (que incluíam a manipulação de dados biográficos em registros civis e, mais tarde, o estímulo à migração europeia).

A fim de situar melhor o fenômeno da miscigenação, Darcy Ribeiro mobiliza o exemplo do "cunhadismo", termo que designa um tipo de instituição social que contribuiu para a *gestação étnica* e formação do povo brasileiro. Trata-se do "velho uso indígena de incorporar estranhos à comunidade". Diz Ribeiro: "Consistia em lhes dar uma moça índia como esposa. Assim que ele [o português] a assumisse, estabelecia, automaticamente, mil laços que o aparentavam com todos os membros do grupo"[10].

A consequência dessa forma de relação travada entre o colonizador europeu e os povos indígenas foi a inserção do índio no sistema mercantil: o português passava a dispor de uma multidão de parentes, notadamente

---

8 Caio Prado Júnior, *op. cit.*, p. 106.
9 *Ibidem*, p. 108.
10 Darcy Ribeiro, *op. cit.*, p. 81.

para o "recrutamento eficaz de mão de obra para trabalhos pesados de cortar paus-de-tinta e transportar e carregar para os navios"[11].

Segundo o antropólogo, seria o "cunhadismo" um dos responsáveis por fazer surgir a numerosa camada de gente mestiça que ocupou o Brasil. Embora esse exemplo se refira a um momento particular da história de nosso país, seu alcance simbólico é maior, fornecendo chave importante para entender as relações de poder que se perpetuam entre famílias seculares.

A intersecção entre poder e relações familiares se desdobra numa característica que marca nossa constituição sociopolítica: a confusão entre as esferas pública e privada, expressa com agudez pelo dramaturgo Nelson Rodrigues, na peça *Senhora dos afogados*:

> VIZINHA — Mas ouvi dizer que Clarinha era a filha predileta do Sr. Juiz.
> MOEMA — Ministro.
> VIZINHA — Já?
> VIZINHO — Claro!
> MOEMA (numa euforia) — A nomeação ainda não saiu, mas está por pouco, é mais do que certa. E agora mesmo papai está num banquete! O próprio governador compareceu![12].

É segundo tal perspectiva que interesses privados colonizaram a esfera da coisa pública, apropriando-se, para benefício exclusivo das camadas abonadas, de bens, instituições e recursos que deveriam ser usufruídos coletivamente. Não por acaso, lideranças políticas importantes do país foram propagandeadas como "pais" dos brasileiros, explicitando a miscelânea entre poder político e patriarcal.

* * *

Observando este conjunto de características herdadas de nosso passado colonial e escravocrata, intelectuais e artistas sugeriram leituras que pudessem explicar, ao menos em parte, o caso brasileiro. Como resultado desse esforço, ganham destaque noções como contradição, paradoxo e ambiguidade.

---

11  *Ibidem*.
12  Nelson Rodrigues, *Teatro completo de Nelson Rodrigues, v. 2: Peças míticas*, Rio de Janeiro: Nova Fronteira, 1981, p. 264.

Tais ideias referem-se, por exemplo, à condição da aristocracia rural, marcada por fortes ambivalências: certa autonomia política, apesar da submissão à Coroa; atração por valores culturais europeus aliada à impossibilidade de incorporá-los efetivamente; liberalidade inusitada no trato das questões ligadas ao catolicismo; miscigenação imersa em profundo preconceito racial; ostentação de traços de riqueza a despeito de carências materiais importantes etc.

A independência política do Brasil só fez enfatizar o caráter paradoxal da realidade nacional: nação tornada soberana pelas mãos do dominador europeu, adotando um extravagante regime imperial (se comparado às repúblicas norte-americanas recém-independentes); de resto, a manutenção da estrutura socioeconômica, marcada pela dependência externa, pela escravidão e pela mistura entre as esferas pública e privada.

Mais tarde, mudanças supostamente estruturais, como a abolição da escravatura e a proclamação da República, não amenizaram as ambiguidades. Revestidas por fino verniz modernizante — no qual se destacavam princípios liberais e democráticos —, tais mudanças mal recobriam a sólida adesão às posturas autoritárias, preconceituosas e arcaizantes já sedimentadas.

O século XX não assistiu a uma alteração profunda nesse quadro. Há, é fato, a consolidação político-econômica da classe burguesa e a modernização dos processos produtivos, da infraestrutura e das comunicações, mas permanecem vigentes os signos da dependência e da desigualdade, retrato das ambivalências do país. De qualquer modo, foi ao longo desse século que pensadores e artistas empreenderam, de modo mais consistente e efetivo, um empenho de compreensão do *paradoxo brasileiro*.

* * *

As marcas da dependência, da desigualdade e da contradição intrigaram grandes pensadores e artistas brasileiros. Suas obras buscaram compreender a realidade nacional e, ao mesmo tempo, alargaram nosso campo de possibilidades; sugeriram outros futuros, nos quais os paradoxos reapareciam sob nova luz: capazes de repensar dilemas que transcendem as fronteiras nacionais e que dizem respeito à própria condição humana.

É aqui que são visíveis os pontos de contato entre o pensamento brasileiro e as reflexões de Mauro Maldonato: em torno de questões que, embora ganhem feições distintas em cada lugar, têm alcance universal. Muito embora tais temas — liberdade, diversidade, racionalidade, desenvolvimento humano — se interseccionem, caberá, em benefício da clareza, tratá-los um a um.

### A razão e as condições brasileiras

Uma das marcas da cultura ocidental reside na tese da conexão entre humanidade e racionalidade. Isso não significa supor que outras matrizes culturais tenham subestimado a importância da razão, o que seria falso. Entretanto, o traço diferencial da civilização ocidental seria a centralidade da racionalidade: o princípio ordenador da razão subordinando, aos poucos, as demais dimensões da vida humana.

A partir da segunda metade do século XIX e ao longo do século XX, porém, diversos pensadores investigaram as consequências dessa centralidade, argumentando que, a despeito da íntima relação entre racional e humano, era preciso admitir que os propósitos dos racionalistas do século XVIII foram frustrados[13]. Os caminhos da razão — trilhados com as contribuições de filósofos gregos antigos, humanistas do Renascimento, cientistas da natureza, iluministas, revolucionários etc. — prometiam uma ascensão infinita, um progresso permanente, cuja marcha seria ralentada ou acelerada, mas jamais detida. Mais importante: tais caminhos significariam a promessa de um mundo melhor.

Nos dias que correm, a situação mudou. Rarearam os indícios de convergência entre o desenvolvimento da razão e a plena realização do homem. Fragilizaram-se as relações entre razão e liberdade, ao mesmo tempo em que sementes bastante suspeitas (regimes nazifascistas, processos de intolerância, incremento da desigualdade) parecem ter sido geradas pela mesma racionalidade que se apresentava, outrora, como emancipatória. O que dizer, por exemplo, da vocação racionalizante que caracterizou a "solução final", estratégia nazista de remover a população judia dos territórios ocupados pela Alemanha, durante a Segunda Guerra Mundial? Ou, mobilizando um exemplo mais trivial, como ignorar a organização racional dos modos de produção que submetem parcela importante dos trabalhadores a cotidianos de opressão?

---

[13] Pode-se apontar a obra do filósofo Friedrich Nietzsche como exemplo importante da desconfiança do pensamento europeu em face do projeto racionalista, assim como, mais tarde, a crítica contundente de Theodor Adorno e Max Horkheimer na *Dialética do esclarecimento*, São Paulo: Jorge Zahar, 2011.

Seja por vício de origem, seja por desvio de rota, a racionalidade humana teria se transformado em elemento de coerção, notadamente a partir do momento em que a classe social europeia que a assumiu como símbolo — a burguesia — ascendeu ao poder. Coerção dos valores (éticos, artísticos, espirituais etc.) por sistemas de administração racionais, coerção da natureza pela ciência, coerção dos homens pelos homens.

Palco originário desse processo, a velha Europa experimenta com aguda dramaticidade o malogro do projeto iluminista. Intelectuais com inclinações teóricas distintas — do alemão Jürgen Habermas ao norte-americano Fredric Jameson, do francês Jean-François Lyotard ao polonês Zygmunt Bauman — debatem-se em torno do tema, convictos de que o enfrentamento das crises contemporâneas passa por aí. Mas, em tempos globalizados, outras vozes se fizeram ouvir. Tais vozes são oriundas de regiões economicamente periféricas — América Latina, Sudeste Asiático, África, países árabes — cujas histórias relacionaram-se de modos diversos com a ideia de racionalidade.

O caso brasileiro cabe nessa descrição. Pode-se pensar em, ao menos, três modos peculiares em que a razão manifestou-se por aqui: como fino verniz de aparência a recobrir realidades irracionais; como contraponto de uma identidade não racional a ser louvada; e como utopia a ser efetivada longe de seus locais de origem. Vale aprofundar, agora, cada uma dessas manifestações.

\* \* \*

Machado de Assis foi o cronista da ambivalência da elite brasileira do século XIX, explicitando o desencaixe entre indumentária modernizante e interioridade arcaica. No discurso, nas afetações, nas formalidades legais, imperava o zelo burguês pela razão (adquirido por meio de viagens de formação e pela importação de bens culturais europeus); mas, no cotidiano das relações políticas e sociais, o que imperava era a aversão a qualquer encadeamento racional: "Ao faltar com estardalhaço às regras de equidade e razão, ele [o narrador de *Memórias póstumas de Brás Cubas*] as reconhece e torna efetivas, patenteando em toda linha, enquanto dado presente, a discrepância entre as nossas formas sociais e o padrão da civilização burguesa"[14].

14  Roberto Schwarz, *Um mestre na periferia do capitalismo*, São Paulo: Editora 34, 2000, p. 229.

Conforme apontou o crítico literário Roberto Schwarz, a genialidade de Machado de Assis reside num duplo movimento: na construção de uma obra que expressa, não como ilustração, mas no nível formal, os paradoxos que regem a convivência brasileira com valores modernos (racionais, portanto); e no vislumbre, a partir da periferia do mundo, das contradições embutidas no próprio cerne da racionalidade burguesa europeia.

> O critério burguês, ilustrado e europeu, para o qual o capricho é uma fraqueza, não é mais nem menos real ou "nosso" que o critério emanado de nossas relações sociais não burguesas, em que o elemento de arbítrio pessoal sobressai, ponto de vista que por sua vez detecta e assinala a presença do capricho em toda parte, sobretudo na pretensa objetividade do outro, que o condena. Onde a superioridade, e que partido tomar?[15].

A precariedade do caso brasileiro forneceria, portanto, um trunfo inusitado a Machado de Assis:

> [...] digamos que o aburguesamento incompleto dos costumes brasileiros permitia a Machado estudar o dinamismo despoliciado do desejo em termos semelhantes àqueles — revolucionários — ocasionados na Europa pela emancipação da sexualidade como esfera autônoma de vida[16].

Machado de Assis foi um dos primeiros artistas a dar forma artística para o que Schwarz chama de *quiproquó ideológico* brasileiro. Tal forma não surge, é importante apontar, a partir de um ato deliberado do escritor que, ao interpretar uma dada realidade, posiciona-se exteriormente a ela e busca a formalização adequada para representá-la. Ao contrário, pode-se dizer que a forma encontra, através de determinadas obras, a oportunidade de se efetivar.

Isso ocorreu com diversos artistas brasileiros ao longo do século XX. É o caso da pintura de Tarsila do Amaral. Seu modernismo, embora tributário das influências europeias, parece esmaecido quando com-

---

15   *Ibidem*, p. 46.
16   *Ibidem*, p. 144.

parado a estas: suas cores "caipiras"[17] e formas arredondadas revelam uma adesão apenas parcial ao mundo moderno:

> Grande parte dos trabalhos realizados entre nós incorpora sem dúvida as mudanças modernas, mas com um viés todo particular. As obras se veem envolvidas numa morosidade perceptiva que reduz a força de seu aparecimento. [...] Em seu permanente cismar, essas obras poderiam sugerir um processo de gênese de formas, um tipo de preocupação presente em várias tendências modernas.' No entanto, o movimento não se cumpre[18].

Tais comentários, formulados pelo crítico de arte Rodrigo Naves, buscam dar conta das diferenças entre as vanguardas europeias (cubismo, construtivismo, futurismo etc.) e o modernismo brasileiro. Lá, a racionalização do cotidiano foi traduzida numa visualidade moderna, impessoal, geometrizante; por aqui, a indefinição entre modernidade e arcaísmo convertia-se, nas pinturas, em formas relutantes, indecisas.

As formas macias e afetivas de Tarsila respondiam, com inventividade, a esse contexto inusitado, no qual a razão não conseguia se enraizar. Observações análogas caberiam a outros artistas que fizeram apropriações peculiares do legado moderno europeu; pensemos, por exemplo, em Alfredo Volpi e Mira Schendel. Em todos esses casos, percebe-se uma ambiguidade relativa à razão, expressando de certo modo a concomitância do Brasil arcaico e do Brasil moderno. Todavia, existiram corações e mentes que desejaram, resolutamente, o antimoderno — o que nos impele a investigá-los com mais atenção.

* * *

Os dois principais escritores da primeira fase do modernismo brasileiro, Oswald de Andrade e Mário de Andrade, ainda não haviam chegado

---

17   "Encontrei em Minas as cores que adorava em criança. Ensinaram-me depois que eram feias e caipiras. Segui o ramerrão do gosto apurado... Mas depois vinguei-me da opressão, passando-as para as minhas telas: azul puríssimo, rosa violáceo, amarelo vivo, verde cantante, tudo em gradações mais ou menos fortes, conforme a mistura de branco. Pintura limpa, sobretudo, sem medo de cânones convencionais. Liberdade e sinceridade, uma certa estilização que adaptava à época moderna." Cf. Tarsila do Amaral, "Pintura pau-brasil e antropofagia", *Revista Anual do Salão de Maio*, São Paulo: 1939, n. 1.

18   Rodrigo Naves, *A forma difícil: ensaios sobre arte brasileira*, São Paulo: Companhia das Letras, 2011, p. 42.

a suas contribuições artísticas mais radicais quando, em 1922, capitanearam a organização da Semana de Arte Moderna, com o apoio da elite ilustrada paulistana. As obras que publicaram na época — *Pauliceia desvairada*, de Mário, e *Os condenados*, de Oswald, ambas lançadas em 1922 — já flertavam com formatos menos convencionais, mas não permitiam supor desdobramentos posteriores e mais incisivos.

Desse modo, pode-se mensurar a importância da Semana de Arte Moderna não apenas pela movimentação cultural que, durante alguns dias de verão, agitou o aristocrático Teatro Municipal de São Paulo. Mais do que a consagração de uma suposta modernidade artística já consolidada (inexistente até então), a Semana de 1922 representaria, isso sim, um ponto de partida[19], a partir do qual a criação artística brasileira se distanciaria da obediência aos cânones estéticos acadêmicos, que remetiam ao século XIX.

Alguns dos frutos mais significativos dessa trajetória surgiram em 1928: Mário de Andrade lança *Macunaíma*, romance (ou "rapsódia", como preferia o autor) fundamental da história da literatura brasileira, de temática e estrutura inovadoras, que mistura referências a lendas indígenas e populares com procedimentos inspirados na colagem surrealista e audaciosas experimentações linguísticas. No mesmo ano, Oswald de Andrade publica o primeiro número da *Revista de Antropofagia*, cujo destaque era o "Manifesto antropófago".

O que aproximava *Macunaíma* e a antropofagia? O desejo de criar e manejar formas artísticas que fossem, ao mesmo tempo, modernas e brasileiras. Não se tratava de empreendimento de fácil execução, na medida em que os dois vetores em questão pareciam opostos: a ideia de brasilidade se esboçava em chave etnográfica, atrelada à ideia de tradição e ancestralidade, ao passo que o conceito de moderno referia-se ao léxico urbano-industrial das vanguardas europeias, notadamente o cubismo e o futurismo.

É nesse paradoxo que a noção de racionalidade é reelaborada por ambos, Mário e Oswald. A razão em terras tropicais operaria num registro diverso do que se observara, por exemplo, na França ou Inglaterra; segundo parâmetros europeus, seria quase uma razão às

---

[19] É justo apontar que houve antecedentes modernistas à Semana de 1922, dentre os quais se destacou a obra pictórica de Anita Malfatti, cuja exposição, em 1917, já havia causado polêmica e a reação inflamada do escritor Monteiro Lobato, expressa em artigo intitulado "Paranoia ou mistificação?", publicado no jornal *O Estado de S. Paulo*.

avessas. Não cartesiana, tratava-se de uma racionalidade imanente ao corpo, plena de desejo — conforme deixava claro o "Manifesto antropófago", que clamava por uma estética refratária à cópia servil de modelos europeus, ou seja, "contra todos os importadores de consciência enlatada". Propunha a deglutição de elementos exteriores e sua reelaboração em novas categorias: "só me interessa o que não é meu. Lei do homem. Lei do antropófago"[20].

No manifesto, uma série de contribuições europeias foram colocadas em xeque por Oswald, como a roupa, a gramática, as ideias objetivadas. Contra o arcabouço erigido, ao longo de séculos, a partir da herança greco-latina, Oswald faz o elogio de "uma consciência participante, uma rítmica religiosa", do "homem natural", do "instinto caraíba", da "realidade sem complexos, sem loucura, sem prostituições e sem penitenciárias do matriarcado de Pindorama". Nota-se, principalmente, o elogio da "mentalidade pré-lógica" que diferenciaria o Brasil: "nunca admitimos o nascimento da lógica entre nós"[21].

Oswald de Andrade deixa claro que a constituição de um ponto de vista brasileiro opera segundo a desconstrução das "conquistas" da civilização europeia, que teria se erguido sobre a lógica e o pensamento racional. A seus olhos, a civilização europeia seria causa da "realidade social, vestida e opressora, cadastrada por Freud"[22].

O mundo sem culpa pintado por Oswald se assemelha àquele elaborado por Mário de Andrade em *Macunaíma*. Como protagonista, surge o "herói sem nenhum caráter", cuja máxima "Ai, que preguiça!" explicitava o descompromisso com a ética de valorização do trabalho, um dos pilares da racionalidade europeia (principalmente em sua vertente protestante). O profundo interesse do escritor pelas culturas tradicionais brasileiras, cujas consequências extrapolaram o campo da criação artística e impactaram a esfera das políticas públicas de cultura[23], resultou na incorporação da estrutura do mito à cadência de *Macunaíma*, em detrimento de uma construção rigidamente racional.

20 Oswald de Andrade, "Manifesto antropófago", *Revista de Antropofagia*, São Paulo: 1928, n. 1, p. 3.
21 *Ibidem*.
22 *Ibidem*.
23 Mário de Andrade é considerado responsável, no Brasil, pelo alargamento da concepção de políticas públicas de cultura, resultado de sua atuação à frente do Departamento de Cultura e Recreação da Prefeitura Municipal de São Paulo, entre 1935 e 1938, na qual o interesse por manifestações culturais não legitimadas foi tônica dominante.

O anti-herói criado por Mário de Andrade transformou-se, ao longo do século xx, num dos personagens fundamentais para se compreender nuances da cultura brasileira. Em 1969, Joaquim Pedro de Andrade deu forma cinematográfica para as peripécias de Macunaíma, inserindo as atuações inspiradas de Grande Otelo e Paulo José num universo grotesco, intensamente colorido, esteticamente renovador.

Nove anos mais tarde, o herói sem nenhum caráter é levado aos palcos por Antunes Filho, figura central do teatro contemporâneo brasileiro, numa montagem que se notabilizaria pelo longo processo de elaboração coletiva (composto por períodos de estudos, aprimoramento dos atores, construção de dramaturgia e ensaios) e pela originalidade formal, com destaque para a ritualização do palco e a concisão no uso de recursos cênicos[24].

Além dos desdobramentos futuros, é justo apontar que *Macunaíma* teve antecedente na própria literatura brasileira: a obra *Memórias de um sargento de milícias*; mas, aqui, é a figura do malandro que se destaca. Escrita pelo carioca Manoel Antonio de Almeida e publicada anonimamente, em formato de folhetim, entre 1852 e 1853, exibiria, segundo notória interpretação de Antonio Candido, "uma relativa equivalência entre o universo da ordem e o da desordem; entre o que se poderia chamar convencionalmente o bem e o mal"[25]. Candido enxerga nas *Memórias* um "correlativo do que se manifestava na sociedade daquele tempo", da qual a figura do malandro funciona como metáfora relevante[26].

Se a razão europeia representa o estágio civilizatório a ser condenado, os artistas brasileiros propõem variações da categoria do seu antípoda, o *primitivo* — seja o indígena, seja o malandro —, conferindo, porém, valor positivo a tal categoria. É assim que podemos compreender o interesse de Mário de Andrade pelas manifestações populares da cultura brasileira, incluindo a música, a culinária, os costumes e

---

24 Vale apontar que a peça *Macunaíma* marca o início do grupo de teatro de mesmo nome, além de ser considerada embrião para o Centro de Pesquisa Teatral do Sesc, que seria estabelecido no Sesc Consolação em 1982, sob a coordenação de Antunes Filho, em torno das ideias de discussão do fazer teatral, formação de atores e difusão de pesquisa artística na área. Mais de três décadas depois, permanece uma referência no panorama cênico nacional.

25 Antonio Candido, "Dialética da malandragem: caracterização das *Memórias de um sargento de milícias*", *Revista do Instituto de Estudos Brasileiros*, São Paulo: USP, 1970, n. 8, pp. 67-89.

26 *Ibidem*.

demais modos de expressão. No mesmo sentido, Heitor Villa-Lobos buscaria inspiração nas modinhas caipiras a fim de arejar a música erudita, desfocando as fronteiras entre alta e baixa cultura.

Uma vez que a racionalidade surge como condição para o estabelecimento de hierarquizações objetivas, a sensibilidade artística brasileira, a partir de exemplos como os de Oswald e Mário de Andrade, propôs modos de desconstruir tais hierarquias. A perspectiva do prazer, ligada à busca de outro tipo de inteligência, primordial, enfatiza o corpo. Ao contrário da doutrina cartesiana, que apartava a dimensão corporal da esfera do pensamento, o que se insinua por aqui é a convergência entre corpo e espírito, entre *mentalidade pré-lógica* e consciência ampla do mundo.

É a arte que materializa esse projeto; o tom é de catarse. Inspirados pela antropofagia oswaldiana e pela moralidade lassa de Macunaíma, artistas como José Celso Martinez Corrêa, Hélio Oiticica, Glauber Rocha e os músicos tropicalistas denunciam as dicotomias da civilização ocidental[27] — resultantes do projeto racional iluminista — com desrespeitosa irreverência. A estrutura é precisamente aquela que fora desalojada, séculos antes, pela razão: o mito.

O mito desconsidera o princípio de não contradição, essencial ao pensamento lógico. Passado e futuro, floresta e cidade, subdesenvolvimento e vanguarda: movimentos como o tropicalismo promovem fusões inesperadas, já que a estrutura mítica não demanda que se escolha um em detrimento do outro. Daí o sentido de comunhão, não raro ritualístico, em obras surgidas no icônico ano de 1967: o filme *Terra em transe* de Glauber, a encenação do Teatro Oficina para *O rei da vela* (a partir de texto de Oswald), a instalação *Tropicália* de Hélio Oiticica, que inspirou LP de mesmo nome, reunindo Caetano Veloso, Gilberto Gil, Tom Zé, Gal Costa e Mutantes.

Há, é certo, sintonia entre tal estado de coisas e os movimentos de contracultura que pululuram pelo mundo na década de 1960. O momento histórico que expôs as rachaduras nos alicerces da civilização ocidental — no qual se destacaram o movimento *hippie*, a atração por saberes não ocidentais, as formulações ecologistas e as lutas por igualdade racial e de gênero — teve, portanto, sua versão brasileira.

---

27    Corpo e espírito, extensão e pensamento, sujeito e objeto, cultura e natureza, entre outras.

\* \* \*

A racionalidade que fora objeto de consumo de nossas classes abastadas, conforme expresso na prosa machadiana, é a mesma racionalidade rechaçada por Oswald, Mário de Andrade e os tropicalistas. A antropofagia negava a razão que a elite brasileira fingira adotar. Entretanto, houve uma terceira categoria brasileira de reação aos dilemas da razão: em determinada circunstância, o projeto moderno de racionalização da vida pareceu possível em terras brasileiras.

Isso ocorreu com o inusitado surgimento de uma sensibilidade racionalizante, principalmente no eixo São Paulo-Rio de Janeiro, ligada à onda de modernização do país, a partir dos governos Vargas e culminando com a construção de Brasília. Obedecendo ora a um projeto nacional-populista, ora a um desenvolvimentismo de feição internacionalista, tal modernização esteve atrelada a uma movimentação cultural valiosa, que se confunde com a instalação da indústria cultural no país. Fazem parte desse contexto: a massificação dos meios de comunicação a partir do pioneirismo do rádio; o surgimento de iniciativas cinematográficas privadas, ainda que efêmeras; o desenvolvimento comercial de gêneros musicais como o samba, o baião, a música sertaneja e, mais tarde, a bossa nova. Num panorama como esse, dois fenômenos da cultura brasileira ganharam destaque ao acolher, de modo particularmente efusivo, as questões da racionalidade moderna: o movimento concretista paulista e a arquitetura.

O país que se modernizava tinha a "cidade que mais crescia no mundo" — a São Paulo da década de 1950. O clima era de adesão à ideia de progresso: controle sobre a natureza, mecanização das experiências, impessoalidade, protagonismo da técnica. A racionalidade surge como um futuro possível. Artistas e poetas incorporam a disposição para o novo:

> É o novo: As expressões baseadas nos novos princípios artísticos; [...] a intuição artística dotada de princípios claros e inteligentes e de grandes possibilidades de desenvolvimento prático; conferir à arte um lugar definido no quadro do trabalho espiritual contemporâneo, considerando-a como um meio de conhecimento deduzível de conceitos, situando-a acima da opinião, exigindo para o seu juízo conhecimento prévio[28].

---

28 "Manifesto Ruptura" (1952), *apud* Aracy Amaral (org.), *Arte construtiva no Brasil*, São Paulo: Melhoramentos/DBA Artes Gráficas, 1998, p. 266.

O "Manifesto Ruptura", elaborado pelos concretistas paulistas, é eloquente. Do artista é cobrada uma inserção funcional no mundo, assim como um empenho em equacionar as questões que a modernidade coloca e que podem ser resumidas pelo seguinte dilema: como organizar racionalmente a vida humana em centros urbanos cada vez mais inchados?

As artes visuais, sob a batuta de artistas como Waldemar Cordeiro, Geraldo de Barros e Luiz Sacilotto, encaram essa missão por meio da adoção de regras peremptórias: geometrização, abstração e seriação. Já a poesia concreta, liderada pelos irmãos Campos e Décio Pignatari, propõe a recusa radical do lirismo e da representação: torna-se pura estrutura, impessoal e autorreferente.

Todavia, alguns campos de ação podem dar conta de tais demandas de modo mais efetivo. Pensemos no *design* brasileiro, que experimentou um desenvolvimento notável nas décadas de 1950 e 1960 a partir do manejo do léxico racionalista. Daí surgiram importantes vertentes da produção gráfica e do mobiliário brasileiro, que ganharam repercussão internacional. Mas pensemos, principalmente, na arquitetura. Alinhada ao projeto de desenvolvimento brasileiro, a ação dos arquitetos conferiu escala ao empreendimento racionalista nos trópicos.

Cabe apontar que a convergência entre racionalidade e modernidade, lentamente amadurecida ao longo da história europeia, impõe-se, por aqui, de supetão. Em 1929, o arquiteto moderno Le Corbusier visitou o Brasil e fez o esboço do prédio que abrigaria, a partir de 1937, o Ministério da Educação e Saúde do Estado Novo. Nesse esboço, refinado por um grupo de jovens arquitetos locais como Oscar Niemeyer, Lúcio Costa e Affonso Eduardo Reidy, destacava-se o respeito às premissas da arquitetura moderna francesa: objetividade, seriação, impessoalidade.

A arquitetura moderna brasileira ganhava impulso. A urbanização acelerada de São Paulo e do Rio de Janeiro, bem como as experimentações de Niemeyer na lagoa da Pampulha, em Belo Horizonte, são indícios de que a racionalidade de origem europeia poderia, pasmem, encontrar sua plena realização em terras brasileiras. O movimento crucial foi a construção de Brasília, uma nova capital em pleno cerrado, um sonho da razão emancipada no Novo Mundo.

É sabido que, ao longo do desenvolvimento da arquitetura moderna no Brasil, elementos "antimodernos" foram incorporados ao inventário racionalista, dando uma coloração local a essa produção. É nesse contexto que podemos compreender, por exemplo, a presença constante de azulejos, elementos vazados e treliças nas edificações de Oscar Niemeyer e Lúcio Costa, resgatados da tradição ibero-americana. Mas tais elementos não desfazem a percepção dominante de que a missão do arquiteto moderno brasileiro seria organizar racionalmente as funções públicas e privadas num dado contexto.

Um episódio peculiar na aventura racionalista brasileira é o rompimento entre concretismo paulista e neoconcretismo carioca. Após um período de convergência, que se estendeu por grande parte da década de 1950, exacerba-se o descontentamento do grupo neoconcreto com o que denominava *perigosa exacerbação racionalista* dos concretos:

> Em nome de preconceitos que hoje a filosofia denuncia, [...] os concretos racionalistas ainda veem o homem como uma máquina entre máquinas e procuram limitar a arte à expressão dessa realidade teórica. Não concebemos a obra de arte nem como "máquina" nem como "objeto", mas como um *quasicorpus*, isto é, um ser cuja realidade não se esgota nas relações exteriores de seus elementos[29].

A narrativa dessa divergência é ambivalente, na medida em que sugere o parentesco entre um imaginário racionalista e estratégias aparentemente estranhas a ele. As trajetórias de Lygia Clark e Hélio Oiticica, referências neoconcretas fundamentais, são emblemáticas: partindo, ainda nos anos 1950, de uma geometrização rigorosa, alcançam proposições vivenciais que parecem denotar o oposto da racionalidade originária.

Tal mobilidade cultural suscita reflexões acerca das três facetas brasileiras da razão aqui abordadas — como aparência, como negação e como utopia. É provável que elas constituam, ao invés de categorias incompossíveis, um único fenômeno, complexo e multifacetado, que enfatizou, em cada circunstância histórica, distintos aspectos. Daí a afinidade entre as ambiguidades pictóricas de Tarsila do Amaral e a iconoclastia de Oswald de Andrade, ou entre a iconoclastia de Zé Celso Martinez e a utopia de Lúcio Costa, ou ainda entre a utopia de Hélio Oiticica e as ambiguidades pictóricas de Alfredo Volpi.

---

29   Ferreira Gullar, "Manifesto Neoconcreto", *Jornal do Brasil*, Rio de Janeiro: *Suplemento Dominical*, 23 mar. 1959.

Podem ser tirados desdobramentos desse emaranhado. O pensamento brasileiro seria caracterizado, é possível, por uma mobilidade essencial em relação à ideia da razão. Pois a razão nos atrai, nos repele, nos envergonha, nos credencia. Não há juízo definitivo: nem recusa total, nem adesão irrestrita.

É nessa perspectiva que caberia a indagação: vale imaginar que esse comportamento maleável implicaria um ponto de vista privilegiado (já que desapegado de certezas) para compreender as contradições contemporâneas da razão?

As promessas de liberdade e igualdade embutidas na leitura racionalizante do mundo, criação do pensamento europeu a partir dos séculos XVI e XVII, transformaram-se em seus contrários. E, ao fracassarem em seu desígnio de eterno progresso, sublinham a falta de alternativas contemporâneas. É nesse sentido que ganham relevo as experiências oriundas da periferia do mundo.

A razão em terras brasileiras jamais se comportou de modo idêntico àquele tecido, século após século, no Velho Mundo. Em nossas apropriações, há algo de postiço, mas há muito de inventivo. Produzimos inflexões inéditas para questões locais e globais. Em que medida o extravagante itinerário da razão em nosso país poderia ajudar a humanidade a se orientar, em meio ao cipoal em que nos metemos, parece ser algo a ser buscado em reflexões e práticas. Trata-se de uma história ainda em curso, e os desdobramentos são imprevisíveis.

Perspectivas e alteridade

Como acolher o que nos surge como *outro*? Tal pergunta expressa, de modo breve, um dos dilemas da humanidade, que se intensificou ao longo do século XX e nas primeiras décadas deste. Os motivos dessa intensificação são notórios: dizem respeito à aceleração da circulação pelo planeta — de pessoas, de bens, de capital, de informação —, com o consequente aumento dos contatos, desejados ou não, entre pessoas e grupos. Paralelamente a tal fenômeno, assistiu-se a uma gama de reações distintas por parte de Estados e organizações civis, bem como de interpretações conceituais que buscaram compreender ou justificar esta ou aquela situação de fato.

As origens de tal debate remontam à Antiguidade, quando a expansão de impérios e dos contatos mercantis já acarretara o incremento do contato entre culturas. Entretanto, é visível que o panorama tornou-se mais delicado a partir do século XIX, quando os meios de transporte e de comunicação aproximaram os cantos do mundo.

> Antes mundo era pequeno
> Porque Terra era grande
> Hoje mundo é muito grande
> Porque Terra é pequena
> Do tamanho da antena
> Parabolicamará[30]

Os Estados Unidos da América escreveram um capítulo central dessa história. República formada pela confluência de fluxos migratórios diversos, sincrônicos e sucessivos — bem como pelo extermínio de parcelas significativas das populações nativas —, os Estados Unidos experimentaram, de modo intenso, as aproximações e os conflitos que compuseram o repertório de modalidades do contato com o diverso. Dessa experiência secular surgiram expressões como *melting pot* (metáfora usada para o processo de homogeneização social oriunda da adesão dos imigrantes a um imaginário único, nacional, em detrimento de suas raízes identitárias), *salad bowl* (conceito que, ao se opor ao *melting pot*, clamou pelo respeito aos valores de cada um dos grupos que constituem uma nação, conciliado com a possibilidade de convivência harmoniosa) e guetificação (que enxerga as diferenças culturais como relacionadas a desigualdades socioeconômicas, o que inviabilizaria o convívio e desencadearia processos de animosidade mais ou menos explícita).

É importante salientar que os debates em torno do contato entre culturas estão permeados por outro tipo de discussão, que diz respeito à natureza da palavra *cultura*. Só podemos falar em *contato entre culturas* como consequência de certo alargamento do termo, operado via uma acepção antropológica que o considera sinônimo da totalidade das formas de ser, conviver e se expressar de um determinado grupo. Segundo tal ponto de vista, a hierarquização das manifestações culturais cederia espaço para a valorização das particularidades de cada expressão e de suas conexões com os contextos nos quais surgiram.

---

[30] Gilberto Gil, "Parabolicamará", *Parabolicamará*, CD, Rio de Janeiro: WEA, 1991.

Assim, há culturas — no plural. Não faria mais sentido conceber uma única "Cultura", patrimônio da humanidade, à qual somente alguns grupos privilegiados teriam acesso. Quanto a esse suposto patrimônio, seria mais adequado denominá-lo *cultura legitimada*. Entretanto, é inegável que as demandas no sentido do reconhecimento da pluralidade cultural enfrentam resistência. A sociologia da cultura estuda, há décadas, o papel de distinção[31] que os bens culturais desempenham nas sociedades contemporâneas, ajudando a construir e manter barreiras entre os indivíduos que estão habituados à variedade de práticas culturais e aqueles que, por diversos motivos, têm um consumo cultural menos intenso ou variado.

Dessa forma, a despeito das demandas em torno da diversidade cultural, há desequilíbrio na produção, discussão, avaliação e fruição da cultura. Um dos modos pelos quais tal desequilíbrio se manifesta diz respeito à mobilidade dos indivíduos pelo campo da cultura. Extratos sociais que se ligam às práticas culturais legitimadas mostram mobilidade para fruir práticas outras, sejam elas consideradas tradicionais ou populares. Mas o contrário raramente se observa, já que as pessoas pertencentes a circunstâncias culturais ditas "periféricas" tendem a habitar com menos constância outros contextos. As diferenças oriundas dessa situação restabelecem as hierarquias que o multiculturalismo buscara eludir. Nesse momento, as diferenças convertem-se em desigualdades, e o resultado tende para o conflito, ao invés do convívio.

Como o pensamento brasileiro, alimentando-se de uma realidade local peculiar, tem colaborado para o debate em torno da diversidade cultural e do convívio com o outro? Vale considerar dois aspectos latentes nessa pergunta. Por um lado, as particularidades da formação do Brasil impregnaram de matizes específicos as noções de cultura, raça, preconceito e convívio. Por outro, tal circunstância ensejou reflexões de pensadores que, habituados com as nuances e indefinições do caso brasileiro, propuseram desdobramentos inventivos, cujo alcance pode transpor as fronteiras do país.

\* \* \*

---

31  Cf. Pierre Bourdieu, *A distinção: crítica social do julgamento*, São Paulo: Zouk, 2013.

Resultado da mescla de três matrizes principais — a branca europeia, a negra africana e a indígena originária —, a sociedade brasileira foi interpretada de modos diversos. Diferentemente do caso norte-americano, em que o contato entre as três raças foi retratado sob a égide da hostilidade, as condições brasileiras parecem menos evidentes. As leituras, destarte, oscilaram da percepção de alguma harmonia na relação entre grupos étnicos até a constatação da violência (por vezes dissimulada) a reger o comportamento dos dominadores sobre os contingentes não brancos.

Gilberto Freyre é o reconhecido fundador da leitura do convívio, que localizou alguma harmonia na relação entre brancos e negros, supostamente atenuando os episódios de crueldade apontados por outros atores:

> Mas aceita, de modo geral, como deletéria a influência da escravidão doméstica sobre a moral e o caráter do brasileiro da casa-grande, devemos atender às circunstâncias especialíssimas que entre nós modificaram ou atenuaram os males do sistema. Desde logo salientamos a doçura nas relações de senhores com escravos domésticos, talvez maior no Brasil do que em qualquer outra parte da América[32].

*Casa-grande & senzala*, obra plena de ambivalências, logrou propor uma história do cotidiano em terras brasileiras por meio de uma escrita à época inovadora, comparada à oralidade[33]; além disso, é inegável seu pioneirismo na valorização do negro. Entretanto, a prosa freyriana, inspirada e cativante, não impediu que inúmeros pensadores denunciassem tal visão como parcial ou comprometida com o ponto de vista dominador[34].

---

32  Gilberto Freyre, *Casa-grande & senzala*, São Paulo: Global, 2006, p. 435.

33  Cf. Ricardo B. de Araújo, *Guerra e paz: Casa-grande & senzala e a obra de Gilberto Freyre nos anos 30*, São Paulo: Editora 34, 1994.

34  Nesse ponto, vale citar a crítica do historiador Carlos Guilherme Mota, para quem a escrita de Freyre surge numa "perspectiva modernizante, conjugada ao mandonismo do senhor de engenho". Cf. Carlos G. Mota, *Ideologia da cultura brasileira*, São Paulo: Editora 34, 2008, p. 50. Dentre outras críticas notórias a Freyre, destacam-se: Jacob Gorender, *O escravismo colonial*, São Paulo: Perseu Abramo, 2011; e Dante Moreira Leite, *O caráter nacional brasileiro*, São Paulo: Edunesp, 2003.

A polêmica em torno da obra de Gilberto Freyre é sintomática. Algo é particular no caso brasileiro: a desigualdade entre grupos étnicos, inegável tanto na percepção cotidiana quanto nas pesquisas sociodemográficas, se expressa de maneira *sui generis*. É como se um nevoeiro, insuficiente para mascarar as assimetrias entre brancos, pardos e negros, fosse paradoxalmente espesso o bastante para suscitar, de tempos em tempos, a indagação: em que precisamente consiste o preconceito racial no Brasil?

A pergunta parte da constatação de que o racismo é um fato em terras brasileiras[35]. Mas busca compreender as peculiaridades desse fenômeno, já que ele ganha complexidades inusitadas, se comparadas ao que ocorre em outras regiões. Não experimentamos severos conflitos raciais ao longo das décadas; ao contrário, o protocolo social predominante tendeu, ao menos desde meados do século XX, à acomodação, mais do que ao confronto.

A comparação com o caso norte-americano pode fornecer algumas pistas para explicar o caso brasileiro. O brasilianista norte-americano Thomas Skidmore tentou esmiuçar as diferenças entre os dois países:

> Os Estados Unidos desenvolveram um sistema birracial: uma pessoa é ou "branca" ou "preta". O caso individual é resolvido não pela aparência física da pessoa, mas por sua ascendência. [...] No Brasil por outro lado, a raça tem sido definida primariamente pela aparência física, criando-se assim um sistema multirracial. Em lugar de duas castas rigidamente definidas, existe um espectro ajustável com três categorias principais: branco, mulato e negro. Na prática, os brasileiros têm usado uma grande quantidade de subcategorias raciais que se interpenetram[36].

O autor estabelece assim o contraste entre a doutrina da *pureza racial* norte-americana, de valor absoluto, e a relatividade brasileira, na qual

---

[35] Segundo a pesquisa "Discriminação racial e preconceito de cor no Brasil", realizada em 2003 pela Fundação Perseu Abramo, 89% dos entrevistados acreditam que há preconceito racial no Brasil, 43% dos autodeclarados pretos afirmaram já terem sofrido discriminação (para 19% de pardos e 28% de indígenas). Entretanto, 96% dos entrevistados declararam não ter preconceito em relação aos pretos. Disponível em: <http://www.enfpt.org.br/node/299>. Acesso em: 15 out. 2014.

[36] Thomas Skidmore, "O negro no Brasil e nos Estados Unidos", *Revista Argumento* n. 1, Rio de Janeiro: Paz e Terra, 1973, p. 34. Vale apontar que, desde o momento de publicação deste ensaio, a denominação *mulato* perdeu força como termo intermediário, sendo substituída pela categoria *pardo*.

"o dinheiro embranquece"[37]. Skidmore aponta ter havido por aqui, de fato, políticas mais ou menos manifestas de "branqueamento" da população por meio de práticas migratórias e da permissividade quanto à miscigenação — o que de forma alguma teria atenuado o preconceito: "Diante deste quadro, seria surpreendente se a ideologia racial de 'branqueamento' não levasse à discriminação. Como evitá-la, se havia uma preferência tão forte pelo branco?"[38].

Em busca das causas do contraste Brasil-Estados Unidos, Skidmore levanta algumas hipóteses: o caráter nacional da escravidão brasileira, em oposição ao regionalismo escravocrata norte-americano; a preexistência no Brasil, à época da abolição, de grandes contingentes de negros já libertos, o que permitiu o desenvolvimento de uma categoria social de transição; e a realidade étnica da elite: "[...] desde a abolição, a elite brasileira nunca esteve em posição de adotar qualquer ideologia de 'pureza' racial. [...] Não havia no Brasil uma maioria branca suficientemente confiante de sua ascendência e aparência física para aceitar uma doutrina da pureza racial"[39].

A partir de interpretações como as apresentadas, valeria indagar acerca das bases sobre as quais se funda a ideia de alteridade no Brasil. Se o sujeito hegemônico do pensamento ocidental, denunciado pelo discurso multiculturalista, é o homem branco cristão, o seu *outro* é aquele que fala a partir de um ponto de vista distinto (seriam inúmeros). Dessa maneira, a circunstância brasileira assistiria, em muitos casos, a uma inusitada mescla entre o *um* e o *outro*.

A cultura brasileira forjou inúmeros exemplos desse composto do um com o outro. Pode-se admitir a existência de um rico inventário de personagens e expressões que habitaram essa coluna do meio, em que o princípio da identidade não tem vez. O mestiço é o primeiro deles. A partir dele, surgem categorias propriamente nacionais, como é o caso do malandro. Anti-herói que transita num ambiente em que predomina a "ausência de juízo moral" e a "aceitação risonha do 'homem como ele é', mistura de cinismo e bonomia que mostra ao leitor uma relativa equi-

37 *Ibidem*. Caio Prado Júnior já havia comentado a situação brasileira em termos assemelhados, quatro décadas antes: "É conhecida a anedota de Koster, que chamando a atenção de um seu empregado, aliás, mulato, para a cor carregada e mais que suspeita de um capitão-mor, obteve a singular resposta: 'Era (mulato), porém já não o é'. E ao espanto do inglês, acrescentava o empregado: 'Pois, senhor, capitão-mor pode lá ser mulato?'". Cf. Caio Prado Júnior, *op. cit.*, p. 107.
38 Thomas Skidmore, *op. cit.*, p. 31.
39 *Ibidem*, p. 36.

valência entre o universo da ordem e o da desordem", conforme analisou Antonio Candido[40] acerca de Leonardo, protagonista de *Memórias de um sargento de milícias*. O *Macunaíma*, de Mário de Andrade, dá continuidade notória à linhagem que se consolidaria no registro da música popular:

> Meu chapéu do lado
> Tamanco arrastando
> Lenço no pescoço
> Navalha no bolso
> Eu passo gingando
> Provoco e desafio
> Eu tenho orgulho
> Em ser tão vadio[41]

Entre o elogio e a condenação, entre o mundo oficial e o marginal, movimenta-se o indivíduo do meio, irredutível às polaridades. Um panorama como esse admite, por exemplo, ambivalências como a contida na expressão "seja marginal, seja herói" que o artista Hélio Oiticica exibiu em seu poema-bandeira, numa menção ao contraventor Cara-de-Cavalo[42]. O *equilíbrio de antagonismos* que Freyre percebera no Brasil Colônia[43] é, portanto, uma figura de linguagem a se reter. Em que medida essa peculiaridade essencial recoloca a questão da alteridade em termos diversos do que experimentam países da Europa é o que cabe agora perscrutar.

*   *   *

O antropólogo brasileiro Renato Ortiz dedica parte de sua pesquisa à tentativa de escapar das dicotomias que o fenômeno da globalização salientou: "nacional/global, moderno/pós-moderno, tradição/moder-

---

40 Antonio Candido, "Dialética da malandragem: caracterização das *Memórias de um sargento de milícias*", *Revista do Instituto de Estudos Brasileiros*, São Paulo: USP, 1970, n. 8.

41 Wilson Batista, "Lenço no pescoço", RCA Victor, 1933. Esse samba tornou-se célebre por retratar a figura do malandro carioca.

42 Trata-se de Manoel Moreira, contraventor carioca ligado ao jogo do bicho, assassinado por policiais no Rio de Janeiro em 1964. Cara-de-Cavalo havia se tornado próximo de Hélio Oiticica, resultado da atração do artista neoconcreto pelo contexto de marginalidade. Após se envolver na morte do detetive Milton Le Cocq, Cara-de-Cavalo foi caçado por grandes contingentes policiais, em operação marcada por excessos, que resultou no assassinato do contraventor em Cabo Frio.

43 Gilberto Freyre, *op. cit.*, p. 116.

nidade, velho/novo, passado/presente", conforme ele mesmo aponta. É nesse sentido que Ortiz sugere o conceito de *mundialização*: "Por isso prefiro diferenciar entre os termos globalização e mundialização. O primeiro aplica-se bem à realidade técnica e econômica, o segundo adapta-se melhor ao universo da cultura. A categoria mundo articula-se assim a uma dupla dimensão"[44].

Ao localizar a trama em que totalidade e diversidade se embaralham, Ortiz caminha na direção da compreensão de realidades complexas. É possível que a complexidade do caso brasileiro lhe ofereça um ponto de vista privilegiado[45]. Contudo, os desdobramentos que Ortiz propõe a partir da ideia de mundialização não caminham, como se poderia supor, para o elogio das particularidades de cada realidade cultural e sua irredutibilidade ao processo de padronização global. Embora constate as diferenças locais, o antropólogo se pergunta como elas se vinculam, já que "as sociedades são relacionais, mas não relativas"[46].

É a partir desse ponto de vista, ambientado aos paradoxos da diversidade brasileira, que Ortiz adverte:

> Desenvolveu-se recentemente um tipo de literatura que gira em torno da passagem do homogêneo para o heterogêneo. [...] Para essa perspectiva, o passado teria sido unívoco, privilegiando os "grandes relatos"; em contrapartida, o presente se caracterizaria pela disseminação das diferenças e da multiplicidade identitária. [...] O mundo atual seria múltiplo e plural. Diferenciação e pluralismo tornam-se assim termos intercambiáveis e, o que é mais grave, ambos se fundem no conceito de democracia. Há nessa operação lógica algo de ideológico. Ela se esquece de dizer que o pluralismo hierarquizado organiza as diferenças segundo uma relação de forças. Como corolário deste argumento, pode-se dizer que as diferenças também escondem relações de poder[47].

---

44 Renato Ortiz, "Anotações sobre o universal e a diversidade", *Revista Brasileira de Educação*, Rio de Janeiro: 2007, v. 12, n. 34. Disponível em: <http://www.scielo.br/scielo.php?script=sci_arttext&pid=S1413-24782007000100002>. Acesso em: 15 out. 2015.

45 Como pode ser igualmente apontado no caso da reflexão de pensadores oriundos de contextos analogamente ambivalentes, como o mexicano Néstor García Canclini e o colombiano Jesús Martín-Barbero, entre outros.

46 Renato Ortiz, *op. cit.*

47 *Ibidem*.

Assim como subjaz à diversidade brasileira, o diverso em nível global "dificilmente poderia ser visto como um caleidoscópio", pois "as interações entre as diversidades não são arbitrárias. Elas se organizam de acordo com as relações de força manifestas nas situações históricas concretas". Mesmo segundo uma perspectiva estritamente conceitual, Ortiz desvela o rico paradoxo:

> Dizer que as culturas são um "patrimônio da humanidade" significa considerar a diversidade enquanto valor universal. [...] Não se pode esquecer que a valorização das diferenças se faz em nome de um ideal também universalista: democracia, igualdade, cidadania. [...] A reivindicação identitária repousa, portanto, na denúncia da desigualdade. Ora, esse tipo de julgamento pressupõe uma herança da modernidade, que, longe de se extinguir, legitima o discurso e a ação[48].

Os diversos pontos de vista culturais, ao clamar legitimamente seus respectivos lugares ao sol, evidenciam o jogo de assimetrias contemporâneo que, por sua vez, ocorre em dimensões variadas, mas não excludentes: culturas locais buscam espaço em contextos nacionais, nações mobilizam suas especificidades num tabuleiro global, ao mesmo tempo em que determinados arranjos regionais alcançam, diretamente, projeção internacional, deixando transparecer a permeabilidade atual das fronteiras.

Um campo habitado permanentemente por vetores culturais múltiplos — é este o campo pelo qual se movimentam as coletividades na contemporaneidade. Os contatos entre culturas são mais constantes do que jamais foram, e os indivíduos experimentam diuturnamente a proximidade com seus *outros*. Não são raras as dificuldades inerentes a esse contexto, dentro e fora dos limites nacionais.

* * *

O antropólogo Eduardo Viveiros de Castro — cujas investigações em torno das culturas indígenas permitem vislumbrar modulações renovadas para a questão da alteridade — recuperou, em fala de 2009, a herança de Oswald de Andrade:

---

48  *Ibidem.*

"Só me interessa o que não é meu" significa: só o que não é meu me enriquece existencialmente, só o que o outro aporta à relação é que conta para mim. [...] Para poder ser eu, preciso me desinteressar do "eu" e me interessar pelo que não é meu, pelo que não sou eu. Por isso, identidade é resultado e não causa de diversidade[49].

Um dos desdobramentos da perspectiva oswaldiana reside em colocar a própria ideia de identidade em suspensão, uma vez que, para ser eu, devo abrigar o outro em mim. A experiência de Viveiros de Castro com a questão indígena traz elementos renovados para o debate:

> [Refiro-me à] ideia tradicional de que "ser branco" e "ser índio" seja um jogo de soma zero, ou um sistema de vasos comunicantes fechados: quanto mais branco, menos índios, e vice-versa. Voltar a ser índio era diminuir o branco dentro do índio, e vice-versa. [...] Se houve um momento [...] em que foi possível ser pouco índio e pouco branco [...], então deve ser possível ser mais branco e mais índio ao mesmo tempo: ser tanto mais índio quanto mais branco se é. Entenda-se, no final das contas: ser índio e ser branco não é um jogo de soma zero, mas uma relação em que ambos os termos podem se reforçar, em vez de se enfraquecer mutuamente[50].

Entretanto, advêm de um trabalho anterior de Viveiros de Castro, intitulado "Perspectivismo e multinaturalismo na América Indígena"[51], algumas elucubrações que permitiriam escapar, ao menos em tese, dos becos sem saída nos quais o homem ocidental se meteu. Uma vez que o fundamento do pensamento ocidental — o princípio de identidade — conduz a uma visão de mundo em que o *outro* é algo a ser evitado como um risco ou dominado como um objeto científico, a aproximação a uma cosmologia distinta pode arejar nosso repertório.

Viveiros versa sobre uma visão de mundo comum a diversas culturas indígenas norte-americanas, segundo a qual "a condição original comum aos humanos e animais não é a animalidade, mas a humanidade"[52].

---

49   Eduardo Viveiros de Castro, em palestra proferida na abertura do seminário *Diversidade e Identidade Cultural*, São Paulo: Sesc Pinheiros, 2009.
50   *Ibidem*.
51   Eduardo Viveiros de Castro, "Perspectivismo e multinaturalismo na América indígena", *A inconstância da alma selvagem*, São Paulo: Cosac Naify, 2013.
52   *Ibidem*, p. 355.

Nesse contexto, os seres humanos veem a si mesmos como humanos, e aos animais como tais; entretanto, os animais também se enxergam como seres humanos, e nos veem ou como animais predadores (caso sejam animais caçados pelos homens) ou como presas (quando se trata de nossos predadores). Assim, a categoria *humano*, além de primordial, é relacional.

O que sustenta tal mundo é a noção da existência de uma única cultura e várias naturezas, em oposição à concepção ocidental de multiculturalismo sobre uma base natural única. A cultura unívoca para os ameríndios seria a humanidade, condição que aproximaria homens, animais e espíritos; mas a natureza distinta de cada um implica pontos de vista diferentes, o que faz com que cada um se veja como humano e enxergue os demais seres como animais relacionados à ideia de humanidade.

Há seres especiais — os xamãs — com a capacidade de transitar através dessas perspectivas específicas, "vendo os seres não humanos como estes se veem (como humanos)" e que "são capazes de assumir o papel de interlocutores ativos no diálogo transespecífico"[53].

Os objetos que cercam os seres sofrem igualmente os efeitos do perspectivismo: "o que chamamos 'sangue' é a 'cerveja' do jaguar; o que temos por um barreiro lamacento, as antas têm por uma grande casa cerimonial [...]". A consequência dessa situação é a seguinte: "o que uns chamam de 'natureza' pode bem ser a 'cultura' dos outros"[54].

Esse complexo sistema de relações pode ser compreendido por nós apenas em parte, por aproximações, devido à sua incompatibilidade com nossa forma de decifrar o mundo. Mas ele sugere desdobramentos férteis para ampliar o terreno de debate em torno da ideia de alteridade. Em primeiro lugar, chama a atenção o modo generoso, por assim dizer, com que os ameríndios universalizam a ideia de humano para as demais espécies: "os ameríndios não somente passariam ao largo do Grande Divisor cartesiano que separou humanidade de animalidade, como sua concepção social de cosmo (e cósmica da realidade) anteciparia as lições fundamentais da ecologia"[55]. É como se vivessem sob o signo de uma mestiçagem, mas não do tipo humano (como se alardeia acerca da realidade brasileira), mas de uma "mesti-

---

53 *Ibidem*, p. 358.
54 *Ibidem*, p. 361.
55 *Ibidem*, p. 370.

çagem universal entre sujeitos e objetos, humanos e não humanos, a que nós modernos sempre estivemos cegos, por conta de nosso hábito tolo, para não dizer pecaminoso, de pensar por dicotomias"[56].

Uma segunda consequência, com potencial de desestabilizar as rígidas noções ocidentais de *um* e *outro*, está relacionada à ideia de ponto de vista. Afirmar que humanos e animais compartilham uma condição humana essencial significa que são humanos na medida em que exercem os seus respectivos pontos de vista. Desse modo, se para nós o "ponto de vista cria o objeto [...], o perspectivismo ameríndio procede segundo o princípio de que o ponto de vista cria o sujeito"[57]. Como consequência, compreender o outro não significaria colocá-lo como meu objeto, mas tentar me colocar segundo o seu ponto de vista.

Em que medida tal entendimento poderia sugerir encaminhamentos renovados para superar as dicotomias identidade/alteridade e sujeito/objeto, dicotomias que estão na base de parcela importante dos conflitos contemporâneos? Trata-se de um exercício a ser praticado na lida com as questões efetivas — exercício este que provavelmente só poderia ser proposto a partir de contextos em que essas categorias são menos rígidas. É o caso da ambivalente perspectiva do pensamento brasileiro.

### A educação, entre o precário e o inventivo

A educação, assim como os demais empreendimentos humanos, guarda relação indissociável com os contextos nos quais se desenvolve. Cada lugar, cada tempo compreendeu diferentemente seus propósitos e peculiaridades. Assim, faz pouco sentido falar-se de educação em geral; deve-se cotejá-la com as leituras de mundo que a embalaram, a transformaram, a controlaram.

Pode-se abordar o tema da educação perguntando pelos objetivos que estão implicados nessa ou naquela concepção de educação. Ela pode estar a serviço da manutenção de determinado arranjo político e socioeconômico; ela pode, diferentemente, estimular a revisão dos valores que sustentam um determinado estado de coisas. No primeiro caso,

---

56   *Ibidem*.
57   *Ibidem*, p. 373.

a educação efetiva plenamente o controle sobre a sociedade, o que foi recorrentemente apontado por comentadores — não faltam, inclusive, aqueles que enxergam essa condição como inelutável. Entretanto, partidários do potencial emancipatório da educação, ligados a forças sociais variadas, buscam refutar, por meio de suas reflexões e práticas, a inexorabilidade da educação como controle.

Valeria também indagar acerca do encaixe social da educação, ou seja, o modo particular por meio do qual a educação age: como entram e como saem os educandos dos sistemas educacionais? Em nome de quais planos permanecem, durante anos, sob os auspícios de educadores? Modelos educativos diversos revelam visões de mundos diferentes: a educação ligada à esfera do religioso pressupõe sujeitos distintos daqueles pressupostos pela educação para as artes, e ambas se afastam da educação específica para o trabalho, de cunho tecnicizante.

O lugar e o tempo da educação — esses quesitos também nos informam acerca de cada concepção. A escola, espaço apartado e especializado no qual os educandos passam ao menos um período diário, é uma invenção recente, se comparada à totalidade da aventura humana. Outros modelos predominaram antes do século XIX; mesmo hoje em dia, observam-se, aqui e ali, iniciativas educacionais de escalas variadas que se apoiam em referências espaciais e temporais mais arejadas.

A pluralidade de motivações concentradas no terreno da educação sublinha, ao menos, um ponto em comum: a constatação da relevância do tema. Não apenas educadores, mas filósofos, sociólogos, psicólogos, artistas, todos pensam sobre educação; não apenas educadores, mas políticos, empresários, comunicadores, movimentos sociais, muitos buscam participar das decisões sobre a gestão da educação. A esse interesse expandido, não observado até meados do século XIX, corresponde uma realidade potente. Os sistemas educativos das grandes cidades e países tornaram-se estruturas gigantescas, alimentadas por burocracias complexas e orçamentos enormes e paradoxalmente insuficientes, atravessadas pelas dinâmicas de interesse presentes em cada sociedade. Sobre tais sistemas recaem expectativas crescentes: atualmente, é consenso que o sucesso ou fracasso de uma cidade ou país no tabuleiro da competitividade global está conectado à qualidade da educação que oferecem.

O discurso acerca da importância da educação é um dos perigosos truísmos da atualidade: une conservadores e progressistas, utópicos e pragmáticos, mentalidades a favor e contra o incremento da liberdade humana. Seguindo a mesma toada, permanece suspeito o discurso que se detém na defesa da "qualidade" da educação. Expressão equívoca que desfoca o debate, a qualidade é mensurada (imaginando que tal medição seja possível) em função dos objetivos em mente; assim, uma educação que objetivasse unicamente o controle social mediria sua qualidade segundo parâmetros indignos, funestos.

Basta atentar para determinados momentos de intensificação dos esforços em educação no último século e meio; nesse sentido, partes distintas do mundo enfrentaram, em momentos e de formas diferentes, condições assemelhadas na superfície, mas que revelam assimetrias globais importantes. Considere-se o fenômeno do êxodo rural. A partir do século XIX, a migração de camponeses para as cidades intensificou-se por toda parte, primeiramente na Europa Ocidental.

O inchaço das cidades, a concentração demográfica, a progressiva divisão do trabalho, a perda das referências identitárias, os novos hábitos urbanos — tudo isso, encarado como condição necessária para o desenvolvimento econômico, exige a massificação da educação, em parte revelando a apreensão das elites com as massas menos controláveis, em parte buscando qualificar os camponeses para o trabalho urbano, em parte oferecendo uma alfabetização precária, porém suficiente para propósitos eleitorais.

Não é exagero identificar em tais dinâmicas a prevalência do signo do controle. A estatização da educação pode ser entendida como uma instância do processo de consolidação dos Estados nacionais, cuja crise agora observamos. Para que os projetos de nação tivessem efetividade e continuidade, a educação surgiu como peça fundamental: ela poderia forjar, ao mesmo tempo, a coesão social e o combustível econômico. Considerando tais metas, é compreensível que isso tenha ocorrido à custa da liberdade de escolha e ação dos indivíduos.

Em países economicamente centrais, a massificação da educação teve início no século XIX, consolidando-se no século XX. No Brasil, mas não apenas, a educação era, até princípios do século passado, um privilégio. A distinção social não se manifestava entre diferentes níveis de educação, mas entre aqueles que tinham ou não acesso ao sistema escolar.

Quando se observa, por aqui, certo descompasso entre o recrudescimento do êxodo urbano na primeira metade do século XX e a tímida expansão da educação, caberia indagar: Como efetivar, mesmo que sobre parâmetros assimétricos, o desenvolvimento econômico, sem mobilizar, assertivamente, a esfera da educação? Como eram formados os trabalhadores urbanos, ainda que o intuito fosse explorá-los? A resposta é inquietante: eles não eram formados, pois a educação brasileira da primeira metade do século XX não estabelecia nenhuma relação com o mundo real. Afinal, ela era um privilégio, portanto, não poderia contaminar-se pelo mundo do trabalho.

A educação no Brasil permaneceu, durante a maior parte da nossa história, uma ficção para poucos, algo que flertava com a completa precariedade. Não houve, categoricamente falando, educação brasileira até então — apenas espasmos localizados e elitizados. Num tal contexto, não faz sentido falar em política pública para a educação, a menos que se considere, ironicamente, que a falta de política é, ainda assim, uma política.

As seculares doutrinas e práticas da educação que se estabeleceram na Europa expressam sedimentação e complexidade, características que a longevidade favorece. Os modos pelos quais as configurações políticas e sociais condicionaram maneiras específicas de educar se expressa, por exemplo, nas diferenças entre a educação medieval, eminentemente religiosa, e a educação humanista, ligada ao contexto do Renascimento e afeita a temas laicos, principalmente relacionados à herança greco-latina.

São distintas as histórias da educação no Velho e no Novo Mundo; entretanto, é prudente evitar generalizações: mesmo no caso latino-americano, há contrastes regionais importantes. Entre os séculos XVI e XVIII, a colonização espanhola demonstrou um interesse maior em estabelecer as bases de uma educação superior no Novo Mundo, se comparada à inação da Coroa portuguesa nesse domínio. Antes do final do século XVI, a América espanhola já contava com universidades em Santo Domingo, Lima, Cidade do México, Bogotá e Quito; o Brasil, por sua vez, não teve ensino superior até o final do século XVIII, sendo que as primeiras universidades brasileiras datam do século XX.

Segundo tal perspectiva, pode-se afirmar que, na história do Brasil, a educação se expressou como precariedade, como o que nos falta. Há algumas camadas inscritas nessa ideia: educação como o não feito; educação como o não alcançado; educação como o outro.

Sob o signo da precariedade, nasce e se desenvolve a educação no Brasil: apenas uma parte da elite colonial se educava, muitas vezes em terras estrangeiras. Não há nada comparável a uma política educacional até o final do século XIX. A imagem é um deserto, com raros oásis. Nos casos em que a educação se efetivava, ficava restrita à "classe dominante, pequena e homogênea, dotada de viva consciência dos padrões europeus e extremamente vigilante quanto à sua própria perpetuação", cujo propósito era "manter restritas as facilidades de ensino, sobretudo de nível superior"[58].

\* \* \*

As feições da educação no Brasil, ao longo do século xx, alteraram-se, transformando, aos poucos, essa paisagem desértica; entretanto, os signos da precariedade que lá estavam desenhados permaneceram, qual um fardo, pressionando e condicionando um panorama crescentemente complexo. Falar em precariedade, entretanto, não basta; cabe compreender as camadas que estão aí implicadas.

O educador baiano Anísio Teixeira buscou, por meio de reflexões e intervenções político-institucionais, abordar permanentemente o temário da precariedade, em suas várias articulações. Sua presença ajudou a dar consciência reflexiva à educação brasileira e influenciou fortemente os debates da área entre as décadas de 1930 e 1960.

Para Teixeira, o signo da precariedade tem um nascedouro: nossa duplicidade original.

> Proclamavam os europeus aqui chegarem para expandir nestas plagas o cristianismo, mas, na realidade, movia-os o propósito de exploração e fortuna [...]. Nascemos, pois, divididos entre propósitos reais e propósitos proclamados. A essa duplicidade dos conquistadores seguiu-se a duplicidade da própria sociedade nascente, dividida entre senhores e escravos [...][59].

A análise de Teixeira, que sublinha os reflexos recíprocos entre desigualdade social e sistemas hipócritas de justificação, investiga os impactos que essa duplicidade estrutural acarreta para a educação. O ponto de partida é evidente: numa sociedade dual, a educação é privilégio. "Quando toda a educação é para poucos, o sentimento de que a educação toda ela é para privilégio faz-se invencível mesmo na escola primária"[60], afirma o educador.

Evidentemente, a fim de desempenhar o papel de distinção de classe, tal educação configurou-se segundo determinadas características:

---

58 Anísio Teixeira, *op. cit.*, p. 303.
59 *Ibidem*, pp. 297-8.
60 *Ibidem*, p. 342.

> O ensino brasileiro, por isto mesmo que era um ensino quase que só para a camada mais abastada da sociedade, sempre tendeu a ser ornamental e livresco. Não era um ensino para o trabalho, mas um ensino para o lazer. Cultivava-se o homem, no melhor dos casos, para que se ilustrasse nas artes de falar e escrever. Não havia nisto grande erro, pois a sociedade achava-se dividida entre os que trabalhavam e não precisavam educar-se e os que, se trabalhavam, era nos leves e finos trabalhos sociais e públicos, para o que apenas se requeria aquela educação[61].

O precário manifesta duas faces: o caráter postiço e, seu corolário, a falta de conexão com o contexto. Qual um personagem de Machado de Assis atolado numa espécie de esquizofrenia social, a educação brasileira tem um início precário porque não nos diz respeito como projeto de país. O êxito de uma educação europeizante no Brasil, devido a seu caráter contraditório, significaria o malogro da ideia de educação nacional.

Em condições profundamente desfavoráveis, como falar em modelos de educação? A ausência da prática educacional inserida na realidade brasileira impedia que o próprio debate acerca dos objetivos da educação se desenvolvesse, alimentando a "concepção mística ou mágica da escola, pela qual toda e qualquer educação tem valor absoluto e, por conseguinte, é útil e deve ser encorajada por todos os modos"[62].

O educador percebe que a desvalorização do trabalho entre nós, perversa herança escravocrata, sugere uma hierarquia entre saberes, colocando por cima aqueles identificados com o universo apartado da alta cultura, importado para deleite das elites.

> Os belos argumentos teóricos, que se desenvolveram no Brasil em torno de uma educação "humanística" e contrários à educação "prática", em torno da educação intelectual em oposição à educação vocacional, eram simples racionalizações, que revestiam de retórica os propósitos conservadoristas da sociedade sutilmente hierarquizada no seu dualismo fundamental de elite e povo[63].

---

61   *Ibidem*, p. 31.
62   *Ibidem*, p. 317.
63   *Ibidem*, p. 337.

Ao dar as costas para a realidade, nossa educação se identifica com paradigmas que foram superados em seus contextos de surgimento: "Estamos, talvez possamos dizer, no período correspondente ao da segunda metade do século XIX na Europa"[64]. O resultado foi a consolidação do modelo que Teixeira chamou de "escola de meias letras"[65].

A educação brasileira, até a segunda metade do século XX, permanece descolada do cotidiano brasileiro por conta de sua baixíssima capilaridade, bem como por sua indisfarçável artificialidade. Ela quase não existe como política pública. É aí que reside a precariedade fundamental, à qual Anísio Teixeira dedicaria parte importante de seus esforços.

Trata-se de conectar os vetores da educação e da política. Quando a educação no país ensaiava, na década de 1930, os primeiros passos rumo a uma certa expansão, fizeram-se sentir os traços persistentes da tradição brasileira. "Transformou-se a educação em uma atividade estritamente controlada por leis e regulamentos e o Ministério da Educação e as Secretarias de Educação em órgãos de registro, fiscalização e controle formal do cumprimento de leis e regulamentos"[66]. Assim, "a tradição colonial do Estado Fiscal e do estado cartório"[67] invadia a política educacional em seu momento de ampliação, impedindo que houvesse, de fato, uma política para a educação: o que havia era a burocratização da atividade, "tornando ocioso o próprio estudo da educação e do ensino"[68].

Consonante a essa realidade, Anísio Teixeira denunciou o predomínio da noção da lei como "algo de mágico", que dava ao não ser de nossa educação uma ordenação artificial: "tudo podíamos metamorfosear por atos do governo! Não havendo correspondência entre o oficial e o real, podíamos transformar toda a vida por atos oficiais"[69]. A precariedade como dualidade, mais uma vez.

Ao mesmo tempo em que fazia tais diagnósticos, Teixeira atuou no governo federal, do Rio de Janeiro e da Bahia, colaborou para a criação das Universidades do Distrito Federal (atual Universidade do Estado

---

64  *Ibidem*, p. 46.
65  *Ibidem*, p. 386.
66  *Ibidem*, p. 144.
67  *Ibidem*, p. 68.
68  *Ibidem*, p. 159.
69  *Ibidem*, pp. 301-2.

do Rio de Janeiro) e de Brasília, além de ter sido conselheiro da Unesco. Signatário de destaque do "Manifesto dos Pioneiros da Educação Nova", em 1932, protagonizou, em diversos momentos, o debate sobre educação no país.

Sua fina leitura do contexto levou-o a idealizar, na década de 1940, o Centro Educacional Carneiro Ribeiro, na Liberdade, bairro pobre de Salvador. Dedicado à educação em tempo integral, o centro propunha a intersecção de conteúdos convencionais da educação com os universos das artes e do trabalho. Esse projeto, até hoje em funcionamento, inscreve-se numa linha de força da educação brasileira que buscou lidar com o panorama de precariedade dominante: a ideia de transversalidade educativa.

* * *

"Estudar a educação", conclui Teixeira, "corresponde realmente a verificar em que grau a cultura de um povo está sendo mantida e nutrida, para sua integração e renovação, como fenômeno histórico, dinâmico"[70]. As articulações entre cultura e educação, inegáveis, expressaram-se no Brasil sob a marca da contradição: a cultura brasileira, desvalorizada em relação aos modelos europeus, não era pensada em seu potencial educativo.

Natural que a revisão da relação cultura-educação passasse pela revisão do próprio sentido de cultura brasileira. O papel do modernismo é, nesse ponto, digno de reflexão. Os jovens e criativos paulistas que haviam encabeçado a Semana de Arte Moderna colocaram o debate em outro patamar. A partir daí, novos sotaques se imiscuíam no discurso artístico: a irreverência e urbanidade da poesia oswaldiana em oposição ao decoro burguês, o *falar brasileiro* de Mário de Andrade em oposição à correção artificial do funcionário público.

A admissão de uma positividade na cultura brasileira foi emancipatória. O mesmo Mário de Andrade que reunira lendas e causos na forma de obra de arte, como em *Macunaíma*, partiu em excursão pelo Norte e Nordeste do Brasil em busca das culturas que, distantes dos grandes centros, eram desconhecidas dos brasileiros. Um surto de autoconhecimento, após séculos de voluntária cegueira.

As dualidades denunciadas por Anísio Teixeira seriam atacadas por meio da transversalidade entre arte, cultura e mundo, tal qual pre-

---

[70] *Ibidem*, p. 71.

conizada pelos modernistas. Treze anos após a Semana de 1922, Mário de Andrade reinventa seu modelo de intervenção na esfera pública, não apenas como escritor ou agitador cultural, mas agora como gestor da cultura. Em 1935, torna-se o primeiro diretor do Departamento de Cultura e Recreação da Prefeitura Municipal de São Paulo — criado dentro do espírito que havia dado origem à Escola Livre de Sociologia e Política, em 1933, e à Universidade de São Paulo, em 1934. Os projetos de educação e cultura caminhavam como se fossem um só.

A importância do fato não reside unicamente no reconhecido pioneirismo do departamento no terreno da gestão pública de cultura: para além disso, ele operava duas ampliações conceituais importantes, com diferentes efeitos. A primeira era o compartilhamento das áreas de ação da cultura e da educação; a segunda residia no alargamento da noção de cultura, aproximando-a de uma acepção antropológica. No primeiro caso, era evidente a ênfase nas bibliotecas, no cinema e na radiodifusão educativos, nas políticas de pesquisa, catalogação e preservação de bens culturais, na realização de congressos, conferências e cursos.

No que se refere à noção expandida de cultura, exacerbou-se a verve folclorista de Mário de Andrade. Constituiu uma discoteca municipal de referência para o estudo das culturas populares; em 1938, encabeçou a Missão de Pesquisas Folclóricas, que percorreu dezenas de localidades em estados do Norte e Nordeste brasileiro, em busca de material etnográfico, especialmente musical. Com a instauração do Estado Novo, os trabalhos são interrompidos: Mário se demite.

Durante sua curta trajetória como diretor do Departamento de Cultura e Recreação, uma experiência pioneira conectou, como sutil recorrência, os esforços de Mário e Anísio Teixeira. Os parques infantis, planejados e implementados desde o início da gestão do escritor paulista, são considerados o primeiro empenho de educação infantil na capital paulista. Eles partiam de um pressuposto fundamental: a especificidade da infância. Para abordá-la, foi necessário escorregar por entre as divisórias convencionais e aproximar educação, recreação e assistência, domínios tradicionalmente apartados. Instalados principalmente em bairros operários, propunham um primeiro contato da criança com o mundo da educação por meio de brincadeiras e da cultura popular:

> São parques infantis onde as crianças proletárias se socializam, aprendendo nos brinquedos o cooperatismo e os valores do passado. São crianças tartamudeando em torno de uma Nau Catarineta de vinte, as melodias que seus pais esqueceram, e nos vieram de novo da Paraíba,

do Rio Grande do Norte e do Ceará. Todas essas iniciativas não poderão pretender jamais a uma gloríola no presente, senão uma fecundidade futura. Tudo é novo, e muito está nascendo. São Paulo é uma cidade num dia, mas já agora os seus caminhos conjuntos vão e vêm[71].

Desenho, colagem, modelagem, danças e jogos de todo tipo conviviam com assistência médica e alimentação. Aquilo que Mário de Andrade propôs na esfera da educação não formal encontrou uma tradução lúcida de Anísio Teixeira para o terreno da educação formal, na década seguinte. Tanto nos parques infantis como no Centro Educacional Carneiro Ribeiro impôs-se a ideia de uma educação que extravasasse as formalidades e grades curriculares, para tocar a complexidade do mundo.

Ambas as iniciativas, pontuais numa circunstância marcada pela exclusão e pela burocratização dos processos educativos, apontaram uma inesperada potencialidade na falta de estruturação: a capacidade de estabelecer nexos entre campos ainda não totalmente compartimentalizados. A educação deveria se deixar penetrar pela vida, sob pena de estacionar na irrelevância.

* * *

Se o caso era deixar a educação ser invadida pela vida, é exemplar o percurso de Paulo Freire, o educador que nos ensinou a importância de ler, não apenas os textos, mas, principalmente, o mundo. Expoente brasileiro da educação popular, criador de um método inovador tanto em termos formais quanto de conteúdo, Freire transitou por praticamente todos os domínios da educação — desde a alfabetização de jovens e adultos até a pós-graduação e gestão da educação — e tornou-se referência mundial[72].

---

[71] Mário de Andrade *apud* Márcia Aparecida Gobbi, *Desenhos de outrora, desenhos de agora: os desenhos das crianças pequenas do acervo de Mário de Andrade*. Tese (Doutorado em educação), Faculdade de Educação da Universidade de Campinas — Unicamp, Campinas: 2004.

[72] Exilado em decorrência do golpe civil-militar de 1964, Paulo Freire levou sua experiência para outros contextos: trabalhou em programas de educação de adultos no Instituto Chileno para a Reforma Agrária; tornou-se professor visitante da Universidade de Harvard; trabalhou para a Organização das Nações Unidas para a Agricultura e a Alimentação; em Genebra, atuou como consultor educacional do Conselho Mundial de Igrejas; na mesma época, foi consultor educacional para países africanos, como Guiné-Bissau e Moçambique; recebeu o título de doutor *honoris causa* de 27 universidades, além de diversos prêmios internacionais.

O leque de referências que influenciaram o pensamento freiriano é amplo, aparentemente contraditório. De um lado, linhagens filosóficas ligadas ao existencialismo e à fenomenologia tornaram-se fundamentais em sua reflexão. De outro, o pensamento marxista fornecia subsídios para a conexão entre reflexão e ação. Como inusitado catalisador desse amálgama, sua crença cristã colaborava com os valores do amor e da solidariedade.

O contexto do Nordeste brasileiro, somado à dramática experiência de guerras e crises internacionais da primeira metade do século XX, descortinou ao educador pernambucano uma realidade que cumpria compreender. Sua primeira constatação dizia respeito à centralidade da desigualdade brasileira (caso particular de uma desigualdade mais ampla, global), marcada pela polaridade entre uma minoria de opressores e um grande contingente de oprimidos, vivendo em perversa sinergia. Num panorama como esse, inexistiria, de parte a parte, a liberdade: o opressor se vê enredado na rede de violência da qual é o principal sujeito; já o oprimido é duplamente privado de liberdade, não apenas por sua situação subalterna, mas porque aloja em si a figura do próprio dominador: "São eles e ao mesmo tempo são o outro introjetado neles, como consciência opressora. Sua luta se trava entre serem eles mesmos ou serem duplos. Entre expulsarem ou não o opressor de 'dentro' de si. Entre se desalienarem ou se manterem alienados"[73].

Aqui, por mais paradoxal que pareça, apenas o oprimido pode ser agente da libertação de ambos:

> Os opressores, violentando e proibindo que os outros sejam, não podem igualmente ser; os oprimidos, lutando por ser, ao retirar-lhes o poder de oprimir e de esmagar, lhes restauram a humanidade que haviam perdido no uso da opressão. Por isto é que, somente os oprimidos, libertando-se, podem libertar os opressores. Estes, enquanto classe que oprime, nem libertam, nem se libertam[74].

Em seguida, a constatação sobre o campo específico da educação: a classe opressora, ao monopolizar os meios materiais e os circuitos simbólicos, determina o modo de educação que lhe convém — a educação "bancária"; seu intuito é manter as coisas como estão, naturalizando

---

73   Paulo Freire, *Pedagogia do oprimido*, Rio de Janeiro: Paz e Terra, 1987, p. 20.
74   *Ibidem*.

desigualdades historicamente impostas. Para tanto, "des-historiciza" o mundo, concebe-o como imutável. No dizer de Freire, "a educação se torna um ato de depositar, em que os educandos são os depositários e o educador o depositante"[75]. O único sujeito da educação bancária é o professor, detentor supremo do saber, a quem cabe narrar seus conhecimentos a objetos-alunos, cuja tarefa é memorizar.

Desse modo, a educação para Paulo Freire será entendida como um antípoda da educação convencional. Valores rechaçados pela visão "bancária" — autonomia, liberdade, criatividade, desvelamento do mundo — protagonizam a perspectiva freiriana e explicam a importância que a alfabetização adquiriu nessa perspectiva.

> Com a palavra, o homem se faz homem. Ao dizer a sua palavra, pois, o homem assume conscientemente sua essencial condição humana. [...] A educação reproduz, assim, em seu plano próprio, a estrutura dinâmica e o movimento dialético do processo histórico de produção do homem. Para o homem, produzir-se é conquistar-se, conquistar sua forma humana. A pedagogia é antropologia[76].

Ao conceber a pedagogia em analogia à antropologia, Freire deixa claro que a alfabetização mimetiza o surgimento da escrita na humanidade — ambas desencadeiam a História. A cultura letrada permite que a cultura se observe, conscientizando-se de si mesma.

Enquanto a educação convencional adestra o aluno a ler frases sem sentido — "Pedro viu a asa"; "A asa é da ave"[77] — Freire advoga que o fundamental é ler o mundo, para mais tarde ler palavras. Para a escrita vale o mesmo: não se trata de copiar frases, mas de escrever a própria história. Tais concepções de leitura e escrita jogam luz sobre a visão freiriana de práxis, na qual as dimensões da reflexão e da ação, potencialmente presentes na palavra, são indissociáveis.

O método Paulo Freire de alfabetização de adultos consiste na consecução de tal visão de mundo por meio de uma intervenção real em cenários marcados por forte precariedade social e, em especial, por grandes populações de analfabetos. Suas primeiras experiências se deram no Nordeste brasileiro, tendo se tornado notória aquela

---

75  *Ibidem*, p. 33.
76  Ernani Maria Fiori, "Aprender a dizer a sua palavra", *apud* Paulo Freire, *op. cit.*, p. 8.
77  Paulo Freire, *Educação como prática da liberdade*, Rio de Janeiro: Paz e Terra, 1967.

ocorrida no vilarejo de Angicos, no sertão do Rio Grande do Norte, em 1963. Ao alfabetizar centenas de trabalhadores em poucas semanas, o método revelou sua tremenda eficácia; prestes a ser replicado em todo o país sob os auspícios do governo João Goulart, a experiência promissora foi brutalmente interrompida pelo golpe militar de 1964. Preso e, em seguida, obrigado ao exílio, Freire levou seu método para o Chile, Guiné-Bissau e São Tomé e Príncipe. Com a anistia, retorna ao país e, em 1989, torna-se secretário municipal de Educação de São Paulo, dando novo impulso às políticas de alfabetização de jovens e adultos.

Algumas características tornaram o método de Paulo Freire especial. A aproximação entre educadores e educandos era uma premissa fundamental: ela dava início ao processo educativo, a partir da imersão daqueles no universo desses, e dirigia os passos subsequentes. A compreensão dos alunos, não como recipientes vazios a ser preenchidos, mas como portadores de experiências valiosas, que deveriam ser mobilizadas no processo educativo, é outro traço central — dessa realidade provinham as palavras geradoras, escolhidas por suas particularidades fonéticas, ortográficas e semânticas para uma dada comunidade, e que eram a porta de entrada para o mundo da leitura e escrita. Por fim, a valorização do diálogo como metodologia inegociável: sua forma era o círculo de cultura, que "des-hierarquizava" a relação entre professor e alunos.

Nesse processo, a alfabetização é desencadeada a partir de referências significativas para certo grupo, combinadas a regras simples de construção. O intuito era a conscientização progressiva dos alunos, que corresponde ao estágio amadurecido da tomada de consciência. Pressuposto para a práxis, a consciência viabilizaria a intervenção crítica do homem no mundo, ao enredar reflexão e ação num mesmo ato. Mas isso ocorreria apenas em comunhão com os demais: educa-se coletivamente, conscientiza-se coletivamente, transforma-se o mundo coletivamente. Mediante tais pretensões, a alfabetização era apenas o primeiro passo: "o problema para nós prosseguia e transcendia a superação do analfabetismo e se situava na necessidade de superarmos também a nossa inexperiência democrática"[78].

Ao expandir o empenho educativo para além dos rígidos preceitos da educação convencional, Paulo Freire revelou a conexão entre educação e política, a partir do vetor transversal da cultura. Nesse sentido,

---

78   Paulo Freire, op. cit., 1967, p. 94.

desenhou uma trajetória complementar àquela esboçada por Mário de Andrade. O escritor paulista descobrira no campo da arte e da cultura a vocação educativa que poderia emancipar uma nação. Freire percebe na educação a dimensão cultural que não se acomoda a fronteiras, pois coincide com o trabalho do homem sobre e com o mundo.

Não deve, assim, surpreender que ele tenha denominado *círculos de cultura* o momento privilegiado de diálogo entre educadores e educandos. Na mesma perspectiva, é sintomático que um dos temas aos quais os educadores buscavam conduzir a discussão girava em torno do conceito antropológico de cultura. Tratava-se de mostrar aos alunos que eles eram fazedores desse mundo de cultura: "'Faço sapatos', disse outro [dentre os alunos], 'e descubro agora que tenho o mesmo valor do doutor que faz livros'"[79].

Daí a sintonia entre a obra de Freire, considerada um libelo contra a opressão e pela libertação dos homens, e trajetórias de pessoas de variadas áreas da ação humana. Um dos exemplos mais eloquentes dessa sintonia reside na obra do encenador Augusto Boal. Criador do Teatro do Oprimido, Boal fez de seu trabalho um veículo cujos valores e objetivos coincidiam em grande medida com os da pedagogia freiriana:

> Para que se compreenda bem esta Poética do Oprimido, deve-se ter sempre presente seu principal objetivo: transformar o povo, "espectador", ser passivo no fenômeno teatral, em sujeito, em ator, em transformador da ação dramática [...]. O espectador liberado, um homem íntegro, se lança a uma ação![80].

A zona de intersecção entre Boal e Freire é ampla: principia na leitura do mundo como conjunto de narrativas da opressão, inclui a escolha do diálogo como metodologia e da conscientização como objetivo, e culmina na tentativa de dar voz àqueles que dela sempre foram privados, por meio de uma ação ao mesmo tempo educativa e cultural.

A ideia de que a desigualdade poderia ser combatida pela convergência de esforços educativos e ação cultural, sempre sob os signos da crítica e do questionamento, marcou as décadas de 1960 e 1970 no Brasil e na América Latina. Trata-se do período que assistiu ao auge

---

79  *Ibidem*, p. 109.
80  Augusto Boal, *Teatro do Oprimido e outras poéticas políticas*, Rio de Janeiro: Civilização Brasileira, 2005, p. 182.

das restrições de liberdades individuais e coletivas, patrocinadas pelas ditaduras.

Paradoxalmente, o advento da abertura democrática nesses países parece ter favorecido, no lugar do estímulo ao desenvolvimento sociocultural, o incremento da circulação de capitais. À luta de gente como Paulo Freire, Augusto Boal, Mário de Andrade e Anísio Teixeira, entre tantos outros, não correspondeu um futuro de liberdade para contingentes cada vez maiores; pelo contrário, a desigualdade em níveis globais não para de aumentar.

A precariedade na educação brasileira persiste, assumindo novas feições. O desafio da massificação foi enfrentado, mas deixou sequelas: a desigualdade de oportunidades é agravada por uma oferta educativa assimétrica; o ofício do professor é desvalorizado, social e institucionalmente; os debates sobre melhoria do ensino ganham espaço, mas não são acompanhados por práticas em grande escala. País de ambivalências, o Brasil é, ao mesmo tempo, palco de iniciativas que buscaram extrair, de tais condições, a substância para proposições inovadoras e libertárias. Cabe indagar em que medida os exemplos do nosso passado poderão nos orientar pelos caminhos à frente.

### Inflexões culturais da liberdade

Tema central para a história do pensamento, a liberdade demanda complemento. Liberdade em que sentido? Liberdade de quem e para quê? Daí a relação central dessa questão com o contexto a partir do qual se fala. Tendo isso em mente, não é difícil compreender que o assunto tenha suscitado, em terras brasileiras, reações específicas. Tais reações estão ligadas a tempos e lugares precisos, e ganham sentido quando lidas em seus respectivos registros. Afastam-se de definições filosóficas e adquirem o peso da realidade. Nesse sentido, é inegável que a história do Brasil — como de muitos outros países — poderia ser lida como um encadeamento de narrativas a desafiar várias acepções de liberdade.

Os quatro primeiros séculos dessa história reservaram a estratos sociais restritos o privilégio de usufruir experiências de liberdade. Para que isso fosse possível, uma considerável massa de escravos mantinha em funcionamento a economia e a estrutura social dela dependente. A abolição da escravidão e a proclamação da República, no último quartel do século XIX, pouco alteraram um cenário profundamente marcado pela exclusão — cenário que persiste até hoje, tornando otimista a previsão do abolicionista Joaquim Nabuco, segundo a qual seriam necessários cem anos para dissolver entre nós a herança do trabalho escravo.

O Brasil, ao longo do século XX, lidou permanentemente com o autoritarismo, não restrito a períodos ditatoriais. Mesmo ao longo das experiências democráticas, o exercício da ação livre manteve-se como privilégio, expressão da desigualdade enraizada na sociedade brasileira.

A arte está duplamente ligada às desventuras da liberdade em terras brasileiras. Por um lado, representou uma alternativa de intervenção no campo de forças sociais; por outro, expressou, em suas formas e conteúdos, diversas facetas do embate do ser humano pela liberdade.

Pode-se rastrear a trilha desse duplo envolvimento entre arte e liberdade a partir das diversas linguagens artísticas; encontrar-se-iam dinâmicas particulares em cada campo. Linhas de força principais poderiam ser aqui identificadas, o que ajuda a abordar o tema de modo mais orientado. Seguindo a pista deixada pelas incursões filosóficas ao longo da história, pode-se notar que a arte brasileira oscilou entre expressões negativas e positivas da ideia de liberdade.

A filosofia ocidental dedicou esforços consideráveis para perscrutar o que seria a liberdade e em que medida ela se efetivaria ou não. Poderá ser útil localizar algumas definições notórias de liberdade a fim de permitir que os contrastes ganhem nitidez. O pensador inglês Thomas Hobbes, autor de *Leviatã*, clássico da filosofia política moderna, propõe uma definição mecânica de liberdade:

> Liberdade, ou independência, significa, em sentido próprio, a ausência de oposição (entendendo por oposição os impedimentos externos do movimento), e não se aplica menos às criaturas irracionais e inanimadas do que às racionais. [...] Um homem livre é aquele que, naquelas coisas que graças a sua força e engenho é capaz de fazer, não é impedido de fazer o que tem vontade de fazer[81].

*Leviatã*, considerado justificativa filosófica do absolutismo, sugere que a liberdade é algo a ser limitado, caso se deseje viver em sociedade. À necessidade civilizatória de restringir a ação livre corresponde uma

---

81 Thomas Hobbes, *Leviatã*, São Paulo: Martins Fontes, 2008, p. 179.

ideia negativa de liberdade e, principalmente, certa concepção de humanidade: homem como lobo do homem.

É em chave positiva que a liberdade reaparece em pensadores importantes do século XVIII, para os quais ela era termo de uma equação que incluía a razão. Kant e Rousseau convergem para a ideia de que o pensamento racional, se bem manejado, é premissa para a ação livre.

As barbaridades dos séculos XIX e XX, ao corroer as utopias da razão, aceleram formas de pensar que ora flertaram com certo niilismo, ora com a afasia. A liberdade deixa de significar o destino privilegiado da espécie humana; como fardo, aponta-nos o dedo inquisidor da responsabilidade.

Mais recentemente, manifesta-se a tendência esquizofrênica da pós-modernidade, como diagnosticou Fredric Jameson: o fenômeno da liberdade reaparece sob novas roupagens, se culturaliza, se mercantiliza, se profissionaliza. Está presente nas novas teorias do desenvolvimento, nas promessas da publicidade, nas experiências de mediação entre mundo e arte.

Seria possível aproximar esses modos de conceber a liberdade das dinâmicas da arte brasileira? Em outras palavras, faz sentido um olhar histórico sobre a arte brasileira à luz do tema da liberdade? E, mais importante: a arte nos ajuda a entender o mistério da ação livre? As conexões entre arte e liberdade guardam vasta literatura, e só fizeram se adensar com o passar dos séculos. A modernidade artística é, principalmente, uma questão de liberdade.

Falar sobre liberdade adquire feições distintas, de acordo com o contexto — o mesmo vale para a arte. As intersecções entre esses dois temas, tal como aconteceram no Brasil, não podem ignorar o fato central: a desigualdade crônica que marca nossa sociedade.

* * *

*Homo homini lupus*: o homem hobbesiano fez morada permanente na América Latina. A diferença é que essa condição não é corrigida com o surgimento do Estado; pelo contrário, ela tem sua expressão mais contundente precisamente nos Estados. A história das nações que compõem a América Latina é resultado de grotescos leviatãs, regimes políticos cuja destinação principal é manter a estrutura socioeconômica, cindida entre dominadores e dominados.

Extermínio de povos originários, escravidão e tráfico negreiro, exploração de mão de obra assalariada, longos períodos de ditadura, *apartheid* social acompanhado de violência urbana: o itinerário se repete em todos os países, do Chile ao México, do Brasil a Honduras. O que permanece é a dominação, em sua realidade física, política, cultural, psicológica.

O que significa, nesse contexto, falar em liberdade? A arte brasileira decidiu, ao longo do século XX, posicionar esse tema como questão central. Até a década de 1920, ser artista significava ser constrangido por pressões oriundas das convenções artísticas e da sociedade. A Semana de Arte Moderna, em 1922, é sinal de uma nova postura: o que aproximou escritores, artistas e músicos modernistas foi menos uma concordância estilística ou formal, e mais a desconfiança em relação às limitações do academicismo. As referências mobilizadas para ampliar o campo de ação, até então bastante restritivo, provinham tanto das experiências das vanguardas europeias, como também do imaginário folclórico-popular que era, ao mesmo tempo, descoberto e inventado.

Durante os momentos iniciais do modernismo brasileiro, nos anos 1920, as demandas de liberdade relacionavam-se principalmente com aspectos temáticos e formais inerentes à criação artística. Na década seguinte, entretanto, tal cenário se expande. O acirramento dos antagonismos políticos[82] e o agravamento das questões sociais, após a crise de 1929, pressionam os artistas a enfrentar, de modos variados, a complexidade do real.

O domínio das artes gráficas expressou, de modo potente, essa nova circunstância. Se considerarmos, por exemplo, a trajetória do gravador Lívio Abramo, perceberemos, com nitidez, a intersecção entre experimentação formal e engajamento político. Sua biografia registra aproximações com partidos de esquerda e com sindicatos, além de prisões políticas; suas xilogravuras deixaram-se impregnar por seu comprometimento, dando forma artística às mazelas do cotidiano operário. A atmosfera lúgubre dos trabalhos que Abramo, à época, produz nos remete à obra de outro importante mestre da gravura bra-

---

[82] A década de 1930 é repleta de tensões no campo político: em 1930, Getúlio Vargas toma o poder federal, interrompendo o período de hegemonia das elites paulista e mineira; em 1932, eclode a Revolução Constitucionalista, por meio da qual paulistas buscaram exigir de Vargas a implementação de uma Constituição — os revoltosos são militarmente derrotados, mas no ano seguinte são realizadas eleições para a Assembleia Constituinte; em 1935, o governo Vargas reprime, em diversos estados, rebeliões nas quais se destacavam lideranças comunistas e tenentistas; dois anos mais tarde, por meio de novo golpe de Estado, Vargas institui o Estado Novo.

sileira: Oswaldo Goeldi, cujas imagens impressionam pela mescla de densidade emocional e rigor estético.

A predileção de Goeldi e Abramo pela xilogravura não deve ser creditada ao acaso. A resistência que a madeira impõe à ação humana reforça a dimensão de *trabalho* que subjaz à intervenção do artista. Não se trata, aqui, de obras produzidas por um espírito desencarnado, pura inspiração, mas de um corpo inserido no mundo, cuja fisicalidade deixaria evidente seu parentesco com a realidade proletária. A xilogravura opera a denúncia da opressão ao mimetizar, em sua própria fatura, a materialidade com que se expressa a opressão.

As contradições de nosso contexto socioeconômico também motivaram parcela importante da obra de Candido Portinari, um dos artistas brasileiros de maior notoriedade no século xx. Se, na década de 1930, destacaram-se suas pinturas monumentais relacionadas ao tema do trabalho, os anos 1940 marcaram uma inflexão decisiva: as obras adquirem dramática expressividade, inspiradas pelo engajamento de Picasso[83], e apresentam uma visão desesperançada, cujo mote central é a opressão do homem pelo homem. São desse período as pinturas que compuseram a série *Retirantes*, nas quais o semiárido brasileiro é cenário para a fuga inglória de famílias, para a onipresença do sofrimento e da morte. É também na década de 1940 que Portinari elege-se, pelo Partido Comunista do Brasil, deputado federal, evidenciando a convergência entre vida e obra.

Outros artistas brasileiros se valeram de meios variados para desenhar trajetórias análogas, transformando suas obras num duplo libelo pela liberdade: contra uma noção restritiva de arte, contra a opressão cotidiana. Registre-se, nesse ponto, uma convergência não acidental com os *Retirantes* de Portinari — as duras paisagens do sertão funcionando como matéria-prima para a literatura brasileira, como ocorreu na inspirada prosa de Guimarães Rosa, Graciliano Ramos e Raquel de Queiroz.

Como se evidencia, a noção negativa de liberdade se impõe na medida em que a ação livre é tolhida por obstáculos políticos, econômicos, sociais — em geral, pela conjunção deles. É nesse sentido que se pode compreender o quadro tal qual ele se configurou nos anos 1960. A eclosão da ditadura civil-militar, em 1964, desorganiza a vida social brasi-

---

83  O exemplo mais eloquente de tal postura é *Guernica*, pintada por Picasso em 1937 como uma referência explícita ao bombardeio da cidade de mesmo nome pelas forças nacionalistas que apoiavam o general Francisco Franco.

leira; nessa agressão, comprime-se a mola da cultura. Ao se expandir, a arte brasileira desenha um leque de possibilidades: música, teatro, cinema, artes visuais.

O cinema novo insistiu na dupla noção de liberdade: experimentação formal, crítica social. Glauber Rocha, Nelson Pereira dos Santos e Ruy Guerra, entre outros, deram forma cinematográfica aos processos de dominação, ao mesmo tempo em que fundaram novos parâmetros de linguagem. A luz excessiva, sem filtros, extrapolava os limites cinematográficos e cegava o espectador: metáfora da seca inclemente que, associada ao descaso estatal, provoca o êxodo de milhões de nordestinos.

Não por acaso, o sertão nordestino é tema recorrente. Foi cantado por Nara Leão no show *Opinião*, dirigido por Augusto Boal, pouco após o golpe militar de 1964: "Em 1950, havia 2 milhões de nordestinos vivendo fora de seus estados: 10% da população do Ceará imigrou; 13% do Piauí, mais de 15% da Bahia, 17% de Alagoas. Carcará, pega, mata e come!"[84].

O espetáculo *Opinião*, produzido por integrantes do Teatro de Arena e do Centro Popular de Cultura da UNE, reuniu, além de Nara (substituída mais tarde por Maria Bethânia), João do Vale e Zé Kéti, marcando contundente oposição ao governo. A liberdade tinha um inimigo palpável, e a cultura brasileira se organizava em torno dessa luta.

No ano seguinte, o Teatro de Arena e o Grupo Opinião produzem o musical *Liberdade, liberdade*, de Millôr Fernandes e Flávio Rangel. O espetáculo reposiciona o debate sobre o tema da liberdade, calibrando-o ao novo estado de coisas pós-golpe. A estratégia agora era propor ao público uma autêntica imersão no assunto: quatro atores interpretavam dezenas de personagens supostamente históricos — de Sócrates a Abraham Lincoln, de Jesus Cristo a Winston Churchill — numa colagem de textos e músicas reunidos com o objetivo de sublinhar o valor inegociável da liberdade. O tom, em determinados momentos, é de escracho:

> Mas afinal, o que é a liberdade? Apesar de tudo o que já se disse e de tudo o que dissemos sobre a liberdade, muitos dos senhores ainda estão naturalmente convencidos que a liberdade não existe [...]. Mas eu lhes garanto que a liberdade existe. Não só existe, como é feita de concreto e cobre e tem cem metros de altura. A liberdade

---

84  Trecho disponível em: <https://youtu.be/Adf1xNSx7is>. Acesso em: 22 fev. 2016.

foi doada aos americanos pelos franceses em 1866 porque naquela época os franceses estavam cheios de liberdades e os americanos não tinham nenhuma[85].

Nesse quesito, a referência ao contexto nacional é explícita:

> [...] se o governo continuar permitindo que certos parlamentares falem em eleições; se o governo continuar deixando que certos jornais façam restrições à sua política financeira; se continuar deixando que alguns políticos mantenham suas candidaturas; se continuar permitindo que algumas pessoas pensem pela própria cabeça; [...] e se continuar permitindo espetáculos como este, com tudo que a gente já disse e ainda vai dizer — nós vamos acabar caindo numa democracia![86].

Mas a liberdade também é captada em suas inflexões mais tensas, como na citação do *Romanceiro da inconfidência*, poema de Cecília Meireles.

> Já são réus — pois se atreveram
> a falar em Liberdade.
> Liberdade, essa palavra
> que o sonho humano alimenta
> que não há ninguém que explique
> e ninguém que não entenda[87].

A potência artística de *Liberdade, liberdade* não se resume às referências temáticas, mas vive na forma que elas assumem: o encadeamento por meio de colagens, a incessante troca de papéis, a convergência música/texto e o uso sumário de elementos cênicos — em suma, a liberdade de repensar os padrões teatrais — oferecem novas possibilidades para a arte no país.

> TEREZA — Nara, você sabia que a liberdade de um povo se mede pela sua capacidade de rir?

---

85 Flávio Rangel; Millôr Fernandes, *Liberdade, liberdade*. Disponível em: <www.encontrosdedramaturgia.com.br/wp-content/uploads/2010/10/Mill%C3%B4r-Fernandes-LIBERDADE-LIBERDADE.pdf>. Acesso em: 22 fev. 2016.
86 *Ibidem*.
87 *Ibidem*.

NARA (*Para a plateia*) — Portanto, vocês agora devem rir bastante, que é para parecerem bem livres[88].

Ousadia política e artística: após a encenação de 1965, com Paulo Autran, Tereza Rachel, Nara Leão e Oduvaldo Vianna Filho, *Liberdade, liberdade* transborda. Em 1965, a exposição *Opinião 65* leva o debate em torno da privação de liberdade para as artes visuais. Ocupando o Museu de Arte Moderna do Rio de Janeiro, a mostra organizou-se em torno das novas figurações, tendo uma segunda edição no ano seguinte. Após uma década de hegemonia da abstração geométrica, a arte sente a urgência de se referir explicitamente ao mundo.

O Ato Institucional nº 5[89], decretado em fins de 1968, interrompe essa cadência; em seu lugar, intensificam-se os exílios. Uma crescente impressão de vazio passa a ser a tradução do panorama cultural. O tema da liberdade torna-se rarefeito, resultado da truculência crescente do regime militar.

\* \* \*

A liberdade em sinal positivo: na arte brasileira, ela se afastou de uma abordagem racionalista para localizar a ação livre no corpo. Oswald de Andrade é o precursor dessa disposição, a partir de seu "Manifesto Antropófago", em 1928: a metáfora canibal concentrou no estômago a sugestão de aproveitar influências estrangeiras. A potência cultural brasileira, a partir de então, deixava de ser medida segundo a escala europeia e passava a enxergar nas raízes indígenas e negras novas possibilidades expressivas.

Nas décadas seguintes, ganha consistência a ideia de que o elemento diferencial do brasileiro residia em sua relação com o corpo. Considerado como o polo negativo de uma estrutura binária que privi-

---

88   *Ibidem*, p. 53.

89   Considerado o ponto de inflexão a partir do qual a ditadura militar brasileira tornou-se ainda mais violenta e essencialmente arbitrária, o AI-5 decretou o fechamento do Congresso Nacional, das Assembleias Legislativas e das Câmaras de Vereadores; estendeu os poderes do Executivo federal; previu a possibilidade de suspensão dos direitos políticos de qualquer cidadão que fosse considerado ameaça à segurança nacional; permitiu a intervenção federal em estados e municípios; suspendeu a garantia de *habeas corpus*, nos casos de crimes políticos "contra a segurança nacional, a ordem econômica e social e a economia popular"; previu expedientes como liberdade vigiada, proibição de frequentar determinados lugares e domicílio determinado.

legia a alma (na doutrina cristã) ou a mente (segundo os racionalistas), o corpo reaparece em terras brasileiras como promessa de criatividade e libertação.

Suas manifestações mais potentes ocorreram nas convergências entre música e dança, repercutindo inclusive naquelas que foram consideradas as expressões da identidade nacional: o Carnaval e o futebol. Cultivou-se, ao longo do século xx, a imagem de um povo liberto das amarras típicas da civilização ocidental, que desenharia, em gestos e coreografias, formas renovadas de pensamento, distantes dos preceitos cartesianos. Compreende-se, a partir daí, a importância da arte na constituição da cultura nacional, bem como sua suposta permeabilidade a elementos oriundos dos três troncos formadores: branco, negro, indígena.

Todavia, vale investigar com cautela a ideia da libertação por meio do corpo. Ao mesmo tempo em que alivia o peso da tradição europeia, imperativa até o início do século xx, a ênfase da cultura e arte brasileiras na dimensão corporal também suscitou a emergência de estereótipos que pouco colaboram para o desenvolvimento efetivo de suas populações.

Além disso, esconde-se por trás de certa ideologia brasileira a ignorância, voluntária ou não, das graves assimetrias sociais que regem a relação entre as heranças brancas, negras e indígenas. Trata-se de uma perigosa manobra retórica, segundo a qual bastaria elogiar a saudável liberdade corporal de brasileiros e brasileiras, a se expressar em festividades, eventos esportivos ou nas relações sociais, para que condicionantes socioeconômicas perdessem seu peso e para que se instaurasse uma espécie de democracia natural. Atualmente, reconhece-se com mais clarividência os prejuízos que emergem de tais raciocínios.

* * *

Há algo de incompleto no processo civilizatório nacional, que se expressa, por exemplo, na negação do espaço público. Esse traço ganhou materialidade nas variadas linguagens artísticas, por meio de signos que denotam o oposto dessa dimensão pública: é o caso das referências à intimidade, à reclusão, a estados inconscientes ou psicologicamente perturbados. Considere-se a obra de Nelson Rodrigues, um dos grandes dramaturgos brasileiros, cujas peças baseiam-se confessadamente em memórias urbanas, em especial ligadas à Zona Norte carioca. A partir desse imaginário, criou personagens pressionados por diversos níveis de coerção, nos quais aspectos morais e socioeconômicos convergem.

As 17 peças escritas por Rodrigues entre 1941 e 1978 formam um conjunto coeso; elementos que se repetem obsessivamente são rearranjados de modo original em cada peça. Há, todavia, uma estrutura básica, organizada em duas camadas. A primeira delas — superficial — refere-se às relações sociais, nas quais o componente familiar é fundamental. Os laços entre parentes constituem forças motrizes das tramas, apoiadas não raro em agregados: vizinhos, amantes, empregados, patrões. Em alguns casos, o ambiente doméstico surge enquadrado num tecido social mais amplo, comprimido por outras instituições, como a Igreja, a polícia, a mídia e a contravenção.

Contraposta a essa dimensão social-familiar, subjaz a camada do desejo. Ambas encontram-se em permanente litígio: aquela frustra a efetivação desta. A estrutura opressiva, representada pela família e por instituições sociais, impede que os personagens encaminhem com autonomia seus projetos e desejos.

A importância dada à estrutura familiar[90] é compreensível. Diversas vezes apontou-se a interpenetração das esferas pública e privada no país a partir de uma contaminação dos interesses particulares em relação ao espaço público. Mas, em Rodrigues, a família é uma instituição às raias do esgarçamento: "Toda família tem um momento, um momento em que começa a apodrecer. Percebeu? Pode ser a família mais decente, mais digna do mundo"[91].

Sob elementos de coerção/coesão — medo, pudor, fidelidade, castidade — há um mar de sentimentos em estado de latência, que eclodem em cena. O ódio entre parentes, alimentado por longeva simulação, alcança a linguagem. É nesse instante que algo parecido com uma libertação ganha forma. Em raras situações, tal libertação é efetiva: a esposa Lídia, que abandona o marido ciumento no desfecho de *Uma mulher sem pecado*; o casal Edgard e Ritinha, de *Bonitinha, mas ordinária*, abdicando do dinheiro do Dr. Werneck para começar nova vida:

RITINHA — Olha o sol!
EDGARD — O sol! Eu não sabia que o sol era assim![92].

---

90 Conforme Edmundo confessa à sua mãe em *Álbum de família*: "Mãe, às vezes eu sinto como se o mundo estivesse vazio e ninguém mais existisse, a não ser nós, quer dizer, você, papai, eu e meus irmãos. Como se a nossa família fosse a única e primeira". Nelson Rodrigues, *op. cit.*, v. 1: *Peças psicológicas*, p. 102.

91 Nelson Rodrigues, "Bonitinha, mas ordinária", *op. cit.*, v. 4: *Tragédias cariocas II*, p. 295.

92 *Ibidem*, p. 326.

Mais comum, entretanto, são formas trágicas de libertação: loucura e morte. Os loucos rodriguianos, à custa de traumas passados, vivem em mundos sem moralidade. É o caso do filho "possesso" Nonô, de *Álbum de família*, da Tia Odete, em *Perdoa-me por me traíres*, e da Dona Berta, de *Bonitinha, mas ordinária*.

Há ainda a liberdade buscada por meio da morte. "Quando minhas irmãs casarem. E minha mãe morrer. Então, sim. Aí eu estarei livre. E vou me matar. Ah, vou!"[93] O tópico é recorrente em Nelson Rodrigues; suicídios e pactos de morte entre amantes proibidos estão entre suas obsessões, e surgem como a liberdade possível numa situação de completa opressão.

A liberdade implica a negação do mundo: loucura e morte. É como se a busca pela liberdade não fosse possível no cenário real das ações humanas, uma vez que esse cenário, no caso brasileiro, não se estabelecera de modo assertivo: é um arremedo de vida civil, de modernidade, de espaço público. A saída está em movimentos de interiorização. Fenômeno análogo pode ser observado em outras expressões da arte brasileira, como é o caso das obras dos principais artistas neoconcretos: Lygia Clark e Hélio Oiticica.

O tema da interioridade é eixo fundamental do neoconcretismo. Os *casulos*, criados por Lygia Clark em fins da década de 1950, parecem conquistar a tridimensionalidade com relutância, preservando zonas de intimidade que se tornariam uma constante em seu trabalho. Daí o interesse crescente, nos anos que se seguem, pelas possibilidades de atuação dos objetos sobre as instâncias mais íntimas do público, tornado então participante da obra. O desdobramento natural desse itinerário é a transição da Lygia Clark-artista para a Lygia Clark-terapeuta.

Hélio Oiticica fez caminho análogo. Quando suas pinturas dão origem a experimentações espaciais, os espaços internos são privilegiados: relevos escultóricos que aprisionam cores, caixas que escondem materiais diversos, roupas que encapsulam corpos, ambientes a serem penetrados. O que significariam tais dinâmicas de interiorização, senão uma posição tomada em face de um tecido político-social fugidio, refratário a intervenções efetivas?

Importa, para além desses questionamentos, salientar o protagonismo do tema da liberdade no cotidiano de artistas brasileiros, há décadas,

---

93   *Ibidem*, p. 320.

nas mais variadas expressões artísticas. Localizada no inconsciente ou à flor da pele, no espaço público a ser conquistado ou na intimidade a ser preservada, a liberdade manteve-se como pergunta sem resposta, capaz de mobilizar energias plurais e suscitar valiosas criações.

* * *

A aventura humana na contemporaneidade tende à mundialização. Valores, desejos, modos de pensar tendem a se diferenciar cada vez menos. Cidades separadas por milhares de quilômetros exibem cenários assemelhados; generalizam-se fluxos de pessoas, mercadorias, informações e capital. Como pensar o tema da liberdade num contexto como esse? Faria sentido indagar sobre os modos de manifestação da liberdade no contexto brasileiro?

Anteriormente, comentamos as conexões importantes entre arte e liberdade, seja como interesse temático, seja como *modus operandi*. O advento da globalização alterou, ao menos em parte, os termos dessa equação. O primeiro aspecto a se levar em conta diz respeito às feições que o capitalismo internacional assumiu nas últimas décadas. Parece não mais haver fronteiras nas quais o capital não possa penetrar, trazendo consigo os interesses de grupos multinacionais e promessas de felicidade imediata. O desenvolvimento acelerado de meios de comunicação viabilizou movimentos quase instantâneos de investimentos pelo globo, corroendo a capacidade das nações de fazer face aos interesses privados.

Traço importante desse processo é a notável confluência entre as agendas da cultura e da economia. Bens culturais tornam-se mercadorias fetiche da atualidade. O turismo associa-se a atrativos da cultura para atrair contingentes cada vez maiores rumo a destinos anteriormente pouco visitados. E, principalmente, o consumo convencional se culturaliza: adquirir um produto significa, cada vez menos, tirar proveito de suas funcionalidades; trata-se, mais e mais, de consumir um estilo de vida, uma experiência, uma sensação de pertencer a determinados circuitos sociais.

Como a arte produzida em países economicamente periféricos — caso do Brasil e dos demais países latino-americanos — se movimenta num tal contexto? Ainda faria sentido afirmar, acompanhando o cineasta Jean-Luc Godard, que a cultura é a regra, enquanto a arte é a exceção?

O terreno da música pode sugerir algumas pistas. Ao longo do século XX, os brasileiros encontraram na linguagem musical um ambiente fértil para intervenções potentes, capazes de propor novas formas rítmicas, harmônicas e melódicas, bem como de comentar o mundo ao seu redor — daí, o reconhecimento internacional da música brasileira e um inegável orgulho nacional.

Se nos ativermos aos exemplos mais exuberantes, não é difícil compreender os motivos desse reconhecimento. Seu traço distintivo, em meio a tanta diversidade, reside nas relações complexas entre cultura erudita e popular, entre cultura de massa e vanguarda, que se manifestaram em momentos diversos, da música de Villa-Lobos à bossa nova, do samba (em suas diversas manifestações) à tropicália.

Entretanto, as últimas décadas abalaram, em certa medida, tal orgulho. Sintoma dessa crise é o debate sobre a decadência ou não da música aqui produzida, opondo, de um lado, comentaristas que lamentam um passado glorioso e, de outro, aqueles que alegam que novas condições socioculturais deram origem a formatos musicais inesperados, mais populares e aderentes às lógicas comerciais.

Uma impressão subjaz a esse debate: o interesse de músicos pelo tema da liberdade perdeu, de certa forma, espaço. A inventividade formal cede lugar à reciclagem de estímulos sonoros; a ideia de engajamento social da música se enfraquece, se comparada ao que ocorreu nas décadas de 1960 e 1970. Quando a música brasileira mobiliza a ideia de liberdade, seu foco é o arbítrio individual, a possibilidade de mudar de vida, de amor, de carro.

Situação análoga habita outros domínios: artes visuais, artes cênicas, literatura. Como ocorre nas demais esferas da vida, a arte encontra-se, nos dias que correm, num momento crucial, no qual certezas lentamente sedimentadas são colocadas em xeque pelas mudanças tecnológicas, pela emergência de novas vozes, pelas seguidas crises políticas e econômicas, pela ameaça do colapso ambiental.

É possível que novos parâmetros estéticos brotem de um panorama tão incerto: o ocaso da ideia de autoria convive com o inelutável culto a celebridades; a noção de criação é invadida por estratégias de mixagem, reapropriação, colagem, que confundem critérios de originalidade e cópia; a mescla entre cultura erudita, culturas populares e cultura de massa tornou-se inegável, embaralhando juízos sobre qualidade em arte.

Residiriam aí novas formas da relação entre arte e liberdade? No desprezo de regras de conduta estética previamente estabelecidas, no crescimento de trabalhos colaborativos e coletivos, na aproximação às vertentes documentais que, por vezes, se confundem com jornalismo ou ciências sociais?

É justo apontar que a centralidade da cultura na contemporaneidade, aproximando interesse culturais e comerciais, tem desdobramentos que tocam diretamente o temário da liberdade. Trata-se da renovação do conceito de desenvolvimento, à luz da inegável derrocada da noção puramente econômica que marcou as discussões sobre desenvolvimento ao longo dos últimos séculos.

É sintomático que pensadores oriundos de países fora do eixo Europa-Estados Unidos tenham ajudado a renovar o conceito de desenvolvimento. É notória a contribuição do economista indiano Amartya Sen, que atrela tal conceito ao imperativo da liberdade, seja como índice, seja como catalisador de processos de desenvolvimento.

O Brasil colaborou nessa apreciação crítica, notadamente por meio da figura de Celso Furtado, intelectual e economista cuja presença no debate público nacional fez-se notar em diversas instâncias: na formulação de políticas econômicas, em suas reflexões sobre desenvolvimento, na criação da Superintendência do Desenvolvimento do Nordeste, no estabelecimento de políticas públicas de cultura. Dentre suas contribuições, destaca-se a percepção de que a criatividade é pressuposto para o desenvolvimento: a distribuição desigual das possibilidades de trabalho criativo reforça a desigualdade histórica entre países. Isso vale para ciência e tecnologia, assim como para cultura e arte. Na convergência dos pensamentos de Amartya Sen e Celso Furtado, arte e liberdade se reencontram, sob o signo do desenvolvimento.

Os flertes entre liberdade e arte, que legaram metamorfoses estéticas e desdobramentos sociais fundamentais para compreender o século XX, ajudam a decifrar a circunstância brasileira: seus sistemas de dominação, seus paradoxos, suas vozes de resistência. As primeiras décadas do século XXI reposicionam as relações entre arte e mundo, esvaecendo fronteiras entre manifestações, entre hierarquias, entre regiões e países.

Testemunho do malogro das concepções tradicionais de desenvolvimento é o mundo, tal qual o experimentamos atualmente: os desafios da desigualdade e da animosidade entre nações não foram equacionados. A arte acompanhou *pari passu* tais desventuras, dentro e fora do Brasil. Cabe investigar quais possibilidades, criadas a partir de noções renovadas de desenvolvimento, irão se tornar efetivas e influenciar, de fato, no cotidiano de pessoas e coletividades.

Dos fins

Seria a mesma coisa a hierarquização dos fins e a diferença entre fins e meios? Ou seja, não haveria apenas *uma* finalidade suprema, que converteria todas as demais em mediações para ela? Aprofundar essas questões significa não se contentar com abstrações. As sociedades humanas interrogam-se, há tempos, acerca da possibilidade de um mundo de finalidades, enquanto se enroscam nas tramas dos meios.

Considere-se a proposição: a liberdade é um fim em si. Sua significação parece nos escapar, já que a afirmação sugere o problema da razão de ser das coisas — e nem sabemos se, de fato, há um problema. As variadas roupagens que os debates em torno da liberdade assumiram ao longo da história colaboraram para tornar as coisas menos nítidas. Afinal, despendeu-se muita energia na descrição e no combate daquilo que, em cada contexto, restringiu a liberdade dos indivíduos: regimes políticos, guerras, desigualdade de oportunidades, hábitos culturais. Daí a dificuldade em distinguir se buscamos a liberdade, algo que permanentemente nos escapa, ou se concebemos a liberdade como condição necessária para atingir outras instâncias.

Mas o que seriam essas instâncias? Uma saída seria nominar a finalidade — ou, em jargão filosófico, o *télos*. Nesse sentido, valeria dizer, por exemplo, que a liberdade permite a busca de um fim chamado *felicidade*, ou que a ação livre viabiliza a finalidade denominada *desenvolvimento humano*. Esse tipo de reflexão não raro habita o cotidiano de filósofos e artistas, desconfiados da regressão ao infinito que, de mediação em mediação, nos afasta perpetuamente de um termo.

Mas o que temos em mente ao utilizar expressões tão ambíguas como desenvolvimento humano ou felicidade? Seria possível encontrar sentidos consensuais para tais noções, que garantissem pontos de contato entre as subjetividades e que viabilizassem diálogos efetivos sobre o futuro?

A aventura iluminista buscou, no século XVIII, estabelecer tal horizonte de convergência. O *télos* humano significaria, para os iluministas, o domínio completo do mundo, obtido por meio do conhecimento racional, apto, enfim, a decifrar as camadas de mistério sob as quais a natureza se insinua. Tal domínio se efetivaria pela acumulação progressiva de saberes, baseada em fundamentos válidos para toda a humanidade.

O que sustentaria tal equação seria um jogo de equivalências: o conhecimento humano estaria apto a compreender a linguagem da natureza, pois algo de íntimo uniria homem e mundo; a racionalidade seria uma faculdade cujas características, estáveis, estariam presentes em todos os indivíduos (caso se desconsidere o eurocentrismo e racismo predominantes na Europa, no século XVIII); e a aventura da razão conduziria a um destino inexorável, no qual liberdade, felicidade e controle do mundo coincidiriam.

A crônica de nossos dias é um emaranhado de relatos que narram o desmonte desse sistema de equivalências, ou seja, da base iluminista; argumentar a favor desse sistema tornou-se uma tarefa nebulosa. A impressão de fragmentação e desencaixe ganhou força; outras vozes se impuseram e mostraram-se desinteressadas de reflexões universalizantes. Na atual circunstância, sustentar uma finalidade comum à humanidade tornou-se artigo de fé.

Não causa espanto, assim, a proliferação de crenças, a despeito do propalado desencantamento do mundo. A originalidade contemporânea é justapor crenças laicas e religiosas; é assim que se poderia interpretar a idolatria do consumo, moto-contínuo de desejo e frustração que promete aquilo que o Iluminismo não logrou dar.

Mas, ao surgir como derradeira narrativa universal, o consumismo acaba alimentando explicações de mundo que se apresentam como seus antípodas, ligados ao fortalecimento de religiões globais, ou alinhados a movimentos ecologistas. Cada uma dessas interpretações sugere um leque específico de fins e busca arregimentar adeptos por meio de argumentações inconciliáveis entre si.

A falta de convergência em torno de valores universais causaria dificuldades para a própria ideia de direitos humanos. Afinal, em torno de quais pontos inegociáveis a comunidade internacional poderia se organizar e oferecer estratégias de defesa para contingentes crescentes de pessoas e grupos vulneráveis?

Talvez um encaminhamento possível seja considerar a sugestão dada pela noção de dignidade humana. Expressa, diversas vezes, tanto na Declaração Universal dos Direitos Humanos, como também na Declaração de Friburgo sobre os direitos culturais, essa noção aparece como limite último, aquilo que dá termo aos desdobramentos: o inegociável. Funciona inclusive como argumento que nos adverte sobre a necessária articulação dos direitos culturais com os demais direitos humanos.

Porém, retorna-se ao problema da nominação: a noção de dignidade humana padeceria da imprecisão análoga àquela identificada em conceitos pouco precisos como felicidade e desenvolvimento humano? Nesse caso, a dignidade consistiria numa categoria cuja disseminação teria ocorrido a despeito de seu limitado poder de descrição. E retornaríamos à mesma situação: o ser humano estabelecendo meios variados — ampliação da liberdade, incremento dos processos educativos, respeito ao diverso, relação sustentável com o ambiente — para atingir um fim abstrato, que documentos internacionais decidiram denominar *dignidade humana*.

Cabe apontar que alguns pensadores, buscando enfrentar tal questão, chegaram a interessantes formulações: a dignidade corresponderia a um traço de distinção em relação aos demais seres[94]. De acordo com esse traço, o ser humano deve ser sempre entendido e tratado como fim em si, ou seja, jamais poderia ser considerado meio para outros fins. É nesse sentido que a humanidade tem valor, mas não tem preço.

Mauro Maldonato investiga aspectos da condição humana tendo como bússola a noção de dignidade humana. Os temas dos quais ele se aproxima são, desse modo, pressupostos para essa finalidade. É nesse sentido que caberia investigar, permanentemente, o que se entende por liberdade, por educação e por alteridade, entre outros temas. Somente o exame atento desses conceitos nos levaria a considerar o fim do qual não se pode escapar: o ser humano, sujeito inalienável de direitos.

Colocado em segundo plano, o debate sobre as finalidades humanas torna-se área pouco povoada, pronta para ser colonizada por interesses diversos. Recolocar essa questão na ordem do dia adquire alcance inusitado, num momento histórico em que o campo da cultura ocupa inédita centralidade. Sintomático, embora possivelmente paradoxal, que tal centralidade venha acompanhada de certa instrumentalização do campo cultural, cada vez mais entendido como meio ou recurso para políticas de desenvolvimento econômico ou requalificação urbanística.

Expressão essencial de humanidade, a cultura está presente em todas as esferas da ação de homens e mulheres. Como possível testemunho da dignidade humana, deve se configurar como finalidade, não como recurso. O fetiche contemporâneo pelas intermediações prefere escamotear essa situação, para não ter de se responsabilizar pela gravidade das perguntas que ela — a cultura — coloca.

---

94 Entre tais pensadores, há aqueles que chegaram a essa constatação por meio de argumentações de cunho religioso, segundo as quais a dignidade do homem dependeria da graça divina — é o caso, entre tantos, de Tomás de Aquino e Blaise Pascal; há, por outro lado, filósofos que se valeram da faculdade da razão para concluir, qual um teorema, pelo estatuto diferenciado do ser humano — o exemplo mais eloquente nos é fornecido pela ética segundo Kant.

# BIBLIOGRAFIA

ADORNO, Theodor W. "L'educazione dopo Auschwitz". *Parole chiave. Modelli critici.* Milano: Sugarco Edizioni, 1974.
ADORNO, Theodor; HORKHEIMER, Max. *Dialética do esclarecimento.* São Paulo: Jorge Zahar, 2011.
AGOSTINO D'IPPONA (SANTO). *Confessioni.* Milano: Bompiani, 2012.
ALIGHIERI, Dante. *A divina comédia.* Trad. Italo Eugênio Mauro. São Paulo: Editora 34, 2010.
AMARAL, Aracy (org.). *Arte construtiva no Brasil.* Coleção Adolpho Leirner. São Paulo: Melhoramentos/DBA Artes Gráficas, 1998.
AMARAL, Tarsila do. "Pintura pau-brasil e antropofagia". *Revista Anual do Salão de Maio.* São Paulo: 1939, n. 1.
ANDERS, Günther. *Noi figli di Eichmann: lettera aperta a Klaus Eichmann.* Firenze: La Giuntina, 1995 [1988].
ANDRADE, Oswald. "Manifesto antropófago". *Revista de Antropofagia.* São Paulo: 1928, n. 1.
ARANTES, Otília Beatriz Fiori; ARANTES, Paulo Eduardo. *Um ponto cego no projeto moderno de Jürgen Habermas.* São Paulo: Brasiliense, 1992.
ARAÚJO, Ricardo Benzaquen de. *Guerra e paz: Casa-grande & senzala e a obra de Gilberto Freyre nos anos 30.* São Paulo: Editora 34, 1994.
ARENDT, Hannah. *Il futuro alle spalle.* Bologna: Il Mulino, 1981.
\_\_\_\_\_. *La banalità del male. Eichmann a Gerusalemme.* Milano: Feltrinelli, 1964.
\_\_\_\_\_. *Le origini del totalitarismo.* Milano: Edizioni di Comunità, 1996.
\_\_\_\_\_. *Sulla violenza.* Milano: Mondadori, 1971 [1970].
\_\_\_\_\_. *The Human Condition.* Chicago: University of Chicago Press, 1958.
\_\_\_\_\_. *The Origins of Totalitarianism.* New York: Harcourt, Brace and Co., 1951.
\_\_\_\_\_. *Vita activa.* Milano: Bompiani, 1991.
ARIÈS, Phillipe. *Padri e figli nell'Europa medioevale e moderna.* Roma-Bari: Laterza, 1981.
ARON, Raymond. *Introduction à la philosophie de l'histoire: essai sur les limites de l'objectivité historique.* Paris: Gallimard, 1986.
\_\_\_\_\_. *Le tappe del pensiero sociologico: Montesquieu, Comte, Marx, Tocqueville, Durkheim, Pareto, Weber.* Milano: Mondadori, 1972.

BASTIAT, Fédéric. *La legge.* Treviglio: Leonardo Facco Editore, 2001 [1850].
BATESON, Gregory. *Verso un'ecologia della mente.* Milano: Adelphi, 1976.
BENJAMIN, Walter. "Passagen", in: TIEDEMANN, Rolf. *Studien zur philosophie Walter Benjamins.* Frankfurt: Suhrkamp, 1973.
\_\_\_\_\_. "Tesi di filosofia della storia". *Angelus Novus.* Torino: Einaudi, 1962.
\_\_\_\_\_. *Infanzia berlinese.* Torino: Einaudi, 2007.
\_\_\_\_\_. *L'opera d'arte nell'epoca della sua riproducibilità técnica.* Torino: Einaudi, 1966.
BENOIST, Alain de et al. *Razzismo e antirazzismo.* Firenze: La Roccia di Erec, 1992.
BENOIST, Jocelyn; MERLINI, Fabio (org.). *Après la fin de l'histoire. Temps, monde, historicité.* Paris: Vrin, 1998.
BERDJAEV, Nikolaj A. *Il senso della storia: saggio di una filosofia del destino umano.* Milano: Jaca Book, 1971.

BERGSON, Henri. *L'evoluzione creatrice*. Milano: Cortina, 2002.
\_\_\_\_. *Saggio sui dati immediati della coscienza*. Milano: Cortina, 2002.
BERLIN, Isaiah. *Four Essays on Liberty*. Oxford: Oxford University Press, 1969.
BERTALANFFY, Ludwig von. *Teoria generale dei sistemi: fondamenti, sviluppo, applicazioni*. Milano: Mondadori, 1983.
BOAL, Augusto. *Teatro do Oprimido e outras poéticas políticas*. Rio de Janeiro: Civilização Brasileira, 2005.
BODEI, Remo. *Se la storia ha un senso*. Bergamo: Moretti & Vitali, 1997.
BOURDIEU, Pierre. *A distinção: crítica social do julgamento*. São Paulo: Zouk, 2013.
BRUNNER, Otto; CONZE, Werner; KOSELLECK, Reinhart. *Geschichtliche Grundbegriffe: historisches Lexikon zur politisch-sozialen Sprache in Deutschland*. Stuttgart: E. Klett, 1997 [1972].
BUBER, Martin. *Il principio dialógico*. Milano: Edizioni di Comunità, 1958.
\_\_\_\_. *Mosè*. Casale Monferrato: Marietti, 1983.
\_\_\_\_. *Sette discorsi sull'ebraismo*. Firenze: Israel Società Tipografico Editoriale, 1923.
BUCHANAN, James M. "Public Choice: The Origins and Development of a Research Program". *Center for Study of Public Choice*. Virginia: George Mason University, 2003.
BURCKHARDT, Jacob. *Meditazioni sulla storia universale*. Firenze: G. C. Sansoni, 1985.
BURKE, Edmund. *A Vindication of Natural Society*. Indianapolis: Liberty Classics, 1982.

CACCIARI, Massimo. *Geofilosofia dell'Europa*. Milano: Adelphi, 2003.
\_\_\_\_. *Il potere che frena*. Milano: Adelphi, 2013.
\_\_\_\_. *L'Arcipelago*. Milano: Adelphi, 1997.
\_\_\_\_. *La città*. Firenze: Pazzini, 2009.
CAMUS, Albert. *Il mito di Sisifo*. Milano: Bompiani, 2013.
\_\_\_\_. *L'uomo in rivolta*. Milano: Bompiani, 1998.
\_\_\_\_. *La peste*. Milano: Bompiani, 2013.
CANDIDO, Antonio. "Dialética da malandragem: caracterização das *Memórias de um sargento de milicias*". *Revista do Instituto de Estudos Brasileiros*, USP. São Paulo: 1970, n. 8.
CASTRO, Eduardo Viveiros de. "Perspectivismo e multinaturalismo na América Indígena". *A inconstância da alma selvagem*, São Paulo: Cosac Naify, 2013.
CHAUI, Marilena. *Brasil — Mito fundador e sociedade autoritária*. São Paulo: Perseu Abramo, 2000.
CHIAROMONTE, Nicola. *Silenzio e parole: scritti filosofici e letterari*. Milano: Rizzoli, 1998.
CITATI, Pietro. *Kafka, viaggio nelle profondità di un'anima*. Milano: Rizzoli, 1992.
CLAUSEWITZ, Carl von. *Vom Kriege: hinterlassenes Werk: ungekürzter Text*. Berlin: Ullstein, 1998.
CONSTANT, Benjamin. *La libertà degli antichi, paragonata a quella dei moderni*. Torino: Einaudi, 2001.
CROCE, Benedetto. *Teoria e storia della storiografia*. Bari: Laterza, 1966.

DÁVILA, Nicolás Gómez. *In margine a un testo implícito*. Milano: Adelphi, 2001.
DELEUZE, Gilles. "Pensiero nomade", in: *Divenire molteplice: saggi su Nietzsche e Foucault*. Verona: Ombre Corte, 1996.
\_\_\_\_. *Logica del senso*. Milano: Feltrinelli, 1979.
DERRIDA, Jacques. *La scritturu e la differenza*. Torino: Einaudi, 1982.
DICEY, Albert Venn. *Introduction to the Study of the Law of the Constitution*. London; New York: Macmillan, 1889.
DILTHEY, Wilhelm. *Ermeneutica e religione*. Milano: Rusconi, 1992.
DUMMETT, Michael A. E. *Truth and the Past*. New York: Columbia University Press, 2004.

EHRENBURG, Ilya; GROSSMAN, Vassili. *The complete black book of Russian Jewry*. New Brunswick, NJ: Transaction Publishers, 2002.
EIBL-EIBESFELDT, Irenäus. *Etologia della guerra*. Torino: Bollati Boringhieri, 1983 [1975].
EINSTEIN, Albert. *Pensieri degli anni difficili*. Torino: Bollati Boringhieri, 1965.
ESPOSITO, Roberto. *Immunitas. Protezione e negazione della vita*. Torino: Einaudi, 2002.
EAORO, Raymundo. *Os donos do poder: formação do patronato político brasileiro*. São Paulo: Globo, 2001.

FERNANDES, Millôr; RANGEL, Flávio. *Liberdade, liberdade*. Disponível em <www.encontrosdedramaturgia.com.br/wp-content/uploads/2010/10/Mill%C3%B4r-Fernandes-LIBERDADE-LIBERDADE.pdf>. Acesso em 13 abr. 2016

FEYERABEND, Paul. *Science in a Free Society*. London: NLB, 1978.

FIORI, Ernani Maria. "Aprender a dizer a sua palavra". Em: FREIRE, Paulo. *Pedagogia do oprimido*. Rio de Janeiro: Paz e Terra, 1987.

FOERSTER, Heinz von. *Sistemi che osservano*. Roma: Astrolabio, 1987.

FREUD, Sigmund. *Considerazioni attuali sulla guerra e sulla morte e scritti: 1915-1918*. Roma: Newton Compton, 1976.

FREIRE, Paulo. *Pedagogia do oprimido*. Rio de Janeiro: Paz e Terra, 1987.

_____. *Educação como prática da liberdade*. Rio de Janeiro: Paz e Terra, 1967.

FREYRE, Gilberto. *Casa-grande & senzala*. São Paulo: Global, 2006.

FREUND, Julien. *Il terzo il nemico il conflitto*. Milano: Giuffrè, 1995.

FRIEDRICH, Carl J.; BRZEZINSKI, Zbigniew. *Totalitarian Dictatorship and Autocracy*. Cambridge: Harvard University Press, 1956.

FUKUYAMA Francis, *La fine della storia e l'ultimo uomo*, Milano: Rizzoli, 1992. Ed. bras.: *O fim da história e o último homem*, Rio de Janeiro: Rocco, 1992.

FURET, François. *Il passato di un'illusione. L'idea comunista nel xx secolo*. Milano: Arnaldo Mondadori Editore, 1995.

FUSINI, Nadia. *Di vita si muore: lo spettacolo delle passioni del teatro di Shakespeare*. Milano: Mondadori, 2010.

GADAMER, Hans Georg. *Verità e metodo*. Milano: Bompiani, 2000.

GALLI, Carlo. "Presentazione", in: TALMON, Jacob Leib. *Le origini della democrazia totalitária*. Bologna: Il Mulino, 2000 [1952].

GEHLEN, Arnold. *Antropologia filosofica e teoria dell'azione*. Napoli: Guida, 1983.

GÖDEL, Kurt. *Opere: vol. 1, 1929-1936*. Torino: Bollati Boringhieri, 1999.

GODWIN, William. *Enquiry Concerning Political Justice, and Its Influence on Modern Morals and Happiness*. Harmondsworth; Baltimore: Penguin, 1976 [1793].

GOLDHAGEN, Daniel Jonah. *I volonterosi carnefici di Hitler: I tedeschi comuni e l'Olocausto*. Milano: Mondadori, 1997 [1996].

_____. *Peggio della guerra: lo sterminio di massa nella storia dell'umanità*. Milano: Mondadori, 2010.

GORENDER, Jacob. *O escravismo colonial*. São Paulo: Perseu Abramo, 2011.

GROSSMAN, Vassili. *Tutto scorre*. Milano: Adelphi, 2010.

_____. *Vita e destino*. Milano: Adelphi, 2008.

GROTIUS, Hugo. *Il diritto della guerra e della pace: Prolegomeni e Libro primo*. Padova: CEDAM, 2010.

GULLAR, Ferreira. "Manifesto Neoconcreto". *Jornal do Brasil*. Rio de Janeiro: Suplemento Dominical, 23 mar. 1959.

HABERMAS, Jürgen. *L'inclusione dell'altro: studi di teoria política*. Milano: Feltrinelli, 1998.

HEGEL, Georg Wilhelm Friedrich. *Fenomenologia dello spirito*. Firenze: La Nuova Italia, 1963.

HEIDEGGER, Martin. *Essere e tempo*. Milano: Longanesi & C., 2005.

HEISENBERG, Werner. *Indeterminazione e realtà*. Napoli: Guida, 2002.

HESCHEL, Abraham Joshua. *Dio alla ricerca dell'uomo*. Roma: Borla, 2006.

HILBERG, Raul. *La distruzione degli ebrei in Europa*. Torino: Einaudi, 1999.

HOBBES, Thomas. *De cive*. Milano: Feltrinelli, 2002.

_____. *Leviatano*. Firenze: La Nuova Italia, 1976.

HORATIUS Flaccus, Quintus. *Horatii Carmina*. Milano: Garzanti, 1947.

HUNTINGTON, Samuel P. *Lo scontro delle civiltà e il nuovo ordine mondiale*. Milano: Garzanti, 1997.

HUSSERL, Edmund. *La crisi delle scienze europee e la fenomenologia trascendentale*. Milano: Il Saggiatore, 1975.

ILLICH, Ivan. *Descolarizzare la società*. Milano: Mondadori, 1975.

JAMES, William. *The Principles of Psychology*. London: Macmillan and Co., 1891.

JANKÉLÉVITCH, Vladimir. *Traité des vertus*. Paris: Bordas, 1968.
JASPERS, Karl. *Origine e senso della storia*. Milano: Edizioni di Comunità, 1965.
\_\_\_\_. *Psicologia delle visioni del mondo*. Roma: Astrolabio: 1950.
JOUVENEL, Bertrand de. *La sovranità*. Milano: Giuffrè, 1971.
JÜNGER, Ernst. *Die totale Mobilmachung*. Berlin: Verlag für Zeitkritik, 1931.

KAISER, Anna. "Introduzione", in: KAISER, Anna; ARENDT, Hannah et al. *La Bildung ebraico-tedesca del Novecento*. Milano: Bompiani, 1999.
KANT, Immanuel. *Fondazione della metafisica dei costumi: critica della ragion pratica*. Milano: Rusconi, 1988.
\_\_\_\_. *Scritti di storia, politica e diritto*. Roma-Bari: Laterza, 1995.
KEYNES, John Maynard. *The General Theory of Employment, Interest and Money*. London: Macmillan, 1936.
KIERKEGAARD, Soren. *Briciole di filosofia. Ovvero una filosofia in briciole*. Firenze: Sansoni, 1972.
\_\_\_\_. *Diario del seduttore*. Brescia: Morcelliana, 1951.
\_\_\_\_. *Diario, vol. 3*. Brescia: Morcelliana, 1948.
\_\_\_\_. *La ripetizione: un esperimento psicologico di Constantin Constantius*. Milano: Guerini e Associati, 1991.
KIRZNER, Israel M. *The Meaning of Market Process: Essays in the Development of Modern Austrian Economics*. London; New York: Routledge, 1992.

LACAN, Jacques. "Funzione e campo della parola e del linguaggio in psicanalisi", in: *Scritti*, vol. I. Torino: Einaudi, 2002.
LACOSTE, Yves. *Dictionnaire de géopolitique*. Paris: Flammarion, 1993.
LARAS, Giuseppe; SARACENO, Chiara. *Onora il padre e la madre*. Bologna: Il Mulino, 2010.
LASLETT, Peter. "The English Revolution and Locke's 'Two Treatises of Government'". *Cambridge Historical Journal*. Cambridge: 1956, v. 12, n. 1.
LEITE, Dante Moreira. *O caráter nacional brasileiro*. São Paulo: Edunesp, 2003.
LEONI, Bruno. *Freedom and the Law*. Princeton: Van Nostrand, 1961.
LEOPARDI, Giacomo. "Discorso sopra lo stato presente dei costumi degl'Italiani". *I classici del pensiero italiano: Giacomo Leopardi*. Roma: Biblioteca Treccani, 2006.
LÉVINAS, Emmanuel. *Altrimenti che essere o al di là dell'essenza*. Milano: Jaca Book, 1983.
\_\_\_\_. *Autrement qu'etrê ou aù-delà de l'essence*. La Haye: Martinus Nijhoff, 1974.
\_\_\_\_. *Difficile libertà. Saggi sul giudaismo*. Brescia: La Scuola, 1986.
\_\_\_\_. *Totalità e infinito: saggio sull'esteriorità*. Milano: Jaca Book, 1980.
\_\_\_\_. *Umanesimo dell'altro uomo*. Genova: Il Melangolo, 1985.
LÉVI-STRAUSS, Claude. *Race et Histoire. Race et Culture*. Paris: Unesco, 2001.
LÉVY, Bernard-Henri. *Il testamento di Dio*. Milano: SugarCo, 1979.
LOCKE, John. *Secondo trattato sul governo civile*. Pisa: Edizioni Plus, 2007.
LUHMANN, Niklas; SCHORR, Karl-Eberhard. *Il sistema educativo. Problemi di riflessività*. Roma: Armando, 1998.

MACCHIA, Giovanni. *L'angelo della notte: saggio su Proust*. Milano: Rizzoli, 1980.
MACINTYRE, Alasdair. *Ethics and Politics*. Cambridge: Cambridge University Press, 2006.
MAIMÔNIDES. *La guida dei perplessi*. Torino: Utet, 2003.
MAISTRE, Joseph de. "Étude sur la souveraineté". *Œuvres complètes*, I-II. Genève: Slatkine Reprints, 1979.
\_\_\_\_. *Le serate di Pietroburgo*. Milano: Rusconi, 1986.
MANZONI, Alessandro. *I promessi sposi*, Milano: Garzanti, 2008.
MAQUIAVEL, Nicolau. *Discorsi sopra la prima Deca dei libri di Tito Livio*. Milano: Rizzoli, 1984.
\_\_\_\_. *Il Principe*. Torino: Einaudi, 2006.
MARQUARD, Odo. *Apologia del caso*. Bologna: Il Mulino, 1991.
MARROU, Henry-Irénée. *La conoscenza storica*. Bologna: Il Mulino, 1988.
MATURANA, Humberto R.; VARELA, Francisco J. *Autopoiesi e cognizione. La realizzazione del vivente*. Veneza: Marsilio, 1985.
MERLEAU-PONTY, Maurice. *È possibile oggi la filosofia? Lezioni al Collège de France 1958-1959 e 1960-1961*. Milano: Cortina, 2003.

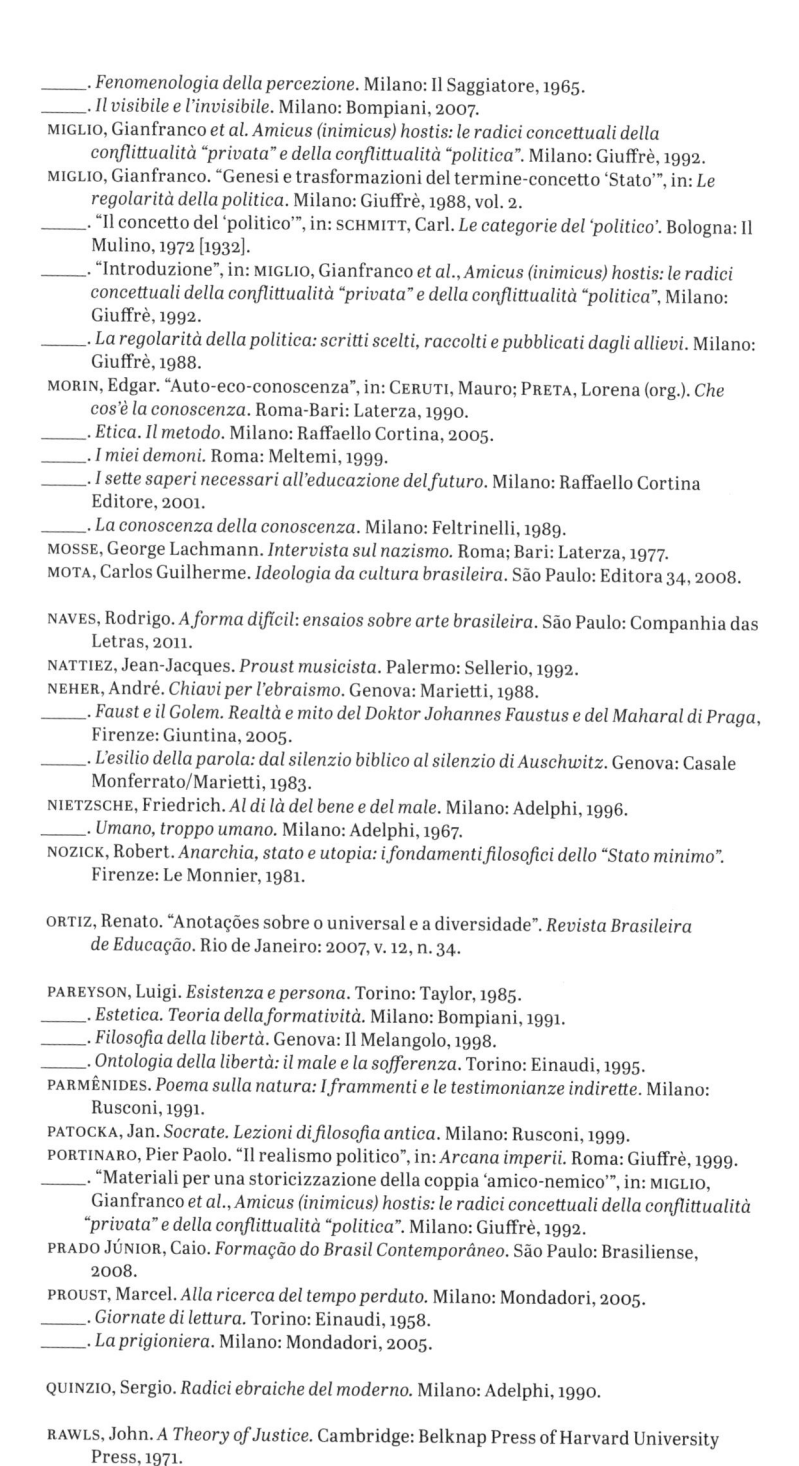

\_\_\_\_\_. *Fenomenologia della percezione*. Milano: Il Saggiatore, 1965.
\_\_\_\_\_. *Il visibile e l'invisibile*. Milano: Bompiani, 2007.
MIGLIO, Gianfranco et al. *Amicus (inimicus) hostis: le radici concettuali della conflittualità "privata" e della conflittualità "politica"*. Milano: Giuffrè, 1992.
MIGLIO, Gianfranco. "Genesi e trasformazioni del termine-concetto 'Stato'", in: *Le regolarità della politica*. Milano: Giuffrè, 1988, vol. 2.
\_\_\_\_\_. "Il concetto del 'politico'", in: SCHMITT, Carl. *Le categorie del 'politico'*. Bologna: Il Mulino, 1972 [1932].
\_\_\_\_\_. "Introduzione", in: MIGLIO, Gianfranco et al., *Amicus (inimicus) hostis: le radici concettuali della conflittualità "privata" e della conflittualità "politica"*, Milano: Giuffrè, 1992.
\_\_\_\_\_. *La regolarità della politica: scritti scelti, raccolti e pubblicati dagli allievi*. Milano: Giuffrè, 1988.
MORIN, Edgar. "Auto-eco-conoscenza", in: CERUTI, Mauro; PRETA, Lorena (org.). *Che cos'è la conoscenza*. Roma-Bari: Laterza, 1990.
\_\_\_\_\_. *Etica. Il metodo*. Milano: Raffaello Cortina, 2005.
\_\_\_\_\_. *I miei demoni*. Roma: Meltemi, 1999.
\_\_\_\_\_. *I sette saperi necessari all'educazione del futuro*. Milano: Raffaello Cortina Editore, 2001.
\_\_\_\_\_. *La conoscenza della conoscenza*. Milano: Feltrinelli, 1989.
MOSSE, George Lachmann. *Intervista sul nazismo*. Roma; Bari: Laterza, 1977.
MOTA, Carlos Guilherme. *Ideologia da cultura brasileira*. São Paulo: Editora 34, 2008.

NAVES, Rodrigo. *A forma difícil: ensaios sobre arte brasileira*. São Paulo: Companhia das Letras, 2011.
NATTIEZ, Jean-Jacques. *Proust musicista*. Palermo: Sellerio, 1992.
NEHER, André. *Chiavi per l'ebraismo*. Genova: Marietti, 1988.
\_\_\_\_\_. *Faust e il Golem. Realtà e mito del Doktor Johannes Faustus e del Maharal di Praga*, Firenze: Giuntina, 2005.
\_\_\_\_\_. *L'esilio della parola: dal silenzio biblico al silenzio di Auschwitz*. Genova: Casale Monferrato/Marietti, 1983.
NIETZSCHE, Friedrich. *Al di là del bene e del male*. Milano: Adelphi, 1996.
\_\_\_\_\_. *Umano, troppo umano*. Milano: Adelphi, 1967.
NOZICK, Robert. *Anarchia, stato e utopia: i fondamenti filosofici dello "Stato minimo"*. Firenze: Le Monnier, 1981.

ORTIZ, Renato. "Anotações sobre o universal e a diversidade". *Revista Brasileira de Educação*. Rio de Janeiro: 2007, v. 12, n. 34.

PAREYSON, Luigi. *Esistenza e persona*. Torino: Taylor, 1985.
\_\_\_\_\_. *Estetica. Teoria della formatività*. Milano: Bompiani, 1991.
\_\_\_\_\_. *Filosofia della libertà*. Genova: Il Melangolo, 1994.
\_\_\_\_\_. *Ontologia della libertà: il male e la sofferenza*. Torino: Einaudi, 1995.
PARMÊNIDES. *Poema sulla natura: I frammenti e le testimonianze indirette*. Milano: Rusconi, 1991.
PATOCKA, Jan. *Socrate. Lezioni di filosofia antica*. Milano: Rusconi, 1999.
PORTINARO, Pier Paolo. "Il realismo politico", in: *Arcana imperii*. Roma: Giuffrè, 1999.
\_\_\_\_\_. "Materiali per una storicizzazione della coppia 'amico-nemico'", in: MIGLIO, Gianfranco et al., *Amicus (inimicus) hostis: le radici concettuali della conflittualità "privata" e della conflittualità "politica"*. Milano: Giuffrè, 1992.
PRADO JÚNIOR, Caio. *Formação do Brasil Contemporâneo*. São Paulo: Brasiliense, 2008.
PROUST, Marcel. *Alla ricerca del tempo perduto*. Milano: Mondadori, 2005.
\_\_\_\_\_. *Giornate di lettura*. Torino: Einaudi, 1958.
\_\_\_\_\_. *La prigioniera*. Milano: Mondadori, 2005.

QUINZIO, Sergio. *Radici ebraiche del moderno*. Milano: Adelphi, 1990.

RAWLS, John. *A Theory of Justice*. Cambridge: Belknap Press of Harvard University Press, 1971.

RIBEIRO, Darcy. *O povo brasileiro: a formação e o sentido do Brasil*. São Paulo: Companhia das Letras, 1995.
RILKE, Rainer Maria. *Lettere a un giovane poeta. Lettere a una giovane signora. Su Dio*. Milano: Adelphi, 1980.
RODRIGUES, Nelson. *Teatro Completo de Nelson Rodrigues*. 4 vols. Rio de Janeiro: Nova Fronteira, 1981.
ROSENZWEIG, Franz. *La stella della redenzione*. Milano: Vita e Pensiero, 2005.
ROTHBARD, Murray N. *Man, Economy, and State: With Power and Market*. Auburn: Ludwig von Mises Institute, 2009.
ROUSSEAU, Jean-Jacques. *Il contratto sociale*. Milano: Rizzoli, 2005.
RUMMEL, Rudolph J.; MAGNI, Stefano; VITALE, Alessandro. *Lo stato, il democidio, la guerra: antologia di scritti*. Treviglio: Leonardo Facco Editore, 2002.
_____. *Stati assassini: la violenza omicida dei governi*. Soveria Mannelli (CZ): Rubbettino, 2005 [1994].

SANDEL, Michael J. *Liberalism and the Limits of Justice*. Cambridge: Cambridge University Press, 1982.
_____. *Commento al Vangelo di Giovanni*. Roma: Città Nuova, 1968.
SANTORO, Carlo M. "Introduzione", in: ARON, Raymond. *Clausewitz*. Bologna: Il Mulino, 1991.
SAVINIO, Alberto. *Lo Stato. In sorte dell'Europa*. Milano: Adelphi, 1977.
SCHMITT, Carl et al. *Le categorie del politico: saggi di teoria politica*. Bologna: Il Mulino, 1998.
SCHMITT, Carl. "Il concetto del 'politico'", in: *Le categorie del 'politico'*. Bologna: Il Mulino, 1972.
_____. *Donoso Cortés: interpretato in un prospettiva paneuropea*. Milano: Adelphi, 1996 [1950].
_____. *Ex captivitate salus: esperienze degli anni 1945-47*. Milano: Adelphi, 1987.
_____. *Il nomos della terra nel diritto internazionale dello Jus publicum europaeum*. Milano: Adelphi, 1991 [1988].
_____. *Teoria del partigiano: note complementari al concetto di politico*. Milano: Il Saggiatore, 1981 [1963].
SCHWARZ, Roberto. *Um mestre na periferia do capitalismo*. São Paulo: Editora 34, 2000.
SEN, Amartya. "Libertà e ragione l'unico passaporto". *Corriere della Sera*. Milano: 2 jan. 2006.
SENNETT, Richard. *The Fall of Public Man*. New York: Knopf, 1977.
SERRES, Michel. "Discorso e percorso", in: *L'identità: seminario diretto da Claude Lévi-Straus*. Palermo: Sellerio, 1980.
SETH, Vikram. *Una musica costante*. Milano: Longanesi, 1999.
SIMON, Herbert A. *Reason in Human Affairs*. Stanford: Stanford University Press, 1983.
SKIDMORE, Thomas. "O negro no Brasil e nos Estados Unidos". *Revista Argumento*. Rio de Janeiro: Paz e Terra, 1973, n. 1.
SMITH, Anthony D. *Ethnic Revival*. Cambridge: Cambridge University Press, 1981.
SPINOZA, Benedictus de. *Etica*. Milano: Bompiani, 2007.
STEINSALTZ, Adin. *Cos'è il Talmud*. Firenze: Giuntina, 2004.
STERNHELL, Zeev. *La destra rivoluzionaria: le origini francesi del fascismo 1885-1914*. Milano: Corbaccio, 1997 [1885].
STRAUSS, Leo. *Filosofia e legge: contributi per la comprensione di Maimonide e dei suo predecessor*. Firenze: Giuntina, 2003.
_____. *Gerusalemme e Atene: studi sul pensiero politico dell'Occidente*. Torino: Einaudi, 1998.
_____. *Jerusalem and Athens: some Preliminary Reflections*. New York: City College, 1967.
_____. *Liberalism Ancient and Modern*. New York: Basic Books, 1968.
_____. *Natural Right and History*. Chicago: University of Chicago Press, 1965.
_____. *Scrittura e persecuzione*. Venezia: Marsilio, 1990.
_____. *The Political Philosophy of Hobbes. Its Bases and Its Genesis*. Oxford: The Clarendon Press, 1936.
_____. *Thoughts on Machiavelli*. Glencoe, Illinois: The Free Press, 1958.
STRAVINSKY, Igor. *Poétique musical*. Paris: Plon, 1945.

TALMON, Jacob Leib. *Le origini della democrazia totalitária*. Bologna: Il Mulino, 2000 [1952].
TANASE, Virgil. *Albert Camus: una vita per la verità*. Roma: Castelvecchi, 2013.
TAUBES, Jacob; STIMILLI, Elettra. *In divergente accordo: scritti su Carl Schmitt*. Macerata: Quodlibet, 1996 [1987].
TAYLOR, Charles. *Multiculturalism and the Politics of Recognition: an Essay*. Princeton: Princeton University Press, 1992.
TEIXEIRA, Anísio. *Educação no Brasil*. Rio de Janeiro: Editora UFRJ, 2011.
THUAL, François. *Les Conflits identitaires*. Paris: Ed. Marketing, 1995.
TOCQUEVILLE, Alexis de. *De la démocratie en Amérique*. Paris: Gallimard, 1986.
\_\_\_\_\_. *La democrazia in America*. Rocca San Casciano (FO): Cappelli, 1957.
\_\_\_\_\_. *Oeuvres completes: L'ancien régime et la revolution*. Paris: Gallimard, 1962.
TOUSSENEL, Alphonse de. *Le Juifs, rois de l'époque de la féodalité*. Paris: Libraire de la Sociéte des Gens de Lettres, 1888.
TRIGANO, Shmuel. *Alle radici della modernità: genesi religiosa del politico*. Genova: ECIG, 1999.

VITALE, Alessandro. "Il 'nemico pubblico' nella letteratura ideologica d'area slava", in: MIGLIO, Gianfranco *et al.*, *Amicus (inimicus) hostis: le radici concettuali della conflittualità "privata" e della conflittualità "politica"*. Milano: Giuffrè, 1992.
\_\_\_\_\_. "Rinascita dell'aspirazione a comunità politiche di ridotte dimensioni territorial". *Élites*. Italy: 1998, ano II, n. 1.
\_\_\_\_\_. "Spontaneità e apprendimento nella costruzione sociale della legge", in: *Quadrio Assunto et al.. Psicologia e problemi giuridici*. Milano: Giuffrè, 2000.
VYGOTSKIJ, Lev. *Pensiero e linguaggio. Ricerche psicologiche*. Roma-Bari: Laterza, 1998.

WEBER, Max. *L'etica protestante e lo spirito del capitalismo*. Firenze: Sansoni, 1965.
\_\_\_\_\_. *La scienza come professione*. Torino: Einaudi, 2004.
WEIL, Eric. "L'idea di educazione nell'insegnamento americano", in: *Educazione e istruzione. Scienza e discipline umanistiche oggi*. Milano: Guerini e Associati, 1992.
\_\_\_\_\_. "Oggetto, metodi e senso degli studi umanistici", in: *Educazione e istruzione. Scienza e discipline umanistiche oggi*. Milano: Guerini e Associati, 1992.
\_\_\_\_\_. *Filosofia politica*. Napoli: Guida, 1973.
\_\_\_\_\_. *Logica della filosofia*. Bologna: Il Mulino, 1997.
\_\_\_\_\_. *Philosophie et réalité*. Paris: Beauchesne, 1982.
\_\_\_\_\_. *Philosophie morale*. Paris: J. Vrin, 1961.
\_\_\_\_\_. *L'ebreo errante*. Firenze: La Giuntina, 1983.
WITTGENSTEIN, Ludwig. *Osservazioni filosofiche*. Torino: Einaudi, 1998.

ZAMBRANO, María. *L'agonia dell'Europa*. Venezia: Marsilio, 1999.
ZWEIG, Stefan. *Dostoevskij*. Roma: Castelvecchi, 2013.

## SOBRE OS AUTORES

MAURO MALDONATO é médico psiquiatra. Professor de psicologia geral na Universidade della Basilicata, estudou na Universidade La Sapienza (Roma), Federico II (Nápoles), London School of Economics (Londres) e École des Hautes Études em Sciences Sociales (Paris).

Foi professor visitante na Pontifícia Universidade Católica de São Paulo (PUC-SP), na Universidade de São Paulo (USP) e na Duke University (EUA), onde dirige o Cognitive Science Studies for the Research Group. Diretor científico da Settimana Internazionale della Ricerca, é autor e curador de livros e artigos científicos publicados em diversos idiomas.

No Brasil, é colaborador das revistas *Scientific American* e *Mente e Cérebro*, além de pesquisador convidado do Núcleo de Estudos Africanos do Laboratório de Teoria da História do Departamento de História da USP.

Recebeu o prêmio Vasco Prado para as Artes e as Ciências, promovido pela Universidade de Passo Fundo durante a XI Jornada Nacional de Literatura, em 2005. Em 2012, foi agraciado com o prêmio internacional *Conference on Time* pela Universidade dos Emirados Árabes.

DANILO SANTOS DE MIRANDA é sociólogo. Especialista em ação cultural, tem formação em filosofia, administração e ciências sociais, com especialização em gestão empresarial no International Institute for Management Development (IMD), na Suíça. É diretor regional do Sesc São Paulo desde 1984. É conselheiro da Fundação Itaú Cultural, da Fundação Padre Anchieta, do Museu de Arte de São Paulo — MASP, do Museu de Arte Moderna de São Paulo — MAM e da Art for the World, com sede na Suíça. Também foi presidente do Conselho Diretor do Fórum Cultural Mundial, em 2004, e presidente da comissão que organizou o Ano da França no Brasil, em 2009.

*Fonte* Abril
*Papel* Chambril Avena 80 g/m²
*Impressão* Ipsis Gráfica e Editora
*Data* Maio de 2016